GRAMSCI
uma nova biografia

Angelo d'Orsi

GRAMSCI
uma nova biografia

Tradução
Cristina Bezerra

1ª EDIÇÃO
EXPRESSÃO POPULAR
SÃO PAULO – 2022

Copyright © Giangiacomo Feltrinelli Editore Milano
Gramsci Una nuova biografia
Copyright © desta edição Expressão Popular

Revisão técnica: Luciana Aliaga
Preparação: Aline Piva
Revisão: Letícia Bergamini
Projeto gráfico e diagramação: Zap Design
Capa: Thereza Nardelli

Dados Internacionais de Catalogação-na-Publicação (CIP)

D718g d'Orsi, Angelo
Gramsci: uma nova biografia / Angelo d'Orsi ; tradução: Cristina Bezerra. -- 1.ed.— São Paulo : Expressão Popular : Expressão Popular, 2022.
462 p.

Traduzido de: Gramsci - una nuova biografia.
ISBN 978-65-5891-073-2

1. Gramsci, Antonio, 1891-1937. 2. Comunistas Biografia. I. Título.

CDU 32(091)

Catalogação na Publicação: Eliane M. S. Jovanovich - CRB 9/1250

Todos os direitos reservados.
Nenhuma parte desse livro pode ser utilizada
ou reproduzida sem a autorização da editora.

1ª edição: outubro de 2022.

EDITORA EXPRESSÃO POPULAR
Rua Abolição, 197 – Bela Vista
CEP 01319-010 – São Paulo – SP
Tel: (11) 3112-0941 / 3105-9500
livraria@expressaopopular.com.br
www.expressaopopular.com.br
🄵 ed.expressaopopular
🄾 editoraexpressaopopular

SUMÁRIO

Nota editorial 7

Apresentação 11

Marcos del Roio

Prefácio do autor à edição brasileira 17

PRIMEIRA PARTE: NA ILHA (1891-1911)

A família Gramsci 21

A infância de Nino 35

A descoberta de sua terra 49

SEGUNDA PARTE: NO CONTINENTE (1911-1922)

Um estudante sardo em Turim 63

Repórter na cidade em guerra 87

A escola da classe operária 109

A revolução fracassada 127

TERCEIRA PARTE: NA EUROPA (1922-1926)

Em Moscou 157

Lutas internas e externas 171

"Líder da classe operária" 193

A normalização do partido 207

QUARTA PARTE: DE ROMA PARA TURI (1926-1928)

A prisão 227

Quarenta e quatro dias 237

Aguardado julgamento 245

O "processão" 257

QUINTA PARTE: DE TURI PARA ROMA (1928-1937)

Matrícula número 7047 279

O "ponto de virada" e a dissidência 299

O silêncio de Giulia 333

O historiador em ação 347

"Este inferno onde
eu morro lentamente" 365

Da Quisisana ao Cemitério dos Ingleses 385

Notas 391

Referências 433

Índice Onomástico 451

Abreviações..457

Sobre o autor..461

NOTA EDITORIAL

Antonio Gramsci é, certamente, um dos mais influentes e debatidos intelectuais comunistas do século XX; seja à esquerda, nos mais variados temas em que traz seu aporte teórico como teoria da organização, cultura, educação, papel dos intelectuais na sociedade, Estado, disputa por hegemonia, luta antifascista, entre outros; seja à direita, sendo falseado e difamado por leituras e divulgações equivocadas e sem qualquer profundidade ou reflexão em torno de seu pensamento.

O legado de Gramsci está em estreita relação com a maneira que ele compreendia a teoria marxista, como uma filosofia da práxis. Além das suas importantíssimas contribuições à teoria marxista no século XX, sua atividade como militante e revolucionário também nos traz grandes lições. A primeira não pode ser compreendida sem a segunda.

Em um contexto de franca ofensiva da extrema direita em todo o mundo, acreditamos ser fundamental e necessário recuperar a vida e a obra desse revolucionário que se dedicou desde jovem à construção de uma sociedade livre da exploração do trabalho alheio. Uma das principais batalhas que enfrentou foi contra o fascismo na Itália nas primeiras décadas do século XX, movimento político que, infelizmente, volta a ganhar força nos nossos tempos. Esse é mais um dos motivos que torna, para nós, essa publicação tão atual.

Esta edição ganha ainda mais relevância pelo fato de ter sido viabilizada a partir de uma articulação política entre a Expressão Popular, Adufpel, Adufop, Adunirio, Apes-UFJF e Aprofurg, dando continuidade à bem-sucedida parceria iniciada em 2019 entre a editora e o Andes-SN, tanto em âmbito nacional quanto por meio de suas seções sindicais. Nosso principal objetivo com esta iniciativa é fortalecer a chamada batalha das ideias por meio da publicação de obras que propiciem o debate teórico e político em diferentes setores da sociedade como a intelectualidade acadêmica e os militantes dos movimentos populares, partidos e sindicatos.

A biografia que o leitor/a tem em mãos é fruto de anos de rigorosa pesquisa e de atividade militante de Angelo d'Orsi, professor da Universidade de Turim e membro da *Edizione Nazionale degli Scritti di Antonio Gramsci*; ela nos traz uma vasta e ampla documentação em torno da vida de Gramsci que nos ajuda a "conhecer o homem, o político e o pensador".

Um dos principais valores caros a todos e todas empenhados em construir uma nova sociedade é a solidariedade; essa edição é também um de seus frutos. Ela não teria sido possível sem o envolvimento militante de diversos companheiros e companheiras que trabalharam para que ela se viabilizasse. Nesse sentido, gostaríamos de agradecer a Angelo d'Orsi, que solidariamente cedeu os direitos de publicação dessa biografia para a Expressão Popular; ao professor Marcos Del Roio, da Unesp de Marília, que além de se encarregar da apresentação dessa edição foi também o responsável pelo primeiro contato entre a editora e o autor; à professora Cristina Bezerra, da Universidade Federal de Juiz de Fora, que aceitou a grandiosa tarefa de traduzir essa biografia e referenciar as citações de Gramsci nas edições brasileiras; e à professora Luciana Aliaga da Universidade Federal da Paraíba e membro da International Gramsci Society Brasil (IGS-BR) que se encarregou de uma diligente revisão da tradução e do texto de orelha.

É a partir dessa práxis que acreditamos ser possível manter vivo o legado de Antonio Gramsci, imprescindível para compreendermos o século XX e nosso tempo atual e fundamental também para nos organizarmos e nos fortalecermos para transformarmos o mundo em que vivemos hoje. Com isso, reforçamos os três lemas do jornal *Ordine Nuovo*:

Instruí-vos, porque teremos necessidade de toda nossa inteligência.
Agitai-vos, porque teremos necessidade de todo nosso entusiasmo.
Organizai-vos, porque teremos necessidade de toda nossa força.

Editora Expressão Popular
Diretorias da Adufpel, Adufop,
Adunirio, Aprofurg, Apes-UFJF

APRESENTAÇÃO

Marcos Del Roio[*]

A biografia é um gênero literário que existe desde a antiga Grécia e contou com formas e fortunas diferentes no correr do tempo. Foi mais ou menos valorizada; dedicou-se a detalhes da vida de alguém, fosse para exaltar ou depreciar o personagem, ou foi usada ainda para contar os eventos e conflitos de uma época. Nas últimas décadas, talvez por conta de certo predomínio da análise de fragmentos históricos, a biografia volta a ser muito valorizada e observa-se a publicação de livros sobre a vida (e obra) de estadistas, de artistas, mas também de intelectuais revolucionários. Entre essas últimas, incluem-se excelentes biografias de Karl Marx e Vladimir Lenin, por exemplo, que resgatam esses autores em sua completa humanidade, como gente do seu tempo (e além do seu tempo), não personagens mitificados, que não contribuem mais para a urgente transformação do mundo em crise desse começo de século XXI.

Dessa espécie de biografia é essa que o leitor começa a apreciar. Esta, escrita por Angelo d'Orsi, coloca Antonio Gramsci como o intelectual comunista que foi e como autor imprescindível para a compreensão do século XX. Esta biografia não é uma obra de quem procura esclarecimento para o próprio roteiro que deverá trilhar para estudar a obra do

---

[*] Professor titular em Ciências Políticas, UNESP-FFC.

biografado com mais profundidade. Ao contrário, trata-se de um escritor maduro, de um pesquisador experiente, com larga obra e proveitosa carreira em universidades acadêmicas e científicas, notadamente na Universidade de Turim, na qual o próprio Gramsci estudou.

D'Orsi se ocupou de um amplo arco de temas de estudos históricos e políticos, como questões militares, do fascismo, mas principalmente dos intelectuais italianos, até ter-se concentrado especificamente em Gramsci. Deve ainda ser dito que D'Orsi participou e participa de numerosas iniciativas político-culturais, o que inclui a editoração da revista *Gramsciana*. No ano de 2021, o autor foi agraciado com o Prêmio Sormani, ofertado pelo Istituto Gramsci do Piemonte, exatamente como reconhecimento de mérito de sua extensa obra, mas muito em particular desta biografia de Gramsci que agora se apresenta.

Certo que seria um exagero dizer que esta biografia é definitiva, considerando-se que tudo é histórico, que outras informações, outras descobertas, outras interpretações da vida e obra de Gramsci virão à baila em algum momento. No entanto, o leitor encontrará no livro informações pouco conhecidas da vida de Gramsci e que vieram a ser descobertas apenas nos últimos anos. É, assim, um livro que atualiza sua biografia com novas informações e que apresenta uma interpretação com base científica rigorosa, histórica, no mais forte sentido da palavra, *historicista*, como desejaria o próprio Gramsci. D'Orsi utiliza já alguns importantes resultados apresentados pela equipe de pesquisadores que se ocupa da *Edizione Nazionale degli Scritti di Antonio Gramsci* (da qual D'Orsi é um membro eminente), que conta com novas informações e com correções de atribuição de autoria. A bibliografia e as fontes utilizadas são exaustivas e variadas. O pesquisador consultou outras biografias de Gramsci e de outros intelectuais italianos, assim como a bibliografia sobre o fascismo, sobre a Internacional Comunista e sobre o Partido Comunista Italiano (PCI).

Muitas foram as biografias de Gramsci publicadas, com intenções e pretensões diferentes. Especialmente a partir de 1956, ano do XX Congresso do Partido Comunista da URSS e VIII congresso do PCI, Gramsci foi vislumbrado como teórico da via nacional popular da revolução, e as biografias não deixaram de levar essa marca. A vantagem de seus primeiros biógrafos era a de contar com depoimentos e informações passadas por pessoas que haviam conhecido o revolucionário da Sardenha. Em geral, falavam de um personagem reconhecido quase consensualmente e falavam de dentro para fora do PCI. O que faltava eram fontes mais completas e organizadas. A abordagem do conteúdo dos *Cadernos do cárcere* era compreensivelmente tímida, dada a insuficiência dos estudos existentes.

Pode-se ser lembrada a biografia escrita por Salvatore Francesco Romano, de 1963; mas sempre lembrada – e "clássica" desse período – é a *Vita di Antonio Gramsci,* de Giuseppe Fiori, publicada em 1966. Vale lembrar a pequena biografia escrita por Laurana Lajolo, *Antonio Gramsci: una vita,* publicada em 1980, particularmente por trazer uma delicada e emocionante perspectiva feminina.

O declínio no interesse pela obra de Gramsci andou em paralelo ao declínio do PCI. Uma pequena biografia de Gramsci surgiu em 1996, escrita por Antonio Santucci, com distribuição em bancas de revistas. Dois anos depois, outro pequeno livro com intenção de divulgação e síntese foi escrito por Francesco Scalambrino, que publicou *Un uomo sotto la mole: biografia di Antonio Gramsci.* Nesse mesmo ano de 1998 vem a lume *Il prigionero: vita di Antonio Gramsci,* de Aurelio Lepre, um livro que traz alguns erros sérios de informação dos acontecimentos, mas pode ser suposto como a primeira biografia de Gramsci que hipervaloriza a dimensão privada e psicológica do grande revolucionário, esvaziando o político, o filósofo da práxis, cumprindo, assim, um papel importante na luta ideológica que se trava em torno da obra magistral deixada pelo ilustre encarcerado do fascismo, um papel de *despolitização* de Gramsci.

O viés pós-moderno da abordagem de sua vida e obra se aprofundou para questões referentes a relações interpessoais, relações adequadas a romances policiais, com débil sustentação metodológica e com clara manipulação de documentos. Desse gênero, foram exemplares os livros de Luciano Canfora publicados em 2012, *Gramsci in cárcere e il fascismo* e *Spie, URSS, antifascismo: Gramsci 1926-1937.* Nota-se que esses livros fazem parte também de outro tipo de literatura sobre Gramsci, que é a biografia parcial, isto é, limitada a uma fase de sua vida.

No mesmo ano de 2012, foi ainda publicado outro livro dedicado à trajetória de Gramsci na prisão. Giuseppe Vacca lançou a obra *Vita e pensieri di Antonio Gramsci,* texto bastante bem documentado e com extenso uso do acervo da família Schucht, transladado da Rússia. Tenta equilibrar o conteúdo político da reflexão do prisioneiro com a vida privada e mesmo com a análise psicológica. Muitas das conclusões do autor, no entanto, são discutíveis: parecem ser bastante subjetivas e sem amparo na documentação que ele próprio apresenta.

Nota-se que as primeiras biografias expunham pouco do período carcerário, dada certa limitação documental, mas neste século XXI as análises biográficas se fixaram mais nessa fase derradeira da vida de Gramsci. Haveria outros livros a serem lembrados, sem dúvida, mas sobre aspectos parciais de sua vida, que já não constituem biografias no sentido estrito. Não é possível deixar de lembrar, no entanto, a contribuição de Paolo Spriano e de Michele Pistillo, além de historiadores e cientistas políticos da nova geração.

Essa rápida resenha das principais biografias serve para melhor enquadrar a obra de Angelo d'Orsi e sua biografia gramsciana, que o leitor está prestes a degustar. De fato, o autor incorpora toda informação acumulada sobre a vida de Gramsci, indica as lacunas, se refere às dúvidas e a polêmicas, mas exala a sua interpretação dos acontecimentos dentro de um conjunto que abarca todo o livro. Deixa de lado, no entanto, as especulações psicologizantes e as hipóteses conspiratórias. Uma grande virtude essa de "limpar" a biografia de Gramsci de análises de limitado alcance científico e de forte viés ideológico deletério.

Claro que a objetividade da pesquisa e da exposição não quer dizer que o autor da biografia abandone em algum lugar a sua própria concepção teórico-política, mesmo que forjada com forte influxo do autor biografado. Há sempre uma relação entre o biografado e o autor da biografia: às vezes, é de identificação e, às vezes, de aversão. Mas as mediações corretas, de um ou outro ponto, é que darão o valor da obra escrita. Evidente que neste caso a identificação de D'Orsi com Gramsci é muito bem mediada pelo pensamento crítico dialético, pelo enfoque sugerido pelo mesmo Gramsci. Ao leitor caberá se informar, se emocionar, se estimular a conhecer mais e mais de sua vida e obra, que é o caso em foco.

O leitor que manuseia este livro terá ocasião de acompanhar Gramsci, certo que pelas apuradas lentes de Angelo d'Orsi, em uma viagem de vida com várias estações. Começa na Sardenha, onde Gramsci nasceu e se formou até os 20 anos, quando se transferiu para estudar na Universidade de Turim. Na década transcorrida na cidade, Gramsci viu o mundo em efervescência – a Guerra Mundial, a Revolução Russa e a Itália nesse mundo: a guerra, a riquíssima experiência dos conselhos de fábrica. Na sequência, temos Gramsci como um dos fundadores do PCI, Gramsci na URSS e Gramsci dirigente do PCI. Por fim, temos o Gramsci encarcerado. Sua formulação teórica e filosófica se expõe em progressão em cada um desses períodos, sem drásticas rupturas, mas sempre em interlocução com grandes intelectuais, da tradição cultural italiana e da vertente iniciada com Marx.

Da tradição italiana, Maquiavel foi o mais importante interlocutor. Gramsci poderia ele mesmo ser considerado o Maquiavel do século XX italiano. Antonio Labriola é a referência do marxismo na Itália, assim como o grande adversário é Croce. Esse notável intelectual passou de referência filosófica do jovem Gramsci a seu principal adversário. Principalmente depois da estadia moscovita, teve também como interlocutores nomes como Lenin, obviamente, mas também Trotsky e Bukharin.

O conteúdo dos *Cadernos* é de tal amplitude e complexidade que o desafio que se apresenta ao biógrafo é quase inalcançável. A dificuldade de expor os acontecimentos da vida do prisioneiro e os pensamentos que colocava no papel, nos *Cadernos* e nas cartas, exige uma capacidade de síntese excelente para obter algum sucesso. Não há dúvida que Angelo d'Orsi enfrentou esse desafio enorme com um resultado muito positivo, talvez a parte em que mais avançou no conhecimento da vida de Gramsci. Há passagens que fica impossível ao leitor não se emocionar.

Em se tratando dos *Cadernos* e das diversas leituras que suscita, o trabalho de Angelo d'Orsi também pode apresentar uma interpretação da qual se pode discordar aqui ou acolá, mas não se poderá dizer que não seja amparado na mais rigorosa elaboração científica. Claro que fugiria ao escopo de uma biografia expor todas as divergências entre os intérpretes, mas D'Orsi consegue desafiar o leitor a enfrentar os textos de Gramsci, autor fundamental para a compreensão do nosso tempo e para a abertura de uma balizada resistência contra a barbárie que a decadência histórica do capitalismo impõe à humanidade.

PREFÁCIO DO AUTOR À EDIÇÃO BRASILEIRA

Estive no Brasil em três diferentes anos (2012, 2013, 2019) e deveria voltar em 2020, mas a situação determinada pela pandemia da Covid-19 me impediu. Deveria ter voltado também para o lançamento desta edição e para oferecer seminários em diversas universidades, como havia acontecido no ano anterior.

Desde a minha primeira estadia, de alguns meses, fiquei fascinado por esse "País-Mundo", a ponto de escrever uma reportagem para o jornal *Il Manifesto,* que depois se transformou em livro (*Alfabeto brasileiro,* publicado na Itália em fins de 2013, e infelizmente não acolhido no Brasil por nenhuma editora). No Brasil conheci e colaborei com numerosos colegas, estreitei amizades, procurei aprender um pouco da língua, conhecer o território, estudar a sua história, tudo enquanto procurava difundir o pensamento de Antonio Gramsci e fazer conhecer a história italiana. Por isso a publicação do meu *Gramsci* é motivo de grande satisfação.

Este livro teve quatro diferentes edições em 2017 (quando se completava 80 anos da morte de Gramsci) e uma posterior, completamente revista e enriquecida, em 2018, que sai agora sob os auspícios da Expressão Popular, com tradução de Cristina Bezerra, a quem agradeço. Agradeço, porém, em primeiro lugar, a Marcos Del Roio, que indicou a obra para publicação e assumiu o fardo da apresentação, e a Miguel Yoshida, da editora Expressão Popular.

Gostaria somente de explicar o título do livro, ou melhor, o subtítulo, pois "uma nova biografia" tem um duplo significado: em primeiro lugar é "nova" porque existia apenas uma verdadeira biografia de Gramsci, publicada em 1966, e assim era, a esse ponto, necessário escrever outra à luz das numerosas aquisições documentais conseguidas no curso de mais de 60 anos, mas também dos estudos, que em cada canto do mundo foram publicados, sobre tantos aspectos, mas sobretudo sobre o pensamento de Antonio Gramsci; em segundo lugar esta biografia é "nova" porque não é somente a narrativa de uma vida, mas uma análise – espero que suficientemente aprofundada nos limites do espaço concedido – do pensamento, que acompanhei no seu formar-se e no seu traduzir-se em teoria de um lado e em ação de outro. Enfim, por quanto é de meu conhecimento, esta obra que se propõe hoje a leitoras e leitores do meu amado Brasil é a única tentativa, em âmbito internacional, de fazer conhecer, em um único livro, o homem, o político e o pensador Antonio Gramsci.

Naturalmente há muito ainda por descobrir, por aprofundar, por discutir sobre todos os três aspectos, mas meu desejo é que quem vier a ler este livro se sinta convidado a fazer outras leituras, antes de tudo dos próprios textos gramscianos, e continuar a difundir o conhecimento desse extraordinário político-intelectual do século XX, que fala ao nosso presente e nos interroga sobre o nosso futuro.

Dedico esta edição à memória de Carlos Nelson Coutinho, colega, amigo, companheiro, que nos deixou cedo demais, que tanto fez para introduzir a figura de Gramsci no seu (e um pouco "meu") Brasil, ausente justamente no momento da minha primeira estadia brasileira. Mas gostaria de acrescentar ainda, na minha dedicatória sempre *in memoriam,* uma pessoa que não tive a oportunidade de encontrar, assassinada pouco antes da minha última, até agora, viagem ao Brasil: Marielle Franco, extraordinária figura de militante feminista corajosa combatente pela verdade e justiça, pelos direitos humanos, em particular das mulheres e crianças das favelas, submetidas à violência sistemática da polícia. Marielle foi trucidada por mãos ainda desconhecidas (mas as suspeitas conduzem sempre mais em direção às altas esferas do poder) em março de 2018. Tinha apenas 39 anos.

PRIMEIRA PARTE
NA ILHA (1891-1911)

A FAMÍLIA GRAMSCI

"Eu mesmo, não tenho nenhuma raça."

Depois de séculos de silenciosa letargia, imersa em uma condição que chamaremos de "subdesenvolvida", a Sardenha começava a despertar na segunda metade do século XIX, embora alguns sinais positivos já tivessem aparecido nos anos 1820. De 1847 é a unificação política e administrativa com os estados do continente do Reino de Saboia: Carlos Alberto concede, em 29 de novembro, com a renúncia à autonomia da ilha, a "fusão perfeita", em função de um "movimento compósito", feito de interesses ideais e, naturalmente, econômicos.[1] Foram os anos da "descoberta da Sardenha" por parte dos próprios moradores da ilha e dos italianos em geral: os sardos começavam a se fazer conhecer e os continentais queriam saber mais sobre eles. Um papel importante teve o *Dizionario biografico degliuomini illustri di Sardegna*, de Pasquale Tola (1837), ou a *Storia letteraria di Sardegna,* obra do político liberal Giovanni Siotto Pintor (1843).[2] Talvez ainda mais significativos, por gerarem um novo interesse pela ilha, foram os relatórios de viagem, às vezes acompanhados por mapas geográficos, nos quais a ênfase da descoberta se funde com um fascínio pelo "bárbaro e primitivo".[3] Exemplar, neste sentido, foi o relato do conde, depois general e senador do Reino, explorador e naturalista, Alberto Ferrero De La Marmora (*Voyage en Sardaigne, de 1819 a 1825*, publicado em Paris, em 1826), no qual a admiração por esse povo se funde com críticas, quase que bondosas, em se considerando tudo, e ensinamentos quase paternos; de quem alcançou um estágio mais elevado de civilização.[4] Do ensaio-relatório de La Marmora, temos notícias de ninguém menos que Carlo Cattaneo, em seu "Il Politecnico", de 1841, traçando um quadro impiedoso, realista, mas sem nenhuma altivez setentrional, denunciando, em particular, a pobreza cultural da ilha. Na metade do século XIX, não mais de 50 mil sardos tinham o privilégio da leitura e poderiam ser potenciais leitores.[5]

Viagens como aquelas de La Marmora produziram, por outro lado, escritos que entrelaçavam o relatório, que pretendia ser científico, com notas pessoais, em uma fusão de narrativas inventadas e outras de experiências concretas.[6] O viajante piemontês anexava ao seu ensaio um mapa que, como qualquer outro, sempre representa uma construção simbólica multinível: símbolo de uma apropriação intelectual e de uma mediação.[7] Projetado pelo autor nos anos 1930, em uma escala de 1:250.000, e impresso em Paris em 1845, o mapa "acaba por funcionar, de alguma forma, como um guia para o conhecimento da ilha, não menos persuasivo que o trabalho escrito".[8] A representação cartográfica era, portanto, igualmente importante para a difusão de "outra imagem da Sardenha". Em 1919, Gramsci havia escrito: "A luta de classes foi confundida com banditismo, com chantagem, [...] com a violência contra crianças e mulheres, com o ataque à prefeitura: era uma forma de terrorismo elementar sem consequências permanentes e eficazes".[9]

As Ciências Sociais e Humanas têm também um papel significativo para o conhecimento da ilha. No auge do positivismo, na segunda metade do século XIX, procuravam operar uma reconstrução "científica" do homem, a começar, obviamente, pela Antropologia. Em 1882, em Paris, acontece uma sessão de estudos na sede da Société d'Anthropologie, intitulada "Sobre a antropologia e etnologia das populações da Sardenha". A pergunta que os estudiosos franceses fizeram foi: "Os sardos são inteligentes?", e a resposta foi amplamente negativa.[10] Usando metodologias de pesquisa desenvolvidas sob a influência da cultura positivista, um dos estudiosos, o doutor Gillebert d'Hercourt, descreveu sua viagem "científica" à ilha, "onde, com a complicada aparelhagem de medição do crânio, [como denominaram os antropólogos positivistas], examinou 48 crânios humanos e 98 cabeças de homens vivos".[11] Segundo a teoria amplamente incorporada por meio dos estudos de Lombroso, com a qual Antonio Gramsci polemizou duramente, "a medição de crânios e ossos de homens pode dizer muito sobre os caracteres da 'raça' a que pertencem e explicam, no caso dos povos primitivos, muitas de suas ações e seus 'desvios'". A escola desses estudiosos é a de uma antropologia criminal, praticada sobretudo em áreas atrasadas da Itália, que havia recentemente alcançado a unidade e se preparavam para a construção do Estado nacional. O Sul e as ilhas, graças a despachos das forças armadas enviadas para acabar com o *"brigantaggio",* com base em cartas de viajantes políticos e teorias antropológicas popularizadas pelo jornalismo e pela literatura de consumo, se tornaram sede, na imaginação coletiva de grande parte do restante do país, de assuntos não civis e rudes, frequentemente considerados iguais, se não inferiores, aos "africanos", conhecidos dos relatos dos participantes das primeiras expedições coloniais; e em um curto-circuito fácil tais populações não eram mais que as classes subalternas, às quais, segundo os critérios pesudocientíficos dos antropólogos, era atribuída uma alteridade mental patológica.[12]

A escola positivista se ocupou da Sardenha, em particular, no momento em que, após a crise econômica de 1888, consequência do rompimento das relações comerciais com a França, houve o colapso agrícola da ilha. Teve lugar, então, um aumento dos ataques às bacias de mineração, uma intensificação dos fluxos migratórios e do desemprego e o desenvolvimento do fenômeno do banditismo.

Mal endêmico na história da ilha, o banditismo irrompeu com nova e inusitada virulência, sobretudo no interior (Barbagia e Goceano). Os sardos ficaram marcados como "raça amaldiçoada", cuja tendência a co-

---

* *Brigantaggio* é um termo pelo qual são chamados, na Itália, os fenômenos do banditismo comum e político, unidos a um fundo de insurreição e sedição legítimas. (N. T.)

meter crimes era parte constitutiva do mesmo patrimônio genético. Os sardos, em outras palavras, nasceriam já delinquentes.[13]

L'uomo Delinquente, de Cesare Lombroso, foi fundamental nesta direção. Apareceu no ano da revolução parlamentar, em 1876, que iniciou um processo de moderada democratização da vida pública, mas também com a prática do transformismo, as primeiras polêmicas antiparlamentaristas: nesse livro, destinado a um enorme sucesso para além das fronteiras nacionais, Lombroso colocou a Sardenha entre as "províncias antropologicamente ultradolicocefálicas, ou seja, habitada por uma população com um crânio pequeno, no qual não se podia ter mais que um cérebro inferior em tamanho e peso".[14]

Com base nessas sugestões, ao final do século, a Sardenha se tornou objeto de estudo para jovens "cientistas" positivistas, como Paolo Orano e Alfredo Niceforo. Este tinha 21 anos quando publicou *La Delinquenza in Sardegna* (1897), cuja tese fundamental é aquela da "raça delinquente", que teria se formado, em particular, no centro da ilha, como produto de uma série de causas históricas, sociais e econômicas pelas quais teria adquirido "uma espécie de tara hereditária, um caráter diretamente relacionado à estrutura do corpo e do cérebro", que "apontava em direção ao crime, na verdade, em direção a uma categoria específica de crimes (roubo, furto, dano, assassinato) [...]".[15] Graças também ao aval de Enrico Ferri, então eminência da sociologia militante positivista e socialista (mais tarde, mussoliniano), o livro foi bem-sucedido, mas também despertou uma reação polêmica óbvia, contra a "acusação caluniosa", como a denominou Napoleone Colajanni (siciliano como Niceforo), que denunciou, nessas teses, "o reconhecimento politicamente essencial, não apenas de uma diferença econômica e social, mas também de profunda diversidade racial entre o Norte, rico e civilizado, e o Sul, pobre e bárbaro".[16]

Niceforo forneceu também uma imponente quantidade de dados, úteis para "colocar o foco na situação da ilha" e na "denúncia, precisa e vigorosa mais que em qualquer outro texto contemporâneo, da dificuldade de justiça na ilha, acendendo assim os refletores sobre uma realidade feita de temeroso atraso. Desta forma, o resultado foi "magnetizar, em direção à ilha, não só a preocupação da opinião pública do país, mas também a decisão do governo de intervir massivamente: com as tropas, em vez de propor medidas econômicas".[17]

Nesse ambiente, rico em forças endógenas, mas marcado de preconceitos externos que se juntavam aos internos, ao peso atávico da ignorância e do enorme atraso social e econômico, onde o desenvolvimento industrial tinha sido mínimo e a organização sindical quase inexistente (ou pelo menos pequena) entre os mineiros,[18] se encontra a família Marcias, da mãe de Antonio, que não era de origem camponesa humilde, como se tem fantasiado,[19] mas também não era propriamente de família favorecida. Maria Giuseppina, conhecida como Peppina, nasceu em Ghilarza no dia em que seu filho viria a morrer, 27 de abril, no ano da unificação, 1861. A família Marcias, ou, como nos antigos documentos, Marcia, ou, antes mesmo, Marchias, retorna, ao final do século XVII, com Juan Miguel Marchias (italianizado por Giovanni Michele, morto em 1708), nascido em Pabillonis, mas de origem hispânica evidente. A família era composta de "mestres cooperativos", até que Giovanni Michele, bisavô materno de Gramsci, agregou uma outra profissão: cirurgião (*sirujano*, em sardo), enquanto seu irmão, Salvatore, tornava-se escrivão. O bisavô, Sebastiano, se tornou, além de tanoeiro, escrivão. O pai de Peppina, Antonio (nascido em Forru, hoje Collinas, como seu pai, depois de alguns séculos em Pabillonis), era cobrador de impostos em um cartório, tendo então abandonado completamente o artesanato e colocando-se na classe da administração.[20] Daí vem, evidentemente, o nome de nosso Gramsci. Antonio Marcias se casou com Potenziana Corrias, viúva de Delogu Onida, já mãe de duas filhas do primeiro casamento, Grazia e Margherita.[21] Giuseppina, cujos pais morreram quando ela era ainda jovem, frequentou a escola (quando ainda não era obrigatório, veja bem) até a terceira série. Na época, "saber ler e escrever constituía, sobretudo para uma mulher, um motivo de distinção".[22]

As origens dos Gramsci, assim como dos Marcias, se encontram fora da Itália, a Leste, e não a Oeste, na Albânia e, para Gramsh (ou Gramshi), no Sudeste. Na Itália, os encontraremos na Calábria, ainda antes que na Campânia, a partir de um tataravô, Gennaro, e, depois dele, Nicola, bisavô de Antonio, nascido em 1796. Então, outro Don Gennaro, o avô, de

1810, ambos nascidos em Plataci, uma comunidade arberesa na Calábria, sob o Monte Sparviere, o pico mais alto do maciço Pollino. De acordo com uma das reconstruções recentes, a família havia encontrado refúgio no sul da Itália no final do século XVII.[23] Segundo as lembranças de Gennaro, irmão mais velho de Gramsci,

> o primeiro Gramsci se transferiu de Épiro para a Itália após os levantes populares de 1821 e se tornou italiano. O filho dele, Gennaro (nosso avô), era coronel na Gendarmaria Bourbon e se casou com Teresa Gonzales, filha de um advogado napolitano de origem espanhola. Tiveram cinco filhos, meu pai foi o último.[24]

Francesco Gramsci nasceu em Gaeta, em plena epopeia do *Risorgimento*, quando Garibaldi estava começando sua aventura no Reino Bourbon, em 1860, de "Teresa Gonzalez, esposa legítima de Don Gennaro Gramsci", declara o documento do município.[25] Alcançada a unidade da Itália e o fim do regime Bourbon, seu pai, ou seja, o avô de Antonio, "Don Gennaro", entrou na corporação dos carabineiros com a patente de coronel.[26]

Conta Teresina Gramsci:

> Meu avô morreu jovem, e meu pai, que ainda era estudante de Direito na universidade, teve que interromper seus estudos para procurar trabalho: passou em um concurso para um cargo no escritório de registro de Ghilarza e partiu. Logo depois, veio para a Sardenha também seu irmão, Nicolino, que era um oficial do Exército; foi transferido para Ozieri, onde comandava o depósito de artilharia.[27]

Em Ghilarza, Francesco conheceu Peppina Marcias: os dois "se amaram imediatamente"[28] e se casaram em 1883 (ano em que morria Marx e nascia Benito Mussolini), não obstante a resistência da família Gramsci, ou seja, do ramo campana-calabro-albanês da família: "Sobretudo a mãe não concordava que ele, filho de um coronel e quase doutor em leis, recebesse como esposa uma moça de família obscura, não pertencente a mesma estirpe".[29]

Em 1884, nascia o primeiro filho, Gennaro, ao qual se seguiram outros seis. Três nasceram em Ales – Grazietta, Emma e Antonio – e três em Sorgono – Mario, Teresina e Carlo.[30]

O próprio Antonio, no cárcere, se recordava de suas próprias origens, entre a memória da família e a grande história, optando, entre as duas versões de família, por aquela que relatava a mudança da Albânia, na segunda década do século XIX:

> Eu mesmo não tenho nenhuma raça: meu pai é de origem albanesa recente (a família fugiu de Épiro após ou durante as guerras de 1821 e se italianizou rapidamente); minha avó era uma Gonzales e descendia de alguma família ítalo-espanhola da Itália meridional (como muitas famílias que permaneceram depois do fim do domínio espanhol); minha mãe é sarda por parte de pai e de mãe, e a Sardenha só foi unida ao Piemonte em 1847, depois de ter sido um feudo pessoal e um patrimônio de príncipes piemonteses, que a obtiveram em troca da Sicília, longe demais e menos fácil de defender. No entanto, a minha cultura é fundamentalmente italiana e meu mundo é este: jamais me vi dilacerado entre dois mundos.[31]

UMA CRIANÇA CHAMADA ANTONIO

"O selvagem burgo nativo" de Antonio é descrito desta forma em um artigo que surgiu na primeira década de sua morte:

> Ales está situada no interior da Sardenha, a cerca de 70 quilômetros de Cagliari, em um vale silencioso entre as encostas do Monte Arci e o cerco nebuloso de Gennargentu. [...] Todo o trecho que precede Ales é cheio de rochas: as enormes massas basálticas também são observadas em meio ao vasto campo de grãos que crescem, pode-se assim dizer, a despeito da camada de terra suficiente apenas para sustentar as próprias raízes. A paisagem ao redor de Ales é muito rica em vegetação.[32]

No período em que a família Gramsci se mudou para lá, a cidade contava com cerca de 1.200 habitantes: agricultores, principalmente, mas também pastores, artesãos e funcionários da burocracia do recém-criado Reino da Itália. O centro tinha uma importância, seja em nível administrativo, seja econômico, porque era a principal cidade do distrito e era dominada pela Igreja: na cidade, sede episcopal, residiam permanentemente numerosos sacerdotes e, naturalmente, eram presentes e ativas escolas católicas e um seminário.[33]

Na certidão de nascimento de Antonio Gramsci, lemos:

No ano de 1891, dia 27 de janeiro, às 9 horas e 30 minutos, na Prefeitura, diante de Coni Avv. Dom Raimondo, prefeito oficial do Estado Civil, compareceu Gramsci Francesco, 30 anos, vendedor, domiciliado em Ales, que declarou que às 11 horas do dia 22 do corrente mês, na casa localizada à Rua Catedral, número 23, de Marcias Peppina, dona de casa, sua esposa, com ele coabitando, nasceu uma criança do sexo masculino que ele me apresenta, ao qual dá o nome de Antonio Francesco.[34]

Em 22 de janeiro de 1891, quinta-feira, às 11 horas, veio ao mundo Antonio, nome do genitor da mãe (assim como Nannaro tinha o nome de seu avô paterno, Gennaro), quarto dos sete filhos de Ciccillo e Peppina Marcias, e foi batizado sete dias depois.[35] Ao santo para quem a criança estava sendo consagrada, Santo Antônio Abade, Gramsci estaria sempre vinculado, "por muitas razões de caráter mágico".[36] E seu aniversário, o dia do nome de Antonio (17 de janeiro), isto é, alguns dias antes de seu nascimento, foi para ele uma data importante.

A residência dos Gramsci era muito simples:

uma casa de um andar, ou melhor, dois, conforme declarado pelos moradores do lugar: piso térreo e andar de cima. A casa é muito simples e tem, no nível da rua, duas portas laterais divididas por uma fenda com barras de ferro e, no próximo [andar], três janelas que agora estão fechadas por persianas, mas que naquele tempo só tinham janelas de vidro.[37]

A criança foi batizada em uma cerimônia solene do "ilustríssimo teólogo Reverendo Sebastiano Frau, vigário geral";[38] o padrinho foi Francesco Puxeddu, tabelião em uma região vizinha, Masullas. Em um testemunho muitas décadas mais tarde, uma vizinha de Gramsci em Ales recordava o vestuário da senhora Peppina, "constituído de uma saia longa e fortemente plissada, de um espartilho estranho que caía dois pontos na cintura e que se fechava em uma blusa com grandes festões escuros".[39]

Em Ales, os Gramsci pouco permaneceram após o nascimento de Antonio – menos de um ano, pois o chefe de família foi transferido, como sede do trabalho, ao Ofício de Registro de Sorgono. Antonio manteve laços com o território municipal e circunvizinho: em uma carta do cárcere à mãe, pediu para mandar-lhe uma cópia de um poema em língua sarda,

Scomuniga de Predi Antiogu a su populu de Masuddas (a mencionada vila de Masullas), anunciando que queria escrever um análogo para definir os habitantes de Ghilarza.[40]

Sorgono é o centro administrativo da Barbagia Mandrolisai, seja pela localização geográfica, seja pela condição socioeconômica. Uma característica peculiar do país é ser um ponto de referência para a região do entorno e vivenciar o estabelecimento de pessoas não só do resto da Sardenha, mas também de numerosas regiões italianas, chamadas "continentais". Ao final do século XIX, tornaram-se evidentes os avanços econômicos na região após a abertura de nove rotas comerciais e a construção da rede ferroviária, a qual não foi determinante para a vida da população devido às rotas e à localização das estações.

Francesco Gramsci se tornou titular do Ofício de Registro em 1 de outubro de 1891 e lá permaneceu – não sem controvérsia na imprensa local – por vários anos; um caso pouco comum, uma vez que se afirmou a tendência a evitar a permanência das mesmas pessoas no mesmo Ofício para não provocar conluios e mecanismos clientelistas com os senhores locais. Em Sorgono, Antonio, assim como suas irmãs Emma, Grazietta e Teresina, foi enviado ao jardim de infância das freiras.[41] Naquela localidade, "exceto nos meses do verão (sempre no verão iam para Ghilarza)", recorda um conhecido da família, permaneceram por alguns anos, retornando definitivamente a Ghilarza em 1898: "Daqui, o senhor Ciccillo e a senhora Peppina não deverão se mudar mais".[42] Exatamente em Sogorno, o pequeno Antonio, chamado de Nino, apresentou os primeiros sinais de doença: "era um belíssimo menino, com grandes olhos azuis e cachos loiros, muito belos. Mas, aos dezoito meses de idade, de repente se formou um inchaço em sua coluna vertebral".[43]

A mãe quis acreditar, e se empenhou em fazer as pessoas acreditarem, que na origem daquela "coisa ruim" havia uma falha humana, e o culpado, ou a culpada, foi encontrado no elo mais fraco: a mulher que, na casa dos Gramsci, ajudava na gestão domiciliar (o que confirma que a família não era muito pobre). A lenda aí nascida sobreviveu por décadas, pela qual o "infortúnio" havia sido causado por uma queda da criança dos braços da "empregada", do alto de uma escada: "a ré" negou o acontecido mas,[44] segundo o testemunho de Teresina, em vez disso, a mulher, atormentada pelo interrogatório de Peppina, acabou admitindo o fato (embora não verificado, ou melhor, não acontecido).[45]

Naqueles ambientes rurais, a doença representava uma marca infame, especialmente uma doença capaz de provocar uma séria deformação física: além disso, a corcunda se refere, no sentimento popular, a elementos obscuros no limite do diabólico e, portanto, para tornar-se aceitável, deveria ser atribuída a alguma causa externa e acidental: a culpa humana cancelava o castigo sobrenatural ou o feitiço. Foi a mentira lamentável que provavelmente também impediu a tentativa de um tratamento. A partir de agora, estava claro para todos que Antonio Gramsci era Gobeddu, o corcundinha, em sardo. Na verdade, sabemos que o pequeno Nino foi atingido por uma tuberculose óssea e, provavelmente, os primeiros a descobrir foram os médicos soviéticos quando ele, já adulto, na Rússia, em 1922, foi submetido a radiografias. A tuberculose óssea, ou melhor, espondilite tuberculosa, chamada de "doença de Pott", foi diagnosticada corretamente por um médico de confiança, Dr. Arcangeli, somente em 1933, em um diagnóstico posterior tomado pelo inspetor de saúde Saporito. Ele tinha a tarefa, como Gramsci entendeu, de explicar os males do prisioneiro com situações anteriores à prisão. Foi então que ele soube a verdade e ficou tão surpreso a ponto de não acreditar:

> Que eu saiba, minhas doenças de infância foram devido a uma queda, escondida dos meus pais pela empregada. Porque um elemento, um tanto ficcional, estava ligado a este episódio: a criada teria sido seduzida pelo médico, que fugiu do país por medo de retaliações familiares; a mulher usou o mal-estar provocado pela minha queda para induzir minha mãe a fazer uma longa e desastrosa viagem [...]. Em 1911, em Oristano, conheci o médico Cominacini, que me tratou à época (quando criança) e tentara evitar as consequências da catástrofe.

Foi esse médico que revelou, "com bastante franqueza (ou brutalidade, que seja), que a causa dos meus infortúnios tinha sido a negligência e apatia do meu pai e que, cuidado a tempo, poderia ter sido salvo".[46] Aqui está o segundo motivo do descontentamento de Antonio com o pai Francesco; o primeiro era de natureza judicial – e trataremos dele adiante.

Não um acidente, mas uma doença, arruinou para sempre a existência da criança, do jovem, do homem: a espondilite tuberculosa, uma doença gerada pela localização do bacilo de Koch nas vértebras, mais especificamente. Se for atingido, o corpo vertebral apresenta uma falha da coluna e a consequente formação de uma anomalia. Foi e é uma doença que pode ser tratada cirurgicamente, mas abandonada ou tratada inadequadamente, a má formação, com consequências internas para todo o corpo, tornaria-se uma companheira de vida muito desagradável e dolorida para Nino, e ajudando a encurtar sua vida – um destino semelhante ao de Giacomo Leopardi (1798-1837), poeta e ensaísta, que, sofrendo da mesma doença, seria levado à morte exatamente um século antes, em 1837.

Em vez da cura, a criança recebeu um tratamento absurdo e inútil. No lugar de cura, tratou-se de tortura, segundo uma amiga dos irmãos Gramsci:

> Tia Peppina tentava de tudo, pobrezinha, para combater o mal. Vivia confusa e sempre com um ar espantado. Deitava-o para fazer longas massagens com tintura de iodo e nada. O caroço crescia cada dia mais. Então disseram para levar o menino a Oristano. Levaram-no também a Caserta, onde tio Gramsci fez com que um especialista o examinasse. Na volta, o tratamento indicado foi o de mantê-lo suspenso em uma trave no teto. Arranjaram-lhe também um colete com anéis. Nino vestia o colete, e tio Gramsci ou Gennaro punham-no amarrado ao teto, deixando-o suspenso no ar. Pensava-se que esse era o melhor modo para endireitá-lo. Mas a protuberância nas costas e depois também na frente aumentou, e nunca houve remédio.[47]

O mesmo Antonio falara de sua saúde debilitada em uma carta que nos faz entender como a condição de sofrimento foi a linha na qual, desde a infância, se desenrolou sua breve existência:

> Quando menino, aos quatro anos, tive hemorragias por três dias seguidos, que me debilitaram completamente, acompanhadas de convulsões. O médico me considerou morto e minha mãe conservou, até por volta de 1914, um pequeno caixão e a roupinha especial que deviam servir para me sepultar.[48]

Mas outra tragédia pairava sobre Gramsci. O pai, Francesco, caiu nas malhas da lei.

Em 10 de janeiro de 1896, o jornal *Il Popolo Sardo*, ao tratar de questões locais, lançou Francesco Gramsci à desonra, questionando sua honestidade e acusando-o de má conduta. Em defesa de Ciccillo, interveio *L'Unione Sarda*, o jornal dirigido por Cocco Ortu, que mantinha estreitas relações com Antonio Costa, de Sorgono. Mas, em pouco tempo, a dúvida sobre a honestidade de Francesco Gramsci tornou-se argumento de discussão na região. A origem das acusações não é facilmente reconhecível. De fato, não está definido se o descontentamento foi um sentimento difuso na população ou se resultava da inimizade com algumas figuras de destaque no ambiente de Sorgono.

Entretanto, no outono de 1897, chegou a notícia da doença do irmão de Francesco Gramsci, Nicolino, comandante do depósito de artilharia em Ozieri. Sua morte repentina, ocorrida em 17 de dezembro de 1897, obrigou Francesco a partir imediatamente, pois surgiu um problema de ordem prática. Naquela época, seu filho Gennaro era hóspede do falecido tio e corria o risco de ter que interromper seus estudos.

Aproveitando a ausência, a facção adversária fez uma inspeção no cartório: descoberta a irregularidade, Dom Ciccillo se viu imediatamente suspenso do emprego, o que não serviu para protegê-lo dos rigores da lei.

Durante muito tempo, partindo da simpática biografia de Giuseppe Fiori, se acreditou em "uma leviandade administrativa" que conduziu Francesco à prisão: segundo a reconstrução não corroborada em provas, ainda que coletadas de maneira um pouco superficial historicamente, ele teria sido vítima de uma represália política. Seria cúmplice, no entanto, de seu excesso de informalidade na gestão do cartório. Basicamente, nas eleições parlamentares de março de 1897, ele estava do lado da fração do partido que terminou derrotada. Documentos recentes nos permitem corrigir a reconstrução apologética de Fiori. Tais documentos nos dizem, antes, que Francesco Gramsci – "um homem um tanto medíocre, figura opaca e de pouco sucesso", como era definido[49] – combinou cristas e recortes sobre um número enorme de canhotos de recibos em cifras expressivas para a época".* Mais que um interesse político, provavelmente,

---

* As expressões cristas e recortes indicam acréscimos e alterações nas cifras constantes nos canhotos dos recibos do cartório. (N. R.)

a investigação tinha uma origem ligada a interesses econômicos.[50] Francesco terminava sendo um dos poucos a ter a garantia de um salário regular, apesar de aqueles não serem anos de prosperidade econômica na Sardenha. Além da necessidade de sustentar uma numerosa família, um estudioso acrescenta um particular interesse: o vício pelo jogo.[51]

Pelos documentos torna-se evidente como Francesco não tinha nenhum escrúpulo, a não ser aquele de evitar tocar nos interesses dos notáveis e da confraria de Sorgono, despertando, ao contrário, uma profunda admiração daqueles que tinham que pagar os impostos, com os quais utilizava uma linguagem fiscal e técnica intencionalmente incompreensível. "Entre 1893 e 1897, retirou e converteu para uso próprio o pagamento de taxas, despesas e direitos no valor de 1.250 liras".[52] A investigação foi realizada com zelo e teve consequências imediatas. Francesco Gramsci, sob a acusação de peculato e falsidade em atos administrativos, foi preso em 9 de agosto de 1898 – quando ainda se sentiam os ecos dos tumultos de maio em Milão (mas não só), com a feroz repressão militar de Bava Beccaris, que seria depois retribuída com o atentado fatal de Gaetano Bresci contra o rei Umberto. Francesco ficou preso em Oristano até a acusação: o processo teve início em 9 de outubro de 1900 e se desenvolveu em cerca de 15 audiências nas quais se sucederam no banco de testemunhas mais de 100 pessoas, todas convocadas pela acusação; concluiu-se com a condenação a cinco anos, oito meses e 21 dias, com a circunstância de "danos e valores leves", diante da cifra cuja falta o inspetor detectou.[53] Depois, a pena foi reduzida em três meses, graças a um decreto de anistia, e o condenado foi transferido da prisão de Oristano para Gaeta, sua cidade de origem.

A sentença do Tribunal de Justiça de Cagliari foi proferida em 27 de outubro de 1900,[54] quando o então rei Umberto, em nome de quem o processo tinha sido iniciado, foi "executado", em Monza, por Gaetano Bresci e substituído por seu filho primogênito, que chegou ao trono com o nome de Vittorio Emanuele III.

A INFÂNCIA DE NINO

TEMPOS DIFÍCEIS

A partir desse momento, a situação familiar mudou radicalmente para os Gramsci, que, entretanto, se mudaram de Sorgono para Ghilarza. Teresina lembra: "Foram anos terríveis para todos nós, mas acima de tudo para minha mãe. Tia Grazia nos assegurava moradia, mas tínhamos que nos alimentar e pagar os advogados de defesa de papai".[1] Peppina, "alta, graciosa, com dois grandes olhos escuros, [...] diferente das outras moças da vila",[2] teve que sustentar a casa e a família após a prisão do marido.

> Ela tinha uma velha máquina de costura Singer e confeccionava camisas de homens, passava a ferro, sabia cozinhar muito bem e, para as refeições principais, oferecia pensão para o veterinário e para o tenente dos carabineiros. Mas o trabalho feminino naquela época era mal remunerado e se podia 'tirar' dele apenas o estritamente necessário para viver. Ela e as crianças não comiam outra coisa senão uma sopa, com feijão ou queijo. Nada mais, apenas frutas.[3]

Mamma Gramsci nunca descansava. À noite, passava camisas por um pequeno pagamento.

> O ferro de Peppina era daqueles de encher de brasas ardentes, e o fogão precisava estar sempre ligado, alimentado com carvão 'queimado' e com uma ventoinha quando ameaçava se apagar. O ferro

era pesado e difícil de manusear, porque, dos furos laterais, qualquer cisco aceso poderia sair e arruinar a roupa. [...] Depois de um dia intenso de trabalho, por volta das dez horas, Peppina sentia o braço direito, que doía, e suas pernas davam lugar à fadiga, mas a cesta com as camisas a serem passadas ainda estava cheia e ela precisava terminar, porque seriam entregues na manhã seguinte.[4]

Nasce daí a profunda admiração dos filhos. Em uma carta a Grazietta, datada de 1932, Antonio perguntou:

Seremos capazes de fazer o que mamãe fez há 35 anos? Ela foi capaz de ficar sozinha, pobre mulher, contra uma terrível tempestade, e de salvar sete filhos? Certamente sua vida foi exemplar para nós e nos mostrou o quanto vale a obstinação para superar dificuldades que até homens de grande fibra consideravam insuperáveis.[5]

Escrevendo para *Mamma* Peppina, alguns meses antes, confidenciou o quanto ela sempre lhe aparecia "como uma força benéfica e cheia de ternura para nós". E especificava: "Pois todas as recordações que temos de você são de bondade e força, e você deu suas forças para nos criar. Isso significa que já está no único paraíso real que pode existir, que, para uma mãe, acho que é o coração de seus próprios filhos".[6] Em suma, ela era a pessoa que Antonio colocava "no centro de seu universo afetivo"[7] e, certamente, o garoto tinha compreendido e compartilhava intimamente o orgulho de Peppina, que

a impedira de recorrer à sogra e aos cunhados, depois que eles, no momento do casamento, a haviam recebido mal na família. Os irmãos de Ciccillo, todos bem estabelecidos, e sua irmã, casada com um rico proprietário de terras, poderiam muito bem ajudá-la. No entanto, ela queria fazer isso por si, não se humilhando para pedir ajuda a parentes quase desconhecidos.[8]

O carinho de Nino por sua mãe foi constante e profundo, a ponto de reconhecer nela o mérito de tê-lo ensinado ou ajudado a aprender a escrever, e também a outros pequenos da família, e "antes, nos havia ensinado muitas poesias de cor".[9]

Mamma Peppina tornou-se, portanto, graças à sua tenacidade e sua força simples, uma figura imponente na imaginação do menino, e isso permaneceu até mesmo na dramática condição da prisão: e, mais ainda, a mãe foi para Antonio o supremo "modelo de coragem, de resistência aos contratempos da vida, da capacidade de enfrentar o 'mundo grande e terrível'".[10] A tenacidade, uma tenacidade que, de acordo com uma reconstrução irônica de Antonio, poderia ser remetida, em certo sentido, ao sobrenome da avó materna: "Está certo que também nós somos um ramo das Corrias e, portanto, um pouco *corriazzos*".* Coreáceo foi de fato Antonio, desde pequeno, e provas sucessivas não lhe pouparam nada. Mas toda a família teve que mostrar a mesma virtude, tomando consciência imediata da situação alterada.

Desde 1898 até então, isto é, da primeira prisão do chefe da família, os Gramsci moravam em Ghilarza. A casa onde Antonio passou a infância era "uma construção rústica, da qual apenas a fachada da rua estava coberta de gesso, sem nenhum conforto, sem água ou qualquer outro serviço higiênico ou, no máximo, muito primitivo".[11] Uma vela acesa à noite compensava a falta de energia elétrica.

Que cidade era Ghilarza à época? Teresina responde:

> Uma região avançada em comparação com outras do distrito: havia um círculo de leitura, depois foi fundado um círculo feminino, do qual também minha mãe fazia parte. De fato, era uma das fundadoras, juntamente com uma professora aposentada chamada Nina Corrias, que viera de Roma. Nina Corrias era uma parente distante, muito avançada. Por exemplo, era ateia e, quando morreu, foi sepultada com rito civil. Foi a única mulher, até hoje, a ter um funeral civil em toda a história de Ghilarza.

Portanto, era uma família que, depois da desventura do pai, podia ser considerada desfavorecida, mas que vivia em um ambiente cultural não propriamente desértico. E à abertura desse ambiente, embora relativa, mas ainda assim notável para uma pequena vila, correspondiam interesses culturais e civis na família, testemunhados não apenas pelo círculo de mulheres, ao qual a mãe estava vinculada, mas pela paixão pela literatura, que especialmente Nino e Teresina cultivavam.

> Ficamos felizes quando uma senhora, chamada Mazzacurati, deu a Nino uma pequena biblioteca de textos para crianças, que per-

---

* Gramsci está aqui fazendo um jogo de palavras: Corrias – corriazzos – Coriaceo, relativo ao couro, resistente, duro. (N. R.)

tencera a seu filho, também corcunda e morto muito jovem. Além disso, meu pai sempre comprava jornais ilustrados com romances mensais, que agora são as revistas. Então, líamos avidamente os romances de Carolina Invernizio e outros.[12]

Carolina Invernizio, "l'onesta gallina della letteratura italiana",[13] autora de romances tenebrosos e ilógicos, e mesmo assim ainda muito lidos ao longo dos decênios seguintes: eis a primeira fonte do interesse gramsciano, retomado depois da prisão pela literatura de trivialidades no primeiro encarceramento, quando, constrito pelas circunstancias, tinha que se contentar com as bibliotecas para prisioneiros, antes de chegar como recluso a Turi, onde, no fundo, também esse gênero de leitura contribuiu para elaboração sobre o nacional-popular (retornaremos a isso). Portanto, foi um começo tardio (tinha quase oito anos), uma vez que sua saúde debilitada foi levada em consideração. Talvez a diferença de idade tenha feito com que fosse, como escreve o biógrafo Fiori, "sempre o melhor da classe", que chegava a ter até 49 alunos.[14] A diferença de idade, no entanto, era uma diferença nas bases culturais. Ele aprendera a ler em casa, demonstrando uma autêntica paixão pelo conhecimento, que o levou a se afastar de amigos. "Passou semanas sem ser visto", testemunha um colega de infância, "e quando perguntei a ele o motivo, respondeu que passara todos aqueles dias lendo".[15] Além disso, "aos sete anos, Antonio leu os livros de Salgari e sonhava aventuras".[16] Ele mesmo confessa, com algum orgulho: "Conhecia todas as fases das batalhas navais de o *Corsário Vermelho* e dos *Tigres de Mompracem*".[17]

Ao lado e para além do estudo, Nino revelava talento para a construção de objetos, de ferramentas, seja para jogo, seja para uso diário, prático. Um testemunho familiar nos dá conta, simpaticamente:

> Ele construiu um chuveiro especial, que pode ser descrito assim: um grande recipiente de metal suspenso por um gancho. Este recipiente, um latão, pendia do teto da cozinha. No lado superior, Nino tinha feito diversos furinhos. Enchia-o com água quente e puxava para cima. Para virá-lo, bastava puxar uma cordinha e a água escorria logo para o banheiro.[18]

Ele também construía objetos de caráter "saudável-desportivo", para corrigir suas má formações, como conta Teresina:

Ele havia feito seis bolas de pedra para três halteres de pesos diferentes. Os pares de esferas eram unidos por bastões, cabos de vassouras: o ferro era muito caro na época e não se podia colocar uma haste metálica. Além disso, mesmo com a haste de madeira, o aparelho servia bem para o objetivo. Com regularidade, todas as manhãs, Nino fazia seus exercícios. Desejava ficar mais forte, ter mais músculos nos braços e, empenhando-se ao máximo, levantava pesos até que suas forças o abandonassem. Lembro-me de uma vez atingir 16 flexões consecutivas.[19]

Quanto aos brinquedos, ele escreveu em uma carta:

Recordo muito bem o quintal onde brincava com Luciano e a banheira em que manobrava minhas grandes frotas de papel, taquara, junco e cortiça, destruindo-as em seguida com golpes de jatos d'água [...]. Falava sempre de bergantins, xavecos, veleiros de três mastros, *schooners*, fileretes e velas papa-figos [...]. Só lamentava que Luciano possuía um barquinho simples e robusto, de folha de flandres, que em quatro movimentos abalroava e afundava meus galeões mais bem feitos, com toda a complicada armação de pontes e de velas. No entanto, me orgulhava muito de minha capacidade.[20]

Não participava de todos os jogos; obviamente, excluía aqueles mais tipicamente masculinos, baseados principalmente no uso da força, dada sua condição física.[21] No entanto, seu mundo começou a se mover em torno da paixão pela natureza e pelos animais, cujos hábitos Nino observava: "Quando menino, eu criei muitos pássaros e também outros animais: falcões, corujas, cucos, pegas, corvos, pintassilgos, canários, tentilhões, claraboias etc. Criei uma pequena cobra, uma doninha, alguns ouriços do mar, algumas tartarugas". Na prisão, os pardais que ele criava em cativeiro foram uma companhia preciosa.

A escola continuava e em determinado momento, como teria afirmado, ele colocou na cabeça a ideia de "pular" um ano:

Havia feito o segundo ano primário (revelação inicial das virtudes cívicas do carroceiro!) e pensava em fazer, no mês de novembro, o exame de dispensa para passar à quarta série, pulando a terceira: tinha certeza de que seria capaz de fazer tal coisa, mas, quando me apresentei ao orientador pedagógico para lhe apresentar o requerimento protocolar, ouvi, à queima-roupa, esta pergunta: 'Mas você conhece os 84 artigos do Estatuto?'. Nem tinha pensado nesses artigos: me limitara a estudar as noções de 'direitos e deveres do cidadão', contidas no livro-texto.[22]

Na história, a situação parece engraçada, mas se tratou de outro pequeno trauma; quando o jornalista Gramsci relembrou o episódio, no início de um de seus primeiros (e mais bonitos) artigos, dedicado à morte de um crítico literário por ele amado, Renato Serra, uma luz na escuridão da estupidez e da ignorância que a guerra havia cruelmente apagado:

> Lembro-me de um garoto pobre que não pôde frequentar os doutos bancos das escolas de sua região por problemas de saúde, e havia se preparado, ainda que de forma modesta, para o exame de dispensa. Mas quando, abatido, se apresentou ao professor, ao representante oficial da ciência, para entregá-lo o pedido elaborado, para impressioná-lo com a mais bela caligrafia, este, olhando-o por meio de seus óculos científicos, perguntou sombriamente: 'Sim, tudo bem, mas você pensa que o exame é fácil assim? Você conhece, por exemplo, os 84 artigos do Estatuto?'. E o pobre garoto, esmagado por essa pergunta, começou a tremer; chorando desconsolado, voltou para casa e então não quis fazer o exame.[23]

Infelizmente, as dificuldades econômicas causadas pela falta de um salário em casa se fizeram sentir e, no verão de 1902, entre a quarta e a quinta séries, Antonio foi trabalhar, junto com seu irmão Gennaro, no Escritório de Impostos Diretos e de Cadastro de Ghilarza, onde, anteriormente, nos meses de verão, realizara atividades de porteiro. Era ainda um menino, essencialmente:

> Comecei a trabalhar quando tinha 11 anos, ganhando minhas nove liras por mês (o que, de resto, significava um quilo de pão por dia) por 10 horas de trabalho diário, inclusive domingo de manhã, tratando de carregar livros de registro que pesavam mais do que eu e, em muitas noites, chorava escondido porque o corpo todo me doía.[24]

Peppina, para "proteger" as crianças, não havia dito nada sobre os assuntos do marido, conhecidos apenas por Gennaro, o mais velho. Os outros sabiam que o papai estava em Gaeta, na casa da *Mamma grande*, a avó paterna.[25] Mas eram segredos difíceis de guardar, e Nino soube da pior maneira, provavelmente por causa da "zombaria de outras crianças".[26] As notícias devastaram-no, produzindo, especialmente pela forma como lhe chegaram, um trauma que sem dúvida teve repercussões em suas relações com o pai. A partir desse momento, talvez, e nas décadas seguintes, "incompreensão, aspereza, longos silêncios. Foi um golpe daqueles destinados a deixar marcas profundas".[27] Sobretudo essa segunda mentira piedosa (depois daquela relativa à doença) valeu para fazer com que o garoto compreendesse a força absoluta da verdade. E um desprezo eterno pela mentira. Esse fato traria sérias consequências para seu relacionamento com seu pai e muitas cartas endereçadas a ele provam isso: Gramsci julgou o fato de que não havia sido informado da prisão como um "erro pedagógico para não ser repetido". Na referência autobiográfica, em uma carta à cunhada Tatiana, a alusão é clara, quando coube a ele o cárcere, a propósito da verdade a ser dita aos seus filhos, aquela mentira sobre a sorte de seu pai Francesco:

> Não consigo imaginar porque esconderam de Delio que estou na prisão, sem refletir que ele poderia descobrir indiretamente, isto é, da forma mais amarga para um menino que começa a duvidar da credibilidade de seus educadores e começa a pensar por conta própria e a ter vida autônoma. Pelo menos, é o que estava acontecendo quando era menino: lembro perfeitamente. [...] Eu penso que é conveniente tratar as crianças como seres já razoáveis e com os quais se fala seriamente até sobre as coisas mais sérias; isso lhes causa uma impressão muito profunda, reforça o caráter, mas; especialmente, evita que a formação da criança seja deixada ao acaso de impressões do ambiente e à mecanicidade dos encontros fortuitos. É realmente estranho que os adultos se esqueçam de que já foram crianças e não levem em conta suas próprias experiências. Eu, por meu lado, lembro como me ofendia e me induzia a fechar-me em mim mesmo e a ter uma vida à parte de toda descoberta de subterfúgio usado para esconder até as coisas que podiam me machucar; tornei-me, pelos dez anos de idade, um verdadeiro tormento para minha mãe, e tinha tal fanatismo pela franqueza e verdade nas relações recíprocas que fazia cenas e provocava escândalos.[28]

A obsessão pela verdade, que caracterizou Antonio Gramsci, tem, portanto, origem distante e um forte componente autobiográfico. Se considerarmos também as condições de saúde, que inexoravelmente começavam a se deteriorar, e as dificuldades de relacionamento com os familiares, a infância de Nino nos parece dramática. Logo após conhecer Giulia Schucht, que se tornaria sua companheira, ele escreveu:

> Quando menino, aos dez anos, [...] fui forçado a fazer muitos sacrifícios e minha saúde estava tão fraca que eu estava convencido de ser um fardo, um intruso em minha própria família. São coisas que não se esquecem facilmente, que deixam marcas muito mais profundas do que se imagina.[29]

Em 1904, finalmente, Francesco Gramsci retornou para casa. Um amigo de infância de Gramsci conta:

> Nós, estudantes, costumávamos nos reunir em uma ponte na entrada da aldeia. O parapeito da ponte servia de assento, e nos reuníamos ali para conversar. Certo dia, ao anoitecer, vimos o senhor Ciccillo e Nannaro, que vinham a pé de Abbasanta, onde ficava a estação ferroviária. Pai e filho caminhavam em silêncio, lado a lado. Quando passaram por nós, paramos de conversar. O senhor Ciccillo estava muito envelhecido e sério. Nós o cumprimentamos e ele nos olhou com timidez. Nannaro colocou-lhe a mão nas costas e, sempre em silêncio, prosseguiram em direção à aldeia.[30]

Uma imagem eloquente: o silêncio, o medo de Francesco, o gesto protetor de seu filho Gennaro. E aqui está a chegada à casa, na memória de Teresina:

> Um dia, próximo à Páscoa de 1904, enquanto eu brincava com uma das minhas bonecas de palha ao lado do baú sardo que estava na sala de entrada da nossa casa, abre-se a porta e entra um belo senhor. 'Quem é você?', perguntei a ele. Era papai, que retornava para casa após mais de cinco anos de prisão.[31]

As dificuldades econômicas não cessaram com o retorno do *babbo*, que não conseguiu encontrar trabalho. A família recebera uma pequena herança que motivou os Gramsci a tentar iniciar uma criação de galinhas, resultando em uma rápida falência. Nem mesmo quando Francesco finalmente conseguiu um emprego no Cartório de Registro de Imóveis (como seu filho!) como um simples escrivão a situação da família melhorou.[32]

Antonio chegou ao final do ensino fundamental com notas muito boas: "Composição, dez; Ditado, dez; Aritmética, dez, no exame escrito e oral; Literatura, Leitura e Noções Gramaticais, dez; História e Geografia, dez".[33] A redação final, datada de 16 de julho de 1903, tinha este ponto de partida "Se um companheiro bem-sucedido e muito inteligente tivesse expressado a você a intenção de abandonar os estudos, o que você responderia a ele?". Na avaliação do garoto (que foi entregue às 10h30 e recebeu a nota de 10/10 por uma comissão presidida pelo professor Raffa Garzìa) encontramos preciosas indicações, quase como se fosse traçada uma linha de vida da qual ele não se afastaria:

> Você diz que não retomará mais seus estudos porque lhe causaram tédio. Como, você que é tão inteligente, a quem, graças a Deus, não lhe falta o necessário, quer abandonar seus estudos? Você me diz para fazer o mesmo, porque é muito melhor correr pelos campos, ir para as danças e reuniões públicas, em vez de se fechar por quatro horas ao dia em uma sala com o professor que sempre nos estimula a estudar, porque senão permaneceremos cabeças ocas. Mas eu, meu querido amigo, nunca posso abandonar os estudos, que são minha única esperança de viver com honra quando for adulto, porque como você sabe, minha família não é rica em bens e fortuna.
> Quantos meninos pobres o invejam, aqueles que gostariam de estudar, mas a quem Deus não deu o necessário, não apenas para estudar, mas, muitas vezes, nem mesmo para se alimentar.
> Eu os vejo da minha janela, como os meninos nos olham passando com a bolsa de ombro, aqueles que não podem ir senão para a escola noturna.
> Você diz que é rico, que não precisará de estudos para viver, mas cuidado com o provérbio 'o ócio é o pai dos vícios'. Quem não estuda na juventude se lamentará amargamente na velhice. [...]
> Volte aos seus estudos, querido Giovanni, e encontrará todos os bens possíveis.[34]

A licença elementar veio naquele mesmo ano, 1903, aos 12 anos de idade, portanto, com dois anos de atraso em relação aos companheiros; mas o resultado foi exultante, com um conceito de 70/70. "É único, mais que raro", comentou o mestre Sotgiu, o mesmo que encontramos nas *Cartas* como um solene personagem do passado, e que permaneceu no ensino de odes românticas no liceu Eleonora d'Arborea, enquanto os alunos estavam mais interessados nas façanhas dos bandidos Tolu ou Derosas.[35]

GRUPO FAMILIAR

Apesar do sucesso da primeira fase escolar, o rapaz sofreu uma interrupção, como já mencionado, não tanto pelo agravamento progressivo da doença quanto, principalmente, porque tinha que ajudar a família trabalhando no Cartório de Registro de Imóveis. Mas Antonio não abandonou os estudos e procedeu como autodidata, com a ajuda de algumas aulas particulares. Dois anos se passaram antes de seu registro no ginásio de Santu Lussurgiu, onde tinha "pretensos professores", três no total, que "fizeram, com muito bocejar, todo o ensino das cinco classes". Foram três anos, mas anos nada fáceis: Antonio, durante a semana, vivia na pensão de uma camponesa que por cinco liras por mês lhe dava alojamento "e uma comida muito frugal".[36] Nos fins de semana, voltava para casa de carroça, ou às vezes andando pelos 18 quilômetros que separavam as duas aldeias. Em uma dessas viagens, ele e um amigo da escola foram alvo de tiros de rifle por horas, talvez "de uma turma de brincalhões".[37]

Apesar das dificuldades, esse período pode ser considerado provavelmente o mais importante da fase da Sardenha, porque "somente a casa de Ghilarza foi para ele o lugar privilegiado de uma breve estabilidade, da intimidade protegida no ninho familiar, dentro de uma maior, embora ainda pequena, comunidade". De fato, segundo alguns, talvez precisamente aquela estadia "tenha sido um dos fatores mais fortes de integração para os seus pensamentos, para as suas memórias e até para os seus projetos".[38] E Ghilarza representou o lugar que, mais do que qualquer outro, permaneceu na psique de Antonio, do qual ele sempre carregava marcas profundas, permeados por uma doçura extrema e, na tragédia do cárcere, por uma nostalgia aguda.

Provavelmente, também foi a época da primeira descoberta da diferença e da distância entre ricos e pobres[39] que, logo depois, como veremos, se tornou mais nítida na contraposição entre "oprimido e opressor". A nova situação doméstica forçou também as crianças a contribuírem com seu trabalho a uma causa comum, como conta Teresina:

> Aos oito anos, um dia, eu consegui tricotar uma meia masculina. Por um par de meias me davam 25 centavos, e para mim era muito! Grazietta bordava, Emma passava, Nino dava aulas para outras crianças da vila e fazia algum trabalho na agência tributária: em um ano, ele e Mario conseguiram ganhar quase 300 liras.[40]

Se a mãe emergiu desde o início como a figura-chave na infância, o relacionamento de Antonio com o pai, ao contrário, parecia difícil, não apenas por causa da prisão e de sua motivação, mas pela consequente raiva do filho (tanto pela mentira quanto pelo fato em si, evidentemente); é provável que existisse um problema inter-relacional específico entre os dois, embora não faltem testemunhos de momentos alegres. No fundo, Antonio tinha reservas inesperadas de alegria. Novamente, foi Teresina quem contou os detalhes mais ricos:

> Tenho uma lembrança muito vívida de Nino menino: meu pai o chamava Antonino e ele chamava o pai de Cicillo, diminutivo de Francesco, usado no napolitano e como também minha mãe o chamava. Pareço vê-los juntos novamente: Nino acaricia a linda barba loira de papai, que torce o bigode para cima e diz: 'Mas Cicillo, esses Bourbons, esse rei Ferdinando...', e depois improvisa uma história hilariante sobre a corte de Nápoles. Papai, talvez divertido, ou tocado por lembranças, coloca dois dedos no bolso do colete e retira duas ou três moedas para seu Antonino. Carlo vinha imediatamente, encarregado de comprar cigarros em um bar perto de casa e um fruto de que Nino gostava, o chinotto. Um pouco mais tarde, sorvendo-o avidamente, Nino riu da comédia que tinha encenado; riu com aquele belo riso que era talvez seu charme.[41]

Obviamente existem poucas referências ao pai, e é fácil entender a diferença de relação com a mãe. Mesmo que não seja verdade, como foi afirmado com base em documentação ainda bastante esquelética, que "não existe traço de carta a ele endereçada", porque temos (e veremos mais adiante), é em vez comprovado que "na vastidão dos escritos gramscianos, tão rico em referencias autobiográficas, jamais e por qualquer motivo o pai é lembrado.[42]

A mãe, portanto, como já foi observado, parece reunir quase completamente o carinho de Antonio, como reconhecem estudiosos reconhecidos como Giuseppe Fiori e Giorgio Baratta. Se o primeiro a enfatiza como um elemento que teria despertado admiração e o orgulho no filho,[43] o segundo amplia a discussão para um exame mais geral, destacando que o afeto pela mãe, "como elemento gerador de sua personalidade básica, como era por ele vivido, é um dado ao mesmo tempo biológico--natural e histórico-social; histórico-social, quero dizer, como foi, para os pastores e camponeses do centro da Sardenha, o significado da própria palavra 'comum'".[44]

Pai e mãe, definitivamente, tiveram um peso muito diferente no crescimento do jovem: "Gramsci substancialmente recusou o pai", uma circunstância que faz contraponto à admiração pela mãe, pela maneira como ela soube enfrentar, sob todos os pontos de vista, a situação em casa após a prisão de seu pai.[45] E, na prisão, a figura materna se tornaria, no ânimo de Antonio, imponente, "modelo de coragem, de resistência aos reveses da vida, de capacidade de enfrentar o "mundo grande e terrível".[46]

As cartas testemunham a persistência de um sentimento muito forte, às vezes com momentos de tormento, às vezes de tenra doçura:

> Veio de novo, claramente, a lembrança de quando estava no primeiro ou segundo ano primário e você me corrigia os deveres: lembro perfeitamente que não conseguia nunca me dar conta de que 'uccello' [passarinho] se escreve com dois cês e você me corrigiu esse erro pelo menos dez vezes. Assim, nos ajudou a escrever (e, antes, nos havia ensinado muitas poesias de cor; eu me lembro ainda de Rataplan e uma outra: 'Ao longo das margens do Loire/ que como uma fita prateada / corre por muitas milhas / terra bem-aventurada'); é justo que um de nós seja sua mão para escrever quando você não tem mais a mesma força.[47]

Durante os anos da adolescência e da primeira juventude, os irmãos também têm um papel importante: muitas vezes, eram companheiros de brincadeiras, aqueles jogos dos quais Antonio se lembra durante seus anos na prisão.[48] Numerosos depoimentos de familiares trazem à tona vários episódios da infância de Nino e dos outros irmãos. Teresina lembra alguns desses fatos e o caráter de seu irmão: "Assim era Nino. Irônico, alegre, espirituoso e, apesar de se fazer um pouco sofrido, nós o amávamos e respeitávamos. Também porque era capaz de impulsos afetuosos e carícias, especialmente comigo, quando ia me refugiar em seus braços. E foi um maravilhoso companheiro de brincadeiras, cheio de criatividade e com grandes capacidades manuais".[49] Uma ironia e um "gosto ao gracejo que talvez Nino tenha herdado de minha mãe", que atingia os irmãos mais novos, ela e Carlo. Às vezes, também uma arma particularmente eficaz para desmontar histórias dos irmãozinhos aos pais, principalmente as de Carlo, o menor: "Ele era o menor, tímido e indefeso, e eu me lembro de seus protestos em meio a lágrimas: 'Mamãe, Nino está me empurrando!'. Não adiantava. Porque Nino, implacável com suas histórias, derrotava os personagens que Carlo construía sobre si mesmo em sua fantasia".[50]

O gosto pelo gracejo, terminado o ensino fundamental, foi transformado em algo mais pungente: "A impossibilidade de estudar o amargurava".[51] Mas um dos irmãos, Mario, dois anos mais jovem, conseguia romper com esse seu jeito. Antonio ria das piadas e das bravatas do irmão, muito mais animado que ele:

> Os dois eram muito amigos. Muitas vezes, a diversão deles era fazer improvisações poéticas, parecidas com as competições realizadas durante as festas dos padroeiros, e nessas competições dos irmãos Gramsci eram ironizados os mais extravagantes personagens de Ghilarza. Antonio, bem entrosado no ambiente da cidade, com tendência à ironia, conhecia uma série de brincadeiras inteligentes. Muito tempo depois, nos primeiros meses de prisão, teve a ideia de dedicar aos personagens de sua infância uma música baseada na *Scomuniga de preti Antiogu a su populu de Masuddas*, composição satírica divulgada no final do século XIX.[52]

Um dado que nos apresenta um importante tema, a língua: o italiano é falado na família, bem como o sardo. O pai, como já visto, que era natural de Gaeta e emigrou para a ilha aos 20 anos, certamente não usava o dialeto sardo como língua básica, que está presente tanto no léxico familiar quanto, especialmente, nos círculos de parentes e amigos. A mãe, que completou o primeiro ciclo de três anos da escola, de acordo com depoimentos, sabia falar um bom italiano, provavelmente alternando com o uso do sardo. E Antonio cresceu perfeitamente bilíngue, aprendendo a considerar, como ele próprio teria observado repetidamente, que o sardo não era um dialeto, mas uma língua.[53] Uma língua cujos aspectos estruturais e históricos ele teria aprofundado nos primeiros passos de sua "graduação universitária", como veremos. Em geral, ele tinha em alta consideração a dialectologia como um ramo essencial da linguística ou glotologia.

A DESCOBERTA DE SUA TERRA

SARDITÀ E SARDISMO

Em 1908, Antonio obteve o certificado do ensino ginasial em Oristano. Os pais decidiram que Gennaro, o filho mais velho, iria solicitar a transferência para o Cartório de Registro de Imóveis de Cagliari e Antonio iria morar com ele. Assim foi: no outono, ele se juntou a seu irmão, Gennaro, em Cagliari para frequentar o Liceu Dettori, estabelecendo sua residência no número 24 da Via Principe Amedeo. Gennaro mudou rapidamente sua ocupação, começando a trabalhar como contador na fábrica de gelo Marzullo, na qual recebia um salário de cerca de 100 liras por mês, valor que imediatamente provou ser insuficiente para os dois irmãos.[1]

Quando Antonio chegou a Cagliari, encontrou uma cidade pequena – tinha cerca de 50 mil habitantes –, mas muito animada sob diferentes pontos de vista, com caráter mercantil e burocrático altamente desenvolvido e onde, ainda assim, era possível contar grandes núcleos da classe operária.[2] Embora a concentração proletária fosse maior nas bacias de mineração, onde o sistema colonial de empresas mineradoras estava bem consolidado,[3] um dos principais centros de irradiação do socialismo era Cagliari. A existência de uma instituição universitária tornou a capital atenta "às mudanças da sociedade sarda em relação à evolução e à novidade da sociedade nacional": evidentemente, "um terreno fértil para a difusão, entre as camadas intelectuais mais sensíveis, de ideias socialistas".[4]

Entre fevereiro e maio de 1906 aconteceram os primeiros movimentos populares na ilha, que tinham a cidade como epicentro, demonstrando que uma forte condição de inquietação uniu seus habitantes aos do campo e aos trabalhadores das minas. O aumento do custo de vida, que também afetou as classes médias e não apenas as proletárias, estava entre as causas que desencadearam esses movimentos e que captaram certo consenso também graças aos jornais que tentavam constantemente, embora de maneira demagógica, desencadear os protestos. "Ao se ler as crônicas iniciais de *L'Unione* sobre as manifestações de Cagliari contra os preços altos, [...] quase se tem a impressão de estar à frente de um folheto radical ou até pró-socialista". O autor da crônica *Tragici avvenimenti di questi giorni* era o próprio diretor Raffa Garzìa, que Gramsci teve como professor no Liceo Dettori. Note-se, no entanto, que, após uma solidariedade inicial pelo protesto popular, segue uma "ainda mais convicta e entusiasmada descrição da contra-manifestação organizada pelos lojistas na tarde anterior".[5] A mudança de linha é explicada precisamente pela força do protesto e pelo seu potencial: O *L'Unione Sarda* reunira em torno de si, de fato, as forças burguesas.[6]

Os movimentos terminaram com uma forte onda repressiva que deu nova vida ao irredentismo da Sardenha, no qual não apenas elementos regionais foram coagulados, mas também a expressão de uma unidade contraposta à burguesa, de interesses dos estratos populares da cidade e do campo; ou entre o proletariado e as classes médias urbanas e as dos mineiros, por um lado, e os camponeses e pastores, de outro. Soldagem significativa, porque era substancialmente operante contra uma tendência que dominou todo o período histórico precedente, que tinha visto romper claramente os interesses urbanos daqueles do interior. Começava agora, porém, a desenvolver-se também "uma nova consciência da 'questão sarda'", título que encontramos na breve experiência de um semanário (1907), "no qual parece vislumbrar a consciência que o que determinava o atraso da Sardenha era o tipo de desenvolvimento econômico nacional". Esse cenário teria sido a base do sardismo que seria posteriormente desenvolvido.[7] As lutas dos mineiros em Iglesiente, de 1910, foram um momento importante para a unidade do proletariado, mesmo que não tenha conseguido vencer, no final, a resistência dos camponeses e pastores.

A capital da ilha ostentava três jornais (além do *L'Unione Sarda*, na linha do honorável Cocco Ortu, *Il Paese*, radical, e *Il Corriere dell'Isola*, clerical) e mais alguns periódicos, incluindo o semanário socialista *La Voce del Popolo*. Dois teatros, o Civico e o Politeama Margherita, tinham uma discreta programação, que incluía "nomes" da prosa e da ópera. Existiam, pois, locais de variedades e numerosos círculos que desempenhavam dupla função: concertos e conferências e, em alguns casos, também cinema.[8] A cidade, além disso, tinha serviços culturais e civis com dois ginásios e um liceu. Nesse ambiente animado, a formação intelectual de Gramsci começou a assumir contornos mais precisos. Em particular, foram delineados seus primeiros interesses reais e suas paixões culturais: o teatro, o jornalismo e os estudos filológicos. Gennaro, chamado de Nannaro, não era apenas um apoio para o jovem Antonio, mas também uma referência intelectual e política, e continuou a sê-lo assim também nos primeiros anos de Turim. Os dois sofreram a realidade da pobreza e, nas cartas de Antonio a seu pai, entendemos seu profundo sentimento de gratidão em relação a seu irmão:

> Caríssimo papai. Parece que tu acreditas que eu possa viver de ar. E Nannaro já faz demais, porque crês também que com a mesada que me mandas, em Cagliari não se pode viver senão comendo pão, e ainda pouco, porque custa 50 o quilo.[9]*

No entanto, as dificuldades econômicas se transformaram em problemas que aumentaram drasticamente, dentro de alguns meses, as preocupações de Antonio, que assim as expôs:

> Nannaro se sacrifica bastante. Ele recebeu um dinheiro adiantado, mas agora não sabe como fazer. Vejo que dia após dia se torna mais sério, e hoje ele estava determinado a me enviar de volta a Ghilarza porque não sabia mais como fazer, e já lhe custava bastante pensar

---

* Aqui se observa que pode ter faltado uma interrogação ou erro no verbo, mas é como é o original. (N. R.)

em si mesmo: somente minhas orações foram capazes de convencê-lo de que, escrevendo para você hoje à noite, tudo seria remediado. [...] Você jogou peso demais em Nannaro a ponto de esmagá-lo. Contudo, ele já fez o bastante, porque sem ele eu certamente não poderia ter vivido com meras 45 liras por mês. Mas você não pensa sobre essas coisas. Enquanto isso, verei [...]. Eu certamente não censuro Nannaro por sua decisão.[10]

No entanto, foi graças a Gennaro que Antonio entrou em contato com o debate político e se aproximou dos ambientes culturais da cidade.[11] Gennaro parece uma espécie de anjo protetor de Antonio. Em uma carta de 1928, lemos:

Eu, quando menino, tinha inclinação muito acentuada para as Ciências Exatas e a Matemática. Perdi-a durante os estudos ginasiais, porque não tive professores que valessem pouco mais do que um zero à esquerda. Do mesmo modo, depois do primeiro ano de liceu, não estudei mais Matemática e, no lugar dela, escolhi o Grego (então, havia a opção); mas no terceiro ano demonstrei de modo inesperado que havia conservado uma 'capacidade' notável. Acontecia então que, no terceiro ano de liceu, para se estudar Física era preciso conhecer os elementos de matemática que os alunos que optaram pelo Grego não tinham a obrigação de saber. O professor de física, que era um cavalheiro muito distinto, se divertia à beça pondo-nos em situação embaraçosa. Na última prova oral, do terceiro trimestre, me propôs questões de Física ligadas à Matemática, dizendo-me que da exposição que fizesse dependeria a média anual e, portanto, a obtenção do diploma com ou sem exame: divertia-se muito, vendo-me no quadro negro, onde me deixou por todo o tempo que eu quis. Pois bem, passei meia hora no quadro negro, fiquei branco como gesso da cabeça aos pés, tentei, tentei de novo, escrevi, apaguei, mas finalmente 'inventei' uma demonstração que foi acolhida pelo professor como ótima, embora não existisse em tratado nenhum. Esse professor conhecia meu irmão mais velho, em Cagliari, e me atormentou com suas risadas durante todo o tempo de colégio: chamava-me de físico à grega.[12]

UM ESTUDANTE EM PRECARIEDADE

A estreia no ensino médio não foi fácil: as dificuldades econômicas tiveram efeito negativo no desempenho escolar. Antonio escreveu para o pai, no final do primeiro trimestre escolar:

Fiquei sabendo, finalmente, as médias do trimestre; com certeza elas deveriam ter sido diferentes, mas não é minha culpa porque, como talvez Nannaro tenha escrito para o senhor, fiquei três dias fora da escola por não ter trazido o diploma nos dias dos exames trimestrais. De modo que, em História Natural, não tive nota e, em História, 5. O professor também me deu uma repreensão, mas não tive culpa nenhuma, porque lhe escrevi sempre [...]. Mas de resto eu me saí muito bem, porque em História Natural as duas notas do 2º e 3º trimestre são suficientes, e em História, seria bom se eu melhorasse.[13]

Disciplina	Escrita	Oral
Italiano	6	8
Latim	Id - 6-7	Id - 7
Grego	6	7
Filosofia	6	-
Matemática	6	-
Química	8	-

Como você pode ver, tive notas suficientes, e deve considerar que esse é o primeiro trimestre e, de Santu Lussurgiu, não vim com excelente preparação, especialmente em Latim, Grego e Matemática.[14]

"Em História, seria bom se eu melhorasse": uma autodefesa que é uma declaração de amor por Clio. E a indicação de uma orientação intelectual, o que não seria algo menor. Aqueles anos em Cagliari são caracterizados por uma correspondência intensa, geralmente unilateral, com o pai. As cartas, cheias de detalhes, têm um estilo duro e fragmentado, nas quais o tema recorrente é o protesto de Antonio contra a indiferença e o descuido do progenitor. Os mesmos tons e as mesmas queixas viriam à tona após a transferência para Turim, uma vez que os problemas econômicos e de saúde persistiram e até se agravaram nos anos seguintes.

Não errou o biógrafo Fiori ao afirmar que Francesco é uma "figura paterna afastada de Gramsci".[15] Os tons exasperados (e, admitimos, até mesmo exasperantes) de pedidos de dinheiro ao pai estão presentes em quase todas as cartas, começando nos primeiros meses longe de casa e dominando também as cartas de Turim, pelo menos nos primeiros dois anos.

Em 14 de janeiro de 1909, Antonio escreveu:

Infelizmente, também desta vez, me cabe escrever para pedir dinheiro. Eu o desafio! Com Cicchino,[16] mandou-me dizer que iria me enviar o resto em breve, e ainda não vi nada.[17]

E mais:

> Estamos aos 15 [do mês] e me vejo sem dinheiro e sem saber como fazer [...]. Estou cansado de repetir, o senhor não quer ouvir [...]. Pelo menos, quando eu crescer, vou lembrar que não pude ter um momento feliz em minha vida. Sempre com o pesadelo de amanhã.[18]

Se com o pai a correspondência continuava a ser áspera e frequente, com a mãe os relatos eram mais esporádicos, mas caracterizados por tons suaves e nostálgicos. Ao final do ano, no entanto, Antonio conseguiu se "recuperar" em todas as matérias e preencher as lacunas da insuficiente preparação ginasial.

Depois das férias que passaram em Ghilarza, ao retornar a Cagliari, os dois irmãos foram logo forçados a procurar acomodações mais modestas na Rua Vittorio, 149. Encontramos a descrição do quarto de Antonio e da vida que levou em uma carta à sua cunhada Tatiana, muitos anos depois:

> Passei a morar em um quartinho que tinha perdido toda a cal devido à umidade e só tinha uma pequena janela que dava para uma espécie de poço, mais latrina do que o quintal. Logo me dei conta de que não dava para continuar daquele jeito, devido ao mau humor de Nannaro, que sempre se irritava comigo. Comecei por não mais tomar o mísero café pela manhã, depois passei a almoçar cada vez mais tarde e assim economizava o jantar. Desse modo, durante cerca de oito meses, só comi uma vez por dia e cheguei ao fim do terceiro ano do liceu em condições de desnutrição muito grave.[19]

As dificuldades econômicas dos dois pesavam, obviamente, sobre a família. Teresina recorda:

> Foram três anos de sacrifícios indescritíveis para Nino, mas também para todos nós. Suas cartas de Cagliari eram um contínuo pedido de dinheiro: 10, 15, 25 liras. Um pesadelo para meu pai e para minha mãe que, não obstante todas as privações, não davam conta de atendê-lo.[20]

Não era somente o essencial para a sobrevivência que precisava, mas existiam também as obrigações sociais, por assim dizer. Como escreveu ao pai:

> Em 26 de fevereiro, os estudantes do segundo e terceiro anos do liceu farão uma excursão a Guspini para visitar a mina de Montevecchio porque estudamos mineralogia, e eu também devo ir. Estou de fato indecente com esta jaqueta que já tem dois anos e

está esfolada e lustrosa. Portanto, envie uma carta para qualquer aifaiataria, para que eu possa fazer a roupa por sua caridade. [...] Por favor, não deixe de fazer isso, porque este mês estou propriamente desesperado.[21]

As demandas se tornaram cada vez mais urgentes, contribuindo para piorar as relações familiares e, em particular, as de Antonio com seu pai.

Vou fazer uma declaração explícita: provavelmente, dia 15 abre uma liquidação; se o senhor quiser, me envie o dinheiro no dia 14 para a roupa; se não receber o dinheiro, a partir do dia 15 eu não vou mais à escola, porque não estou em condições de sair; e se o diretor me enviar o bedel aqui em casa, vou lhe dizer claramente que não vou para a escola porque não tenho uma roupa limpa para vestir.[22]

Um dos colegas de classe, que como ele foi um estudante em Turim, Renato Figari, conta:

Não era tímido, mas fechado, com um caráter doce e forte ao mesmo tempo. Era muito pobre. [...] Após um período inicial de desorientação, Gramsci havia se inserido muito bem na vida escolar. Embora, na minha opinião, sentisse o peso de sua deficiência física. E, além do mais, suas condições econômicas não permitiam que ele vivesse como a maioria de nós, seus colegas de escola, todos vindos de famílias relativamente ricas. [...] Não me lembro de ter visto Nino Gramsci de casaco. Ele sempre vestiu o mesmo terno, calça curta e uma pequena jaqueta que estava apertada. [...] Não tinha livros, ou não tinha todos. Mas era atento às lições e o ajudava, além de uma grande inteligência, uma memória excelente. Às vezes acontecia que nós emprestávamos os livros, ou o professor.[23]*

Para remediar, pelo menos um pouco, as dificuldades econômicas, Antonio trabalhava nas férias de verão e não poupava a sua saúde, com pesadas consequências a longo prazo: "Antonio trabalhava muito: fazia alguns trabalhos de contabilidade e dava inúmeras aulas particulares durante as férias", lembra sua irmã.[24]

Uma figura importante na primeira formação de Antonio foi o professor de italiano, Raffa Garzìa, de 33 anos – já mencionado como dire-

---

* A carta, embora recebida por Tatiana, na verdade tinha como destinatário o irmão Carlo. (N. T.)

tor (e proprietário) do *L'Unione Sarda*, nomeado em 1910 –, garantindo o ensino e permanecendo até aquele momento "irascível, inclemente com os maus alunos e com os presunçosos e todos os outros que estavam inclinados a tolerar baixos rendimentos e mau comportamento em sala de aula, não demorou muito para transformar uma turma barulhenta em um rebanho de alunos aterrorizados". Igualmente avançado intelectual e politicamente eram os professores de Latim e Grego, Costante Oddone, e de Física, Francesco Maccarone, a quem ele fez referência na carta de 1928, amigo de Gennaro, socialista.[25] Antonio se tornou o favorito de Garzìa:

> Suas tarefas eram lidas em sala de aula como ensaios, não apenas em estilo, mas também em clareza intelectual. Garzìa emprestava ao jovem discípulo livros escolares e não escolares. De modos rudes na escola e com tipógrafos e jornalistas, diante de Gramsci, ele amolecia. Ele até o convidou para ir a seu estúdio na Avenida Regina Margherita, onde os colaboradores de *L'Unione* Sarda se reuniam.[26]

As relações finalmente se tornaram de amizade. Terminado o segundo ano do liceu, Garzìa permitiu que Gramsci fizesse sua estreia como jornalista, em particular como correspondente em Aidomaggiore, já que o jornal tinha um correspondente ativo em Ghilarza. Em 26 de julho de 1910, apareceu no jornal sua primeira matéria, intitulada *A propósito de uma revolução*, na qual, apesar da simplicidade do texto, já é possível reconhecer pelo menos algumas das características estilísticas dos inúmeros artigos dos próximos anos.[27]

A paixão de Antonio pela escrita, juntamente com a atenção social, encontramos em seu ensaio acadêmico intitulado *Oprimidos e opressores*, escrito no mês de novembro de 1910, exatamente um ano antes de começar a carreira universitária. Nele se percebe como sua atenção aos processos que operavam na sociedade já estava elevada e, acima de tudo, como sua sensibilidade era claramente orientada em uma direção precisa: para os oprimidos.

> É realmente maravilhosa a luta que a humanidade trava há tempos imemoriais; luta incessante, com a qual busca desfazer e romper todos os vínculos que o desejo de domínio de um só, de uma classe

ou mesmo de um povo tenta lhe impor. [...] E vejam bem: os povos europeus tiveram seus opressores e travaram sangrentas lutas para libertar-se deles, e agora erguem estátuas e monumentos de mármore aos seus libertadores, aos seus heróis e transformam em religião nacional o culto dos mortos pela pátria. Mas não digam aos italianos que os austríacos vieram para nos trazer a civilização: até as colunas de mármore protestariam.[28]

Em janeiro de 1911 foram realizadas eleições para a renovação do Comitê Executivo da Câmara do Trabalho e, entre os candidatos, estava Nannaro. Pouco tempo depois, a polícia pediu informações sobre ele. Esse fato causou grande agitação na família Gramsci e o pai ameaçou uma viagem a Cagliari. Em relação ao acontecido, Antonio escreveu para sua mãe:

Respondo-lhe imediatamente, para que papai não faça realmente a loucura de vir aqui [...]. Nannaro aceitou alguns cargos na Câmara do Trabalho: então o nome dele, até agora desconhecido, caiu sob os olhos da polícia, que queria saber quem era esse revolucionário, esse *scannasbirri* novo que foi apresentado: e pediu informações.[29]

Fora das atividades escolares, de acordo com o depoimento do companheiro Renato Figari, Antonio participou da Associação Anticlerical de Vanguarda, "situada a pouca distância do Dettori [...]", onde se encontravam profissionais, universitários e secundaristas e "todos ou quase todos com ideias revolucionárias, socialistas, rebeldes" e, naturalmente, anticlericais.[30] Mas não errou outro biógrafo, anterior a Fiori, Salvatore Francesco Romano, ao afirmar que "as verdadeiras aspirações do jovem estudante, suas leituras mais frequentes, seus interesses mais animados e comprometidos não eram pela luta social e política, mas pelos estudos filosóficos e a literatura". Nos debates literários e filosóficos dos quais se aproximava, o jovem encontrava os maiores estímulos "para iniciar-se em novas e mais modernas formas de sentir e pensar e, em geral, a uma concepção da vida moderna e avançada, para a qual foi difícil encontrar uma adequação na Sardenha".[31] Ele certamente entrara em contato com a política, ou seja, sempre graças ao irmão, com o ambiente socialista. Mas ficou longe da militância, talvez pela escassa atratividade dos homens proeminentes, e também porque suas condições físicas limitavam suas possibilidades, ainda mais que, naquela época, sua vocação parecia ser a do estudo.[32] O próprio Nannaro deu um depoimento a esse respeito, que parece conclusivo:

> Nino lia de tudo [...]. Uma grande quantidade de material propagandístico, livros, jornais, brochuras, acabavam em nossa casa. Nino, que na maioria das vezes passava as noites fechado no quarto sem sair para dar uma volta, em pouco tempo começou a ler aqueles livros e jornais.[33]

E sua irmã, Teresa, por sua vez, disse:

> Às vezes, mesmo depois que Nino já havia comunicado a mudança de endereço, as revistas continuavam a vir durante algum tempo para Ghilarza. Fui encarregada de colocar em uma pequena pasta os recortes dos escritores que mais admirava, sobretudo Croce e Salvemini. Lembro-me que Nino também tinha uma grande admiração por Emilio Cecchi e Papini, sobretudo Cecchi. Porém, quando ele me pedia para recortar os artigos e colocá-los na pasta, suas recomendações principais eram sempre dirigidas a Croce e Salvemini.[34]

No verão de 1911, no entanto, o jovem, com dois anos de atraso em relação ao padrão, concluiu alegremente os estudos. Depois de deixar a ilha para o continente, onde frequentaria a universidade, Gramsci não retornou com frequência a Sardenha, mas o apego à sua terra permaneceu vivíssimo. Um conhecido que o encontrou em um desses retornos escreveu:

> O que particularmente me impressionou durante esse encontro foi o profundo apego de Gramsci à sua terra [...]. Era realmente muito bem-informado de todos os eventos e fatos da ilha, conhecia bem os nomes e as posições dos personagens que então se moviam na cena da vida política, social e cultural da ilha, com particular atenção ao movimento operário, popular e socialista.[35]

A política, certamente não estranha aos olhos do estudante do ensino médio, começou a ser uma força viva em Antonio somente depois de chegar a Turim, onde, em essência, ocorreu a transformação de um jovem curioso e atento, de aspirante literato a militante que emprega armas culturais para fazer política: e Turim, com suas experiências múltiplas e decisivas, serviria para superar a marca da Sardenha, ampliando não apenas o espectro cultural, mas as razões da ação política, mesmo sem perder a *"sardità"*. Em uma carta a Ghilarza, datada de 28 de setembro de 1913, no período turinense, portanto, no intervalo entre um ano acadêmico e outro, dirigida a Alfredo Deffenu – magistrado, estudioso de impressão positivista, autor de *La delinquenza in Sardegna* (1912) –, Gramsci (provavelmente já filiado ao PSI em Turim ou prestes a fazê-lo) sinalizou sua adesão ao grupo sardo da Liga Antiprotecionista.

O antiprotecionismo, naqueles anos, acabava sendo um dos poucos temas que conseguiam atuar como um vínculo entre diferentes parcelas da população.[36] Segundo Deffenu, a principal batalha a ser travada foi precisamente contra as medidas protecionistas que acabaram facilitando os grandes industriais e agravaram as condições da economia agrícola e pastoril do Sul.

Desde o início da crise de 1888, a escola positivista havia começado a se interessar pela Sardenha, como já foi aqui mencionado, e torná-la objeto de suas próprias teorias; em particular, a dura acusação de Nicephorus[37] teve o efeito de "atrair para a ilha não somente as preocupações da opinião pública do país, mas também a decisão do governo de intervir massivamente: com tropas em vez de medidas econômicas".[38] O Estado, em uma opinião generalizada naquela difundida entre o povo da Sardenha, era uma entidade capaz apenas de reprimir, e o "sardismo" penetrou em todos os estratos sociais, em indivíduos de todas as condições, inclusive Gramsci, que anos depois teria confessado: "Pensei então que tínhamos que lutar pela independência nacional da região. 'Os continentais ao mar!' Quantas vezes repeti essas palavras".[39] A crença de matriz positivista da "raça delinquente" encontrara terreno fértil mesmo nos círculos socialistas, nos quais eram fortes a necessidade e a intenção de representar as reivindicações e os interesses da classe trabalhadora, mas não da camponesa ou, menos ainda, dos que se dedicavam à criação de animais. Em definitivo, certamente tem razão quem afirma que não se pode deixar de considerar suas raízes na Sardenha, a infância em Ghilarza e os estudos em Cagliari, se pretende-se penetrar no universo intelectual e humano de Antonio Gramsci. No entanto, foi uma fase que entre 1911 e 1913 foi superada, mesmo deixando nele marcas indeléveis. As eleições gerais de 1913, as primeiras por sufrágio universal, revelaram a Gramsci a ambiguidade do discurso *sardista* e o levou a delinear com mais precisão os reais opressores dos camponeses, dos pequenos agricultores e da classe média trabalhadora: não os trabalhadores da indústria em uma improvável aliança com as classes proprietárias do Norte, mas as classes proprietárias, juntamente com os grupos reacionários do Sul. A aspiração à modernidade, que os jovens da Sardenha poderiam entender como um modo de viver mais "avançado" nos outros povos e em outras regiões italianas, não estava "em contradição com o *sardismo* polêmico e a rebelião instintiva do jovem Gramsci. De fato, esse era o ponto, e talvez o eixo em torno do qual o destino histórico da Sardenha poderia ter sido alterado na independência".[40]

Gramsci foi capaz de libertar-se da *"sardità* fechada"[41] sem, no entanto, cavar um abismo com sua terra natal. Muito interessantes são aquelas passagens dos escritos, de anos sucessivos, nos quais vem à tona a ideia sugestiva de identidade sarda como um traço de caráter existencial irredutível e muito particular – passagens nas quais inevitavelmente surge, na mais clara evidência, a marca do homem real.[42]

SEGUNDA PARTE:
NO CONTINENTE (1911-1922)

UM ESTUDANTE SARDO EM TURIM

NA ANTIGA CAPITAL

Que cidade é aquela que acolhe Antonio, aos 20 anos, no início de outubro de 1911? Alguns dias antes, em 29 de setembro, o governo Giolitti iniciou suas operações militares para a conquista de duas províncias do Império Otomano, agora perto do colapso: Cirenaica e Tripolitânia. Turim, como todas as cidades do Reino, deu sua contribuição à criação de um estado de ânimo de "colonialismo patriótico". O principal arauto do direito político e do dever moral dos italianos de assumir um território que fizera parte do Império Romano era o jornalista Giuseppe Bevione. Enviado a Trípoli como correspondente, com uma retórica redundante até o ridículo, pintava a "Líbia" (expressão geralmente preferida, porque indicava a denominação romana) nos termos de um paraíso terrestre, e os árabes esperando a chegada dos "libertadores" italianos para removê-los do jugo turco. Embora baseado em clamorosas mentiras pontualmente expostas em jornais como *La Voce* e *L'Unità* por seu fundador Gaetano Salvemini – um homem que, naquela época, teve uma grande influência nos jovens socialistas –, a campanha de Bevione obteve um sucesso notável na cidade, a ponto de abrir seu caminho para o parlamento em alguns anos. O jornal em cujas páginas escreveu, *La Stampa*, foi o primeiro da Itália a apoiar a conquista da Líbia, com seu diretor-proprietário, Frassati, no papel de advogado do pacato e hesitante Giolitti. Não foram poucos a se exaltarem pelo empreendimento líbio nos austeros ambientes da universidade, cujo reitor, Francesco Ruffini, estava na primeira fila para incentivar estudantes e professores em direção ao cumprimento dos "novos deveres".

A aventura imperialista se colocava em um contexto favorável na cidade, que estava celebrando, com a Grande Exposição Universal, aberta em 17 de março, o cinquentenário da Unidade da Itália – quase uma vingança contra a traumática perda da capital após a Convenção de setembro de 1864, a favor de Florença (esperando para trazê-la para a esperada sede em Roma), com graves tumultos e derramamento de sangue. Uma cidade otimista afinal, no ano em que Gramsci chegou, com seus 427.773 habitantes, graças aos louros recebidos internacionalmente, especialmente por carros saindo das fábricas de automóveis. Começava pela Fiat, que sob a hábil liderança de Giovanni Agnelli mostrou a capacidade e a intenção de tornar-se uma empresa nacional. Seus 3.320 operários constituíam agora "o núcleo mais homogêneo, qualificado e compacto de metalúrgicos de Turim".[1]

O mencionado Ruffini, na cidade dominada pelo giolittismo, ainda permeada pelo espírito de Cavour, era o mais coerente defensor da separação entre Estado e Igreja, embora não faltassem opositores, tanto nos círculos católicos quanto dentro do conservadorismo liberal nacional. Crescentes contrastes se registravam, no entanto, entre os círculos políticos ligados a Giolitti e grande parte dos empreendedores, representados pela Liga Industrial, que cada vez mais se distanciava. O medo de concessões excessivas ao proletariado, a ideia de um "partido dos industriais", a solicitação ao governo de um papel ativo na defesa da propriedade privada, a intolerância à política reformista: todos elementos que deram a Turim um papel decisivo no nascimento da Confederação Italiana da Indústria, em 1910. Ao longo do biênio 1911-1912 foram registrados crescentes confrontos entre os círculos políticos giolittianos e a Liga Industrial, nos quais se opunha uma recusa intransigente à aplicação das leis de proteção ao trabalho e, mais em geral, à política de abertura moderada do presidente do conselho às demandas do movimento operário.

Não havia só a luta de classes na cidade que acolheu o jovem sardo no outono de 1911: a exposição serviu para incentivar o espírito empreendedor dos turinenses, mas também para mostrar à Itália do que era capaz a cidade de Cavour e de Massimo d'Azeglio, sede de tantas atividades manufatureiras, mas também cidade da moda, do cinema, do automóvel, no seio do setor industrial – o metalúrgico – do qual Turim estava na vanguarda: um registro que confere à Liga Industrial um papel de liderança no plano nacional.

As dificuldades que encontraram na cidade homens como Gozzano, De Amicis, Salgari – escritores que alcançaram glória ou popularidade com editores externos – mostraram os limites do mercado cultural de Turim e, em particular, confirmaram que a vocação cultural da antiga capital se desenvolvia em outras áreas em detrimento do entretenimento ou diversões. A Turim cultural parecia permanecer apegada à cidadela universitária, exibindo um brasão antigo, mas, por algumas décadas, revitalizado graças aos exilados políticos do Reino das Duas Sicílias. As faculdades universitárias, em particular de Direito, Medicina e Ciências ostentavam uma tradição ilustre e, em torno delas, além da antiga Academia de Ciências, nasceram laboratórios e periódicos científicos, centros de estudos, editoras especializadas que começaram a constituir a espinha dorsal de "uma moderna capital intelectual".[2] Acima de tudo, a Turim cultural revelava uma forte propensão ao compromisso social ou diretamente político. Muitos dos professores universitários exerciam cargos públicos locais ou nacionais, numerosas atividades civis que realizavam fora das salas de aula e laboratórios da universidade: alguns deles, como Gaetano Mosca, Francesco Ruffini e Luigi Einaudi eram comentaristas oficiais nos principais jornais, e pretendiam, mais cedo ou mais tarde, ocupar o cargo de senadores do Reino.

Também nas faculdades científicas vibrava uma tensão civil que frequentemente fornecia às pesquisas uma direta ou indireta validade de caráter social. Estes são os sinais do "socialismo de professores", que à sombra da Mole Antonelliana encontrou sua terra escolhida desde os anos 1880 e que se prolongaria até a Grande Guerra.

Um dos personagens eminentes era Arturo Graf, que se orgulhava de no passado ter tido contato com Antonio Labriola e relações amistosas, entre outros, com De Amicis, para quem traduzira textos do socialismo alemão. No momento de sua morte, após uma doença que durou dois anos (1911-1913), durante os quais foi substituído no ensino universitário por um professor do ensino médio de excelente cultura, livre docente, Umberto Cosmo, tornou-se, de fato, uma pessoa do passado. Cosmo também foi um sinal da renovação (e rejuvenescimento) do Partido Socialista da cidade, que até então havia tido um respiro intelectual e uma capacidade política de baixo nível, certamente não comparável a Milão, à Liga Socialista, especialmente graças ao trabalho de Filippo Turati. O declínio progressivo dos membros da Federação Italiana dos Operários Metalúrgicos (Fiom) e a modesta tendência de inscrições na Câmara do Trabalho constituíram a prova. Uma mudança parcial de tendência ocorreu a partir do ano de chegada de Gramsci: a contraposição de classe se delineava com evidência. A criação do Consórcio de Fábricas de Automóveis foi significativa, ao qual aderiram as principais empresas do setor, com cerca de 6.500 trabalhadores. O objetivo era explícito desde o início: disciplina absoluta na fábrica, nenhum contratempo sindical na produção, férrea severidade na gestão dos trabalhadores em troca da concessão do "sábado inglês" – tudo isso tinha que ser feito com a colaboração do sindicato e, no final de 1911, começaram para esse fim os contatos com a Fiom (cuja liderança assumiu, na tentativa de restaurar sua força e impor sua autoridade sindical, Bruno Buozzi, de 30 anos). No entanto, ela foi deslegitimada por uma parte de seus militantes, que seguiram a linha intransigente levada a Turim por um punhado de sindicalistas revolucionários que, entretanto, estavam quase todos destinados a se tornar fascistas. Uma longa disputa surgiu, e a greve proclamada pelos "desorganizados", mesmo com a hostilidade do PSI, arrastou a maioria dos inscritos rompidos com os próprios representantes que haviam firmado um acordo com o patronato – o qual os trabalhadores julgaram desfavoravelmente. O nascimento de um efêmero sindicato autônomo, de cunho sindical-revolucionário, o enrijecimento patronal e consequente *serrata** com ameaça de demissão de todos os trabalhadores, com uma ten-

---

* Suspensão parcial ou total do trabalho por ordem dos empregadores com vistas à intimidação dos trabalhadores. Atualmente usa-se termo *lockout* para definir a mesma ação. (N. R.)

tativa de especulação política por parte das forças conservadoras, foram os estágios de uma luta que, entre 1912 e 1913, mostrou o nível mais alto da luta de classes na cidade. Terminou, ainda que entre sofrimento e incompreensões, relutância e violentas oposições, por levar a uma significativa afirmação da Fiom após uma segunda greve, desta vez do sindicato, que durou outros dois meses, e ao seu reconhecimento oficial pelos empregadores. Foi a derrota dos sindicalistas revolucionários e a vitória em particular de Buozzi, que se afirmou como um "mestre" das massas operárias, de acordo com a definição de Gino Castagno, trabalhador e militante, que foi o seu primeiro biógrafo.[3] Obviamente, o Partido Socialista revelou não apenas uma séria fratura interna, mas também uma dramática carência de elaboração teórica, oscilando entre o silêncio rendido e a violenta contestação com desdobramentos extremos, nos dois casos, mostrando não estar à altura da situação.[4]

No entanto, nasceu dessa luta duríssima uma nova leva de militantes e dirigentes; começaram a assumir papéis significativos homens como Giuseppe Romita e Ottavio Pastore, que naquela época tinham menos de 30 anos, com colaboradores ainda mais jovens; de modo mais geral, emergia um grupo de quadros políticos e sindicais mais ou menos coetâneos de Gramsci, combativos e preparados, mesmo que não com excelente bagagem cultural: Gino Castagno, os irmãos Rita e Mario Montagnana, Battista Santhià, Giuseppe Bianchi, Paolo Robotti, Pietro Ferrero – mais tarde, vítima da violência fascista.

Afinal, se por um lado 1913 marca com as eleições gerais o início do fim da temporada do socialismo de professores, por outro, constituiu uma etapa decisiva em Turim para uma presença mais consistente, dentro do PSI, das classes proletárias, como demonstrava a clara afirmação da lista do partido nas "barreiras" operárias da cidade. No fronte oposto se configurava a linha do fechamento rígido, do lado empreendedor e, principalmente, dos expoentes do consórcio automobilístico e, mais geralmente, da Liga Industrial. A luta de classes foi o contexto dramático da vida da cidade. E essa luta foi delineada como batalha não apenas nas questões práticas, mas também nos princípios: pode-se encontrar, neste momento, a gênese das sucessivas lutas do "Biênio Vermelho", quando o confronto entre trabalhadores e patrões foi, antes de tudo, um confronto pelo poder na fábrica, como veremos.

Gramsci se insere nesta fase do socialismo turinense (e italiano), tornando-se parte ativa com um papel crescente desse processo de renovação. Havia chegado à Turim para tentar estudar naquela universidade que, como escreveu um de seus ilustres alunos, era "uma ótima escola".[5] Antonio visava a Faculdade de Filosofia e Letras, especializada em Filologia Moderna, graças ao auspicioso auxílio de uma bolsa de estudos do Collegio Carlo Alberto, ao lado de outros jovens, incluindo os irmãos Palmiro e Maria Cristina Togliatti.[6] No ano seguinte, em 1912, entre os aspirantes à bolsa, encontramos Angelo Tasca; no ano anterior, outro Togliatti, Eugenio, destinado a uma brilhante carreira acadêmica. Todos eles, com idades entre 18 e 20 anos, estavam unidos – além de nascerem e residirem em territórios já pertencentes ao que fora o Reino Sardo – pela modesta condição social e eram estudantes merecedores. O menos brilhante de todos parecia ser Antonio que, na verdade, ficou em quinto entre os sete alunos da Faculdade de Ciências Humanas, e em nono lugar entre os vinte candidatos aprovados. Os exames para admissão ao subsídio duraram, entre escritos e orais, duas semanas, durante as quais Antonio fez seus primeiros testes de ambientação em Turim: foi imediatamente impactado pelas condições atmosféricas, que lhe pareciam horríveis. O jovem, além disso, confessou sentir um forte mal-estar na cidade grande, na qual tinha até "enjoo ao fazer caminhadas", correndo constantemente o "risco de ir parar embaixo de não sei quantos carros e bondes".[7] Dias, depois semanas e anos difíceis que marcaram profundamente o jovem; tanto que, muito tempo depois, ele recordaria daquele período terrível, no qual não apenas estivera "gravemente doente", mas fantasiava "sempre com uma imensa aranha que à noite me espreitava para chupar meu cérebro".[8]

A bolsa foi finalmente conquistada, mas não sem dificuldade: com ele, ganharam Palmiro e Maria Cristina Togliatti, Angelo Tasca e Augusto Rostagni, futuro filólogo clássico. Tasca, com quem Gramsci teria grandes diferenças, e que seria expulso do Partido Comunista em 1928, estudante de Filosofia e Letras como ele, foi o primeiro e mais precioso companheiro de Gramsci, e seu papel deve ser absolutamente valorizado.[9]

Incluindo 70 liras por mês, o subsídio, já por si só insuficiente para as necessidades de uma pessoa normal de 20 anos, não demorou muito para se revelar exíguo para aquele jovem frágil e doente, para o qual a família não enviou eficazes e tempestivos indícios de interesse. Em uma das primeiras cartas, Nino, mais bem acomodado no quarto de uma pensão na Barriera di Milano, área operária localizada na periferia ao norte da cidade, no Rio Dora (exatamente na Rua Corso Firenze, 57), apresentou as contas a seu pai:

> Por mais que tenha procurado, não consegui encontrar um quarto por menos de 25 liras, como o que eu estou agora: de 70, tiro 25 e restam 45 liras, com as quais devo comer, pensar na limpeza de roupa (não menos de cinco liras entre lavar, passar etc.), no verniz para os sapatos, na luz da sala, no papel, canetas, tinta para a escola, que parecem pouco, no entanto, preciso pagar com 40 liras!

E, com zelo contábil, forneceu os detalhes da despesa:

> Para comer, vou lhe dizer que um leite custa dez centavos, e cinco centavos um sanduíche de 25 gramas. No entanto, para o almoço não menos de duas liras na taberna mais modesta, como era aquela em que até alguns dias atrás eu comia e onde eles me deram um pires de macarrão por 60 centavos e um bife, fino como uma folha. Enfim, sim, eu tive que comer seis ou sete sanduíches e estava com fome como antes: imagine com as 33 ou 34 liras que me sobrariam tiradas as despesas indispensáveis, como o quarto, a limpeza, a luz, e eu tenho que estar em casa a partir das 19h porque há neblina lá fora e um frio rigoroso; e não tenho nem mesmo com o que me cobrir; quem sabe que histórias o senhor pensa, e enquanto isso estou aqui a sofrer. E tudo bem: nada além de tabernas e sopas à noite.[10]

Sua principal preocupação era que os documentos necessários chegassem tarde demais e ele então perderia a bolsa:

> [...] porque aqui não estão brincando, e enquanto isso o senhor está aquecendo as pernas no braseiro, e no dia 16 terei que sair: a faculdade não me paga pela viagem, e eu, não podendo pagar a proprietária da pensão 40 liras por 15 dias, serei levado para a delegacia; porque vocês acreditam que as coisas estão tranquilas como quando se está em casa, e eu, que estou aqui, devo ficar com medo: e viva o carinho pelos queridos pais![11]

Para a sobrevivência, não bastavam as 20 liras enviadas a ele, irregularmente, por aquele que lhe parecia – em um julgamento um pouco injusto, mas significativo – um pai pouco preocupado com o presente e o futuro de seus filhos, em particular no que diz respeito ao filho enviado ao padecimento na inóspita cidade do "continente":

> É inexplicável seu modo de agir: quanto mais penso sobre isso, mais eu perco a cabeça. [...] E não diga que a culpa não é sua porque eu, em uma carta, especifiquei todos os documentos necessários para a isenção de taxas [...]: mas, sabemos, com a teimosia usual e a conversa inconclusiva de sempre, você está mutuamente convicto de que não eram necessários, de que isso, por si só, seria suficiente, e então economizariam um pouco de dinheiro com a postagem, e então o senhor jogou 100 liras: me desculpe, porque acho que é muito menos pão para quem está em casa, não para os outros, realmente. Eu sei que tipo de pessoa o senhor é: com você, são necessários canhões para fazer o que deveria ser feito; você precisa ver a ruína para convencer-se a fazer o que deve fazer, [...] um pai que realmente pensa nos filhos. E eu sei e só agora sei que existem homens assim, que teriam providenciado rapidamente todos os documentos necessários, porque o senhor sabia que eu não tinha conhecimento de tudo e não sabia tantas coisas. E os pais não são pais em vão; mas sabemos que você é o senhor, não o pai.[12]

Sem insistir na difícil relação com uma figura que lhe parece a de um pai-patrão, que recorda, não apenas por coerência, o romance de Gavino Ledda de muitos anos depois (1975), as cartas desses primeiros anos (com taxa a pagar pelo destinatário: "Eu nem sequer tenho um centavo para selar"),[13] testemunham uma situação dificílima, que levou o jovem à beira do desespero. Um tempo depois, em uma carta do cárcere, Nino lembrou a seu irmão Carlo os primeiros dois anos em Turim, considerados um dos momentos mais dramáticos de sua vida:

> Parti para Turim como se estivesse em um estado de sonambulismo. Tinha 55 liras no bolso; das 100 liras dadas em casa, havia gasto 45 para pagar a viagem em terceira classe. Era a época da exposição, e eu tinha de pagar 3 liras por dia só pelo quarto. Fui reembolsado no valor de uma viagem em segunda classe, umas 80 liras, mas não havia o que comemorar, porque os exames duravam cerca de 15 dias e só pelo quarto tinha de pagar quase 50 liras. Não sei como consegui prestar os exames, porque desmaiei duas ou três vezes. Consegui, mas os problemas começaram. Em casa, demoraram cerca de dois meses para me enviar os papéis para a matrícula na universidade e, como a matrícula estava em suspen-

so, também suspensas ficaram as 70 liras mensais da bolsa. Quem
me salvou foi um bedel, que encontrou uma pensão de 70 liras, na
qual me deram crédito; estava tão deprimido que pensei em voltar para casa com um bilhete obtido na polícia. Assim, recebia 70
liras e gastava 70 liras numa pensão miserável. E passei o inverno
sem casaco, com uma roupa de meia-estação própria para Cagliari.
Ali por março de 1912, eu estava tão mal que parei de falar por
alguns meses: trocava as palavras quando falava. Ainda por cima,
morava justamente nas margens do Rio Dora e a névoa gelada me
destruía.[14]

Essa reconstituição não foi um escape, mesmo que projetada retros-
pectivamente: tinha uma função pedagógica. Antonio queria fazer seu irmão, o qual atravessava então um momento de desânimo que lhe dificul-
tava o fortalecimento do caráter, entender: "Convenci-me de que, mesmo
quando tudo está ou parece perdido, é preciso voltar tranquilamente ao
trabalho, recomeçando do início".[15] O reconfortante Antonio, por sua
vez, de fato precisaria de conforto na prisão, aguardando julgamento.

À época a que nos referimos não foi fácil para o jovem vindo da ilha
superar as dificuldades que, com o passar dos anos, não pareceram diminuir: distúrbios nervosos, acentuados pela dureza das condições de vida,
bem como pela tensão devido aos constantes pedidos de ajuda (principalmente os não respondidos, ou respondidos apenas parcial e tardiamente
pela família) e, finalmente, uma solidão dolorosa provocaram a falta em
sessões inteiras de exames, causando suspensões na concessão da bolsa de
estudos. O resultado desse currículo doloroso foi sua interrupção bem antes da formatura. No entanto, durante sua breve carreira universitária, o
jovem teve formas de conhecer e apreciar alguns dos professores da faculdade, começando com Umberto Cosmo, nobre figura de estudioso, professor e militante sem a "carteira" do socialismo: "Ele professa abertamente
os princípios socialistas, com tendência reformista, e faz propaganda ativa
[...]. Além disso, não é o caso de considerá-lo menos perigoso para a ordem
pública", relatou o registro policial.[16] Com o professor, além disso, e de maneira mais geral, o jovem compartilhou uma adesão aos princípios de um
pensamento laico e moderno, expressão do "movimento de reforma moral
e intelectual promovido na Itália por Benedetto Croce", como lembraria
Gramsci muitos anos depois.[17]

O próprio Cosmo, no tempo da universidade, e mesmo depois, incitava sem sucesso o aluno a recolher em um só volume os artigos que estava publicando na imprensa do partido e a escrever "um estudo sobre Maquiavel e o maquiavelismo": o professor entendeu as qualidades e os interesses de seu aluno, como as extraordinárias notas sobre Maquiavel redigidas na prisão confirmaram.[18] Ainda a Cosmo devemos a apresentação a Gramsci de um de seus alunos no Liceu Gioberti (onde ele havia lecionado antes de se mudar para o Liceu D'Azeglio, no qual teve, entre seus alunos, Leone Ginzburg e Norberto Bobbio),[19] o qual se revelou um dos amigos mais fiéis e preciosos do futuro líder comunista na prisão: Piero Sraffa, por meio do qual Cosmo e Gramsci teriam permanecido em contato, debatendo, por exemplo e de igual para igual, questões dantescas.

Outro professor com quem Gramsci ficou impressionado foi o vivaz Arturo Farinelli, germanista, a quem ele mesmo mencionou no primeiro escrito turinense. Farinelli, "o último representante da geração romântica" – de acordo com Piero Gobetti[20] – foi um personagem discutido em muitos círculos acadêmicos. Existem muitos testemunhos da paixão que o professor pitoresco despertava com o calor de suas lições. Mesmo Gramsci se deixou "incendiar pela chama da sua paixão",[21] porque encontrou nele uma fonte de energia na vida universitária, nem sempre alegre. E é muito significativo que naquele que foi seu primeiro artigo na temporada de Turim (precedido, em termos absolutos, pela brevíssima correspondência já mencionada no *L'Unione Sarda*, de 1910) Gramsci dedicou a uma apologia de Farinelli contra uma passagem de um artigo de Papini. Vinte anos depois, no entanto, o julgamento é bem diferente: Farinelli seria liquidado por Gramsci, pelo menos como estudioso, com palavras como "lirismo" e "pateticismo", um e outro "tediosamente pedante".[22] Contrariamente, Togliatti, no período pós-guerra, recordando a "grande escola" de Turim, recuperou Farinelli explicitamente como um mestre formador do espírito de pesquisa, da verdade que sempre caracterizou Gramsci.

> Era uma nova moral, aquela que ele [Farinelli] inculcou em nós, de que era lei suprema a sinceridade até o fim com nós mesmos, a rejeição de convenções, a abnegação à causa a que a própria existência foi consagrada. Cabia a Gramsci, como aluno, manter a fé a essa moral.[23]

Contudo, de acordo com o testemunho de outro aluno de Farinelli, Giovanni Vittorio Amoretti (cujo irmão, Giuseppe, um socialista militante, estava então entre os colaboradores do jornal *L'Ordine Nuovo*), Gramsci não frequentava as aulas de Literatura Alemã (se não ocasionalmente), e Amoretti frequentemente convidava o jovem sardo para ir à casa dele, a alguns passos do prédio da universidade, fazendo-o provar uma bandeja de doces da qual Gramsci era apreciador.[24] Com Amoretti, mas também com Azelia Arici, futura latinista, destinada à cadeira de Cosmo no Liceu D'Azeglio, Gramsci frequentava regularmente as aulas de Linguística de Matteo Bartoli. Entre os dois, houve estima e simpatia mútuas, a partir da disponibilidade humana e didática de Bartoli e da paixão autêntica do aluno pela Linguística. A nota 30 e os elogios obtidos no exame final são amplamente justificados pela pesquisa executada pelo jovem, recorrendo até mesmo aos membros da família, sobre dialetos sardos,[25] e a tal ponto que conseguiu ganhar a confiança de seu professor para redigir os planos de aula do ano acadêmico de 1912-1913.[26] A seriedade da paixão linguística de Gramsci foi confirmada pelo encargo, nesse mesmo ano, da organização dos *Scritti su la lingua italiana*, de Manzoni para os *Classici italiani*, coleção dirigida por Gustavo Balsamo Crivelli, na editora Utet (trabalho não concluído). Os estudos de linguística teriam contribuído, não pouco, para formar a consciência política de Gramsci, que, refletindo linguisticamente sobre o conceito de "prestígio" cultural, elaborou em poucas palavras, segundo seus críticos, a ideia de "hegemonia", que tanta importância teve em seu pensamento político. Colocou em discussão a legitimidade do esperanto e de qualquer idioma que se propagasse, geográfica e socialmente por meio da coerção estatal ou militar; antes de tudo, uma língua deve difundir-se quando a população aceita espontaneamente a língua falada de grupos a cujo "prestígio cultural" está sujeita. Também vale dizer que em 1918, nos jornais socialistas, ganhou vida um animado confronto entre esperantistas e antiesperantistas, com Gramsci afirmando suas posições extremas de rejeição à "língua artificial", que lhe parecia "rígida" e fruto de uma escolha "pelo alto", convicto de que o esperanto não fosse uma preocupação internacionalista, mas talvez cosmopolita e, portanto, não deveria dizer respeito ao proletariado, mas no máximo à burguesia entediada em viagens a turismo ou aqueles hiperativos em viagens a negócios.[27] Com o abandono dos estudos, e com o professor Bartoli convencido da qualidade daquele estudante para lutar e vencer seus oponentes nas teorias linguístico-gramaticais, o jovem deu ao professor "uma dor profunda".[28] Mas outro foi o destino que ele assumiu.

O "*GARZONATO*[*] UNIVERSITÁRIO"

Com Matteo Bartoli, assim como com Umberto Cosmo, o estudante iniciou um relacionamento pessoal nas salas de aula universitárias, que continuou ao longo das arcadas da Rua Po. Isso se tornou mais fácil estando o jovem, no segundo ano em Turim, mais próximo da sede da universidade. Escreveu para a mãe no início do novo ano:

> Escapei, assim, da casa onde estava antes porque a vida se tornou insuportável para mim e eu caí, sem perceber, em outra casa onde não estou melhor e de onde iria embora de bom grado se encontrasse um lugar seguro: mas para ficar um pouco melhor seria necessário gastar muito, e isso é impossível.[29]

Apesar de suas excelentes relações com Bartoli e Cosmo, e a estima dos dois pelo aluno, em julho de 1913, este, física e psicologicamente colocado à prova, amargurado e decepcionado por não fazer um único exame de férias de verão, voltou para sua ilha. Estava em andamento a campanha eleitoral: provavelmente, foi então que Gramsci se tornou socialista, baseado em uma "preparação" precedente. Angelo Tasca, já um jovem socialista à época, militante, e seu amigo de universidade, testemunha isso:

> Antonio Gramsci estava de férias em sua Sardenha durante o período eleitoral e ficou muito impressionado com a transformação produzida nesse ambiente pela participação das massas camponesas nas eleições, ainda que não soubessem e não pudessem ainda servir-se por conta própria da nova arma. Foi esse espetáculo e a reflexão sobre isso que, definitivamente, fez de Gramsci um socialista. Quando ele voltou a Turim, no início do novo ano letivo, foi confirmado o valor decisivo que essa experiência teve para ele, descrita em uma longa carta, que ele havia elaborado por contra própria, de maneira autônoma e original.[30]

---

[*] Refere-se a um período temporal em que são desenvolvidas atividades humildes e/ou penosas, próprias de um aprendiz. (N. R.)

Significativamente, após voltar "ao continente", Antonio pediu à irmã Teresina "um relatório minucioso das eleições, com nomes e detalhes, para que possa servir-me". Evidentemente, estava pensando em um artigo: o caminho do compromisso político parecia estar escolhido. Igualmente relevante é a recomendação de "que os fatos estejam certos e possam, em qualquer caso, ser citados como 'testemunhas'".[31] Aqui, o escrúpulo é sentido, certamente ligado à seriedade inata, aguçada pela primeira experiência universitária, a severa escola "positiva" da Universidade de Turim e, em particular, o "método histórico" que constituía sua essência.

De qualquer forma, a transformação em direção a uma nova sensibilidade política, iniciada na Sardenha, foi concretizada em Turim, para onde o jovem retornou somente após a votação, no final de outubro, depois de partir para a ilha no início do verão. Não só *Sotto la Mole*[32] esperava por ele, mas também o sério compromisso acadêmico. Mas mesmo antes, estaria a dificuldade de viver, como esta dramática carta ao pai testemunha:

> [...] escrevo para o senhor com raiva e desespero no meu coração; hoje foi um dia que me lembrarei por um bom tempo, e que infelizmente ainda não acabou. É inútil, eu estou furioso há um mês e com raiva nestes últimos dias, mas agora, depois de uma crise dilacerante, decidi: não vou agravar agora minha condição, e eu não quero perder tudo o que eu ainda consigo manter. Não vou fazer os exames, porque sou meio louco, ou meio idiota, ou mesmo um completo idiota, não sei muito bem, não faço os exames para não perder o colégio, para não ser arruinado completamente, porque, querido pai, faz um mês que estudo e que me dedico, não obtive senão vertigens e o retorno torturante da dor de cabeça e de uma forma de anemia cerebral que me arranca a memória, que devasta meu cérebro, o que me deixa louco hora após hora, sem conseguir encontrar descanso, andando ou deitado na cama, deitado no chão a rolar, em certos momentos, como um louco.[33]

Não obstante, um pouco da solidão na qual ele viveu nos primeiros dois anos em Turim parecia vencida. Novos amigos o ajudaram, em particular colegas de estudo, politicamente mais maduros, já militantes socialistas. Tasca, em particular, desempenhou um papel talvez determinante na maturação do jovem, a quem ele já havia dado de presente, em 1912, um exemplar de *Guerra e Paz*, de Tolstoi, com a significativa dedicatória:

"Ao meu colega de estudos – hoje –, ao meu companheiro de batalha – espero – amanhã". O piemontês da Sardenha exerceria uma influência considerável quando, ao voltar de férias, foi morar na Via San Massimo (no número 33), ou seja, na rua em que o amigo morava. Pouco depois, se mudou para o número 14, onde, depois de estar por um tempo como hóspede de Tasca,[34] encontrou uma vaga na pensão de um companheiro de faculdade. A casa era no mesmo grande prédio onde Tasca morava, e que também dava para a Praça Carlo Emanuele II – que os turinenses familiarmente chamavam de Praça Carlina. Tratava-se de uma pequena sala muito modesta, com móveis essenciais, pobres, na qual pouco a pouco jornais e volumes tomavam conta e entulhavam o pequeno espaço. De resto, a permanência em casa foi reduzida às horas noturnas, muitas vezes para cuidar dos tormentos da enxaqueca ou para ler. No restante do tempo, o jovem passava fora, entre a universidade, a seção socialista, as ruas do centro (pelas quais adorava andar com novos amigos), as tabernas e os cafés, que eram seus pontos de referência. Se no primeiro ano de 1911-1912 o estudo representava a principal preocupação e, mesmo em condições pessoais difíceis, fora capaz de fazer três exames, ao segundo ano da universidade Gramsci não deu nenhuma importância, devido à saúde que sofreu uma deterioração súbita: oprimido por uma forma severa de esgotamento nervoso, exausto pela vertigem, dilacerado pela dor de cabeça, o jovem foi forçado a recorrer ao ópio para suportar as dores que o afligiam. No entanto, a cidade começou a lhe parecer menos hostil.

As eleições de 1913, em Turim e em outros lugares, pareciam o triunfo do giolittismo, mas na realidade marcaram o começo da crise, dentro de um processo europeu: o fim da "Belle Époque", anunciada pela empreitada italiana na Líbia. Tratava-se também da crise do socialismo. A radicalização do conflito social, com o surgimento ou fortalecimento de tendências extremas, fez parecer repentinamente inadequado, seja o prudente entendimento giolittiano com os reformistas moderados, sejam as duas linhas internas do socialismo; está, agora divididas em duas partes, cuja força eleitoral não correspondia a um aumento na consciência política. O socialismo turinense – terminada a temporada de "professores" – não pareceu estar à altura das mudanças em curso, cuja necessidade objetiva era procurar novas estradas. Oddino Morgari, um entre os mais importantes líderes socialistas da cidade, em uma carta dirigida a um dos protagonistas da época, Gustavo Balsamo Crivelli, confessou, amargo: "Muitos intelectuais [...] nos deixaram há alguns anos".[35] O desaparecimento de figuras carismáticas, entre 1909 e 1913, como Lombroso, De Amicis e Graf – todos três simpatizantes do socialismo –, facilitou a extinção do fervor progressista dentro da classe dos cultos. No entanto, também devido às mudanças estruturais em andamento e ao aumento dos "trabalhadores da manufatura", Turim se tornou um dos centros do "novo" socialismo, que estava se diferenciando tanto da tradição reformista quanto do maximalismo, procurando maneiras diferentes de construir a contribuição decisiva vinda de Gramsci. Entre as mudanças na cidade, uma das mais significativas foi o protagonismo das classes empreendedoras. A presidência de Dante Ferraris, um homem da indústria siderúrgica, na Liga Industrial, financiadora de grupos e jornais nacionalistas, representava um sinal em direção a uma vontade de "reputação" antioperária. Na primavera daquele 1913, de acordo com uma testemunha, Gramsci teve sua própria iniciação na luta, com participação, pelo menos como espectador, em reuniões e eventos da Fiom, durante as greves dos metalúrgicos; retornando de Ghilarza a Turim depois daquele longo verão, seu amadurecimento político estava basicamente completo.[36]

No ano seguinte, 1914, a situação do estudante sardo parecia melhorar: paradoxalmente, o afrouxamento das relações com a família desempenhou um papel positivo e, por outro lado, o estreitamento de novos relacionamentos com a organização socialista, que se tornou também sua nova família – mesmo que os laços com os Gramsci nunca tenham se desfeito. Frequentava, irregularmente, as aulas; realizou alguns exames e conheceu outros professores, todos personagens conhecidos na cena urbana. Em 12 de abril de 1915, fez seu último exame universitário: Literatura Italiana (bianual), com Cosmo. Começou, então, o desligamento da universidade: seu caminho era outro, mesmo que por alguns anos o estudo tenha permanecido como um plano suspenso, que Nino pensava poder retomar; em 1916, ele escreveu para sua irmã Grazietta: "seria necessário ter tido algum tempo para dedicar-me com mais assiduidade aos meus estudos, enquanto agora aos estudos só posso dar meu tempo livre".[37] De qualquer forma, sua atenção ao mundo acadêmico foi constante, e o jovem estabeleceu ou manteve relações com alguns deles: além dos já mencionados Cosmo, Zino Zini e Annibale Pastore, do qual assistira, em particular, as palestras dedicadas ao pensamento de Marx, e de quem fez uma leitura, influenciada por Rodolfo Mondolfo, de Gentile. A Pastore o jovem também devia o primeiro contato com Antonio Labriola: no ano acadêmico de 1914-1915, Pastore dedicou um curso à questão da causalidade da ciência na filosofia e na vida moral: o "professoríssimo" Labriola foi apresentado como "o marxista antideterminista que se opunha à unidade monística com ascendência positivista".[38] Pastore testemunhou, mais de 30 anos depois:

> No entanto, não ficamos imediatamente amigos, porque, por princípio, Gramsci desconfiava de todos os professores universitários que ele considerava, em bloco, a partir de Lenin, como um corpo da pequena burguesia; e, acima de tudo, evitava os filósofos, os quais não distinguia dos sofistas. Somente após repetidas sondagens, vencido o receio mútuo, na necessidade irresistível de confiança e verdade, estendemos nossas mãos, com uma união que eu não poderia dizer se mais filosófica ou afetiva.

E admitia estar "todos os dias mais [...] atraído por aquele aluno estranho" que, "se o argumento o interessava, ia ocupar os bancos mais altos da sala e ficava imóvel como uma esfinge. Os companheiros", agora era Pastore falando, "disseram que ele não queria ser olhado pelo alto e por trás".[39] E acrescentava:

> Para ele, a universidade da época era um lugar corrupto, o mundo das mentiras oficiais, pelo menos o mundo de semiverdades, sempre pronto para exterminar as novas verdades enlouquecidas que então abraçamos um momento por se odiar imediatamente a morte, o mundo das ideias contra a natureza. Seu sério e velado sarcasmo contra professores oficiais corria entre os estudantes. Chamava-os de retóricos. E ele adorava repetir, para desculpar suas ausências das lições: *quoties inter rethores fui, minor homo redii.*[40*]

---

    *   Toda vez que eu ia e voltava, eu voltava um homem menor. (N. R.)

Entre os "retóricos" estavam homens como Cian e Stampini, ambos destinados a se tornar fascistas. Havia também professores aos quais, publicamente, Gramsci, militante socialista e jornalista de forte tendência polêmica, expressara críticas severas, como Ruffini ou Einaudi, mas de quem ele acreditava ter o que aprender de qualquer maneira. Estudante anormal, garoto "isolado e fechado na escola, mas sempre com muita atenção", de acordo com um colega influente já mencionado, Rostagni (que acrescenta: "Ele era diferente, se destacava claramente dos outros").[41] Ele também frequentava cursos não incluídos em seu currículo ou que não eram de sua faculdade, como aqueles de Einaudi, Ruffini, Pacchioni em Jurisprudência; Palmiro Togliatti, que era estudante, disse: "Eu o encontrava em todos os lugares, pode-se dizer, onde houvesse um professor que nos iluminasse sobre uma série de problemas essenciais". E, resumindo efetivamente o período universitário do amigo:

> O que restou nele desse ensinamento? Muitas coisas. Muitos elementos de sua pessoa, muito do que então ele teve para se afirmar e consolidar no desenvolvimento de seu trabalho e de seus pensamentos. Primeiro de tudo, uma qualidade, que eu não digo que tenha vindo do positivismo, mas certamente veio de grandes estudiosos do método histórico que então ensinaram aqui: a precisão do raciocínio, o gosto pela exatidão das informações, o desprezo, até a repugnância moral, eu diria, para a improvisação e a superficialidade. [...] Esse amor, diria filológico, pela documentação precisa nunca o abandonará.[42]

Muitas controvérsias dos anos de Turim estavam ligadas a essa paixão inesgotável pela seriedade, na qual um fato natural de temperamento, reforçado pela dureza da experiência pessoal, se encontrou com a escola subalpina positivista, da qual o jovem da Sardenha tinha sido capaz de absorver os melhor (o rigor, o método, a aplicação séria na pesquisa, a paixão "filológica" em sentido amplo e também a dimensão civil do ensino universitário), mais que os aspectos deteriorantes (a erudição como fim em si mesma, o filologismo, a angústia de pontos de vista, a incapacidade de colocar problemas autênticos) fora, também graças às poderosas influências do neoidealismo de Croce e Gentile, crítico implacável. Uma página do próprio Gramsci nos dá a ideia do que significava essa experiência intelectual:

Quem escreve essas notas também fala um pouco por experiência pessoal. De sua graduação na universidade se lembra, com mais intensidade, daquelas aulas em que o professor o fazia sentir o trabalho da pesquisa ao longo dos séculos para levar à perfeição do método de pesquisa [...]. O ensinamento, realizado dessa maneira, torna-se um ato de libertação. [...] É, [...] entre outras coisas, uma lição de modéstia, que evita a formação de muitos espertalhões chatos, daqueles que acreditam que criaram o universo quando sua memória feliz foi capaz de inserir em suas rubricas um certo número de datas e noções particulares.[43]

Gramsci não acabou no "entediante monte de espertalhões chatos". Além do extraordinário caráter moral do indivíduo e da sede de cultura autêntica, no segundo biênio acadêmico registrou-se o início de uma nova fase na qual a política venceu, sem nunca o induzir a deixar a cultura de lado, mas, de fato, caminhando para uma identificação entre as duas instâncias. Certamente, o novo fato para o jovem foi, entre 1913 e 1915, a descoberta do socialismo, da classe operária, do mundo industrial. Em uma síntese original e fecunda, ele teria se tornado o renovador crítico do socialismo marxista, o ávido defensor da luta revolucionária do proletariado, o atento estudioso e, pode-se dizer, um apreciador da fábrica e do mundo dos "produtores".

Na adesão de Gramsci ao socialismo, em sua tomada de partido ao lado da classe trabalhadora, junto à influência das leituras dos textos marxistas, seus amigos tiveram um papel importante; começando com Tasca, que já no outono de 1913 lhe propunha, embora ainda de forma privada, sua ideia de "em alguns anos", "fundar um jornal, o *nosso* jornal", e acrescentou: "criar uma lareira sempre viva de onde todos, e especialmente os jovens, poderiam dar luz e ardor e onde todos poderiam trazê-los".[44]

A situação da cidade era cheia de conflitos sociais e estímulos políticos, de fato, e os eventos se sucederam, intensificando um conflito de classe que, como Gramsci observou mais vezes, na cidade se caracterizava cada vez mais em sua essência: proletariado e burguesia. Sintomática dos novos humores das classes dirigentes foi a escolha do jornalista Bevione, na primavera de 1914, para a substituição do deputado do IV Colégio (tendo falecido o socialista Pilade Gay, eleito em 1913), como candidato das forças liberais nacionais. Sua vitória, por poucos votos, foi propiciada pelo jornal *Stampa*, de Alfredo Frassati, que cometeu, em escala local, o mesmo erro cometido por seu líder político, Giolitti, no período pós-guerra, que supostamente apoiava os fascistas na tentativa de domesticá-los – ou seja, dar uma folga aos socialistas e revitalizar o corpo liberal sem vida. Ambos se arrependeram de tais escolhas precipitadas; tendo apoiado a guerra da Líbia antes, depois de ter patrocinado seu *aedo* Bevione para a Câmara, confere às reclamações de Frassati, frente à decisão de Salandra de colocar a região em guerra (maio de 1915), um gosto de lágrimas de crocodilo. O jornal turinense liderou uma forte batalha contra a intervenção, que marcou a passagem do confronto com o milanês *Corriere dela Sera* da antiga rivalidade a uma forte hostilidade. O intervencionismo do jornal de Milão – onde, além disso, havia um comentarista altamente influente, Luigi Einaudi, primeiro autêntico *opinion leader* na Itália – era testemunhado, como já no empreendimento líbico, por inteiras primeiras páginas concedidas às proclamações de guerra de D'Annunzio. Em Turim, o contrapeso nacional-patriótico do giolittiano *Stampa* foi representado pela *Gazzetta del Popolo*, que se alinhava às posições nacionais-liberais. Mas, nos anos de guerra, as diferenças se diluíram, sob o signo de um patriotismo retórico que fornecia ao jornalista Gramsci argumentos em abundância para críticas tanto severas quanto pontuais.

No entanto, não faltavam divisões e contradições no campo burguês, como demostrava a dura acusação que a cada número da *La Riforma Sociale*, dirigida por Einaudi, era efetuada contra o protecionismo dos agrários e dos metalúrgicos. A revista einaudiana, porém, também tinha seus emissários no Conselho Municipal, e o próprio prefeito Teófilo Rossi era membro de seu comitê diretivo.[45] Gramsci frequentemente o colocava na berlinda, com o nome de "Ariadas montanhas". No entanto, não era irrelevante a contribuição dos estudiosos para a solução dos problemas da cidade: além de Einaudi, Loria, Cabiati, Mosca, Giuseppe Prato, Alberto Geisser, Riccardo Bachi, Camillo Bozzolo e outros, testemunharam uma notável circulação entre o conhecimento científico e a ação política – sinal, por um lado, de uma vocação civil da cultura turinense e, por outro, de certa abertura do setor da administração pública para o mundo do estudo e da pesquisa. Este era outro legado da grande temporada de positivismo, agora se esgotando. Turim viveu um pouco sua vocação como cidade científica. Entretanto, a tentativa de fazê-la tornar-se, por meio da universidade, um verdadeiro centro de pesquisa, capaz de competir internacionalmente, estava destinada a fracassar.

Nestes anos, portanto, o sardo começou a se tornar, em certo sentido, "turinense", em essência, ao integrar-se ao ambiente da cidade: cresceram as relações humanas e se equilibraram as relações políticas que teceriam a trama entre a teoria e a prática do jovem que, como os seus contemporâneos, olhava com admiração para outro jovem nascido nos anos anteriores, imerso no seio do partido do qual Gramsci havia já se tornado um militante: Benito Mussolini. A influência do futuro "duce", na época diretor do *Avanti!*, era forte justamente entre os mais jovens do partido, ao lado de Gaetano Salvemini, já militante do PSI, que era próximo do movimento operário e que, na época em que Mussolini tornou-se diretor do jornal socialista, rompeu com Prezzolini e *La Voce* e criou sua própria revista, *L'Unità*. Precisamente por meio de Salvemini e Mussolini, os jovens militantes turinenses do PSI – Gramsci entre eles – pensavam as eleições suplementares de 1914: deveria ser, então, outro o candidato que deveria concorrer com Bevione (o trabalhador Mario Bonetto); mas, na votação interna para a escolha do candidato – uma espécie de "prévias" –, Mussolini obteve um bom número de votos. Um fato que não pode ser esquecido para entender o "incidente" no qual o jovem Gramsci seria envolvido em breve. A batalha pelas eleições do IV Colégio estava entrelaçada com notícias dos fatos em Ancona – a Semana Vermelha –, que, na cidade, provocaram uma greve geral espontânea, com uma pesada intervenção repressiva das autoridades. Foi a verdadeira iniciação do Gramsci socialista. Em uma consternada página de dois anos depois, ele se lembrou daquele dia trágico:

> Flores vermelhas de sangue haviam desabrochado nas calçadas retas da nossa cidade [...]. Em uma cidade distante de Marche, três estranhos haviam sido abatidos em um dia irônico, consagrado à liberdade estatutária, e se espalhou por toda a Itália uma onda de rebelião demonstrando que o proletariado havia adquirido uma consciência nacional e, para obedecer a um sentimento e a uma disciplina de solidariedade nacional, descia as ruas para ser massa-

crado. Então comemoramos nossos mortos [...] com o sangue dos nossos melhores, e com a promessa de um melhor amanhã.[46]

O Gramsci que escreve dessa maneira é, então, a "caneta" do jornalismo socialista; mas, em 1914, era um jovem construindo seu próprio ABC político. Explodiu no verão a Guerra Mundial e, no outono, o artigo com o qual Mussolini rompeu a linha de neutralidade do PSI,[47] começando a crise que levou à sua rápida expulsão e à fundação do *Popolo d'Italia*. Gramsci, em um de seus primeiros escritos na imprensa socialista da cidade, abordou a posição de Mussolini.[48] Contra o silêncio da velha liderança do partido, a palavra de ordem daquele jovem líder lhe parecia autenticamente revolucionária, mas também atenta à dimensão nacional do socialismo:

> Mas os revolucionários – que concebem a história como criação de próprio espírito e [...] preparam o máximo de condições favoráveis para a ruptura definitiva (a revolução) – não devem se contentar com a fórmula provisória da 'neutralidade absoluta', mas devem transformá-la em outra, ou seja, 'neutralidade ativa e operante'. O que significa reemprestar à vida da nação seu genuíno e estrito caráter de luta de classes.[49]

Esse artigo – na verdade, não muito claro –, malgrado não possa ser considerado *tout court* como a favor da intervenção, se limita a indicar na guerra uma possibilidade de ruptura revolucionária, capaz de romper o silêncio de seu próprio partido. Colocou o rótulo vergonhoso de intervencionista sobre o autor, que reagiu à crítica interna do partido se autoisolando. Na verdade, ele parou de frequentar o *Fascio* "Centro" do PSI – seção do partido no centro da cidade – e interrompeu a maior parte das relações laboriosamente estabelecidas.

Talvez o seu desaparecimento dos círculos socialistas e das salas de aula fosse uma espécie de penitência voluntária, certamente excessiva em comparação à sua "culpa". Sobretudo, o artigo incriminatório apareceu na página dedicada às opiniões dos leitores. Portanto, um artigo pouco criterioso para o partido, o jornal e mesmo para os leitores. Era um deles, em suma, a escrever. Nada mais. O agravamento de suas condições de saúde foi adicionado à crise pessoal e política. Agora, a intervenção italiana na guerra estava às portas. Ao contrário de seus companheiros da universidade que, com diferentes vicissitudes, partiram para o *front*,

Nino foi salvo da guerra por conta da própria condição física, o que o tornou completamente "incapacitado".

Antes do fatídico maio "radiante", registrou-se na cidade certa desaceleração das atividades produtivas, mas, no geral, um constante desenvolvimento de uma nova realidade econômica e um consequente arrefecimento de conflitos. A guerra trouxe uma nova seiva ao empreendedorismo local, assim como ao nacional, mas as severas restrições de direitos sociais e políticos não permitiram a retomada do conflito social, que ficou contido até 1917, para então explodir no período pós-guerra. Enquanto isso, no biênio preparatório, o movimento operário urbano atravessava uma fase, como se dizia, de renovação, entre derrotas e sucessos. Enquanto as publicações do semanário *Il Grido Del Popolo* continuavam no jornal do partido *Avanti!*, nascera uma seção turinense, entre maio e julho. A partir de dezembro, a seção passou a ser regular. O editor: Antonio Gramsci.[50]

A fama de intervencionista obtida pelo artigo "mussoliniano" de 31 de outubro de 1914, forçou o jovem – sardo, estudante e socialista, três dados que não favoreciam uma inserção na Turim da época – a um recolhimento privado. Excluído das batalhas entre neutralistas e intervencionistas (confrontos que geralmente terminavam em brigas furiosas, nos quais certamente uma pessoa com deficiência física como ele não poderia participar), parou de frequentar, como já mencionado, a redação do *Grido del Popolo* e a mesma seção socialista. Foi um dos períodos mais tristes da vida de Gramsci, que também parecia a ponto de romper com os membros da família, com os quais interrompeu a correspondência, enquanto a nova "família" socialista voltava a ser uma entidade estranha: a casa das organizações proletárias, ponto de encontro habitual, tornou-se novamente estranha. E a universidade agora fora deixada para trás, embora não formalmente.

Cessada a bolsa de estudos, terminado o escasso fluxo de dinheiro da Sardenha, nada restou a Gramsci senão conseguir fontes de renda naquela que agora estava se tornando, de qualquer maneira, sua cidade. Ajudou-o, como no passado, procurando-lhe aulas particulares, o professor Umberto Cosmo, do qual conhecia a competência, a humanidade e também a proximidade nos ideais e nas batalhas socialistas. Não muitos anos depois, entre os dois criou-se uma ruptura, que, no entanto, dois anos mais tarde, em 1920, foi sanada.[51] Então, Andrea Viglongo, companheiro e amigo que sempre se declarou seu "aluno", lembra-se das aulas particulares de Gramsci:

> Mas ele não se limitou à simples correção de tarefas e à revisão das regras: com seus alunos, ele sabia e não negligenciava nunca essa corrente viva de comunicação entre professor e aluno, que é a base da didática de Giuseppe Lombardo Radice, apreciada por ele. Concluída a verdadeira lição, Gramsci conversava longamente com os jovens estudantes, frequentemente os acompanhava, provocando-os com infinitos indícios de problemas dos quais não sabiam nem mesmo da existência, sempre com um leve toque e atraindo sua atenção sem dar-se a entender; frequentemente lhes dava seus livros – ele paupérrimo – acompanhados de cordiais dedicatórias.[52]

Enquanto isso, alguns dos novos amigos, conhecidos nos bancos da universidade da cidade ou no *Fascio* "Centro" do partido, terminaram no redemoinho da guerra, experiência dele retirada: uma *fortuna*,* é claro, mas provavelmente isso aguçou a sensação de isolamento no jovem. Tasca foi enviado para a guerra; Togliatti se juntou (talvez) voluntariamente, terminando, no entanto, nos serviços de saúde; Terracini, por sua vez, foi enviado para o front depois de alguns dias preso como punição por seu convicto e corajoso pacifismo. Anos difíceis, nos quais Gramsci entendeu o significado da palavra solidão. Uma carta à sua irmã Grazietta nos fornece uma representação dramática, aludindo a problemas nascidos das palavras de um conhecido sardo que passou por Turim, e que havia relatado à família sobre a vida "miserável" de Nino: "mal-vestido e sem cuidados". Sobre isso, a família lhe havia escrito, expressando o medo de que ele poderia "desonrar a si mesmo de alguma maneira"; Gramsci, além do ressentimento em relação a "alguém que deve ser completamente imbecil", aproveitou a oportunidade não para expressar animosidade, mas, ao contrário, para traçar um pequeno balanço do período transcorrido, e que, evidentemente, agora considerava, pelo menos em parte, superado:

---

* Aqui no sentido de acaso, sorte, aquilo que é imprevisível. (N. R.)

A culpa é minha, eu sinto. Deveria ter me comportado de outra maneira. Não deveria ter me separado da vida como fiz. Vivi, por alguns anos, fora do mundo; um pouco no sonho. Deixei que se separassem, um por um, todos os fios que me uniam ao mundo e aos homens. Vivi tudo pelo cérebro e nada pelo coração. Talvez seja porque sofri muito no cérebro, a cabeça está sempre cheia de dor, e eu acabei não pensando sobre isso. E não apenas para o que lhe diz respeito. Mas por toda minha vida. (Eu não vivo, há alguns anos, pelo meu egoísmo, pelo meu sofrimento egoísta.) Tornei-me um urso, por dentro e por fora. Era, para mim, como se os outros homens não existissem, e eu fosse um lobo em seu esconderijo. Mas eu trabalhei. Trabalhei talvez muito mais do que minha força me permitiu. Eu trabalhei para viver, enquanto, para viver, deveria ter descansado, deveria ter me divertido. Talvez em dois anos nunca sorri, como nunca chorei. Tentei superar a fraqueza física trabalhando e estou mais enfraquecido. Não passo um dia, há pelo menos três anos, sem dor de cabeça, sem vertigem ou tontura. Mas nunca fiz nada de errado com ninguém além de mim mesmo. Não há nada para me censurar. E nas minhas condições, não sei quantos poderiam dizer o mesmo.[53]

A miséria e a dor, no silêncio de uma existência solitária, eram no fundo motivos de orgulho; mas o que a ele parece mesmo "miserável" era não saber como "vencer" sua "fraqueza". Enfim, a incapacidade de ser um ser humano "normal", dotado de uma condição física aceitável que, com suas possibilidades, permitisse obter uma renda: "Se me sentisse sempre bem, teria a oportunidade de ganhar 500 liras por mês". Mas, depois, confessava: "O que me prejudica é estar sozinho; ter que confiar sempre nos outros, ter que viver na *trattoria,** gastando muito para estar doente".[54]

---

* Restaurante simples e econômico. (N. R.)

REPÓRTER NA CIDADE EM GUERRA

UM JORNALISMO DE NOVO TIPO

A carta é dos primeiros meses de 1916; o ostracismo dos socialistas da cidade já havia ficado para trás, e a escolha de Gramsci – ficar ao lado do proletariado, dentro de seu partido – estava concluída, irreversível. Uma lucrativa oferta de trabalho (dirigir uma escola em Oulx, a algumas dezenas de quilômetros da capital) foi recusada em benefício de uma proposta bem menos desejável no plano econômico, mas infinitamente mais gratificante do ponto de vista intelectual e político. Desde 31 de outubro de 1915 (exatamente um ano após o artigo sobre neutralidade "ativa e operante"), sua assinatura, ou sua abreviação (A. G., que às vezes foi dissolvida classicamente por ele nas letras do alfabeto grego: Alpha Gama), reapareceu no *Grido del Popolo*. Também começou a estar presente na seção turinense do *Avanti!*, passada das mãos descuidadas de Mussolini para as mãos comprometidas de um socialista de comprovada fé como Giacinto Menotti Serrati – ainda mais que, de jornal de opinião, voltou a ser um órgão do partido.[1] O nome do jovem se impunha, certamente, em virtude da guerra, que tinha tirado do caminho a maioria dos intelectuais-militantes de algum valor. Mas, quando a liderança socialista, de acordo com a direção do *Avanti!*, propôs uma função paga de editor para a sede de Turim, ele encontrou seu caminho definitivo, o jornalismo militante.[2] O salário era modesto, especialmente quando comparado ao que lhe foi oferecido no liceu de Oulx: 1.800 liras por ano, contra duas mil e 500 (e três meses de férias). A história foi narrada sucintamente pelo próprio Gramsci, em uma passagem autobiográfica e, embora não exista um rastro documental real e preciso, pode-se argumentar que houve uma escassez de professores nos anos entre as duas guerras e que as escolas se limitaram a fazer anúncios para recrutamento. Destarte, encontramos um desses anúncios no *Avanti!*, onde se lê, precisamente:

> Colégio ginasial Oulx. A Direção admitirá, para o ano letivo de 1913-1914, dois professores de Letras, com o salário de 1.800 liras, e um professor de Aritmética e História Natural com o pagamento de 1.400 liras. Os pedidos serão apresentados até, no máximo, o dia 27 deste mês. O Presidente. L. Balcet.[3]

Anúncios que a administração do jornal usava então como publicidade para ter mais leitores, enviando circulares aos secretários de escola, propondo também um "desconto apropriado" para "repetidas postagens". E, por outro lado, nos arquivos da escola Oulx existem numerosos pedidos com autoindicações de estudantes universitários. Isso nos leva a concluir que Gramsci lera o anúncio e enviara, consequentemente, uma solicitação ao "presidente" do Liceu, obtendo o trabalho anual, do qual depois desistiu. De qualquer forma, os salários anuais pagos pelo Liceu de Oulx oscilaram, para o pessoal docente, entre mil e mil e 900 liras, no período de 1913 a 1915-1918. Portanto, a discrepância nos números permanece e, mesmo considerando a inflação, que também não envolveu aumento salarial na classe administrativa, certamente não chegaria aos valores indicados por Gramsci, para os quais se pode pensar em uma confusão ou falha de memória ou mesmo um exagero deliberado.

Com o conflito europeu, no qual a Itália havia entrado, fazer jornalismo socialista significava, antes de tudo, denunciar os males da guerra, que marca, tanto para Antonio Gramsci quanto para o cenário europeu e o proletariado, um ponto de inflexão decisivo. O *Avanti!*, embora na linha oficial do partido (o "nem aderir nem sabotar", elaborado por Constantino Lazzari),[4] era sensível às críticas à guerra: seu diretor, Serrati, pensava que se tratava de "um massacre horrendo e inútil" e que, para a pátria, era "um monstruoso prejuízo", em nome do qual sacrificaram "a justiça, o bem-estar, a piedade, o amor, tudo".[5]

Desde o início da atividade jornalística, emergia um dado característico da personalidade gramsciana: a infinita riqueza de interesses, uma abertura intelectual nas mais diversas direções. Ele manteve uma atenção especial, principalmente crítica, pelo que até pouco antes havia sido o seu primeiro ambiente: a universidade, os professores da cidade universitária – a quem ele não poupou duros julgamentos. O que ele repreendia não era apenas sua orientação bélica, nem seu "patriotismo" vulgar, muitas vezes um pouco desonesto, mas sim as deserções da missão de estudiosos e professores, a renúncia ao rigor, à seriedade e à severidade que parecia ser a autêntica marca da "escola de Turim". Assim, Francesco Ruffini, considerado um "grande historiador", lhe parecia "um modesto [...] inspetor de arquivos".[6] Ao passo que Achille Loria (a quem o Gramsci do cárcere reservou autêntico enfrentamento) fazia parte dos "vulgares fraudadores da inteligência".[7] Seu alvo favorito, no entanto, era Vittorio Cian. Existem inúmeras polêmicas sobre este "protótipo de ofertas acadêmicas", que, além disso, foi também "o chefe extremamente hilariante do nacionalismo doméstico de Turim"; esse "tedioso cultuador das fofocas literárias"[8] que, no nível público, era uma "típica anedota de 'herói' em chinelos".[9]

De um modo mais geral, o ex-aluno denunciava, em uma grande fatia da intelectualidade da cidade, uma concepção de cultura que lhe parecia obsoleta, meramente erudita, "verdadeiramente prejudicial ao proletariado", que vê os estudantes não como pessoas a serem amadurecidas, mas como "recipientes" para serem preenchidos com noções. Uma cultura que

> serve apenas para criar marginais, pessoas que acreditam ser superiores ao resto da humanidade porque acumularam na memória um certo número de dados e datas que vomitam em cada ocasião, criando assim quase uma barreira entre elas e as demais pessoas. Serve para criar aquele tipo de intelectualismo balofo e incolor [...] que gerou toda uma caterva de presunçosos e sabichões, mais deletérios para a vida social do que os micróbios da tuberculose e da sífilis o são para a beleza e a saúde física dos corpos.[10]

Ele havia aprendido a distinguir a pseudocultura da cultura autêntica; por outro lado, lhe tinha sido de enorme ajuda, nesse processo de formação, o encontro com o mundo socialista e operário, que era também o mundo da fábrica, da organização, da disciplina. Emergem os primeiros fundamentos de uma concepção de cultura, justamente por meio de certas palavras-chave (organização, disciplina...), que acompanharão, a partir de agora, seu vocabulário. Somente essa cultura permite ao indivíduo "entender seu próprio valor histórico, sua própria função na vida, seus próprios direitos e deveres". E a cultura, especificava Gramsci, antecipando uma concepção que, na elaboração do *Cárcere*, viria a se tornar "hegemonia", tinha uma função política decisiva: "toda revolução foi precedida por um intenso e continuado trabalho de crítica, de penetração cultural, de impregnação de ideias".[11]

O primeiro jornalismo gramsciano se diferenciava claramente da tradição socialista, de mera propaganda. Nos artigos de "A. G." (de resto prevalentemente nem mesmo assinados, de acordo com uma regra geral que Serrati, em especial, impõe nas páginas de seu *Avanti!*), construía seu caminho, paralelamente ao militante que acreditava firmemente na bondade e na necessidade do socialismo, o analista calmo dos fenômenos sociais, o estudioso que recorria aos instrumentos da ciência social e histórica para interpretar os fatos, julgar as pessoas, reconstruir os eventos. Havia no seu estilo uma calma analítica e uma forma dialógica. Era como se ele se voltasse sempre para alguém disposto a ouvi-lo e do qual o autor está disposto a ouvir respostas. Não é o propagandista, portanto, mas o observador atento, partícipe da realidade, capaz de extrair o que era indispensável para entender os fenômenos. Em suma, esse Gramsci, entre 24 e 26 anos, revelava sua dupla natureza, que os *Cadernos do cárcere* iriam trazer definitivamente: um homem de estudo e de militância.

Não se afastava da polêmica; uma das características do jornalista era precisamente sua capacidade de usar a caneta como um florete e, às vezes, como uma espada: não tinha piedade de seus adversários políticos, quando eram portadores de mentiras, ideólogos da classe dominante que tentavam ocultar interesses sociais, mostrando-os como interesses coletivos e, principalmente, quando não mereciam respeito humano ou intelectual. Professores, palestrantes, jornalistas, ministros e administradores locais, padres e deputados, industriais e expositores eram os alvos favoritos de sua polêmica, na qual Gramsci queria ser, e conseguiu, "o ácido corrosivo da estupidez".[12] Não era a genérica denúncia da guerra em si, mas a tentativa de apreender as inúmeras influências na vida econômica, social e cultural e sobre as formas de convivência. Não de combates, armas, trincheiras e agressões nos fala Gramsci, mas antes de efeitos nos preços, da manipulação de mercadorias por especuladores, da idiotice daqueles que, por ódio aos alemães, proíbem aspirina e Wagner, ou afastam da universidade da cidade Robert Michels; ou ainda, traindo os declarados princípios liberais, defendem o protecionismo, desejando lucros enormes para industriais italianos e prejudicando a grande maioria da população, forçada a consumir bens "nacionais", mesmo que valham menos e tenham preços de rapina. A polêmica contra o protecionismo, a partir da qual Luigi Einaudi o pressionava, acusando-o de incoerência, também significava colocar o problema do contraste Norte-Sul: Gramsci quer impedir "que, para punir a Alemanha, [...] se atinja a parte da Itália que, em palavras, se diz sempre que desejam resgatar e elevar".[13]

Guerra significava propaganda, e Turim foi sufocada pela ação generalizada dos jornais, que ofereciam, todos os dias, a "mercadoria estragada" de suas mentiras. Começava a avançar, no pensamento gramsciano, a ideia crucial da verdade; que tinha que ser salvaguardada a todo custo, a qualquer preço, bem primário que um intelectual deve defender, sob pena de trair seu próprio papel.[14] Daí, a aspereza dos ataques que ele conheceu – dos quais os adversários confundiam propositalmente o nome (Granischi, Granci) – movia-se para os jornais da cidade, não poupando insultos ("minhocas", expoentes do "reino zoológico inferior" que produzem nada mais do que um "caracol entediante"):[15] mesmo se o jornal do clero, *Il Momento*, também estivesse entre os destinatários da polêmica, para o mundo católico ele mostrava uma atenção crítica, tentando distinguir a religião, que não compartilhava, mas respeitava, ainda que a considerasse um imbróglio para os ingênuos, dado o uso político que dela se fazia. "A religião é uma necessidade do espírito", especialmente em tempos de guerra, portanto, de vidas jogadas aos ataques de incertezas e de ansiedade coletiva. Mas padres e charlatões, mágicos e feiticeiras – tudo, de alguma forma, no mesmo nível – aproveitaram essa tensão para pegar a "massa amorfa" e torná-la presa para seus propósitos nem sempre espirituais.[16] No entanto, Gramsci sempre foi hostil a qualquer forma de anticlericalismo, considerando-o manifestação grosseira e primitiva, um elemento a ser abandonado às urtigas, embora típico da polêmica tradição anarcossocialista, e que encontrava espaço especialmente em caricaturas e rimas infantis no jornal *L'Asino*, de Guido Podrecca (expulso do PSI em 1912, destinado a se tornar intervencionista e nacionalista), e do caricaturista Gabriele Galantara, um folheto popularíssimo que Gramsci via com aborrecimento. Na verdade, se tratava de uma orientação não somente de caráter cultural, inerente à linha a ser adotada em relação à religião, mas também diretamente política, em relação às massas rurais. Interessante o testemunho do trabalhador Battista Santhià, que se tornou companheiro de Gramsci na experiência das lutas do pós-guerra e, especialmente, no *Ordine Nuovo*:

> Gramsci nos fez observar que era necessário fazer contato com centenas de milhares de trabalhadores não registrados em nenhuma organização e, em particular, com camponeses católicos, tão afetados pela guerra como a classe média. Seu discurso, ao nos fazer refletir, criou uma zoeira [*sic*], nos chocou, pois propunha nos unir para conquistar a paz, mesmo com os católicos. Para compreender o correto valor político de nossa reação às afirmações de Gramsci, é necessário ter presente a influência anticlerical que pesava sobre nosso fraco conhecimento, as caricaturas de Scalarini e L'Asino de Podrecca compunham o texto.[17]

Até o socialismo era uma fé para o jovem Gramsci, imbuído de humores estranhos a Marx, que tornaram seu percurso intelectual particularmente variado e rico. A religião socialista – religião racional, fundada na "filosofia moderna" – terá que matar a religião fundada no irracional, na necessidade de segurança dos indivíduos, em seus medos. Os socialistas não são "infelizes", "mendigos" ou "falidos": a deles não é "uma doutrina de escravos em revolta", mas "uma doutrina de dominantes que, no cansaço cotidiano, preparam armas para o domínio do mundo".[18] O número único de *La Citta Futura* (datado de 11 de fevereiro de 1917), projetado e escrito inteiramente por Gramsci e destinado aos jovens, relata em suas quatro páginas, entre seus artigos, algumas citações longas: Croce, Gentile, Salvemini e Armando Carlini, um filósofo italiano menos conhecido. "Idealismo" gramsciano? Até certo ponto, sim (ele próprio disse, referindo-se àquele período inicial: "era tendencialmente croceano"); mas também a influência das filosofias vitalistas e da ação (de Bergson a Sorel) que fascinavam os jovens de sua geração. E, claro, Marx, de quem ele se aproximara desde os últimos anos do liceu, ainda na Sardenha, mas que sempre interpretou de maneira crítica e não dogmática. Não se pode, então, esquecer a poderosa influência ambiental: a experiência, agora deixada para trás, de uma universidade que favorece o método histórico e a cultura "positiva", e aquela apenas iniciada, da fábrica e da classe trabalhadora.[19] Duas "escolas" de seriedade e rigor que, juntando-se ao temperamento do jovem, contribuíram para determinar seu caráter e sua fisionomia intelectual. "Odeio os indiferentes" foi quase a insígnia da *Citta Futura*, em nome da decisiva importância da participação na batalha política realizada também com as armas da cultura.[20]

No entanto, no Gramsci dos anos de guerra não havia somente cultura livresca (ou musical ou teatral); não havia somente a experiência política; a humanidade estava fazendo o seu caminho: a do jovem que a expressa em seus escritos e gestos concretos, mas também a de outros, dos quais ele se fazia um observador atento. Ele não era apenas um redator político, um comentarista dos acontecimentos do dia, um leitor agudo e crítico; por trás do jornalista militante, surgia um pensador crítico da vida cotidiana existencial, da qual ele buscava compreender os aspectos compassivos, terríveis ou sórdidos; a crônica ofereceu ao jovem jornalista uma infinidade de casos que lhe permitiram estudar um rico material humano, sentir-se parte dele e tornar-se um "sociólogo" e "antropólogo".

Enquanto isso, a cidade mudava, começando por seus setores industriais em expansão, ampliando os espaços de seus estabelecimentos, cujos proprietários acumulavam lucros; a construção civil estava estagnada, em uma crescente superlotação de moradias. O contraste centro-periferia tornou-se a representação emblemática do conflito de classes entre burguesia e proletariado.[21]

Enfim, a cidade burguesa parecia não perceber muito da guerra, da qual tirava vantagens e benefícios. Teatros, cinemas, cafés, restaurantes, salões de dança, clubes onde eram oferecidos shows de variedades muito em voga, mesmo que as notícias do front fossem péssimas e a Itália contasse seus próprios mortos. E mesmo quando restrições foram impostas, o ritmo da cidade não parou: era uma maneira de dizer que a vida não parou. Mas a cidade na qual, pouco a pouco, os gêneros de necessidades básicas começavam a ficar escassos, estava cheia de mendigos, refugiados, mutilados e soldados em licença, naturalmente, cuja presença fazia compreender subitamente que a guerra se aproximava.

A PETROGRADO DA ITÁLIA

A rota de Caporetto para a Itália, a revolução bolchevique para a Europa (e o mundo inteiro), em outubro de 1917, representaram dois eventos históricos que, na propaganda nacionalista, foram colocados em correlação direta. Nascia o mito da "facada nas costas" infligida pelos socialistas à "corajosa" infantaria italiana, engajada no combate aberto, cara a cara, ao inimigo externo, sem saber que, por trás deles, o "inimigo interno" estava tramando. Substituído, enfim, o diretor responsável (o inepto Cadorna sucede Armando Diaz), como o primeiro efeito da mudança de governo (de Boselli a Orlando), alertou-se, da parte da classe política e dos mesmos altos comandos, para a necessidade de reviver o escasso espírito militar dos soldados de infantaria – provados por mais de dois anos de guerra de trincheira, desencorajados pela derrota, dizimados, além do fogo inimigo, pelas próprias condições de vida no front, em um ano (1917) repleto de motins e revoltas em todas as frentes.[22] Assim nasceu, junto ao Estado-maior, um "Serviço P" (como em "Propaganda"), no qual foram recrutados intelectuais de prestígio com o objetivo de construir um aparelho de comunicação capaz de enviar mensagens que tivessem condições de motivar novamente os soldados para o combate. A política de propaganda de Diaz sucede a política fundada sobre a feroz repressão praticada por Cadorna.

Aos italianos, que começavam a se exaurir com as restrições, provados pelo luto (não há família que não teve pelo menos um parente morto ou gravemente ferido), se oferecia principalmente propaganda e medo: nasceram (em alguns casos, já antes de Caporetto) Comitês pela Frente Interna, cujo objetivo era combater o "derrotismo", denunciar todos os suspeitos de "atividade antinacional" e, em última análise, realizar uma ação de censura e polêmica contra os socialistas, que se intensificava com as notícias das negociações de paz entre a Rússia revolucionária e a Alemanha. "Bolchevique" tornou-se sinônimo de "traidor", a outra face do inimigo: fala como nós, veste-se como nós, se parece conosco, mas somos diferentes e é um inimigo do país.

Turim não foi exceção ao cenário nacional, com as especificidades derivadas de sua fisionomia econômico-social, isto é, de uma cidade industrial, exaltada pela guerra. Como já mencionado, a cidade foi objeto de uma vigilância especial por parte das autoridades, devido à forte concentração de operários, mais do que nunca suspeitos, após a segunda revolução na Rússia. No entanto, apesar do regime de militarização, o proletariado de Turim, dentro da definição nacional de uma "nova classe trabalhadora",[23] acrescentava a própria capacidade contratual, obtendo, por exemplo, um reconhecimento progressivo da Comissão interna. Aumentaram, na última fase da guerra, os litígios e conflitos. A classe operária urbana assumia uma fisionomia peculiar, colocando-se na vanguarda em relação a outras realidades industriais. Não foi exagerada a opinião de Gramsci, em dezembro de 1917: "Em Turim, o proletariado atingiu um ponto de desenvolvimento que é dos mais altos, senão o mais alto da Itália".[24]

O eco da primeira revolução na Rússia, aquela "democrática", de fevereiro (março, para nós) de 1917, ajudou a elevar a temperatura social enquanto naquele que era, sob todos os aspectos, o ano mais difícil começaram a circular notícias de uma fadiga generalizada das tropas de combate, com episódios de insubordinação, relutância, sabotagem.[25] Os socialistas de Turim olhavam com crescente simpatia para os camaradas russos, e Gramsci, com certa intuição, conseguiu prever uma segunda revolução, proletária e socialista.[26] O prefeito pediu ao governo para proclamar a cidade como "zona de guerra", com aplicação da legislação relativa e com as graves restrições aos direitos civis e políticos que envolveria. A medida não foi implementada enquanto na cidade iniciava-se "a espera de um prazo próximo para implementar um movimento decisivo contra a guerra".[27]

A ocasião veio com a visita à cidade de uma delegação dos sovietes de Moscou e Petrogrado; surgiu uma manifestação pública com a participação de Serrati. O grito "Viva Lenin!" foi um sinal involuntário para que a pólvora do barril explodisse. Isso aconteceu alguns dias depois, devido à falta de pão nas reivindicações: os movimentos de Turim de 1917 representaram o "episódio 'mais relevante' da insurgência popular ocorrido durante a guerra fora da Rússia".[28] Foi a revolta de agosto de 1917, um movimento espontâneo (como foi reconhecido no processo de 1918) no qual as mulheres tiveram um grande peso, assim como em Petrogrado, em março; a liderança socialista foi a primeira a se surpreender com os eventos. A causa desencadeadora acabou sendo esquecida, e a revolta – que resultou em numerosos mortos e feridos e foi seguida por uma duríssima repressão – tornou-se uma prova geral de uma possível revolução proletária, uma espécie de reprodução em pequena escala dos fatos russos: uma antecipação clamorosa, por gravidade e duração, do clima incandescente do pós-guerra. Turim parecia cada vez mais, e não apenas para Gramsci, a "Petrogrado da Itália". Após esses fatos, a diretora do *Grido Del Popolo*, Maria Giudice (que havia assumido o lugar, em 1915, de Giuseppe Bianchi, um dos principais protagonistas do jornalismo socialista, não apenas em Turim), foi presa e condenada.[29] O jornal, confiado a Gramsci, se transformou. No penúltimo número, admitindo os limites (mesmo legados a restrições "ambientais", como "restrições no uso de eletricidade que obrigam a compor a matéria de maneira inorgânica e apressada"),[30] ele teria, contudo, reivindicado os méritos:

> No entanto, *Il Grido del Popolo* tocou, neste último período, uma tarefa que tem sido útil para a cultura dos camaradas e para a ação socialista. Realizou-a modestamente, dentro dos limites da capacidade pouco experiente, do tempo e da saúde de seu único editor [...]; a isso se devem as desigualdades da parte intelectual e literária e a incerteza e não continuidade da organização técnica de jornal. [...] O *Grido* tentou se tornar, de semanário de notícias locais e propaganda evangélica, uma pequena resenha de cultura socialista, desenvolvida de acordo com a doutrina e tática do socialismo revolucionário [...]. Sufocado por uma censura pouco

inteligente, no entanto, ele conseguiu publicar, sobre a Revolução Russa e os problemas ideológicos e táticos por ela gerados, artigos discutidos, citados, difamados.[31]

Um dos exemplos mais flagrantes de intervenções de censura foi aquele de 1 de dezembro de 1917, quando o *Grido* saiu com duas colunas totalmente "em branco": certamente não foi a primeira vez, nem a última. Nesse caso, no entanto, após cerca de um mês de silenciosa espera, o artigo – escrito e assinado por Antonio Gramsci – foi republicado na véspera de Natal no *Avanti!*. Ele se tornaria um dos textos canônicos do jovem intelectual e, dado o assunto, uma das primeiras e mais originais tentativas de análise da revolução bolchevique, que, como o título diz, parece ser uma *Revolução contra O capital*: aqui, *O capital* é a obra de Karl Marx, embora seja provável que o autor queira sugerir um jogo de palavras. Ou seja, Lenin, de alguma forma, forçou a mão para Marx, não limitando-se à letra, mas tentando colher o espírito. Os bolcheviques não esperaram que estivessem maduras as condições para a revolução e, contradizendo todas as previsões, começando pelas baseadas em rígida interpretação dos textos marxistas, agiram com sucesso. Afinal,

> Marx previu o previsível. Não poderia prever a guerra europeia, ou melhor, não poderia prever que esta guerra teria a duração e os efeitos que teve. Não podia prever que esta guerra, em três anos de indizíveis sofrimentos, de indizíveis misérias, criaria na Rússia a vontade coletiva popular que criou.[32]

Portanto, a guerra na concepção gramsciana (que parece aqui retomar, em um significado revolucionário preciso, o artigo de 1914) havia funcionado de maneira formidável como acelerador da história, fazendo saltar os tempos normais da revolução: "serviu para refinar as vontades". A pregação socialista elevou-se à altura da ocasião, moldando "a vontade social do povo russo". Em resumo, foram os revolucionários que criaram, de alguma maneira, as condições da revolução, partindo de uma situação que, embora não correspondesse à análise e à previsão marxista ao pé da letra, era objetivamente pré-revolucionária. Com uma correção interessante da concepção de Marx, ou melhor, dando-lhe uma interpretação criativa, antirreformista em nível político e antipositivista em nível filosófico (ou seja, contra as teses de quem estabelecia uma correspondência mecânica entre situação socioeconômica e revolução, ou mesmo de quem convidava para uma espera pacífica do grande amanhecer do sol do futuro), Gramsci, ao final de 1917, acreditava que

> não os fatos econômicos, brutos, mas o homem, a sociedade dos homens [...] desenvolve [...] uma vontade social, coletiva, e compreende os fatos econômicos, e os julgam, e os adequam à sua vontade, até que essa vontade se torne o motor da economia, plasmador da realidade objetiva.[33]

Gramsci, que na época tinha uma opinião negativa sobre os jacobinos, negava precisamente que os bolcheviques o fossem; não tinha sido um golpe de minoria, mas o fruto maduro de uma longa jornada que havia conquistado o favor das massas. E o objetivo da revolução não foi, escreveu ele misturando pensamento e sentimento, a substituição de um regime despótico por outro, mas a libertação das massas oprimidas, o começo do advento de uma nova sociedade.

Gramsci deu início aqui, mesmo que anteriormente houvesse escrito sobre os fatos da Rússia, a uma atenção constante à revolução, a Lenin, ao grupo dirigente bolchevique, à construção do socialismo no maior país do mundo. Seguindo passo a passo o desenvolvimento, na medida em que a escassa informação lhe permitia, e também por causa da carência de notícias precisas, o jovem, ainda muito apegado às influências filosóficas de tipo idealista, embora fortemente imbuído da cultura "positiva" absorvida na universidade e em muitos ambientes urbanos, construiu uma imagem idealizada da revolução bolchevique. Esta, no entanto, por sua própria precisão, não era de todo uma exaltação acrítica vulgar, mera reversão das demonizações dos adversários; ambas formas de "uma ampliação retórica estúpida", da qual ele pretendia passar ao largo. Para ele, ao contrário, interessava compreender a "tendência geral":

> O que importa são o trabalho e os esforços efetuados para instaurar o domínio da sabedoria, da razão, do desperto sentido de realidade. O que importa observar é se os homens que dirigem o movimento geral são loucos e utópicos, ou se, ao contrário, não são isso, mas pensam de modo justo e se esforçam para difundir esse justo pensamento na massa.[34]

Em suma, a adesão à revolução não excluía, pelo menos até certo ponto, se não a crítica, pelo menos a reserva, a dúvida.[35] Seria um exagero afirmar que estamos aqui na origem da dissidência com Togliatti e com a maioria stalinista no partido russo, que viria à luz em outubro de 1926; mas se conseguem ver, *in nuce*, novos elementos no que diz respeito à posição bolchevique. Aquele artigo também continha um primeiro exemplo significativo da ideia – crítica e, de nenhum modo, escolástica ou atrelada a dogmas – que Gramsci havia feito sobre o fundador do "socialismo científico". Ideia que, na comemoração do centenário de seu nascimento, retomou e assim desenvolveu:

> Marx não produziu uma doutrinazinha, não é um messias que nos legou uma série de parábolas impregnadas de imperativos categóricos, de normas indiscutíveis, absolutas, fora das categorias de tempo e espaço. [...] Com Marx, a história continua sendo domínio das ideias, do espírito, da atividade consciente dos indivíduos isolados ou associados. Mas as ideias, o espírito, ganham substância, perdem sua arbitrariedade, não são mais fictícias abstrações religiosas ou sociológicas. A sua substância está na economia, na atividade prática, nos sistemas e nas relações de produção e troca.[36]

Paralelamente, a interpretação que estava se delineando dos eventos russos formaria a base da análise sucessiva, dos anos 1920 e 1930, na qual, para refletir bem, se esforçava para conciliar o momento da liderança pelo alto com o do controle da base, ou radicalizando, coerção e consentimento. Pode-se esforçar para ver nessa posição, consolidada a partir da vitória bolchevique, uma tentativa de conexão, se não de fusão, da teoria leniniana do revolucionário profissional com a tradição totalmente italiana do elitismo.[37] De tempos em tempos, mesmo em uma prosa geralmente guardada, transparecia o entusiasmo pela vitória dos bolcheviques, a qual induziu Gramsci, ainda filosoficamente ligado a Croce, mas atento à lição de Antonio Labriola e sua recusa de um materialismo mecanicista, a sublinhar o componente voluntarista da ação revolucionária, embora ele se mostrasse consciente da importância do vínculo entre estruturas e superestruturas. Emergia, assim, o peso atribuído a fatores culturais ou à preparação espiritual da revolução: um tema fundamental do Gramsci de Turim.

O CLUBE DA VIDA MORAL

Simultaneamente, eram numerosos os temas sobre os quais o jornalismo de Gramsci, entre 1917 e 1918, se exercitava em um crescendo de profissão e paixão. Muitos temas já presentes na produção anterior foram conectados, portanto, à guerra, ao "enorme desperdício de vidas e riqueza" relatado às vésperas de Caporetto,[38] às falhas materiais e morais, aos lucros permitidos a algumas classes sociais e ao sofrimento infligido à maioria das populações, à exaltação acrítica de um patriotismo cada vez mais agressivo e culturalmente restrito. Permanecia um ponto fixo na batalha contra os comerciantes, que já há algum tempo ele havia rotulado desdenhosamente, como os resíduos "do que de parasitário sobrevive na sociedade":[39] era uma batalha social, mas também cultural e ideológica. O jornalismo era sua profissão, mas se tratava de um jornalismo particularíssimo, de coerência absoluta, praticada em total liberdade: não tinha santos nem senhores a serem considerados; e também para a liderança socialista, local e nacional, não mostrava nenhuma reverência (basta recordar as polêmicas com um dos maiores líderes do PSI, Claudio Treves), como não nutria complexos de inferioridade no confronto com os mandarins da cultura socialista, como Rodolfo Mondolfo. Anos mais tarde, Gramsci chamou de "integral" o jornalismo necessário, aquele que, à época de que falamos, queria dar vida "àquele que não somente pretende satisfazer todas as necessidades de seu público, mas pretende também criar e desenvolver essas necessidades e, consequentemente, de suscitar, em certo sentido, o seu público e ampliá-lo progressivamente".[40] Um grande estudioso, Eugenio Garin, resumiria admiravelmente a esse respeito: "é um tipo de jornalismo novo, no qual a temática cultural e o aprofundamento ideológico estão entrelaçados, harmonizando-se com a propaganda e a educação popular. O compasso polêmico pungente e apropriado converge com a maturidade teórica".[41]

Gramsci, redator de o *Avanti!* e diretor do *Grido del Popolo*, visava, portanto, expandir a massa de leitores proletários, tentando ampliar suas exigências e necessidades e levá-los quase pela mão ao socialismo: aderir ao socialismo, para ele, significava apoderar-se de mecanismos da sociedade capitalista, significava entender a importância da organização política e sindical, desenvolver uma consciência de classe; significava, em suma, colocar em vigor uma operação educacional gigantesca. Um trabalho cultural, essencialmente, mas inimigo do intelectualismo, "de bolso e incolor", pronto para dar, mas também para receber impulsos dos trabalhadores e da base proletária. Mas, também, sempre um trabalho político, visando combater o senso comum espalhado pelos jornalistas vendidos e fazer penetrar na cabeça dos proletários a necessidade e a possibilidade de sua revolução. Sua jornada ocorria no grande palácio de Corso Siccardi, no número 12, sede das instituições operárias; um edifício no qual havia um pouco de tudo: organizações da categoria, seção do partido, Câmara do Trabalho (que depois mudou-se para outro local), redações e administrações dos dois jornais socialistas, uma gigantesca sala de reuniões e uma lendária cervejaria, local de encontro de amigos e familiares.[42] Os espaços para o trabalho jornalístico, no entanto, eram limitados. Lembra Pia Carena, uma companheira que nutria por Antonio uma afetuosa amizade, talvez um amor verdadeiro, mesmo que platônico,[43] e que mais tarde casou-se com outro militante socialista, Alfonso Leonetti:

> Gramsci foi o editor mais importante. Ali havia um edifício estranho, um antigo convento, e havia dois pátios. Este serviu muitíssimo quando os senhores fascistas queriam incendiar. Depois havia uma escada de pedra, feia como a noite; à esquerda, havia a administração e, à direita, estava a redação. Mas tudo pequeno.[44]

Os testemunhos falam de uma composição rápida de artigos, por Gramsci, após uma longa gestação:

> Sim. Ele andava e subia e descia, subia e descia, e pensava, colocava de pé o artigo como uma estátua que, de repente, se esculpe. De fato, quando ele começava a escrever, seus artigos não tinham nem uma rasura ou uma correção. Rodavam e tinham o mérito da clareza e eficácia. E curtos.[45]

Militante do PSI, dedicava todo o seu tempo ao trabalho no partido e para o partido, com os camaradas que trabalhavam nos jornais socialistas ou estruturas políticas e sindicais, mas, acima de tudo, estava perto dos trabalhadores, procurando compreender os problemas. Leonetti testemunharia:

> Encontrei Gramsci com as mangas da camisa arregaçadas e a camisa aberta no peito. Fazia muito calor naquela tarde do verão de 1918. Lembro-me da recepção fraterna, como se costumava fazer entre camaradas, mas também um pouco reservada. Gramsci não tinha explosões exteriores; isso não o impedia de sentir profundamente a amizade e de simpatizar genuinamente com os outros. De fato! [...] Gramsci era, ao mesmo tempo, indulgente, generoso e paciente com um trabalhador e severo, violento e desprovido de toda paciência com um intelectual.[46]

Devorador de livros, de ávida curiosidade, conseguia, entretanto, evitar os riscos do diletantismo e do intelectualismo; mesmo assim, mostrava acima de tudo um temperamento de educador. "Paciente e apaixonado", definira-o nesses termos o companheiro Andrea Viglongo, que acrescentou: "Antonio Gramsci se propunha a educar os trabalhadores, a tirar deles o melhor que pudessem dar com seu sacrifício".[47] Sempre concebeu o papel de educador de maneira bilateral, e não como atividade de mão única, do mestre para o aluno:

> Tenho um conceito socrático de cultura: creio que seja pensar bem em qualquer coisa que se pense e, portanto, fazer bem qualquer coisa que se faça. E, como sei que a cultura é um conceito basilar do socialismo, porque integra e concretiza o conceito vago de liberdade de pensamento, então gostaria que ela fosse vivificada por outro, pelo conceito de organização. Organizemos a cultura, enquanto tentamos organizar toda a atividade prática. [...] Não é o discurso público que deve importar para nós – mas o trabalho minucioso de discussão e investigação de problemas do qual todos participam, todos contribuem, em que todos são, ao mesmo tempo, mestres e discípulos. Claro, e porque é organização e não imposição, deve interpretar uma necessidade. Essa necessidade é difusa ou é de poucos? Os poucos começam: nada é mais eficaz pedagogicamente do que o exemplo ativo para revelar aos outros necessidades, para fazê-los senti-las pungentemente. [...] A cultura pretendida, no sentido humanístico, é também uma alegria e se satisfaz por si mesma.[48]

Sob esse ângulo, a maioria de seus mestres da universidade pareciam-lhe personagens medíocres, adoravam a erudição mais que a cultura autêntica; eram, quase sempre, corifeus do belicismo imperante, mesmo que em suas expressões mais ridículas. Vittorio Cian – "o grande marabuto do intervencionismo e antigermanismo em Turim" –,[49] como já sublinhado, foi o personagem com o qual a caneta gramsciana foi implacável com um gosto particular. Mas, além dele, muitos outros professores universitários, do já mencionado Achille Loria a Giuseppe Prato, de Francesco Ruffini a Luigi Einaudi, são de tempos em tempos atingidos pela caneta usada como estilete pelo jornalista socialista que, muitas vezes gosta de se perguntar, contradizer seus oponentes e mostrar-lhes fraquezas teóricas e, às vezes, morais, numa base requintadamente liberal ("somos liberais, apesar de sermos socialistas").[50]

Uma tentativa pequena mas estimulante de dar vida a uma "escola" diferente, radicalmente alternativa à oficial, foi o Clube da Vida Moral ao qual, com Attilio Carena, Carlo Boccardo e Andrea Viglongo, deram vida em dezembro de 1917. Ele era "o líder reconhecido", Viglongo tinha a dizer:

> Ele era contra a [...] cultura quantitativa, de aquisição de conceitos; ele queria pessoas que soubessem pensar, que soubessem raciocinar, isto é, que fossem estimuladas pela cultura a desenvolver pensamentos. Na prática, o Clube da Vida Moral era a experimentação desse conceito [...]. Nós conversávamos sempre, éramos filósofos peripatéticos, passávamos dias e noites inteiras conversando. Em seguida, [...] Gramsci atribuía a cada um de nós um tema, e quem o desenvolvia, passava o elaborado para os outros dois antes da discussão. Estes faziam suas observações, após a qual ocorria uma conversa a quatro, em que Gramsci indicava os erros de desenvolvimento, especialmente as conclusões erradas, as deduções incorretas, em quais coisas era preciso ir além, todas as possibilidades esquecidas no desenvolvimento do tema.[51]

Essa configuração também é confirmada por uma carta dirigida pelo próprio Gramsci ao educador Giuseppe Lombardo Radice, de quem ele era um fervoroso admirador:

> Com ele [o Clube da Vida Moral], nos propomos a acostumar os jovens que aderem ao movimento político e econômico socialista à discussão desinteressada de questões éticas e sociais. Queremos que eles se acostumem a pesquisar, a ler com disciplina e método, a expor de forma simples e serena suas posições. O trabalho acontece assim: eu, que tive que aceitar a tarefa de excubitor*, porque iniciador da associação, atribuo uma tarefa a um jovem: seu fo-

---

* Sentinela noturna do palácio real na antiga Roma. (N. R.)

lheto sobre educação, um capítulo de Cultura e da vida moral, de B. Croce [...]. O jovem lê, faz um esboço e, em seguida, apresenta aos presentes os resultados de sua pesquisa e de suas reflexões. [...] Isso abre uma discussão, que tentamos que não se feche até que todos os presentes estejam em condições de entender e obter os resultados mais importantes do trabalho comum [...]. Queremos que todos tenham a coragem e a energia moral suficientes para confessar publicamente, aceitando que amigos o recomendem e controlem: queremos criar confiança mútua, uma comunhão intelectual e moral de todos.[52]

Também o Clube da Vida Moral, uma espécie de antecipação do primeiro entendimento subjacente ao *Ordine Nuovo*, representava uma ulterior conexão à cidade, à sua vida, ao seu espírito. O jovem da Sardenha estava se "turinizando", seja pelo conhecimento dos ambientes e dos personagens, seja pela aquisição, como valor compartilhado, de um certo caráter feito de seriedade, rigor e moralidade que diferenciava e quase contrapunha a cidade subalpina – assim começava a pensar – à maior parte do diletantismo italiano.

Em outras palavras, crescia um tipo de identificação apaixonada entre aquele jovem e a cidade. Turim apareceu ao sardo – que agora transparecia uma espécie de orgulho "turinense" – como uma "cidade moderna", uma cidade progressista, por suas indústrias (por seus trabalhadores e, em boa parte, pelo menos por seus empreendedores); cidade onde a bipolarização social ficou clara: a humanidade aparecia ali em sua divisão, que era contraposição, mas de certa forma era também solidariedade de trabalho e produção entre proletários e burgueses. Mas os potencialmente inúteis eram os segundos, os burgueses, enquanto os primeiros, os proletários, eram indispensáveis e destinados quase naturalmente ao comando. No meio, o nada.

Não temos democratas, não temos reformadores entre os pés. Temos uma burguesia capitalista ousada, imprudente, temos organizações poderosas, temos um movimento socialista complexo, variado, cheio de impulsos e de necessidades intelectuais.[53]

Na leitura gramsciana da cidade, como naquela da revolução bolchevique, um certo mito era evidente, com uma ênfase excessiva no grau de homogeneidade e firmeza das classes trabalhadoras; mas a caracterização de Turim como uma "cidade proletária" não era infundada. E a guerra, como já mencionado, aumentou enormemente a produção manufatureira e, portanto, aumentou também o número de empregados do setor: em 1918, dos 513 mil habitantes, mais de 185 mil eram trabalhadores assalariados, dos quais 150 mil na indústria; a Fiat, que havia acumulado lucros enormes, agigantava-se.[54] Daí a necessidade, advertida por Gramsci como urgente, de ajudar a organização e a consciência política do proletariado de Turim. Então, antes de tudo, a necessidade de desenvolver um trabalho ao nível cultural; Gramsci admitiu que Turim "não possui características de capital, seja mesmo de capital moral" e culturalmente já viveu, seja na sequência de aquisições agora definitivas, o recuo lento da grande estação positivista, da qual fora o ponto de apoio nas décadas anteriores. E também o cinema, do qual tinha sido a indiscutível capital, estava prestes a levar para outro lugar suas maravilhas; o teatro resistia, mas, muitas vezes, qualitativamente modesto, tanto que atraiu também a controvérsia furiosa de um Gramsci que se tornou, então, um jornalista pleno, também graças à direção do *Grido del Popolo* – este, entretanto, logo após o fim da guerra, fechou, dando lugar à edição piemontesa de *Avanti!*. Gramsci havia iniciado a atividade de jornalista profissional em dezembro de 1915; imediata, no contexto do seu novo trabalho, foi a estreia como crítico de peças teatrais, nas quais sempre mostrava a mesma *verve* afiada dos artigos de cultura e política. Esses textos estavam destinados seja a fazer *piazzapulita** de certos amores insanos do público em relação a personagens, a seu juízo – obrigados, no mínimo, a se retirar – seja para tentar "educar" esse público. O teatro tem um valor cultural e político para o crítico Gramsci: no teatro, o cidadão-espectador pode satisfazer necessidades básicas; de fato, se não se quer reduzir a existência "a puro exercício de força muscular", o teatro é fundamental. Não fornece "diversão", mas sim "recreação intelectual".[55] E os proletários, em particular, precisam disso, em seu esforço de emancipação; mas, de fato, também a burguesia usa este meio, o teatro, para exercitar isso que mais tarde Gramsci chamará hegemonia – na verdade, a construção hegemônica.

---

* Expressão idiomática para limpar completamente, eliminar. (N. R.)

De qualquer forma, o teatro, como qualquer outra forma de expressão artística e cultural, não pode ser um privilégio das classes dominantes. E Gramsci assume para si a tarefa de abrir as mentes dos proletários, de ajudá-los não apenas a crescer culturalmente, mas a educá-los a desfrutar da beleza. Sua confiança no teatro, no entanto, não é compartilhada por todos no mundo socialista e, portanto, enquanto Gramsci deve lutar contra os pseudo-críticos teatrais da imprensa escravizada da cidade, deve lutar também contra o preconceito e a subestimação no campo socialista. Finalmente, cabe a ele o papel crítico, que desmascara supostas obras-primas, desmistifica grandes artistas de estilo próprio e atrai o público, muitas vezes propenso ao pior senso comum, tanto quando aplaude quanto quando vaia.[56] Em outras palavras, o público frequentemente não busca a catarse no teatro, mas apenas uma diversão, no pior sentido – o que também é coerente como um momento de descarga de tensão e fadiga. Mas o teatro merece um público atento e maduro.

Assim, consternado, Gramsci registrou o fiasco de uma obra-prima como *Casa di bambola,* de Ibsen, interpretado lindamente por Emma Gramatica, chegando a observar que a hostilidade era determinada por certas razões não exatamente artísticas, mas sociais: é a "grande e pequena burguesia latina", que não consegue entender ou apreciar o gesto libertário de Nora Helman, a protagonista ibseniana, que abandona casa e família "para procurar solitariamente a si mesma"; para essa classe social e para sua cultura, "a única forma de libertação feminina que é permitido compreender [...] é a *'cocotte'*".[57]

Por outro lado, o crítico usa ferramentas antigas das cenas nacionais ou locais, como o celebrado autor-ator Mario Leoni, ator dialetal, "seco e queridinho inventor de dramas, para o qual a única punição seria fazê-lo atravessar a cidade montado em um burro. Isso também oferece o direito de fazer uma consideração sobre a degeneração do dialeto piemontês, na boca dos oradores, por um urbanismo caótico e degenerado em cena por um mau gosto de traficante do gueto".[58] Ou se lemos as linhas sobre a célebre e celebrada atriz Lyda Borelli que, na análise impiedosa de Gramsci, é uma mulher que "sabe recitar apenas sobre si mesma", usando deliberadamente seus atrativos sexuais, que capturam o público (uma mensagem, esta gramsciana, muito válida para os nossos tempos).[59] E assim por diante. Em suma, existem poucos homens e mulheres capazes de serem grandes atores, isto é, de tornar os personagens vivos e autênticos, de tornar-se aqueles homens e mulheres que interpretam em cena.

Além disso, realizou críticas teatrais, como críticas à cultura e à política, como sociólogo, não apenas e nem tanto como especialista em dramaturgia, sobre a qual, a julgar pela clareza das referências a trabalhos passados e presentes, Gramsci parece bastante conhecedor: "ele não é um jornalista político 'emprestado' às críticas teatrais".[60] E, deste modo, deve-se deplorar a grosseria e a rugosidade do público falante, mas também observar que o público, "esse abençoado público dos subúrbios", a cidade proletária, "é muito mais inteligente que pessoas chiques das poltronas e dos camarotes".[61] Crítico, portanto, dos costumes, da economia e da sociedade, além do próprio fato teatral: não renuncia, de fato, à análise dos expectadores dos diferentes tipos de produtos teatrais. E aqui, finalmente, defende a arte teatral atacada pela competição com o cinema, examinada, embora também de forma sumária, em relação à indústria nascente, como, de resto, Gramsci também faz a *trust* teatral" à qual dedica, por outro lado, uma atenção sensível, e da qual Turim lhe parece uma praça particularmente boa.[62] Mas depois há Pirandello: ele até lembraria Tatiana, na carta em que anunciava seu primeiro programa de trabalho no *Cárcere*, em um dos raríssimos momentos em que se vangloriava de ter contribuído para a descoberta e fortuna de Pirandello: "popularizar" seu teatro.[63] De fato, até 1920 os comentários gramscianos foram numerosos, embora nem sempre todos elogiosos. Muito conhecida é a definição incisiva sobre Pirandello, "*ardito* do teatro",* cujas comédias "são tantas granadas de mão que explodem no cérebro dos espectadores e produzem colapsos banais, ruínas de sedimentos de pensamento."[64] O retorno a esse gigante da dramaturgia é muito significativo na reflexão do *Cárcere*, com referência precisa a uma pesquisa a ser feita, própria do teatro de Pi-

---

* *Ardito* significa literalmente "audaz". Na Primeira Guerra Mundial o termo foi utilizado para definir os soldados voluntários agrupados em unidades de ataque que formavam a elite no campo de batalha. Gramsci refletirá sobre sua função na cultura italiana nos *Cadernos do cárcere*. (N. R.)

randello, na carta programática de março de 1927, já aqui lembrada. Por fim, as crônicas teatrais constituem não apenas um aspecto da produção jornalística, mas um momento fundamental de formação intelectual de Gramsci e de sua passagem de intelectual a político – um passo que não envolve o abandono da primeira roupagem para vestir a segunda, mas um tipo de compenetração entre as duas, o que teria sido a marca essencial de seu trabalho geral.[65]

A ESCOLA DA CLASSE OPERÁRIA

A AVENTURA DO *ORDINE NUOVO*

Socialista dando lições de liberalismo aos liberais, marxista humanista e antidogmático, líder inimigo da retórica e político concreto, pessoa atenta aos outros e discreta inspiração de suas ações, Gramsci, ao final da guerra – entre 27 e 28 anos – era agora um dirigente reconhecido em nível local, mas se começava a olhar para ele com alguma atenção mesmo fora de Turim. Ele parecia tão diferente dos políticos profissionais quanto dos intelectuais canônicos; tanto dos vendedores ambulantes do partido quanto dos homens do aparato sindical. Falava calmamente, com uma voz frágil saindo de seu corpo malformado pela doença. No entanto, essa voz débil e essa baixa estatura não o impediam de se impor, obtendo, mesmo durante "reuniões lotadas", "silêncio absoluto".[1]

Nino não se parecia mais com "o jovem tímido, todo encolhido dentro de si, dos primeiros anos turinenses".[2] Também sua saúde parecia melhorar e sua personalidade se impunha, por autoridade, a amigos, companheiros, familiares, com os quais começava a provar de uma veia pedagógica que ensinou, antes de tudo, um princípio – o da responsabilidade pessoal, a qual se tornou cada vez mais uma espécie de garra em sua mente. Escreveu para seu irmão Carlo, ainda na zona de guerra, no cessar-fogo alcançado:

Meus parabéns pela promoção. Lembre-se de que isso requer de você deveres e responsabilidades. Tudo o que fazemos na vida, devemos tentar cumprir da maneira mais perfeita. Suas obrigações são aumentadas, não diminuídas: você tem que estudar, compensar com boa vontade e com trabalho a inexperiência de sua juventude e dos estudos interrompidos. Esses deveres, tanto mais deve senti-los vividamente quanto mais está em causa a segurança e a vida de outros homens, confiados às suas habilidades e à sua competência.[3]

A chegada da paz foi vivida em Turim, como em outras cidades italianas, de maneira contrastante: o entusiasmo de alguns, embora bastante limitado em comparação com outros locais, contrastou com a preocupação generalizada com o futuro de grandes porções da população. A ameaça do desemprego e o aumento do custo de vida não tardaram a tornar a situação explosiva. Entre abril e julho de 1919, os inscritos nas listas de empregos subiram de menos de 1.700 a quase 14 mil.[4] Graças à clássica política de trabalho público, lenta, mas nunca completamente, o desemprego foi reabsorvido, enquanto outro conflito tendia a aparecer nos primeiros dois anos do período pós-guerra (1919-1920) que, em Turim, mais do que em outros lugares, foi "vermelho".[5] A força do proletariado era uma realidade, especialmente no setor de engenharia – de longe, o mais desenvolvido (principalmente na produção automotiva). Já em fevereiro de 1919, antes do acontecido em nível nacional, se chegou, em Turim, a um acordo para as oito horas de trabalho dentro da indústria automobilística. Embora, no acordo entre sindicato e empresários, houvesse a possibilidade de "novas formas de organização do trabalho" (o taylorismo, em essência), este chegou "sem uma hora de greve",[6] o que não evitou que na Fiom – na qual havia prevalecido a corrente de esquerda –[7] se definisse a recuperação do valor aquisitivo de um salário que foi atrasado em comparação com a inflação. Apesar dos acordos alcançados gradualmente, um microconflito caracterizava a dinâmica do trabalho. De um lado, os empreendedores, fortes com os superlucros alcançados na guerra, pareciam dispostos a ser relativamente *dimanica larga** e mais abertos que no passado ao diálogo nas relações industriais, contando também com disponibilidade mútua de líde-

---

* Expressão idiomática que significa "generoso" (N. R.)

res sindicais. No lado oposto, aquele da classe, não das hierarquias políticas ou sindicais, o proletariado industrial, mas não só, mostrava um espírito que era qualquer coisa, menos conciliatório.[8] No entanto, mesmo dentro da Confederação Geral do Trabalho (CGDL), não era nada incomum, pelo menos nos primeiros tempos do pós-guerra, o surgimento de "uma posição antagônica e alternativa à lógica do lucro" das classes patronais:[9] posições não compartilhadas por todo o grupo dirigente do sindicato, mas ainda capaz de combater a lógica puramente sindicalista e reivindicatória. Na verdade, embora menos do que no partido, havia linhas conflitantes, que acabaram por paralisar um ao outro, contribuindo a médio prazo para a derrota do movimento.

Enquanto isso, o fim das hostilidades de guerra marcou o início de uma nova fase na cidade. No mundo político, surgiram as novas forças no cenário nacional, o Partido Popular e os *Fasci di Combatimento*,[*] uma divisão entre uma ala clerical e uma democrática, e outros nascidos em um ambiente de subversão ex-socialista (personificado, em Turim, pelo fundador Mario Gioda), mas logo hegemonizado por um personagem como Cesare De Vecchi, expoente de um nacionalismo monárquico e reacionário, e junto ao pior esquadrismo. No campo socialista, significado relevante teve o nascimento, nas cinzas do *Il Grido del Popolo*, da edição piemontesa do jornal do Partido Socialista, *Avanti!*, em 5 de dezembro de 1918: Antonio Gramsci estava entre os editores. Também graças ao seu empenho excepcional o jornal logo chegou a 50 mil cópias de tiragem, estabelecendo-se como uma voz nova e influente, enquanto sua aparência tendia a autonomamente crescer cada vez mais a partir do jornal-sede, que continuava a ser em Milão, sob a direção de Giacinto Menotti Serrati. E, após a rápida e pouco debatida adesão do partido à Terceira Internacional, a um mês apenas de sua fundação (fevereiro de 1919), seu meio de comunicação adotou quase com entusiasmo a linha mais extrema: "apresentou-se como o boletim otimista e ameaçador da revolução".[10]

Mais importante foi a fundação (em primeiro de maio de 1919) de outro jornal, *L'Ordine Nuovo*, título significativo, tanto pelo adjetivo quanto

---

[*]   Primeira organização do que viria a se tornar posteriormente o fascismo. (N. R.)

pelo substantivo: necessidade de mudar, mas junto com a necessidade de reconstruir, dois elementos fortes no pensamento gramsciano. Provavelmente nesse título também haja a referência aos novos ordenamentos institucionais e sociais soviéticos, em relação a um ensaio de Max Eastman, jornalista estadunidense, simpático à revolução e à Rússia.[11] A expressão "nova ordem" já se encontrava em um dos artigos de Gramsci publicados em *La Città Futura*, no qual o significado exclusivamente conservador da palavra "ordem" é criticado: "Não se vê a nova ordem possível, mais bem organizada do que a velha, mais vital que a velha".[12]

Portanto, é uma recuperação desse conceito mais, por assim dizer, "à esquerda". A referência ao "novo" foi sintoma evidente de uma necessidade geral de mudança, e esse adjetivo apareceu em outro jornal, nascido apenas alguns meses antes, no outono de 1818, que registrava a estreia de um estudante que havia ultrapassado recentemente o limiar da adolescência, Piero Gobetti: com *"Energie Nove"*, ele iniciava sua atividade breve e intensa de formador de consciências, de incentivador cultural, de gerador de energia (precisamente), mas também de ator político, embora não isento de uma certa pretensão juvenil – no entanto, enobrecido por uma força moral extraordinária e por uma inteligência muito fervorosa.[13]

A nova aventura político-ideológica de Gramsci foi possibilitada pela colaboração com seus colegas, agora regressados do front: são velhos camaradas de universidade (Angelo Tasca, Umberto Terracini, Palmiro Togliatti), todos socialistas como ele. Com eles, a antiga ideia de uma revista renasceu, à qual, de alguma forma, *La Città Futura* foi um ensaio geral; em comparação com a primeira, a grande novidade foi representada pela revolução soviética e pelo debate internacional, que não era apenas teórico, sobre a possibilidade da revolução no Ocidente capitalista, mas também sobre os modos e as vias para "atualizar" a doutrina marxiana sem cair no revisionismo reformista. *L'Ordine Nuovo*, "revista semanal da cultura socialista", saiu, como lembrado, em uma excelente ocasião para se fazer conhecer: o Primeiro de Maio. Perto dessa data, o Partido Socialista preparava um manifesto no qual se lia – nas partes não censuradas – uma exortação aos trabalhadores, quase digna do *Manifesto* marx-engelsiano:

"Trabalhadores! A grande hora histórica os chama, guiando-os para conquistas históricas decisivas!":

> Este número sai para lançar um grito de cobrança, para conhecer o assunto, para sentir o primeiro contato frutífero com o ar livre, as primeiras vibrações de almas ligadas na mesma fé. É uma proclamação para a mobilização de inteligências e da vontade socialista, para a determinação e a valorização do Estado socialista.[14]

Graças a Tasca, que dera vida à Aliança de Cooperação Turinense e tinha relações importantes com todas as organizações do socialismo piemontês,[15] como testemunhou Terracini, o jornal deu vida às publicações:

> Saímos sem dispor ao menos de uma lira [...]. Foi apenas graças a uma antecipação de Tasca, que era o mais pobre de todos, mas, por esse motivo, mais econômico, e que deu 100 liras para dar um adiantamento ao tipógrafo, no Primeiro de Maio, pudemos trazer a primeira edição do *Ordine Nuovo*, em meio à multidão de trabalhadores reunidos em torno da Câmara do Trabalho em Turim.[16]

Gramsci figurou como "secretário editorial", mas, como reconhecem por unanimidade todos os testemunhos, foi muito mais: o autêntico animador de um pequeno empreendimento que coloca Turim em uma dimensão internacional, basicamente não muito distante das discussões que grupos de jovens marxistas incorporavam em vários lugares e situações, daqui e do outro lado do Atlântico. Mario Montagnana escreveu: "A alma, o cérebro, o motor" era Gramsci: "o mais capaz, o mais brilhante, o mais preparado de todos".[17] Três lemas adornavam o jornal, nesta ordem:

> Instruí-vos porque teremos necessidade de toda nossa inteligência.
> Agitai-vos, porque teremos necessidade de todo nosso entusiasmo.
> Organizai-vos, porque teremos necessidade de toda nossa força.[18]

Nas três frases é necessário destacar o uso cruzado dos pronomes pessoais e possessivos: "vós" e "nossa(o)". Gramsci pretende nos fazer entender que o esforço que o proletariado deve executar na primeira pessoa ("vós") precisa ser sustentado por quem tem mais instrumentos, não *ex-cathedra*, mas em solidariedade, por assim dizer, por dentro. Em outros termos, aqui Gramsci propõe, sem nomeá-lo, a figura do "intelectual orgânico", intrínseco à classe, como ele exatamente pretende ser. A ideia inicial da revista gira em torno da necessidade do proletariado de construir sua própria cultura, base essencial para o desenvolvimento de uma consciência revolucionária (não é casual a chamada à instrução, colocada logo no topo da lista de tarefas proletárias); mas inclui, antecipadamente, a aquisição de instrumentos culturais mais amplos e mais gerais, nomeadamente as principais tradições que precederam o advento da classe operária no cenário mundial, começando pelo conjunto de eventos (científicos, artísticos, literário...) que pode ser resumido na fórmula da grande cultura burguesa. Para Gramsci, a revolução – que é gerada em uma determinada época e é quase imposta, caso se saiba interpretar o espírito da época, entender sua emergência –[19] antes que um ato, representa um processo, cuja base deve ser a aquisição da consciência política e, portanto, de preparação cultural das classes trabalhadoras. Daí a importância decisiva do esforço realizado para ajudar o proletariado a se educar, de maneira mais geral, na batalha de ideias, do trabalho pedagógico e cultural, que procuram os "ordinovistas", como logo começaram a ser chamados, sob acusações de "culturalismo". Especialmente Tasca sofreu esta acusação, em particular por parte do grupo de jovens socialistas napolitanos que se reuniram em torno da revista *Il Soviet*, e de seu líder, Amadeo Bordiga. Mas a polêmica Bordiga-Tasca sobre o assunto remonta a 1912, no Congresso da Federação Socialista da Juventude. Dois anos depois, em 1914, Tasca formou um grupo estudantil socialista de cultura.[20] De acordo com a maliciosa, mas provavelmente não equivocada, reconstrução de Mario Montagnana, o mesmo Tasca concebia *L'Ordine Nuovo* como "uma publicação eclética, em que havia espaço para tudo", e se refere a uma observação sarcástica de Gramsci: "um amontoado onde todos poderiam colocar o que queriam". Na realidade, ao folheá-la hoje, percebe-se que, com todos os seus limites, "ela não nascia como uma das tantas revistinhas comuns aos jovens pensadores desejosos de mudar a face do mundo com algumas elucubrações mentais"[21] (que é, essencialmente, a acusação de Montagnana dirigida a Tasca: uma publicação "que servisse de escape para todos os intelectuais e intelectualoides, socialistas e socializantes").[22] A piada de Gramsci, depois de mais de um ano desde a fundação, se aproveitado balanço crítico que rastreou a resenha, reduzindo a primeira semana à uma "modesta confusão cultural", animada por propósitos bons e vagos; nada mais que "o produto do intelectualismo medíocre".

> Quando, no mês de abril de 1919, decidimos [...] iniciar a publicação de um semanário chamado *L'Ordine Nuovo*, nenhum de nós (talvez nenhum...) imaginava mudar a face do mundo, renovar as mentes e os corações das multidões humanas, abrir um novo ciclo histórico. [...] O único sentimento que nos unia [...] era suscitado pela vaga paixão de uma vaga cultura proletária; queríamos fazer, fazer, fazer; sentíamo-nos angustiados, sem uma orientação, mergulhados na vida ardente daqueles meses que se sucederam ao armistício, quando parecia imediato o cataclisma da sociedade italiana.[23]

Começava, então, o "golpe de Estado redacional", como Gramsci chamava ironicamente para definir "a autêntica originalidade de *L'Ordine Nuovo*, motor da teoria (e da prática) italiana dos Conselhos de Fábrica. De tal originalidade, Gramsci foi o primeiro autor, acompanhado, nesta direção, por Terracini e Togliatti. Mas Tasca foi o financiador, direto ou indireto, da revista, e desfrutava de respeito, tanto pelo notável calibre intelectual quanto por sua antiga militância no movimento socialista.[24]

OS CONSELHOS DE FÁBRICA

O foco da atenção da equipe editorial mudou, desde então, em direção à fábrica, à análise de seus mecanismos, ao estudo dos fatores de produção: nela se via o germe do Estado proletário de amanhã, o núcleo da nova civilização de produtores a ser construída com a revolução. Na sociedade capitalista já havia centros de vida proletária, como Gramsci apontou: as comissões internas nos locais de trabalho, os círculos socialistas, comunidades camponesas; tratava-se de fazê-los crescer, desenvolvê-los, trazê-los à maturidade como órgãos de verdadeiro e próprio contrapoder que, no momento apropriado, fossem capazes de minar e substituir imediatamente o poder burguês – mostrando de fato que sabe administrar muito melhor todos os problemas, começando pelos inerentes à produção. Em particular, as Comissões internas, que hoje "desempenham funções de arbitragem e disciplina", "desenvolvidas e enriquecidas, deverão ser, amanhã, os órgãos de poder proletário que substituirão o capitalista em todas suas funções úteis de direção e administração".[25] Essas comissões, com outros organismos proletários, formariam uma série de círculos concêntricos que, além das carteirinhas do sindicato ou mesmo do partido, dariam vida a um tecido autêntico de autogoverno da classe proletária. Mas tem mais:

> Um tal sistema de democracia operária (complementado por organizações equivalentes de camponeses) daria uma forma e uma disciplina permanente às massas, seria uma magnífica escola de experimentação política e administrativa, englobaria as massas até o último homem, habituando-as à tenacidade e à perseverança, habituando-as a considerar-se como um exército em operação que necessita de uma firme coesão, se não quer ser destruído e escravizado.

Nesse célebre artigo, lemos uma frase que se torna uma insígnia, frequentemente citada incorretamente, mas de grande valor:

> A solução concreta e integral dos problemas de vida socialista só pode ser obtida por meio da prática comunista, ou seja, da discussão em comum, que modifica as consciências por meio da simpatia, unificando-as e dotando-as de ativo entusiasmo. Dizer a verdade, chegar em comum à verdade, é realizar ação comunista e revolucionária.

No entanto, por trás do trabalho político, pedagógico e organizativo para transformar os centros da vida proletária em órgãos do autogoverno das massas (neste caso, as Comissões Internas em Conselhos, uma espécie de equivalente italiano dos sovietes russos, *mutatis mutandis*), teorizado pelo Gramsci ordinovista, já se percebia a preocupação por uma situação de crise, uma daquelas situações a partir das quais se sai com a vitória de um ou outro candidato, sem meio termo, sem compromisso, sem mediação. E a "ditadura do proletariado", da qual tanto se falava na Rússia leninista, para Gramsci, era uma fórmula vazia, à qual seria possível dar um conteúdo apenas começando imediatamente a trabalhar para a transformação, para a instauração do Estado operário a partir de baixo que, certamente, "não se improvisa". O mundo fora da guerra era um mundo experimentado, em todos os aspectos, e os revolucionários não deveriam ceder à tentação de adicionar destruição à destruição, desordem à desordem; ao contrário, tratava-se de construir uma ordem diferente, fundada na expulsão do capitalista da fábrica, no aumento da produção autogerida, em uma disciplina que foi espontaneamente aceita e construída e não imposta de fora, pela força, sobre o esforço coletivo de realizar uma consciência política das tarefas fundamentais da classe trabalhadora e de seus aliados. Tratava-se, em resumo, de criar uma "nova ordem" que combinasse a justiça autêntica com a eficiência produtiva, a democracia substancial com o autogoverno dos produtores, liberando a sociedade e o Estado das "fissuras plutocráticas que sustentam o poder, [e isso] pode precipitar novamente os povos no abismo da guerra".[26]

A revista não abandonou, no entanto, sua "virada" política, temas mais tradicionalmente culturais, com uma predileção, em termos de qualidade de autores ou de objeto de reconstruções, por intelectuais de hoje e ontem politicamente de esquerda ou, ao menos, democráticos: Georges Sorel, Anatole France, Henri Barbusse, Romain Rolland, Max Eastman, John Reed, Gorki, Lunatchárski; crescente atenção foi dada aos debates políticos supranacionais e para aqueles que foram líderes reconhecidos de lutas revolucionárias na Europa: Lenin, Radek, Bela Kun, Bukharin, Trotsky, e também para aqueles que, como Karl Liebknecht, junto com Rosa Luxemburgo, haviam caído, vítimas da reação de classe.

Tanto no *Ordine Nuovo* quanto no *Avanti!*, de cuja edição piemontesa continuava a ser editor, Gramsci tinha sua própria teoria política, insistindo em alguns conceitos-chave, como a ideia do método comunista como "método da revolução permanente",[27] a necessidade do internacionalismo proletário (resposta organizada à Internacional da repressão antirrevolucionária), a aliança camponeses-operários – com uma hierarquia em função das características históricas respectivas das duas classes, mas com a certeza de sua necessária unidade.

> Os operários fabris e os camponeses pobres são as duas energias da revolução proletária. Para eles, em particular, o comunismo representa uma necessidade existencial: seu advento significa a vida e a liberdade, enquanto a permanência da propriedade privada significa o perigo iminente do esmagamento, da perda de tudo, até mesmo a vida física [...]. O comunismo é a sua civilização, é o sistema de condições históricas nas quais irão adquirir uma personalidade,

uma dignidade, uma cultura, por meio do qual se tornarão espírito criador de progresso e de beleza.[28]

Em sua profissão de realismo racionalista, não faltava em Gramsci a visão – utópica, e quase onírica – de uma futura civilização comunista, aquela que Marx nunca quis pintar; mesmo nesses ensaios, ele claramente fazia perceber uma ideia de um comunismo que parecia estar longe daquela que, nos anos vindouros, seria imposta – mais que realizada – na Rússia por Stalin.

A partir do verão de 1919, *L'Ordine Nuovo* se caracterizou como um órgão do movimento dos Conselhos e, mais em geral, como um folheto que falava com os trabalhadores e de coisas que os trabalhadores estavam interessados, sem descer a um nível muito elementar. A ideia gramsciana era, ao contrário, de que seria necessário ajudar os proletários a se levantar, a tomar posse dos instrumentos intelectuais e do conhecimento do qual eram privados, mas, ao mesmo tempo, aprender com a experiência deles. Assim, como escreveu Vincenzo Bianco, operário comunista, "foi um jornal feito de forma diferente dos outros, tratou problemas diferentes dos de um jornal e veio ao encontro da nossa necessidade de aprender".[29] E Gramsci, o sardo intelectual inimigo do intelectualismo, fez desse "ir à escola da classe trabalhadora" um estilo de vida. Recorda ainda Bianco:

> Gramsci era um tipo completamente diferente dos outros. Ele não podia passar uma noite sem se encontrar com os operários. Às vezes chegava ao ponto de mandar embora os camaradas para que pudesse escrever o artigo, uma vez que a imprensa estava quieta. Gramsci precisava tanto falar, precisava sentir-se conectado a nós, viver como vivíamos, entender um ao outro para poder dirigir. E então aquela frase dele: 'o mundo é terrível'; quantas vezes ele falou conosco sobre este mundo terrível! Porque ele sentia muito bem os sofrimentos da humanidade nesse mundo capitalista.[30]

Outro depoimento sublinha a particularidade desse jornal que, diferentemente de muitos exemplos anteriores no campo socialista, estava preocupado em "melhorar a cultura política da base", e, nesse trabalho, Gramsci surgia como um mestre autêntico, capaz de "atrair, galvanizar a inteligência dos outros" – sempre ensinando, porém com "compreensão e simpatia".[31] E um crítico, externo mas simpático, *ex post*, como Gobetti, teria definido a experiência do *L'Ordine Nuovo* como "um dos episódios" mais originais do pensamento marxista na Itália, talvez a primeira tentativa de entender Marx além das caducas ilusões ideológicas no sentido de suscitador da ação".[32] Onde parece capturar no culto da ação um nexo entre o jovem Gramsci e esse "revolucionário liberal". Angelo Tasca, que ao lado de Gramsci desempenhou o papel principal, anos depois expressou um julgamento semelhante, escrevendo que os textos da revista "constituíram a expressão mais original e mais poderosa do pensamento político socialista nestes últimos 50 anos".[33]

O "ORDINOVISMO" COMO CAMINHO ITALIANO PARA O "CONSELHISMO"

Enquanto isso, em julho de 1919, durante a greve geral europeia de solidariedade com a Rússia e a Hungria revolucionárias, sitiadas e atacadas pela contrarrevolução internacional, Gramsci conheceu a experiência da prisão e do cárcere: foram apenas algumas horas, passadas no Le Nuove* de Turim, mas isso fortaleceu sua determinação para a luta. Na história elogiosa que Mario Montagnana faz, o detido seria "capaz de conquistar, de fascinar, numerosos carcereiros, sardos como ele, dirigindo-se a eles no dialeto natal".[34] No final do mesmo mês, ele publicou na revista o *Programa da Fração Comunista*, retirado da Revista napolitana *Il Soviet*, de Bordiga. Os ordinovistas agora começavam a ser um dos principais núcleos de um novo partido *em evolução*. E não se deixavam intimidar pelas marés de acusações políticas ou lições de doutrina provenientes do campo reformista ou maximalista, nem se importavam com os rótulos que os descreviam como seguidores de Bergson ou Sorel mais que de Marx. Sorel, no entanto, retribuía a consideração em uma entrevista concedida ao *Resto del Carlino*: e Gramsci não perdia a oportunidade de reproduzir, no *Ordine Nuovo*, as palavras tristes do pensador francês, sem deixar de colocar "os pingos nos is". Sorel afirmou:

> Em vez de pedir a Kautsky e seus emuladores o desenho da futura cidade, [os trabalhadores] realizam sua educação industrial conquistando poderes mais amplos nas oficinas e desempenharão o

---

* Complexo carcerário de Turim. (N. R.)

trabalho dos comunistas! A experiência que se ganha nas oficinas da Fiat tem maior importância do que todos os escritos públicos citados sob os auspícios do *Neue Zeit*.

Antecipando a polêmica, Gramsci sentiu-se compelido a especificar que as posições ordinovistas não eram as de Sorel, embora distinguisse o pensamento e a personalidade do autor das *Réflexions sur la violence* (um texto que teve muito mais sorte na Itália do que em sua terra natal) daquela dos seus "discípulos". Como com Marx, que era outra coisa que não o marxismo, em resumo, ele distinguia Sorel do "sorelianismo", ou melhor, do movimento sindicalista dito "revolucionário". "Nas suas melhores coisas", observou ele, "ele parece unir em si um pouco das virtudes de seus mestres: a dura lógica de Marx e a eloquência comovente e plebeia de Proudhon".[35] Pode-se dizer que o percurso teórico-político gramsciano consiste, ao longo dos anos, de um progressivo desapego (nunca total, no entanto) de Sorel, com a paralela aproximação a Marx, também por meio da mediação de Antonio Labriola, o mais marxiano dos marxistas italianos. Sobre a questão dos Conselhos, entretanto, a dívida com o pensador francês é, no entanto, muito alta.[36]

As eleições gerais de novembro de 1919, as primeiras depois das de 1913, às quais os ordinovistas chegaram não sem um debate interno sobre "eleitoralismo" e "abstencionismo", apareceram para Gramsci como o início de um processo de radical mudança nas relações de força na sociedade italiana. Ele também sentiu os perigos: um deslocamento na defesa dos interesses proletários da ação da fábrica para a parlamentar, uma sobrevalorização da solução de importantes problemas contingentes, uma predominância, dentro do PSI, do grupo parlamentar na direção. Ao partido, era necessário requerer a "superação dos conflitos", mas "organicamente, não com pactos e promessas", porque "os conflitos estão na realidade", isto é, nas mesmas condições de vida das massas populares italianas e "não podem ser compostos, portanto, legalmente, no papel ou nas palavras dos homens de boa vontade". A vitória do partido indicava a aspiração das massas: "Um governo socialista [que] reverta para seus interesses o aparelho administrativo, judicial, militar e de provimento do Estado". No entanto, sem prejuízo da ação útil que os deputados socialistas poderiam desempenhar no Parlamento, o problema básico era outro, e se resolvia apenas com as massas e dentro das massas.

> Devemos convencer essas massas de que a resolução dos terríveis problemas do período atual não é possível enquanto o Estado for fundado na propriedade privada e na propriedade burocrática nacional, enquanto a produção industrial e agrícola for baseada na iniciativa individual, concorrencial, de capitalistas e grandes proprietários de terras. Devemos convencê-los de que a solução radical deve ser procurada pelas próprias massas, organizadas adequadamente para constituir um aparato de poder social, constituir o aparato do Estado dos trabalhadores e dos camponeses, do Estado dos produtores. Mas não deve ser uma convicção abstrata, inerte. O partido deve indicar um trabalho positivo, um trabalho de reconstrução: o partido deve dar um impulso para que os conselhos de trabalhadores e camponeses se tornem carne e osso e não fiquem como palavras mortas de uma resolução do Congresso.[37]

O período que começou com o outono de 1919 foi decisivo para o desenvolvimento dos Conselhos de Fábrica: a Fiat pôde ver a transformação da ideia de Lenin, baseada na primeira experiência dos sovietes, de 1905, originalmente alterada por Gramsci, também graças à tentativa de adicionar um elemento da tradição socialista italiana (mas as ideias também vêm do conhecimento de textos de Rosa Luxemburgo e Daniel de Leon, teóricos, cada um a seu próprio modo, do conselhismo),[38] em um movimento que adquiria cidadania dentro do partido e começava a ser conhecido mesmo fora: já em outubro, ele conheceu, em Turim, Sylvia Pankhurst (de quem Togliatti havia traduzido as *Lettere dall'Inghilterra* no *Ordine Nuovo*) e Georges Sorel, que deu uma opinião positiva sobre a revista. Tal opinião piorou a situação do grupo de Turim, suspeito de anarcossindicalismo; não por acaso, no Congresso PSI em Bolonha (outubro de 1919) e nas eleições parlamentares de novembro, nenhum dos ordinovistas foi candidato.[39]

O ano de 1920, em particular, foi decisivo para os conselhos, apesar da forte oposição interna. Mesmo um extremista como Bordiga julgava severamente os Conselhos, não compartilhando da ideia de territorialização do trabalho operário na fábrica – e considerando que "o controle operário sobre a produção não é concebível até que o poder tenha passado às mãos do proletariado",[40] tampouco se deixou seduzir pelo "forte corte futurista" do pensamento gramsciano.[41] Na perspectiva de Gramsci, 1920 teria que levar adiante o processo iniciado em 1919, ano "que viu a primeira luz da história da raça humana libertada da classe e das guerras internas".[42] Com base nos eventos e nas sugestões provenientes das leituras, ele construiu um projeto político que gradualmente se apresentava diferente daquele de Angelo Tasca que, apesar de um esforço unitário apreciável dentro do partido e do sindicato, tendia "a diminuir a novidade e a carga revolucionária do conselho da fábrica".[43] Em maio, a Câmara do Trabalho de Turim aprovou a tese de Tasca, que era substancialmente hostil, ainda que de modo ponderado, aos Conselhos – enquanto, nos dois meses seguintes, o conflito dentro do grupo de Turim se tornou forte. Sob este aspecto e, mais em geral, no plano político, Tasca foi se afastando dos outros três fundadores da revista, alinhados sobre posições genuinamente revolucionárias, embora com diferenças significativas entre eles – a tal ponto que, quando, em 1920, chegou-se à definição da linha diante das eleições administrativas previstas para o outono, Gramsci se viu praticamente isolado: em desacordo com Tasca, e mesmo diante do fascínio das posições abstencionistas bordiguianas, não se identificava com elas; por outro lado, Bordiga, de volta do II Congresso da Internacional Comunista, era um líder nacional e encontrava seguidores na seção do PSI em Turim. Gramsci estava ainda mais distante da linha eleitoral, mais que Togliatti e Terracini. E o grupo de educação comunista ao qual deu origem reuniu um punhado de companheiros (entre os quais Vincenzo Bianco, Battista Santhià, Andrea Viglongo). Foi Togliatti a ser votado como secretário da seção, em agosto.

Enquanto isso, talvez para superar um pouco o isolamento, Antonio induziu seu irmão Gennaro a se juntar a ele em Turim, confiando-lhe o cargo de administrador da revista, cuja originalidade teórica e coerência política, ninguém negava, devia-se a Gramsci. A própria originalidade da *Ordine Nuovo* colocava em risco, no entanto, a exclusão daqueles jovens, "verdadeiros autodidatas da revolução", da vida do partido.[44] Eles sofriam também de um certo "torinocentrismo", o que não significava tanto atenção à vida da cidade, mas sim à visão de Turim como paradigma nacional.

Mas a originalidade teórica do ordinovismo foi amplamente identificada na definição de uma via italiana ao conselhismo. Para Gramsci, à classe operária de Turim, "vanguarda do proletariado italiano" (como escreveu repetidamente), cabia a missão de aprender a exercitar o controle da produção, tirando-o dos capitalistas e, portanto, aumentando a capacidade produtiva das fábricas industriais, eliminando o lucro e aqueles que lucram. O Conselho deveria substituir a propriedade capitalista. O "controle operário" tinha que ser a demonstração da capacidade do proletariado de tocar a produção adiante, racionalizando-a e incrementando-a, mas também para ser, de maneira mais geral, classe dirigente. Novamente, a ideia já surgida em junho de 1919, da fábrica como o coração do Estado e o cidadão-produtor como protagonista da emancipação da escravidão salarial e elemento social básico da construção da nova sociedade.

Nesse sentido, a força dos ordinovistas, como Gramsci havia ensinado e praticado pessoalmente, estava no fato de estar dentro da classe trabalhadora, de saber ouvir a voz, interpretar as necessidades. Escreveu quem na época o conheceu e trabalhou ao lado dele, Alfonso Leonetti, que Gramsci ensinou "os trabalhadores a 'conhecer' o mundo fundado no antagonismo das classes", em uma relação baseada na reciprocidade. Os trabalhadores lhe fizeram conhecer as necessidades e as aspirações das massas.[45] Talvez também por causa de sua familiaridade com esses núcleos de trabalhadores das fábricas, Gramsci superestimou as possibilidades de uma revolução na Itália, com base na ótica deformada que derivava do ponto de vista de Turim e, em particular, da vanguarda dos metalúrgicos – o que significava, em primeiro lugar, a Fiat: em março de 1920, falava de um "gigantesco passo adiante" dado pela classe operária italiana em seu laborioso esforço para conquistar uma cultura, para se tornar uma personalidade histórica, caracterizada por um complexo orgânico de conceitos, conexões lógicas, aspirações, hábitos que são próprios da classe trabalhadora e de nenhuma outra classe da sociedade humana.[46]

Era igualmente verdade, no entanto, que ele sempre soube dos perigos, consciente das dificuldades, da imensidão do esforço a ser feito.

> A sociedade burguesa não é nada simples: é um conjunto de organismos que, atuando de modo aparentemente autônomo, conver-

ge para um objetivo comum. Tampouco a sociedade comunista será uma coisa simples. A reflexão sobre o problema dos conselhos torna cada vez mais evidente a gravidade dos problemas de reconstrução e mostra como não há nenhuma fórmula inequívoca para solucioná-los.[47]

Nesse sentido, era necessário ir além da perspectiva sindical, fundada na busca de objetivos ao mesmo tempo limitados e imediatos e assumir um ponto de vista universalista. Turim representava um local excepcional para o desenvolvimento e a aceleração do movimento proletário. Se o socialismo e a ditadura do proletariado serviram principalmente para salvar "o magnífico aparelho de produção industrial, de produção intelectual e propulsão da vida civil" constituído pela cidade, Turim, em particular, "força histórica" decisiva do Estado nacional e "fornalha da revolução capitalista italiana", embora não fosse a cidade capitalista por excelência (é Milão, "capital efetiva da ditadura burguesa"),

> é a cidade industrial por excelência e a cidade proletária por excelência. A classe operária de Turim é compacta, disciplinada e tão distinta quanto em poucas cidades do mundo. Turim é como uma única fábrica: sua população trabalhadora é de um mesmo tipo, fortemente unificado pela produção industrial.[48]

A confiança no proletariado de Turim e, portanto, em seu papel de guia da revolução na Itália, se explicava no trabalho para o controle das fábricas, visando estabelecer um poder potencialmente substitutivo do comando capitalista. Qual era, para Gramsci, o papel dos sindicatos?

> É certo que os sindicatos assumem um caráter revolucionário somente se sua ação for direcionada não apenas para fins imediatos, mas para um objetivo final que vai além da luta das profissões, e se esse fim lhes é explícito e consciente.[49]

Quanto à relação partido-conselho, na concepção gramsciana isso se configurava, ou deveria ter sido configurado, nos termos daquela "democracia operária" teorizada em junho de 1919. Como sempre, a atenção aos eventos políticos, mesmo os do passado – remoto ou recente –, fornecia elementos úteis para entender o presente e nele lutar. Nesse caso, foi útil o exemplo da Alemanha revolucionária em 1919, com o doloroso fracasso da ação revolucionária e o assassinato bárbaro de Luxemburgo, Liebknecht e outros líderes do Partido Comunista. A revolução certamente foi derrotada pela repressão da autoridade, mas também por erros internos ao movimento; Gramsci observou, por exemplo, a pretensão do partido de impor-se aos conselhos também por meio da imposição, na estrutura conselhista, dos próprios homens, exercendo então um controle, que definitivamente tornava a revolução "amarrada e domesticada":[50] duas palavras de grande eficácia que restauravam perfeitamente a ideia gramsciana. Dessa forma, o conselho deixou de se identificar com a classe, perdendo de vista as necessidades e desejos dos trabalhadores. De qualquer maneira, segundo Gramsci, ao conselho competia o esforço de preparar os trabalhadores para se tornarem Estado, em primeiro lugar, em termos de capacidade de gestão econômica; em outros termos, como cidadãos, mas também como produtores. Diferentemente do sindicato e do partido (que "não devem se colocar como guardiões ou como superestruturas já estabelecidas desta nova instituição"),[51] o conselho devia levar adiante, até as extremas consequências, o processo revolucionário, entendido como preparação cultural, ideológica, gestionária e econômica para a construção do Estado socialista italiano. No entanto, ao longo do percurso que levaria ao Partido Comunista, o ponto de vista seria em parte modificado, e o papel do partido seria exaltado na ideia gramsciana, que viria a desviar-se um pouco do hiperdemocratismo, se quisermos chamar assim, de 1919.

No caminho para o novo partido de operários e camponeses, a ruptura com os líderes da CGDL e a crescente polêmica com a liderança do PSI eram praticamente inevitáveis. E Gramsci não recuou, chegando a picos de dureza que só podem ser explicados no contexto de uma luta interna que estava ficando sem espaço, em cujas bases encontravam-se concepções políticas difíceis de conciliar. Alguns julgamentos liquidatários seriam posteriormente revistos, na reflexão gramsciana; mas, no biênio 1919-1920, eles foram muito frequentes, prevalecendo a necessidade de diferenciações sob uma fé unitária. Em 1919, diante de uma carta de Lenin no final de outubro, publicada com destaque (justamente) pelo *Avanti!* em 6 de dezembro, na qual o líder bolchevique expressou apreço pela decisão do PSI de participar das próximas eleições políticas gerais italianas, e fez um julgamento otimista sobre as possibilidades da revolução na península, louvando os comunistas italianos, nomeadamente os maximalistas e seu líder Serrati, Gramsci chegou ao ponto de criticar o próprio Lenin, ressaltando, essencialmente, que esses louvores não eram merecidos porque o PSI não sabia e nem queria melhorar os conselhos, fechando-se no sectarismo e no corporativismo.[52] O confronto no socialismo italiano estava agora caracterizado pelo julgamento dos conselhos: sindicatos, em sua totalidade, e partidos, em sua grande maioria, dos reformistas aos maximalistas, expressaram duros julgamentos, por vezes cobertos de sarcasmo, sobre a natureza, as funções e propósitos daquela estrutura da qual, na realidade, a maioria dos líderes não via necessidade. E, na mesma Fração Comunista, registravam-se as dúvidas de Tasca, de um lado, e de Bordiga, de outro. O caminho conselhista para a revolução se mostrou difícil, no limite da impraticabilidade, não apenas para a interdivisão no movimento, mas pela distância entre as afirmações teóricas e a prática política.[53]

A REVOLUÇÃO FRACASSADA

DIANTE DAS GREVES DE 1920

As possibilidades efetivas do proletariado de Turim e de suas relações com a estrutura sindical e política do socialismo italiano, o significado dos conselhos encontrou um momento revelador na batalha da primavera de 1920, conhecida como "greve dos ponteiros". Sob um pretexto (a aplicação do horário de verão na fábrica) colocou-se outra questão e tanto a vanguarda operária quanto os chefes estavam bem cientes disto: era a questão do poder, mais especificamente o poder na fábrica, isto é, se os operários e, em geral, os funcionários, representados pelas novas formas políticas em construção (os Conselhos), poderiam ser autônomos, expulsando como uma figura substancialmente inútil o proprietário, ou pelo menos impondo as regras da produção. Nesse sentido, se tratava de uma antecipação do confronto do outono, quando a ocupação das fábricas pareceu, por um mês, realmente colocar o país frente à possibilidade concreta de mudança social, dando rumo à revolução socialista e proletária. Derrotada a greve, entretanto, Gramsci fez uma análise lúcida e amarga: "A classe operária de Turim foi derrotada e não poderia deixar de sê-lo. A classe operária de Turim foi arrastada à luta".[1] Mas a firmeza da vontade não cedeu. E ele foi o primeiro a incitar novamente o proletariado, a sublinhar o heroísmo, a teorizá-lo, com a ênfase que penhorava uma retórica inevitável, a força invencível.

> A greve terminou com uma derrota; a ideia que havia sustentado os lutadores foi até desprezada por uma parte dos representantes da classe trabalhadora; a energia e a fé dos dirigentes, a greve geral, foi qualificada como ilusão, ingenuidade, erro mesmo por uma parte dos representantes da classe trabalhadora; retornando às fábricas, o proletariado avaliou imediatamente o passo atrás que foi obrigado a dar pela terrível pressão das imensas forças da classe proprietária e do poder de Estado. [...].[2]

Poucos dias depois, outra manifestação da força operária, o Primeiro de Maio, assumiu traços de tragédia, sob os golpes da repressão policial:

> A classe capitalista e o poder do Estado transformam o dia primeiro de maio em uma orgia de terror e sangue. O cortejo foi atacado por uma saraivada de fuzil [...]. As detenções se multiplicam: os guardas reais caçam os cravos e as insígnias; os presos são massacrados com chutes dos mosquetes, são desfigurados, são pisoteados até vomitar sangue [...]; grupos de guardas sorridentes emergem de todas as cloacas para apontar as baionetas contra o peito de cada um, sem distinção de classe, sexo, idade, seja o transeunte um trabalhador, um oficial, um soldado, um padre, uma senhora, uma criança, tal é a raiva e a fúria que ordens dadas conseguem despertar na consciência turva e crepuscular dos mercenários contratados para a guerra civil.[3]

E, no entanto, não se deveria desanimar. Gramsci tinha tornado seu o lema (de origem incerta, ainda que ele próprio tenha atribuído a Romain Rolland) – "pessimismo da inteligência, otimismo da vontade" – e o transformou em um sinal de ação política, mas também de existência. O proletariado de Turim, apesar de derrotado, não foi vencido. E estava pronto para a luta organizada em "sólidos batalhões militantes da revolução operária".[4]

A "resenha semanal da cultura socialista" – *L'Ordine Nuovo* – era agora uma ferramenta de luta da revolução operária. Comentando o primeiro aniversário do jornal ("ano de pesquisa, experiências, provas, tomadas de contato; ano de incertezas, até de erros e de desilusões também"), seu autor escreveu que "era a voz de necessidades e aspirações que não tinham conseguido ter uma expressão no movimento operário italiano".[5]

E Gramsci resumia a sua ideologia desta maneira:

> A constituição do Estado dos trabalhadores deve ser baseada na fábrica, deve se basear na organização operária da fábrica, para cujas mãos deve ser transferido o poder industrial que hoje pertence ao proprietário particular [...].[6]

Por outro lado, Turim era uma das centrais mais significativas do Biênio Vermelho. O agravamento do conflito de classes tornava-se, semana após semana, mais acentuado e, à medida que crescia o desejo no seio do movimento operário de "fazer como na Rússia", as camadas burguesas, movidas pelo medo dessa situação de fato acontecer, começaram a olhar para o movimento de Mussolini, que poderia ser usado como um útil instrumento para "restringir" as reivindicações dos trabalhadores e dar uma lição aos socialistas. Enquanto se construía a ideia de dar vida a um movimento de conselhos proletários, seja no modelo dos sovietes russos, seja do movimento dos *shop stewards* ingleses, nas fábricas se intensificava a aplicação do taylorismo: quase uma contrapartida que o sindicato teve que conceder pela jornada de oito horas de trabalho conquistada. O nascimento do Amma, a associação de industriais metalúrgicos que reunia as empresas de engenharia da província, em maio de 1919, era um sinal da vontade de resgate da liderança da Fiom: a apresentação, em novembro, pela sua liderança, de um memorial à Fiom, no qual denunciava "ir além de suas funções como comissões internas de trabalhadores, funcionários, técnicos principais" e "a intromissão de órgãos de outra natureza" (os conselhos, em essência), apresentava um sinal agora mais explícito. O confronto de classe se preparava para a fase mais difícil e culminante, e o plano social e econômico encontrava precisos reflexos na luta política: "Em nenhuma outra cidade italiana como Turim a luta política, no período pós-guerra, assumiu aspectos tão claros e radicais".[7] Mas já com o fim da greve de abril, tanto no julgamento de um "esquerdista", como Bordiga, quanto de um "direitista", como Tasca, o movimento não só não era o vencedor, mas também parecia estar tendencialmente derrotado. Bordiga, que certamente rendia homenagem a Turim e aos proletários, embora, como Gramsci, polemizando com a liderança do partido, inerte e desatenta, não renunciou a provocar os colegas ordinovistas, culpados de ter excessiva confiança nos conselhos, superestimando o seu potencial.[8] Tasca, por seu lado, depois de décadas e continuando a expressar admiração incondicional pelo antigo companheiro, voltando àquele período, deu um julgamento sarcástico, afirmando que "a construção elevada de Gramsci em 1919-1920, de um arco do triunfo para a classe operária de Turim [...], já havia entrado em colapso com a greve de abril de 1920".[9] No entanto, a luta não cessou. E o confronto de classe atingiu o seu ápice no outono.

Embora o início do movimento tenha sido em Milão, em 30 de agosto de 1920, especificamente a turinense Amma, assumiu uma linha de confronto no dia seguinte com a decisão do fechamento dos estabelecimentos, que, no entanto, foram abertos pelos guardiães dos trabalhadores que entraram no prédio sem dar um tiro em primeiro de setembro. Das fábricas de metalurgia, o movimento foi estendido aos setores têxtil, químico, de calçados e de borracha, com um clima que, embora tenso, era mais carregado de expectativa que de medo. Os ocupantes deram uma ótima prova e tudo parecia funcionar inicialmente, mesmo que as vozes das armas em sua posse criassem tensão e, depois de alguns dias na cidade, as tropas começassem a se organizar em pontos estratégicos em atitude de guerra. A linha do presidente do Conselho Giolitti foi consistente com sua abordagem usual, ou seja, de estranhamento às controvérsias de trabalho, mas com cuidado para evitar os extremos do confronto – fiel à linha do encontro com o movimento socialista, a quem ele, desde o começo de seu último ministério, fez concessões significativas, como a lei sobre a normatividade dos títulos e a investigação a respeito dos sobre lucros de guerra. Os "ordinovistas" estavam entre os principais animadores do movimento; na realidade, eles acreditavam que o momento não era favorável, mas se inseriram nele firmemente.[10] Gramsci mesmo visitou, em 11 de setembro, os ocupantes da Fiat Spa, e ficou lá a noite toda, pretendendo participar de uma visita de inspeção aos muros, depois de um alarme. E discutiu longamente com todos, nos conta o trabalhador Santhià, que comenta:

> Gramsci devia muito de sua influência sobre todos nós à sua capacidade de corrigir nossos erros, para nos ajudar quando estáva-

mos diante de problemas maiores do que nós mesmos, e tudo isso ele fazia não de modo autoritário, mas com longos e abrangentes argumentos e com muita compreensão. O operário não se sentia envergonhado nem inferior; diante dele revelava sua alma.[11]

Acalorado, o jovem Gobetti, que já havia se aproximado do grupo gramsciano, expressava elogios entusiasmados sobre a "revolução" em andamento, ainda que esclarecendo que não entraria no movimento, pelo menos por enquanto: "sigo com simpatia pelos esforços dos trabalhadores que realmente constroem um mundo novo". Acreditava ver nesses eventos revolucionários até um "caráter religioso", identificado substancialmente no "espírito de sacrifício". E acreditava que os próprios operários, mais que os líderes ordinovistas (e citava Gramsci e Togliatti), fossem os primeiros atores da ação, voltada a "liquidar os velhos líderes abstratos e desonestos" – e a fazê-lo por si próprios. Em resumo, tratava-se de um "movimento espontâneo", cujos objetivos não eram "materiais".[12] A concepção heroica de Gobetti não negava a si mesma e aparecia muito longe da análise de Gramsci, que naturalmente a captava e não reduzia a novidade perturbadora da situação. No primeiro domingo desde o início do movimento, o "domingo vermelho", escreveu: "O que os operários fizeram tem um alcance histórico imenso, que deve ser compreendido em toda plenitude pela classe trabalhadora". Assistiu-se a uma subversão da ordem existente, mas não foi um movimento de mero protesto, a recusa daquela ordem; foi, em vez disso, a tentativa de instaurar uma "nova ordem". No entanto, Gramsci, que também via na classe proletária "a única força nacional que poderia salvar a Itália",[13] advertira desde o início sobre as ilusões de que a revolução fosse um fruto ao alcance das mãos. Esta só poderia ser o resultado de um processo, longo e certamente difícil: contra o moderantismo renunciador dos reformistas do PSI, mas também contra qualquer insurreicionismo de tipo anarquista:

> A relativa facilidade com que se deu a ocupação das fábricas deve fazer os operários refletirem muito. Eles não devem ter ilusões a esse respeito [...]. O poder permanece nas mãos do capital; as Forças Armadas permanecem com o Estado burguês; a administração pública, a distribuição de alimentos, as instituições de crédito, o aparelho comercial intacto permanecem sob o controle de classe burguesa.[14]

FALTA UM LENIN EM TURIM

Gramsci, mais do que os observadores burgueses, apreendeu os limites daquele movimento, mais importantes do ponto de vista histórico e simbólico que prático e político.

> A ocupação das fábricas pelas massas operárias é um momento necessário do desenvolvimento revolucionário e da guerra de classes: é necessário fixar com precisão o significado e o alcance, e desenhar todos os elementos para elevação política das massas e para o fortalecimento do espírito revolucionário.[15]

Na realidade, como foi observado, Gramsci havia entendido, "em medida já notável", o que se tornaria claríssimo nos anos seguintes; ou seja, que a batalha tinha "a sua protagonista central, a estratégia mundial do capital financeiro". Isso significava dizer que tomar posse de estabelecimentos industriais, "se encarregar do desenvolvimento das forças produtivas", ainda não era "a vitória contra o capitalismo".[16] Mais tarde, em 1924, falando sobre setembro de 1920, ele observou que, mesmo que fosse conquistado o poder, dificilmente seria mantido e, de resto, para ele, esse evento, repensado a frio, longe de parecer o ponto mais alto do desenvolvimento revolucionário na Itália, parecia antes o começo do "período de decadência do movimento operário".[17] Uma testemunha, operário comunista, notou, 20 anos depois, que aquele movimento era apenas "a última labareda de um incêndio que estava prestes a se extinguir".[18] De fato, a aliança entre Giolitti e Agnelli permitiu, com uma derrota "suave", mas real, do movimento operário, superar a crise de setembro de 1920 de modo quase indolor.[19]

Também neste caso, como na primavera de 1920, quando os trabalhadores foram espancados, ainda se tratou de "um grande momento da própria história", enquanto para a burguesia esse evento extraordinário apareceu como "o espelho mais claro da fraqueza do seu alcance político de então e a estufa mais quente para suas intenções de vingança".[20] Deve-se salientar também que, diferente da luta da primavera, que tinha testemunhado a classe operária em ataque, no outono ela estava na defensiva – já que a guerra foi iniciada e declarada pelos industriais que, como observou um membro da burguesia de mentalidade aberta, Oscar

Sinigaglia, de um lado, estavam inquietos porque captaram o caráter político da maior parte das agitações e, por outro, se sentiram encorajados pela vitória na greve dos ponteiros, e decidiram agir, dar outro golpe, talvez o final, em suas intenções, para a organização dos operários. Desta forma, no entanto, eles "transformaram uma questão econômica em luta política, isto é, fizeram [...] o que tinham sempre reprovado nas organizações operárias!".[21]

O despejo dos ocupantes – vencidos pela quase imediata dificuldade no fornecimento de matérias-primas e a impossibilidade de criar um mercado –, com o retorno dos estabelecimentos aos "legítimos proprietários", ocorreu no final de setembro. A ordem foi restaurada, claro. Na mesa giolittiana, os trabalhadores obtiveram a cogestão das empresas, que nunca foi aplicada, mas todos sentiram que outro fogo ardia sob as cinzas, e não poucos perceberam que, a partir de agora, nada seria como antes e que de uma parte bem diferente poderia vir o ataque ao Estado liberal. Teria havido muitas razões para reflexões sobre aquela derrota, começando pela divisão extremamente séria do movimento (entre favoráveis à luta revolucionária e apoiadores da linha gradualista), pela ausente capacidade de estabelecer redes eficazes de solidariedade entre as fábricas e o exterior e ainda pela escassa ou inexistente incidência do movimento sobre os quadros, sobre os técnicos e sobre os funcionários, que permaneceram a maior parte fora. De maneira mais geral, lembrando, porém, que o resto da Itália não era Turim, a ocupação revelou a fragilidade política e institucional do Estado – a nova, recuperada e revigorada unidade fortalecida da classe patronal, mas também a fragilidade da classe política socialista. Como reconheceram, no calor da hora, inúmeros observadores – de Einaudi a Salvemini e Salvatorelli –, se o movimento proletário tivesse, naquele mês de luta, encontrado um líder único, reconhecido, determinado e, nos ombros do líder, um partido à altura da situação, outro poderia ter sido o desenvolvimento e talvez não tivesse sido fácil para as classes dominantes manter a estrutura política inalterada. Aos operários de Turim e, em suma, aos italianos, no outono de 1920 estava faltando um Lenin, e Gramsci não o era. Talvez tivesse se tornado, se as circunstâncias não tivessem sido adversas. Ele mesmo, no entanto, observou com perspicácia que Turim era uma cidade sujeita a um permanente estado de ataque, justamente por sua natureza de centro operário, uma aglomeração urbana onde os trabalhadores, com sua vanguarda de metalúrgicos, representavam um permanente fator de risco para o Estado liberal, ou seja, para a sociedade burguesa.[22] Na reflexão na prisão, no entanto, retomava o fio da análise e comparava esse resultado da luta a uma outra derrota, a do Partido da Ação, ou seja, da esquerda do *Risorgimento*, algumas décadas antes.[23]

Os eventos não foram, portanto, favoráveis também devido às dificuldades do movimento, às suas divisões e, considerando bem, mesmo à imaturidade desse sujeito revolucionário em que Gramsci depositava toda a sua confiança: o proletariado industrial. Mas, desse movimento, ele reconhecia todas as deficiências já durante a luta, os limites desses mesmos heróis, os operários das fábricas. Anos depois, esse juízo não mudaria. Recordando, em 1924, os eventos de então, em uma carta para sua esposa Giulia, escrevia:

> O comitê militar discutia a necessidade, que talvez fosse apresentada no dia seguinte, de uma retirada dos trabalhadores armados das fábricas: todos pareciam bêbados, estavam prestes a brigar entre si, a responsabilidade os esmagava, destruía-os até a medula. Alguém que se levantou – e tinha feito cinco anos de guerra, como aviador, e se aproximado da morte 100 vezes – cambaleava e ameaçava cair. Com um enorme esforço de nervos, eu intervi e os fiz sorrir, com um pouco de humor, e trouxe-os de volta ao normal e ao trabalho profícuo.[24]

O trabalho profícuo, a disciplina, o rigoroso comprometimento, a seriedade de propósito, a atenção às necessidades e aos problemas reais, não a meras questões ideológicas: o Gramsci do outono de 1920 não era, em essência, muito diferente daquele que chegou à cidade nove anos antes, mesmo em um processo claro de crescimento intelectual, político e humano. E no progressivo e inevitável endurecimento de sua posição política no sentido do filo bolchevique, não apenas com base em uma convicção política, mas também – e talvez, acima de tudo – por gratidão e admiração pelos "camaradas russos", amadureceu em pouco tempo a passagem da Fração Comunista ao Partido Comunista da Itália (PCd'I). Um papel importante, nesse sentido, foi realizado pelo novo "jornal comunista" (sim, lia-se no cabeçalho), *l'Ordine Nuovo* (o "l" tornou-se minúsculo em respeito ao jornal semanal), do qual agora Antonio Gramsci era diretor: o jornal manteve o cabeçalho de "Revista Semanal de cultura socialista", mas, na verdade, era a continuação da edição piemontesa do *Avanti!,* com o mesmo grupo redacional, em essência. De qualquer forma, essa passagem significou mais um passo, não tanto para reduzir o espaço da cultura em benefício da política, duas áreas que, no entanto, Gramsci se esforçou para manter unidas, mas sim sobre a definição mais precisa de uma linha de intervenção política. Um leitor "profissional" da resenha semanal, Giuseppe Prezzolini (admirador de Gramsci a ponto de lhe propor uma coleção de artigos, sobre os quais trabalhou nos rascunhos e desistiu),[25] comentou que o jornal, entrando totalmente na "política militante", no formato quotidiano, havia inevitavelmente "amortecido a qualidade criativa do núcleo dos jovens, nos quais a inteligência original e a fé se acoplavam, como nem sempre acontece". E acrescentou, maliciosamente, que, para o "partido deles", a mudança de periodicidade e de orientação editorial "terá sido boa: eu, como leitor, sinto muito por isso".[26]

No entanto, nesse jornal, a cultura não foi extinta, mantendo de fato uma força mesmo no novo perfil que o jornal assumiu, de órgão do partido; o que, no entanto, não significou a eliminação das assinaturas de não comunistas, como demonstra, com grande ênfase, a colaboração de Piero Gobetti, que gradualmente foi se aproximando cada vez mais do grupo gramsciano, no qual acabou retomando e relançando com acrescida violência as polêmicas antirreformistas e antimaximalistas.[27] Ele despertou a atenção e a preocupação de Luigi Einaudi, que o tinha como aluno na Universidade de Turim, e que, em um editorial do *Corriere della Sera*, lamentou que, por sua inadequação aos liberais piemonteses, aquele jovem talentoso estava perto de "fazer amor com os comunistas".[28] Para Gobetti, que na verdade, como observou Gramsci, "não era comunista e provavelmente nunca iria se tornar um",[29] o diretor do diário *l'Ordine Nuovo*, que é o próprio Gramsci, deu-lhe uma coluna cara a ele, na qual tinha em certo sentido feito escola: as *Crônicas do teatro*. Aquele jovem (nascido exatamente dez anos depois, em 1901, e destinado a morrer no princípio de 1926), soube ser um herdeiro digno na eficácia da escrita, ainda que a natureza sócio-antropológica da crítica gramsciana nos brilhantes artigos gobettianos tornaram-se substancialmente menores.[30]

DE GOLDONI A SAN MARCO

O papel de Gramsci no XVII Congresso do PSI, que marcou o início da história do PCd'I, foi marginal. Nós o vemos participar pessoalmente da esperada reunião no teatro Goldoni di Livorno, entre 15 e 21 de janeiro de 1921, juntamente com camaradas da seção de Turim, com exceção de Togliatti, que era secretário dessa seção e havia permanecido em Turim para gerenciar o diário *l'Ordine Nuovo*. Gramsci não tomou a palavra naquela ocasião, e não foram poucos os dirigentes que o teriam censurado. O Congresso foi aberto sob fortes tensões entre os vários componentes socialistas, incluindo aqueles que haviam aderido à linha comunista, e não faltaram problemas logísticos e organizacionais após o deslocamento, decidido na última hora, de Florença, onde foi planejado – a cidade estava infestada por esquadras fascistas –, para Livorno, lugar mais protegido. A assembleia foi dominada pela figura de Amadeo Bordiga, porta-voz da Fração Comunista, reconhecido e citado pelas várias correntes internas ou pelos "eleicionistas", como Togliatti, Tasca ou Terracini, os "ordinovistas" da "educação comunista" representada por Gramsci, Santhià, Bianco, De Biasi; e, finalmente, os "abstencionistas", liderados pelo mesmo Bordiga.[31] Sua representatividade no Congresso, que assegurou a coesão dos comunistas diante do imperativo de isolar os maximalistas de Serrati, tinha sido garantida por um cuidadoso trabalho estratégico realizado pela seção de Turim e desejado em particular por Gramsci que, para romper definitivamente com os centristas, havia investido na unificação das correntes – mesmo ao custo de subordinar a confluência à intransigência de Bordiga, que tinha jovens ao seu lado. Segundo Gramsci, uma condição preliminar para a organização do novo partido, sua base disciplinar, centralizada e de intransigência ideológica (traços esses que, agora, compartilhava com Bordiga) era a conquista da maioria no Congresso. Spriano explica – e parece poder lhe dar razão – que é provável que Gramsci não tenha compartilhado nem mesmo a convicção de uma situação revolucionária na Itália, que foi a base da ofensiva contra os centristas e da virada comunista. Além disso, havia sido expresso o parecer de que a ocupação das fábricas não tinha representado uma oportunidade perdida, dado que as massas italianas careciam de uma estratégia revolucionária: "Em 1920, não teríamos mantido o poder se o tivéssemos conquistado".[32] O fato é que, com a saída inglória das fábricas, a classe trabalhadora abandonava a opção revolucionária, para o alívio do partido e do sindicato, mesmo que, por muito tempo, as palavras de ordem subversivas continuassem a dominar no campo socialista. Ao mesmo tempo, a burguesia – Angelo Tasca, um militante que se tornou historiador, notaria muitos anos depois – sofreu um "choque psicológico", tendo tocado com a mão a possibilidade de ser expropriada; daí a "fúria" que determinaria "suas atitudes subsequentes".[33] Ou seja, o apoio ao movimento dos Camisas Negras, em função antissocialista e antioperária. É uma tese retomada e compartilhada mais tarde na historiografia, embora com diferentes avaliações sobre as responsabilidades das organizações socialistas. A grande esperança para o proletariado no front oposto foi o grande temor; mas que essa tenha sido a grande oportunidade é muito duvidoso, e Antonio Gramsci nutria aquela dúvida que, refletindo um pouco mais tarde, parecia tornar-se uma certeza no sentido contrário.

Gramsci havia chegado ao XVII Congresso Socialista decidido a renunciar à carga inovadora das propostas ordinovistas desenvolvidas em Ímola, que foi uma assembleia constituinte *ante litteram* do futuro PCd'I (28 de novembro de 1920) para aceitar, de fato, um congresso constituinte do novo partido dos comunistas liderados por Bordiga; afinal, estas eram as indicações da Comintern, que visavam estabelecer seções nacionais em todos os países europeus, a exemplo do Partido Comunista Revolucionário (PCR).[34] Mas para Goldoni as previsões de Gramsci, como, de resto, de Bordiga e dos principais representantes da Fração Comunista, revelaram-se erradas: Turati permaneceu firme na recusa de qualquer solução revolucionária,[35] e apenas uma minoria saiu da sala para se encontrar no teatro San Marco, em uma atmosfera espartana, para celebrar a constituição de um partido, de fato, já operante em Ímola.[36] No San

Marco, Gramsci não pronunciou um verbo, não reivindicou as posições da seção turinense nem se defendeu das acusações oportunistas que lhe chegaram dos maximalistas, que em Goldoni construíram uma propaganda depreciativa contra ele, pintando-o como um intervencionista e até mesmo como um *ardito* da guerra. Alfonso Leonetti explicou, anos depois, que aquele silêncio se devia às condições físicas de Gramsci: "Eles não tinham lá alto-falantes para vozes fracas como a dele";[37] mas existiam também, sem dúvida, fatores psicológicos, pois Gramsci, tímido e relutante em relação a confrontos congressuais, percebeu o quanto ainda era pouco considerado na Fração Comunista, na qual Bordiga imperava e não poucos se opuseram à sua entrada no Comitê Central do recém-formado PCd'I.[38] Enfim, no plano nacional ele não era um líder, mas um dirigente local, um jornalista apreciado, pouco conhecido fora dos pequenos círculos de operários turinenses e de intelectuais, inclusive os externos ao socialismo, de Prezzolini, Croce e Gobetti.[39] Dois anos depois, Gramsci não hesitaria em atribuir à modalidade da cisão, de baixa adesão, carente na capacidade de organização das massas e inteiramente concentrada no debate sobre questões abstratas e formais, a principal responsabilidade do triunfo da reação.[40] Em suma, o antigo rótulo de "fundador do Partido Comunista" atribuído a Antonio Gramsci é hoje inutilizável. Ele, mais precisamente, seguiu ou acompanhou o ato fundador, que se deve em primeiro lugar a Amadeo Bordiga, mantendo dúvidas e perplexidade sobre maneiras e tempos, mais em foro interno, talvez, do que externo. Isso não impediu Gramsci não apenas de ser um militante ativo, mas também um dirigente que contribuiu para construir o novo partido, seja com a atividade jornalística, em particular *l'Ordine Nuovo*, diário, seja com a atividade organizativa, sem excluir aquela do discurso público. No domingo, 20 de fevereiro de 1921, ele foi enviado pela direção do partido para falar em Novara, em uma manifestação nacional de propaganda: no documento enviado a todas as seções do PCd'I, se explica que "os oradores comunistas concretizaram a história da formação do nosso partido e seu programa de princípio e ação, seguindo os conceitos contidos no manifesto ao proletariado italiano lançado pelo Comitê Central". Manifesto absolutamente bordiguiano, no qual se proclamava que "o proletariado não chegará ao poder aliando-se com partidos burgueses nem servindo-se de sufrágio eleitoral". Quiçá o comício de Gramsci tenha sido literalmente "fiel à linha".[41]

O "BIÊNIO NEGRO" SOB *LA MOLE*

O último período de Gramsci em Turim se desenrolou nos difíceis acontecimentos internos do Partido Comunista que, sob a direção de Amadeo Bordiga, foi colocado em uma linha do sectarismo que parecia favorecer a luta interna do movimento socialista – contra os reformistas de Turati e os maximalistas de Serrati – em vez de favorecer a batalha unitária contra o fascismo. O movimento dos "Camisas Negras" não era percebido como um perigo; ao contrário, as diferenças com o liberalismo foram anuladas. Gramsci acabou aceitando essa linha, ainda que, em particular, não tenha deixado de colocar-se em alerta contra seus riscos. Por parte do próprio Lenin e da Internacional Comunista chegaram advertências aos dirigentes italianos para que retificassem a rota, tentando suscitar, consumada agora a cisão, uma aliança com outras forças socialistas: uma orientação claramente compartilhada por Gramsci, que parece pouco alinhada com as diretrizes de Bordiga. Após as eleições gerais de maio de 1921, escreveu:

> O Partido Socialista tem mantido todas as suas posições democráticas, continua a ser o pivô da vida nacional. Nenhum governo poderá realmente funcionar sem o consentimento do Partido Socialista e das massas populares por ele representadas.[42]

Quanto ao Partido Comunista, era uma força minoritária que, todavia, agora tinha a tarefa de transformar-se "em um partido de grandes massas".[43] Gramsci estava, de todo modo, na primeira fila da polêmica em relação aos ex-companheiros socialistas, e sua caneta não havia perdido a mortífera eficácia. De fato, o papel do grupo de Turim tinha crescido politicamente desde primeiro de janeiro de 1921, quando o jornal que identificava aqueles jovens começou a ser publicado diariamente. Finalmente, seu sucesso decisivo foi sancionado pela divisão da Fração Comunista quando o PCd'I estabeleceu, no dia seguinte à sua fundação, em 22 de janeiro, que *l'Ordine Nuovo* deveria se tornar órgão do partido,

A REVOLUÇÃO FRACASSADA   139

"de acordo com a linha estabelecida pelo Congresso da Internacional e de acordo com a tradição da classe operária de Turim", sob a direção de Gramsci que, naquele dia, comemorava seu trigésimo aniversário.[44] Aliás, o partido obteve resultados não desanimadores na primeira prova eleitoral (15 deputados) e levava adiante uma política que visava conquistar novos adeptos nas classes proletárias: "Trabalhar com seriedade e perseverança, para que o partido reforce suas bases e as estenda onde quer que viva um grupo de trabalhadores" era o imperativo gramsciano.[45] Isso colocava os comunistas em uma posição de contraste com os socialistas, ainda mais diante das palavras de ordem que o PSI emitiu sobre a ofensiva militar das esquadras de "camisas negras": convites, dirigidos aos membros, para tolerar, suportar, não responder. Os líderes socialistas esperavam do Estado aquela defesa da legalidade que, como observou Gramsci, agora era incapaz de assegurar; antes, eram precisamente os fascistas, com sua ação ilegal, a levar à sepultura o Estado liberal e, portanto, presumia – erroneamente – Gramsci, a burguesia. "Nesse sentido, os fascistas são bons coveiros".[46] Se não existia maior subestimação do perigo fascista, certamente houve uma superestimação da crise do oponente da classe, como era fácil constatar. Já em junho de 1921, Gramsci advertiu seu partido político desse risco, realizando uma rápida, mas significativa, análise do movimento de Mussolini.

> Os fascistas, em seis meses de atividade militante, tornaram-se responsáveis por uma pesadíssima bagagem de atos criminosos, que só permanecerão impunes enquanto a organização fascista for forte e temida. Os fascistas só puderam realizar suas atividades porque dezenas de milhares de funcionários do Estado, em particular os organismos de segurança pública [...] e da magistratura, tornaram-se seus cúmplices morais e materiais [...]. Os fascistas dispõem de [...] depósitos de armas e munições em quantidade suficiente para formar um exército de pelo menos meio milhão de homens. Os fascistas organizaram um sistema hierárquico de tipo militar, que encontra seu coroamento natural e orgânico no Estado-maior.[47]

Gramsci escrevia alguns dias depois de um ataque em total conformidade com sua análise conduzido pelos esquadristas à sede da Câmara do Trabalho, na noite entre 25 e 26 de abril, levado a cabo com substancial inércia da polícia, como denunciaria *l'Ordine Nuovo*: à frente da "expedição punitiva" (precedida por um verdadeiro anúncio de guerra no órgão do *Fascio* de Turim),[48] estava Pietro Brandi-Marte que, um ano e meio depois, lideraria o massacre de dezembro de 1922. Para Gramsci, havia sido um verdadeiro "ataque a Turim".[49]

O período após as eleições de maio de 1921 marcou o auge da violência fascista na Itália. O Piemonte e Turim não ficaram isentos do trabalho que os fascistas (liderados por De Vecchi) cinicamente definiam como *"risanatrice"*.* A virada política das eleições de 1921, operada por Giolitti – "decrépito patife", habituado a fraude e a violência, segundo Gramsci, que sempre teve uma péssima opinião sobre o estadista piemontês[50] – na tentativa de recuperar a liderança, mas também a estabilização política e social,[51] encontrava correspondência, mesmo antes do advento mussoliniano ao poder, nas escolhas econômicas e sociais das autoridades da cidade, que certamente não pareciam ter feito isso no interesse das classes pobres.

Também em 1921, ano de uma crise econômica breve, mas intensa, no tabuleiro do xadrez internacional, Turim foi bastante atingida em seus aparatos fabris, já postos à prova pela complexa conversão da situação bélica àquela da paz. A recessão aumentou o desalento dos grupos sociais mais vulneráveis, incluindo os pequenos e ínfimos burgueses, que se sentiam as verdadeiras vítimas da guerra: seja pela contribuição do sangue dado, seja pelas promessas de "reconhecimento" não mantidas, seja enfim porque eles não viam os resultados da "vitória" em termos políticos e, de fato, perceberam o quão pouco compartilhavam os valores que a propaganda de guerra havia insuflado em seus corações – valores que agora eram ostentados por parte dos *Fasci di Combatimento*, que se proclamavam precisamente intérpretes desse desalento e daquelas aspirações frustradas.

No entanto, não foi imediata a passagem das classes médias turinenses ao fascismo, controlado localmente pela direita reacionária, nacionalista e monarquista. O fascismo em Turim e em todo o Piemonte se

---

* Aquele que torna algo novamente são, saudável. (N. R.)

apresentava mais débil que a média nacional.[52] E aqui, mais do que em qualquer outro lugar, "estão as incipiências e os erros do maximalismo socialista a orientar uma parte da opinião pública em direção a um giro à direita".[53] Nas eleições de maio, desejadas por Giolitti para reduzir a força do Partido Popular Italiano (PPI) e do PSI, levando o Partido Nacional Fascista (PNF) ao Parlamento, Gramsci, apesar da posição de cabeça de lista, não foi eleito: foi o primeiro excluído, ultrapassado, em termos de votos, por vários camaradas do partido; o resultado foi um momento sério de desconforto,[54] menor talvez somente em relação àquele que se seguiu às acusações de intervencionismo em outubro de 1914; acusações, pode-se presumir racionalmente, ainda em circulação na época e não estranhas ao falido sucesso eleitoral.

No nível cultural, a política do fascismo, voltada para captura de intelectuais – daquela grande massa de intelecto que, mesmo sob *la Mole*, deixava-se capturar mais ou menos voluntariamente, talvez conservando sentimentos "liberais" –, deu seus primeiros passos. Ao lado da produção de livros e panfletos pró-fascistas – que começaram a aparecer nos catálogos das editoras das cidades, da Paravia a Lattes – às tentativas abortadas de um periódico pró-camisas negras, foi decisivo o papel da *Gazzetta del Popolo* como um órgão flanqueador do movimento; enquanto no front oposto mantinha-se *La Stampa* que, dirigida pelo codiretor Luigi Salvatorelli (com o acordo do diretor e proprietário Alfredo Frassati, embaixador em Berlim), denunciava a violência esquadrista, tentando até o fim, fiel à linha giolittiana, evitar a ascensão de Mussolini ao poder.[55]

Bem mais rico era o campo da cultura antifascista, onde, além de *l'Ordine Nuovo*, de fevereiro de 1922, se apresentava a nova empresa jornalística de Piero Gobetti, *La Rivoluzione Liberale,* que se integrava à atividade editorial desse "jovem prodigioso"[56] que, desde dezembro de 1924, também foi apoiada pelo periódico mensal cultural *Il Baretti*. Na esfera católica, onde prevaleceu uma atitude de abertura benevolente para com o movimento mussoliniano, veio à tona, como construtores e organizadores de cultura, figuras como Gaetano De Sanctis, titular da cátedra da História Antiga na universidade da cidade e fundador da Associação Católica de Cultura, Gustavo Colonnetti, professor na Politécnica, e o jovem, da mesma idade que Gobetti e quase um seu equivalente católico, Pier Giorgio Frassati: três figuras exemplares do antifascismo urbano. No plano nacional, também o partido de Mussolini já estava ganhando o apoio das forças econômicas, o apoio benevolente de grande parte do Exército, do Judiciário, das forças policiais e mesmo da Coroa. Para Gramsci, o diretor da operação era de fato Giolitti, tanto por ter corrompido a liderança reformista do socialismo italiano quanto, sobretudo, por ter apoiado o *Fasci* de várias maneiras, ao ponto de ter se tornado o "máximo responsável" pelo esquadrismo; e o fascismo – chegou a escrever Gramsci, em um momento no qual a análise foi sobrepujada pela propaganda – era apenas mais uma face do giolittismo.[57]

Diante da ofensiva fascista – ou seja, homens armados, enquadrados militarmente, protegidos por instituições liberais –, os líderes socialistas responderam de modo ineficaz, confiando justamente naqueles aparatos estatais que eram os protetores das esquadras de "camisas negras". Mas, acima de tudo: "Os socialistas jamais enfrentaram a questão da possibilidade de um golpe de Estado e os meios a implementar para defender-se e passar à ofensiva".[58] Enquanto isso, Gramsci notava com lúcida previsão: "O golpe de Estado dos fascistas – ou seja, do Estado maior, dos latifundiários, dos banqueiros – é o espectro ameaçador que, desde o início, pesa sobre a atual legislatura". Em seguida, propôs novamente a palavra de ordem comunista, como um antídoto ao golpe de Estado do qual sentiu o cheiro, isto é, o da "insurreição", para "levar ao povo as armas da liberdade, garantidas pelo Estado operário".[59] Mas, dia após dia, a situação se tornava mais crítica, com a ofensiva fascista tornada ainda mais pesada pelos resultados eleitorais, que deram legitimidade constitucional a uma força ilegal que se comportava como um exército de ocupação, um martelo que se abatia contra o proletariado italiano. Gramsci escreveu:

> Os agricultores de Polesine e Ferrarese certamente não vivem hoje em seus países em melhores condições do que aquelas em que os negros vivem nas regiões de onde a França extrai seu exército colonial. O bastão fascista certamente não é uma ferramenta de civilização superior ao chicote do comerciante de escravos. No entanto, o fascista italiano carece de inteligência que não se pode negar ao colonizador francês. O fascista italiano não tem maior inteligência

que um servo carrasco; ele próprio é um escravo que aos outros chuta por vontade própria, e do povo italiano não se propõe e não é capaz de fazer outra coisa senão um bando de escravos brutalizados para serem entregues a um patrão.[60]

A VANGUARDA OPERÁRIA FUTURISTA

Havia um modo e um tempo, mesmo nessas circunstâncias dramáticas, para se ocupar com questões culturais, que permaneceram fundamentais para Gramsci, leitor ávido, visitante assíduo dos museus e espectador de concertos e peças teatrais. O futurismo, um exemplo de arte total, o havia particularmente interessado desde a primeira estreia jornalística. Sobre isso, Leon Trotsky pediria algum tempo depois a Gramsci para contar a ele, por escrito, a história: ao movimento marinettiano, o jovem assistia com grande interesse desde o início, mostrando, também sobre esse tema específico, ter posição decididamente diferente dos socialistas, bastante fechada a esse respeito. Depois de um artigo em 1913, Gramsci voltou ao assunto em 1921, atribuindo um caráter "revolucionário" ao movimento futurista, a esse respeito seguindo a sugestão dada no II Congresso da Comintern, de julho de 1920, pelo ministro soviético da Cultura, Lunatchárski, que definiu Marinetti como "um intelectual revolucionário". Marinetti e seus associados, segundo Gramsci, mostraram a vontade e a capacidade de romper a barreira da ideologia burguesa, com um importante trabalho de destruição, reivindicando, em uma nova época, uma cultura e uma arte novas, mostrando com isso

> uma concepção claramente revolucionária, absolutamente marxista, quando os socialistas nem sequer se ocupavam remotamente com questões semelhantes [...]. Os futuristas, em seu campo, no campo da cultura, são revolucionários; neste campo, como um trabalho criativo, é provável que a classe operária não será capaz, por um longo tempo, de fazer mais do que fizeram os futuristas.[61]

No dia seguinte à publicação do artigo, nascia na cidade o efêmero Instituto de Cultura Proletária, o Proletkult, apresentado como "Seção Italiana do Prolet-Cult Internacional de Moscou": em 1920, no II Congresso do IC, foi fundado o Proletkult Internacional, ao qual aderiram os representantes de todos os partidos presentes. Pela Itália, Bombacci assinou naquele momento em Moscou, mas o responsável nacional era Terracini. Ele mesmo, no entanto, teve que, meio século depois, admitir que nada se conseguiu concluir, estando o partido e o movimento proletário em geral sob ataque das esquadras fascistas: eram outras as preocupações dos líderes comunistas, então, antes da cultura.[62] No entanto, essa ideia era fortemente gramsciana, embora gerada pelo contato frenético com o ativismo bolchevique, em que, ao lado de um Gorki, e acima de tudo, para um Lunatchárski, desempenhou um papel essencial Aleksandr Bogdanov, um gerador e organizador, que com Lenin, e depois com o bolchevismo no poder, tinha um relacionamento muito complexo, cujas influências no pensamento gramsciano ainda precisam ser aprofundadas.[63] As intervenções de Lunatchárski haviam sido acolhidas na imprensa socialista turinense e Gramsci havia aprofundado o conhecimento das iniciativas e debates culturais pós-revolucionários russos, nos quais encontrou fortes afinidades com seu próprio modo de pensar e sentir que, por outro lado, tinha aproximação com os futuristas italianos. O proletkult parecia ser uma ponte entre as duas experiências, nas quais colhia uma análoga aspiração à totalidade. "A revolução proletária não pode ser senão uma revolução total", alertou no tribunal de 1920, especificando que ela deveria mirar não apenas a uma mudança econômica e política, à libertação das forças produtivas comprimidas pelo sistema burguês-capitalista: seu objetivo é "a formação de um novo costume, de uma nova psicologia, de novas formas de sentir, de pensar, de viver, que deveriam ser próprias da classe operária, que deveriam ser criadas pela classe operária". O objetivo final da revolução é "a criação de uma civilização (de uma cultura) proletária".[64]

No âmbito das atividades do Instituto turinense, acompanhado, no entanto, de outras seções da região do Piemonte, deve ser recordada uma conferência de um autor muito próximo ao grupo ordinovista, Henri Barbusse, e, graças aos bons ofícios Piero Gobetti, de um personagem bastante distante, embora admirador de Gramsci, como Giuseppe Prezzolini, que teve uma conferência moderada por Zino Zini, intelectual socialista muito próximo do grupo gramsciano, colaborador do *L'Ordine Nuovo*.[65] Foi o próprio Zini quem redigiu o *Manifesto do Instituto de Cultura Proletária*, publicado no *l'Ordine Nuovo*, diário, logo após sua fundação (6 de janeiro de 1921): um texto, para dizer o mínimo, "inspirado" em Gramsci, que provavelmente contribuiu com ele pessoalmente.[66] Por sua vez, Prezzolini recordou o episódio, no próprio diário, com palavras enfáticas, que dão a medida do papel de Gramsci: fui a Turim, escrevia, "em meio ao movimento comunista dirigido por Gramsci".[67] E, entre os comunistas estava também Marinetti atuando como cicerone na Mostra de Arte Futurista, inaugurada em abril de 1922 no Winter Club, no coração da cidade – tendo também um discurso muito apreciado pelo público, incluindo o próprio Gramsci, enquanto o líder futurista havia expressado o mais vivo comprazimento por haver levado o futurismo para os operários muito mais sensíveis que a burguesia, de acordo com o julgamento depois relatado por Gramsci, para compreensão do espírito do futurismo.[68]

Na carta acima mencionada, endereçada a Trotsky, de setembro de 1922 – um microensaio –, Gramsci reformulou seus próprios julgamentos, destacando as primeiras contradições do movimento marinettiano. Na época, Trotsky coletou material que lhe serviria para compor o volume *Literatura e revolução* (publicado em 1923),[69] dedicado à relação entre literatura e revolução. Essa foi a fase da lua de mel entre os bolcheviques e a *intelligentsia*: a fase das cem flores que desabrocharam em todos os campos de pesquisa artística, da criação literária, produção e organização cultural. Um momento mágico que encontra confirmação talvez apenas na primeira fase da República de Weimar, na Alemanha.

Ao expressar um julgamento crítico sobre o movimento e sobre seu fundador, Gramsci acenava para uma interessante análise sociopolítica, identificando na Guerra Mundial uma ruptura na história do movimento que, na verdade, estava redefinindo, com uma forte involução artística, aquilo que foi mais tarde chamado, a partir da historiografia, de "Segundo Futurismo". É notável a previsão de desenvolvimentos futuros: Gramsci captou no *pastiche* ideológico do movimento um irresistível impulso de direita, que passou da subversão à reação, sem prejudicar a confusão das enunciações teóricas e políticas. Nos deslizes progressivos em direção às margens reacionárias, era possível ler não um problema pessoal de Marinetti, mas uma situação geral do movimento.

> Após a guerra, o movimento futurista na Itália perdeu inteiramente suas características. Marinetti se dedica muito pouco ao movimento. Casou-se e prefere dedicar suas energias à esposa [...]. Os expoentes mais importantes do futurismo, antes da guerra, tornaram-se fascistas, com exceção de Giovanni Papini, que se tornou católico e escreveu uma *História de Cristo*. Durante a guerra, os futuristas foram os defensores mais tenazes da 'guerra até o fim' e do imperialismo. Apenas um futurista, Aldo Palazzeschi, foi contra a guerra. Rompeu com o movimento e, embora tenha sido um dos escritores mais interessantes, acabou como literato. Marinetti, que sempre havia elogiado longa e largamente a guerra, publicou um manifesto no qual demonstrava que a guerra era o único meio higiênico para o mundo. [...] Marinetti compôs um panfleto, *À margem do comunismo*,[70] no qual desenvolve suas doutrinas políticas, se é possível, em geral, definir como doutrina as fantasias desse homem, que às vezes é espirituoso e sempre notável.[71]

No entanto, Gramsci não escondia, mesmo em relação às próprias simpatias juvenis que, antes do conflito mundial, o movimento marinettiano havia suscitado um vivo interesse entre as classes operárias que, em sua opinião, eram frequentemente mais receptivas do que muitos "jovens intelectuais" diante das novidades revolucionárias trazidas pelos futuristas. E, de fato, admitia, com uma frase que se tornaria famosa, embora com exagero óbvio (ou precisamente por causa disso), que antes da guerra "os futuristas eram muito populares entre os trabalhadores. A revista *Lacerba*, que tinha uma circulação de 20 mil exemplares, era disseminada entre quatro quintos dos trabalhadores".[72] Era aquela uma época em que o rio da vanguarda parecia invadir todo o continente europeu, em um feliz cruzamento de culturas nacionais, em uma tentativa, ainda que sem sucesso, da constituição de uma *koinè* supranacional de artistas: mas era também contaminação e, às vezes, fusão de formas, estilos, áreas, com um salutar esforço para renovação de linguagens e uma ampliação benéfica de horizontes, em uma posição totalmente oposta às poéticas correntes, estilos dominantes, modelos de comunicação predominantes. E justamente então Gramsci tinha começado a olhar para os futuristas, aos quais dedicou seu segundo artigo turinense, publicado em um jornal universitário.[73] Nesse mesmo ano, 1913, como já mencionado, no entanto, ele se juntou ao Partido Socialista – e sua visão das coisas, incluindo a cultura, começaram a ser apoiadas também em uma chave política, a partir da qual ele não poderia deixar de entender os aspectos deletérios do futurismo.[74] Quase se pode entrever por trás do texto da carta a Trotsky, o prazer do ensaísta, que pode se afastar por um momento do trato cansativo com os camaradas russos.

ADEUS A TURIM

Gramsci não podia deixar de notar que, semana após semana, a crise do socialismo italiano tornava-se "catastrófica"; em julho de 1921, observou amargamente: "As massas operárias estão abatidas";[75] e, um mês depois: "A burguesia toma coragem. A burguesia é como quem se sente seguro depois de ter superado um sério perigo".[76] E os líderes sindicais, como os políticos, eram inábeis para lidar com a situação, de cuja gravidade evidentemente não tinham clareza.

Até Bordiga, líder do partido, como a maioria dos expoentes socialistas e comunistas, parecia subvalorizar a possibilidade de uma virada reacionária na política italiana. E, portanto, insistia, sobretudo, no trabalho voltado para distinguir e contrastar o novo partido com o socialista, em vez de avançar para uma aliança de todas as forças antifascistas. Gramsci, ainda que diferenciando suas próprias posições, não fez pesar a diferença com o líder do jovem partido, pelo qual tinha estima e respeito pelo trabalho desempenhado até aquele momento, reconhecendo seu papel decisivo na fundação do próprio partido; e, portanto, embora não renunciasse às advertências e às críticas, não se mobilizou contra seu amigo e companheiro Amadeo, como, de resto, fariam também Togliatti e Terracini. Na oposição, em uma linha bastante isolada, havia apenas Tasca, o qual, no entanto, continuava a pensar, como no tempo do primeiro *L'Ordine Nuovo*, que o trabalho a ser realizado fosse certamente de caráter político, mas principalmente cultural;[77] quase nada mudou desde então. Nestes termos, se define a situação interna do partido no II Congresso (Roma, março de 1922), no qual Bordiga conseguiu fazer passar a própria linha contrária à indicação vinda da Internacional Comunista (Comintern ou IC), fundada em Moscou em 1919: ou seja, a frente única antifascista. Somente a minoria "da direita" – Tasca e alguns outros – se opuseram, de modo que o partido surgiu já dividido em três seções, causando preocupação na liderança da IC.

Em 1922, dentro da esquerda italiana, a fragmentação parecia um processo incessante. Gramsci, que também não poupou golpes muito duros a seus ex-companheiros socialistas, por vezes até acusando-os de trair as massas e, mais frequentemente, de havê-las abandonadas à própria sorte, dentro de alguns anos admitira, em uma carta:

> Em Roma, aceitamos as teses de Amadeo porque eram apresentadas como uma opinião para o IV Congresso (da Comintern) e não como um direcionamento de ação. Julgávamos assim manter unido todo o partido em torno de seu núcleo fundamental, pensávamos que poderíamos fazer a Amadeo esta concessão, dado o enorme trabalho que que ele havia tido na organização do partido: não nos arrependemos disso; politicamente seria impossível dirigir o partido sem a participação ativa no trabalho central de Amadeo e de seu grupo. Os eventos que ocorreram posteriormente mudaram a situação: estamos diante de uma nova onda que produz efeitos também na Itália. Então nos retiramos e foi necessário fazer de um modo que a retirada acontecesse organizadamente, sem novas crises e novas ameaças de divisão dentro do nosso movimento, sem nunca adicionar novos fermentos de desagregação àqueles que a derrota determinava por si no movimento revolucionário.[78]

A dialética entre a unidade desejada e as divisões inevitáveis era uma espécie de *leitmotiv*: a preocupação em salvaguardar a primeira parecia quase sempre contradita pelos desenvolvimentos reais da história; além disso, o próprio Gramsci, em determinados momentos, pensou que tinha que arriscar a ruptura quando a linha bordiguiana lhe parecia geradora de derrotas; em qualquer caso, dentro e fora do partido, e mesmo em nível internacional, a desunião, a divisão – muitas vezes, uma incapacidade de conversar entre forças e indivíduos que também estavam do mesmo lado da barricada – prevaleceram, com os resultados funestos que sabemos. E que, em algum momento, o próprio Gramsci previu com absoluta clareza. Em agosto de 1922, em uma carta ao dirigente bolchevique Grigorij Zinoviev, escreveu:

> A situação é gravíssima e cheia de incógnitas. Por um lado, se elogia D'Annunzio como o primeiro presidente da República Italiana; Mussolini, em uma entrevista, ainda que negando por ora uma

marcha militar fascista sobre Roma, dá a entender, todavia, que todos os meios técnicos para esse fim estão preparados [...]. Estamos, talvez, às vésperas de eventos cujo escopo não é possível prever.[79]

Mas esse foi o período ainda antes da vitória fascista; Gramsci vivia seus últimos tempos em Turim, em um crescendo de compromissos que em breve o levariam para sempre para longe da cidade. A própria posição que ele assumiu nos últimos tempos dentro do partido, ou seja, favorável à linha "unitária" da Terceira Internacional, mas fiel à liderança de Bordiga, garantiram que Antonio Gramsci parecesse o candidato ideal para representar o PCd'I no executivo da organização, em Moscou. Além disso, ele já tinha desempenhado, nos meses anteriores, em nome da Comintern – Internacional Comunista – IC, missões em Lugano e Berlim, e, mais tarde, desenvolveria um importante e duradouro papel em Viena. Então, em maio de 1922, enviado por seu novo partido, Antonio Gramsci seguiu para Moscou. A despedida do *l'Ordine Nuovo*, na sede do jornal, na Via Arcivescovado, foi comovente, porque, como Teresa Noce testemunhou:

> Ele era amado, porque o fato era este: quem se aproximava de Gramsci o adorava. Talvez tenhamos sido menos sinceros com os outros dirigentes do partido, não é? Mas a Gramsci se amava verdadeiramente, não se podia não amá-lo. Quem era seu inimigo o combatia, mas quem estava próximo o amava.[80]

E a mesma Teresa Noce lembra a atenção de Gramsci ao papel das mulheres, em uma época na qual bem poucos consideravam as mulheres sujeitos políticos e intelectuais autônomos, também nas fileiras socialistas e comunistas.

> Por isso, quando ele ia à casa de seus companheiros, entrava na cozinha e o pouco que sabia fazer, secar a louça, fazia. Enquanto isso, ele conversava, porque não concordava que nossos camaradas não tentassem falar com as mulheres, isto é, que eles não as tentassem dar educação. Quando Gramsci observou essas coisas, nossos companheiros responderam: 'Tanto que não entendem nada'. Ele, ao contrário, nunca pensava que uma dona de casa não entendesse nada. Por isso, ele queria sempre a esposa lá quando ele falava com o marido e se dirigia a ela, tentando envolvê-la na conversa.[81]

Essa atenção ao mundo feminino foi confirmada, além disso, pela missão dada pelo próprio Gramsci a Rita Montagnana, de organizar o "movimento das mulheres em escala nacional", para prosseguir com a criação do "periódico quinzenal das mulheres comunistas, *Compagna*", cuja publicação foi logo interrompida pela Marcha sobre Roma.[82]

Não é por acaso que já no *Fascio* da Juventude Socialista, do qual Noce era secretária, havia 40% das mulheres. Era Gramsci ("Eu acredito que, se Gramsci não estivesse lá, eu não teria chegado a oficial do partido)?[83] Era Turim, com sua particular mistura política, social e cultural? O certo é que a cidade que Gramsci abandonou para sempre, em maio de 1922, mudara consideravelmente, crescera economicamente, vira o surgimento de novos protagonistas em sua vida política e cultural, tornara-se a capital industrial do país. Desempenhara um papel pedagógico no jovem da Sardenha, ajudando-o a crescer e, por sua vez, fazendo-o adquirir experiências fundamentais no plano cultural e político. E ele, aquele jovem que se tornou homem, tinha exercido, sobre todos aqueles que tiveram a boa sorte de encontrá-lo e conhecê-lo, mesmo que um pouco, um fascínio decisivo. Um testemunho é suficiente, o de Piero Gobetti, que de Antonio Gramsci nos deixou um retrato memorável, embora não totalmente persuasivo:

> Parece ter vindo do interior para esquecer suas tradições, substituir a herança adoecida do anacronismo sardo com um esforço fechado e inexorável em direção à modernidade urbana. Traz na pessoa física a marca dessa renúncia à vida nos campos, e a superposição quase violenta de um programa construído e revivido pela força do desespero, da necessidade espiritual daqueles que rejeitaram e negaram a inocência nativa. Antonio Gramsci tem a cabeça de um revolucionário; seu retrato parece construído por sua vontade, cortado grosseira e fatalmente por uma necessidade íntima, que teve que aceitar sem discussão: o cérebro sobrecarregou o corpo. A cabeça dominante sobre os membros doentes parece construída de acordo com as relações lógicas necessárias para um plano social e guarda do esforço uma seriedade impenetrável, somente os olhos móveis e ingênuos, mas contidos e ocultos pela amargura, às vezes interrompem com a bondade do pessimista o firme vigor de sua racionalidade. A voz é tão aguda quanto as críticas de dissolução, a ironia se contamina no sar-

casmo, o dogma vivido com a tirania da lógica tira o consolo do humanismo. Há, em sua sinceridade aberta, o peso de uma ira inacessível; da condenação de sua solidão desdenhosa de confiança, surge a dolorosa aceitação da responsabilidade mais forte da vida, dura como o destino da história; sua revolta, às vezes, é ressentimento e, às vezes, a mais profunda ira que não pode ser aberta, exceto pela ação que não pode se libertar da escravidão secular, a menos que traga no comando e na energia do apóstolo algo tirânico. Instinto e afetos estão igualmente ocultos no reconhecimento da necessidade de um ritmo de vida austero nas formas e nas conexões lógicas; onde não pode haver unidade serena e harmonia que substitua a construção, e as ideias dominarão os sentimentos e expandirão. Amor pela clareza categórica e dogmática, próprio do ideólogo e do sonhador, eles interditam a simpatia e a comunicação; portanto, sob o fervor das investigações e do inquérito direto, sob a preocupação ética do programa, existe um rigor ético e uma tragédia cósmica que não permite indulgência.[84]

A aridez que Gobetti apontava naquele homem, com quem tanto aprendeu e que o influenciou tão profundamente, pode ser lida com referência à vida dos afetos de Gramsci sob *la Mole*; separado da família, mesmo que um fluxo de sentimentos entre Ghilarza e Turim nunca tenha parado de fluir, Gramsci viveu solteiro toda a temporada de Turim (exceto pelo relacionamento não longo, mas intenso, com Pia Carena, já mencionada), almoçando em cafés ou em lanchonetes, ou hóspede na casa de camaradas, em situações precárias de habitação, de Lungo Dora Firenze a via San Massimo e, finalmente, à praça Carlina.

Turim, deixada em maio de 1922, não acolheria mais, a não ser por algumas rápidas passagens, aquele que estava fazendo seu caminho nos círculos comunistas como um dos maiores líderes dos "camaradas" italianos. Ele viu do exterior a chegada do fascismo ao poder que, na realidade, não havia encontrado terreno fértil, sob *la Mole*, apesar do fato de que um dos *"quadrumviri"* da Marcha sobre Roma fosse o *ras* local, De Vecchi; somente após a ascensão ao poder daquele Mussolini, que os "camaradas" agora chamam de *"duce"*, houve uma onda de violência na cidade. Entre os primeiros alvos estava precisamente o jornal *l'Ordine Nuovo*, cuja sede foi atacada e devastada após o mês de março, enquanto o jornal foi silenciado pela autoridade da prefeitura.[85] Isso era só o começo: o fatídico ano de 1922 se encerrou na cidade com o brutal massacre de dezembro,[86] conforme descrito por Gramsci:

> Após o ferimento de um fascista por um desconhecido, os fascistas procederam a represálias de caráter terrível. No espaço de um dia, mataram 11 entre os melhores camaradas das organizações de Turim [...]. Além disso, incendiaram de modo irreparável a Câmara do Trabalho, um enorme edifício que vale mais de 3 milhões de liras, a sede do *Ordine Nuovo*, ocupada até o golpe de Estado por tropas e pela polícia e a nova unidade do *Ordine Nuovo* que, dentro de alguns dias, deveria começar a funcionar; e em mais quatro ou cinco *Case del Popolo** na periferia.[87]

Nesse massacre, de acordo com o depoimento de Mario Montagnana, os "camisas negras", que agora circulavam impunemente pela cidade, pensaram em encontrar, entre os alvos, o próprio Gramsci, e tiveram que se contentar com o irmão Gennaro, que ficou em má situação. Foi em seguida àqueles eventos que ele, por decisão do partido, e sob pressão de Antonio, deixou a cidade e a Itália.[88] Um pequeno hierarca local, Pietro Gorgolini, marginalizado pelo *ras* De Vecchi, teria por sua vez, num escrito de 1943, confirmado que Gramsci, junto com outros "vermelhos", como Zini, Balsamo Crivelli, Romita e, por afinidade, Gobetti, estavam na mira dos esquadristas e teriam sido salvos pela intervenção do próprio Gorgolini e outros membros de sua facção, incluindo Mario Gioda, contra quem Gramsci costumava atirar flechas aguçadas na controvérsia jornalística, chamando-o de Mario Sbroda.[89]

O problema da unidade partidária e, de maneira mais geral, da unidade de todas as forças proletárias, sempre permaneceu no centro da elaboração política de Gramsci, que, não por acaso, no mesmo ano da última carta citada iniciou o *Quotidiano degli operai e dei contadini*, jornal que propôs, na manchete, o título que Gaetano Salvemini já havia dado, em 1912, ao seu folheto, depois de romper com *La Voce*: *L'Unità*.

---

* As *Case del Popolo* eram locais de recreação e encontro dos trabalhadores, geralmente acolhidas nas sedes dos partidos e sindicatos operários. (N. R.)

TERCEIRA PARTE:
NA EUROPA (1922-1926)

EM MOSCOU

NO "BOSQUE DE PRATA"

Em Turim, Antonio Gramsci, na abundante década de sua estadia na cidade, cultivou relações de amizade, além de intelectuais e políticas, com algumas mulheres, algumas mais afetuosas que outras. Quando chegou à Rússia, em 3 de junho de 1922, parecia-lhe, todavia, que sua vida até aquele momento não tivesse sido outra coisa senão "uma chama fria, um terreno seco", a ponto de se convencer de que não poderia realmente "ser amado".[1] Assim escreveu em 1923, de Moscou, a uma jovem musicista, conhecida há apenas alguns meses, Julia Schucht, quase sempre chamada pelo nome italiano de Giulia ou pelo apelido, "Julka".

Partiu para a Rússia muito abalado: "extremamente deprimido" e "doente", escreve o biógrafo.[2] A jornada foi longa e cansativa, passando por Berlim e pela Letônia. Na capital alemã, foi à embaixada italiana e teve o último encontro com o velho mestre Umberto Cosmo, com quem havia rompido relações, asperamente, alguns anos antes, com um artigo que o próprio Gramsci chamou de "muito violento e cruel". Cosmo, na época, realizava uma tarefa institucional naquela sede. Gramsci teria deixado um belo retrato desse encontro em uma carta de muitos anos depois, endereçada à cunhada Tania:

> Quando, em 1922, o solene porteiro da embaixada se dignou a telefonar a Cosmo, em seu gabinete diplomático, para dizer que um certo Gramsci desejava ser recebido, ficou estupefato, em sua alma protocolar, quando Cosmo desceu correndo as escadas e se lançou sobre mim, inundando-me de lágrimas a barba, e dizendo a todo momento: 'Você sabe por quê! Você sabe por quê!'. Estava tomado de uma comoção que me deixou atônito, mas me fez entender quanta dor eu lhe havia causado em 1920.[3]

A fadiga da viagem e o estresse da conferência agravaram as condições físicas e mentais, a ponto de os camaradas russos, preocupados, suspeitando de malária, pensarem em uma internação. A conselho do presidente da Comintern, Zinoviev, Gramsci foi hospitalizado na clínica de doenças neurológicas de Serebryany Bor ("Bosque de Prata"), a poucos quilômetros de Moscou, um lugar que na realidade era usado por líderes do partido soviético em busca de relaxamento; um local relativamente luxuoso, um edifício com um jardim, onde se faziam vários tratamentos, incluindo fisioterapia. Foi aí onde ocorreu o encontro "fatal" com as irmãs Schucht. A primeira foi Eugenia, internada por um problema nas pernas que quase a paralisou, por um fenômeno de contração dos nervos.

Somente em setembro ocorreu o encontro com Giulia, que frequentemente visitava a enferma. Eis como, em uma reconstrução narrativa eficaz, mas não infiel, nos surge a imagem do momento em que os dois se conheceram:

> Antonio a viu pela porta e hesitou em entrar. Estava vestida de branco. Notou o perfil alto e selvagem da maçã do rosto, a luz das têmporas onde caía o castanho luminoso da trança, repousando sobre os frágeis ombros de mel, sob o vestido de gaze leve. Parou porque estava com medo, ou porque aquele momento, tomado apenas por si, o encheu de tudo. [...] Ela sentiu-se vigiada; virou-se lentamente em direção a ele e o deixou observá-la. [...] Ela se levantou, se voltou lentamente em sua direção. Colocou-se de pé e o cumprimentou em italiano: 'Professore'.[4]

Foi o começo de uma história de amor difícil e pungente.

Por meio das duas irmãs, Antonio iniciou um relacionamento com toda a família Schucht, que tinha uma longa familiaridade com a Itália e, consequentemente, quase todos seus componentes demonstravam um bom ou até excelente conhecimento da língua.[5] Giulia, como Eugenia e outros da família, era musicista, e o próprio Nino cultivava, às vezes como ouvinte, às vezes como crítico, uma paixão muito viva pela música, de Verdi a Wagner, até a ópera: em Turim, ele passou a acompanhar grupos de trabalhadores aos concertos do Teatro Regio, e sua mania de música é confirmada por numerosos depoimentos e por diferentes críticas na imprensa socialista.

No plano político, de 7 a 11 de junho, Gramsci participou do início dos trabalhos da II Conferência do Executivo Ampliado da IC, junto com Bordiga, Graziadei e outro italiano, Ersilio Ambrogi, deputado do PCd'I, já em Moscou. Com ele, Gramsci assinou uma carta a Zinoviev, em julho, onde, distanciando-se das políticas de aliança com o PSI, foi pedido à Comintern que "ajudasse nosso Partido a expandir sua esfera de influência em meio ao proletariado italiano", isto é, sem contar com uma aliança e, muito menos, uma fusão com a organização socialista. E em outra carta, pouco mais tarde, só de Gramsci, proferiu um julgamento depreciativo sobre Serrati, que "não está em condições de ser nem mesmo um trabalhador das massas" e que, quando tenta conversar nas ruas, "é vaiado por todos os operários, não apenas pelos comunistas".[6]

Entrando e saindo de Serebryany Bor, Gramsci conseguiu também participar do Comitê Permanente e da XX Conferência do Partido Comunista Russo, em agosto.[7] Aquelas idas e vindas da clínica preocupou os camaradas russos e os italianos, como testemunha a troca de cartas entre eles sobre a saúde do dirigente. Provavelmente não era malária, mas uma crise de enxaqueca, como as que ele já havia tido no passado, com a adição de outros sintomas que, na verdade, poderiam até fazer acreditar na febre malária, especialmente devido ao clima terrivelmente quente daquele verão. No entanto, apesar de estar em uma situação de forte desconforto pessoal, do ponto de vista do clima, da saúde e da política, continuou na linha dos comunistas italianos, defendendo-a, mas com cautela, na tentativa de salvar a autonomia e unidade das escolhas do partido e, ao mesmo tempo, a proximidade com as exigências da Comintern.

De fato, dentro e fora dos trabalhos do Congresso, debatia-se a hipótese da fusão do PCd'I com o PSI, ou pelo menos com uma parte, a que Serrati teria retirado do partido de Turati (o chamado *"terzini"*, ou seja, inclinado a aderir à Terceira Internacional Comunista): hipótese que encontrou em Bordiga, então à frente dos comunistas italianos, a oposição mais difícil. Aqui está a razão para as pressões da liderança da Comintern sobre Gramsci, para que assumisse a liderança do partido, desde dezembro de 1921, com um executivo que elaborou um documento em 24 pontos, onde argumentavam a tese da necessidade de unidade dos comunistas com outras forças progressistas – incluindo os odiados social-democratas, naquela que seria chamada, com certo eufemismo, "a fase de transição" do movimento operário internacional.[8] Uma linha que provocou a viva oposição dos comunistas italianos, a começar por Terracini e Bordiga.[9] É certo que Gramsci foi cooptado para o executivo em função antibordiguiana, mas a mudança de linha dentro do partido não foi fácil nem imediata. Afinal, tanto pelo respeito ao camarada napolitano, admirado acima de tudo por sua enorme capacidade de trabalho, tanto pelo ataque político e sentimental à unidade do partido, Gramsci recusou e, nos anos seguintes, hesitou muito tempo na via da ruptura. Em essência, ele tinha sido até então se não "perfeitamente bordiguiano",[10] certamente não insensível à rejeição de alianças e fusões com os socialistas, o que significaria, de alguma forma, negar Livorno – isto é, um retrocesso em relação à decisão de criação do Partido Comunista. E havia nele, de qualquer maneira, o forte temor de que atacar Bordiga teria como resultado enfraquecer a esquerda interna, da qual se sentia intrínseco e, obviamente, reforçar a direita de Tasca.[11] Depois da partida de Bordiga, permaneceu em Moscou a "delegação" do partido italiano (isto é, Gramsci e Ambrogi), rapidamente despertando, no entanto, desapontamento nos camaradas da Itália, dos quais se tornou intérprete o próprio secretário do partido, com uma série de despachos sempre mais irados, pela inatividade de que, segundo ele, davam prova. E, nas mensagens, Bordiga expressava sérias interrogações sobre o estado de saúde de Gramsci, pedindo, reiteradamente, mas em vão, notícias sobre isso.[12]

A FAMÍLIA SCHUCHT

Certamente, essa primeira viagem-estadia na Rússia foi importante: "uma experiência política e humana fundamental",[13] além dos aspectos imediatos, por duas razões: uma afetiva, o encontro com Giulia Schucht e sua família, e a outra política, ou seja, a experiência direta, "ao vivo", com os protagonistas desse movimento revolucionário que ele tinha, desde março de 1917, fortemente apoiado. Os dois aspectos, de certa forma, se entrelaçaram, uma vez que todos os Schucht eram bolcheviques e de várias maneiras envolvidos na criação da nova sociedade e do Estado soviético. Naquela família, ele teve relações afetivas com as três filhas. Tatiana, chamada de Tania, conheceu Antonio mais tarde, somente em 1925, em Roma, e se tornou sua companheira mais fiel, embora não maritalmente. No entanto, não foi Giulia, mas Eugenia a tentar um primeiro relacionamento afetivo com Antonio, o qual, entretanto, mais tarde, se apaixonou por Giulia, que conheceu dois ou três meses depois. Hoje, à luz de novas aquisições documentais e de uma filologia mais cuidadosa, podemos dizer que, por um curto período, ele foi tentado por ambas as relações e que, quando fez sua escolha a favor de Giulia, Eugenia reagiu mal.

Detenhamo-nos um pouco na família Schucht,[14] de origem alemã,[15] aristocrática talvez já na Alemanha, mas certamente na Rússia, por méritos adquiridos por Aleksandr, avô paterno das três irmãs que se envolveriam na vida de Gramsci. Aleksandr, com efeito, fez carreira militar, tornou-se general da guarda imperial, e morreu "cobrindo-se de glória", em 1878, por suas feridas adquiridas em conflito com os turcos. Também seu filho Apollon, nascido em 1860 de Aleksandr e Ottilija, abraçou a carreira militar: a origem materna refere-se aos suíços, a uma família antiga, os Winterhalter, cujo expoente, Franz Xaver, pintor, era conhecido como retratista dos poderosos. Apollon também era apaixonado por música e leitura. Rapidamente se converteu aos ideais revolucionários, também graças à longa estadia fora da Rússia, na Áustria e na Suíça, à convivência nos ambientes de emigração política anticzarista e ao fascínio exercido sobre os jovens pelos *narodniki,* os populistas que realizavam atentados contra a coroa. Mas logo Apollon se afastou, decidindo que a ação de propaganda dentro das Forças Armadas foi muito mais profícua e se dedicou a ela, conjugando esse trabalho ao estudo de textos políticos nos círculos de leitura, onde conheceu Julija Girschfeld, judia ucraniana que participava de cursos para mulheres: entre as estudantes, estava a futura esposa de Vladimir Ulianov, Lenin, Nadezhda Krupskaya. Um irmão de Julija, Osip, foi colega de Lenin na Universidade de Kazan. Abandonada a carreira militar, Apollon se casou com Julija em 1885, e sua casa se tornou um centro de encontro dos jovens subversivos da ordem, que, todavia, se dedicavam sobretudo a estudar, especialmente textos de Marx. Nessas circunstâncias, conheceu primeiro o irmão de Lenin, Aleksandr Ulianov, depois do abandono da capital Petersburgo, que estava agora muito vigiada pela polícia; o casal se estabeleceu em Samara, onde Apollon se tornou um funcionário do banco. Em 1887, ano em que Tatiana nasceu (a primogênita, Nadine, havia nascido dois anos antes), Apollon e outros de seu círculo foram presos, e, entre eles, Aleksandr Ulianov, irmão de Vladimir Lenin, condenado à morte, enquanto para Apollon foi apenas o confinamento na Sibéria, na cidade de Tomsk, onde Eugenia nasceu em 1889. Retornados todos a Samara, houve a reunião decisiva com Vladimir Lenin, cuja família havia se mudado para lá.

O destino político de Apollon e, em certo sentido, de toda a família, foi marcado: do populismo ao marxismo ao bolchevismo. Lenin de fato fez, em 1893, uma viagem com toda a família Schucht, exceto Apollon, cuja sentença ainda estava em vigor e não podia deixar a Sibéria, em direção a Petersburgo, onde se estabeleceram e onde nasceu a quarta filha, Asija, que foi batizada (Apollon era católico e Julija teve que se converter por razões burocráticas) por um padrinho absolutamente excepcional, futuro fundador da República Soviética, Vladimir Lenin. Depois disso, todos voltaram para a Suíça, onde nasceram, em Genebra, os dois últimos filhos, Julija (1896) e Viktor (1899), que fecharam as fileiras. Apollon teve vários ofícios, mas tornou-se mais assíduo nos ambientes revolucionários e especificamente marxistas, muito presentes na Suíça da época. Exatamente como fazia Lenin.

Enquanto isso, depois que a primeira filha havia estudado violoncelo, a família deixou a Suíça para a França, na cidade Montpellier, onde todos mostraram paixões pela cultura e pelo estudo, adorando tocar e estudar música. Mas, impulsionados por Julija, também cultivaram interesses pelas ciências naturais. Da França, houve ainda mais uma partida, desta vez para a Itália: decisiva para os propósitos de nosso caso. Em Roma, não apenas todos aprenderam o idioma, mas houve até mesmo um encontro com Lenin, que fora para Capri, convidado por Gorki, em 1908. Tatiana ingressou na Faculdade de Ciências e Eugenia (Genia, para a família), na Academia de Belas Artes, onde, frequentando o curso de escultura, teve mestres importantes como Balla e Cambellotti, enquanto Tatiana fazia aulas de desenho; por sua vez, Anna e Giulia, no Conservatório de Santa Cecília, estudavam violino. Genia, que em Roma fizera amizade com uma contemporânea, Nilde Perilli (que permaneceria muito ligada à família até o fim), depois voltou para a Rússia com sua irmã Anna para ajudar a família, que agora estava passando por dificuldades econômicas; assim já havia feito Nadine, que ensinava o idioma francês na Geórgia. Giulia e sua mãe partiram mais tarde, com o início da Guerra Mundial; Apollon, que tinha desenvolvido várias atividades, principalmente como professor de língua russa, voltou por último com seu filho, Vittorio, provavelmente após a Revolução de Março, em 1917. E foi então que Apollon se tornou bolchevique, escritor e militante, assim como toda a família reunida em Moscou, embora provavelmente ninguém entre eles tenha participado dos atos finais da Revolução. Apollon, no entanto, desempenhou imediatamente papéis significativos na construção do primeiro Estado soviético, em diversas áreas, mas encontrou sérias dificuldades econômicas, a ponto de ter sido forçado a recorrer à esposa de Lenin, Krupskaya, uma amiga da juventude. Foram meses e anos muito difíceis e, a partir de uma carta, descobre-se que a família, em Moscou, era praticamente mantida por Giulia, com seu trabalho como professora de música, longe da nova capital. E que Eugenia estava doente de tuberculose, além de ter problemas nervosos não especificados. Apollon e a esposa, então, se mudaram mais uma vez, estabelecendo-se em Ivanovo, onde morava Giulia, que ensinava ali, e Anna. E foi em Ivanovo que conheceu o futuro genro, chegado da Itália em junho de 1922.[16]

RELATÓRIOS AMBÍGUOS

A história da família Schucht parece importante para entender e explicar as dificuldades das relações tecidas entre Gramsci e os diferentes membros: a fé revolucionária comum não foi suficiente, ao que parece, para preencher uma distância social e cultural relevante. Por um lado, uma família cosmopolita, entre Europa Central e Rússia, com um robusto capital cultural e uma circulação interessante de saberes, incluindo música, ciências naturais, línguas, arte; e um pai de família, Apollon, uma figura eclética, que mereceria uma particular atenção, por sua biografia articulada, na qual ele passa do czarismo à Revolução. Por outro lado, os Gramsci eram uma família muito modesta e escassamente culta, localizada em uma dimensão geográfica, econômica e social de exclusão substancial; nela, além do filho mais velho (Gennaro), apenas Antonio tinha paixão política e uma formação cultural superior, ainda que interrompida. Em suma, uma enorme lacuna que teria pesado, condicionando, tanto a relação de Antonio com Giulia, quanto de ambos com a família desta. E, para qualquer consideração a esse respeito, essa disparidade deve ser levada em conta.

Agora sabemos, com certeza, que o encontro ocorrido no final da primavera de 1922 entre Eugenia e Antonio levou a um caso de amor imediato entre os dois, que durou provavelmente por algum tempo, mesmo depois de Giulia entrar em cena.[17] No verão, enquanto esta, que ensinava música a uma distância considerável da capital russa (aproximadamente 250 quilômetros), ainda era apenas uma conhecida, Antonio parecia estar apaixonado por Eugenia, a quem ele confessou, em uma carta, que foi por décadas considerada endereçada a Giulia, não ter decidido quando retornar para a Itália; deduz-se que a data estava subordinada à possibilidade de reencontrar a mulher:

> Talvez ainda possamos conversar algumas horas e até fazer algumas longas caminhadas juntos. Escreva para mim. Todas as suas palavras me fazem muito bem e me fortalecem (vê? Eu sou menos forte do que pensava e fiz os outros pensarem).[18]

Ele acabou ficando na Rússia cerca de um ano e meio, até o início de dezembro de 1923, embora em janeiro daquele ano, depois de transcorridos o Natal e o Ano Novo – aquele Ano Novo que em 1916 havia alegado odiar, mas que provavelmente amou dessa vez –, passou na clínica Bosco d'Argento, com as duas irmãs, Eugenia e Giulia,[19] e anunciou a Giulia, "querida companheira", estar prestes a partir para a Itália, feliz por "poder se recuperar para o trabalho revolucionário em um momento tão difícil e trágico para o proletariado". Na mesma carta, no entanto, o "relacionamento a três" parece estar confirmado e reiterado. De fato, Antonio escreveu:

> Quando a verei novamente? Antes de partir, irei a Serebryany Bor para passar um dia na companhia de Eugenia. Espero firmemente que possamos nos ver novamente juntos na Itália. A companheira Eugenia se recuperará e poderá acompanhá-la à Itália: trabalharemos juntos. Ou tudo isso será apenas um pequeno sonho artificialmente construído.[20]

E ele nem hesitou em pedir a Giulia para mandar-lhe uma foto "da companheira Eugenia"! Mas imediatamente depois se deixou levar por um momento de autêntico romantismo: "Descubro em mim, que acreditava estar completamente seco e árido, uma pequena mola (pequena, pequena...) de melancolia e de luar com um contorno azul claro".[21] Foi o tema que já vimos da solidão, da capacidade de amar, que, de repente, graças às irmãs Schucht, ele entendeu que poderia vencer ou que já havia vencido. Alguns meses depois, ainda moscovita, escreveu duas cartas, no mesmo dia de fevereiro – em uma anunciando que tinha feito, no domingo anterior, uma visita à casa de repouso onde Eugenia ainda estava hospitalizada, em vias de se recuperar (sobretudo dos problemas de locomoção); na outra carta, mais longa, esse tema foi retomado e melhor articulado, demonstrando o quanto pressionava a alma de Antonio, com uma declaração de amor, mas para Eugenia:

> Eu a amo e sei que ela me ama. Eu fui, é verdade, por muitos, por muitos anos acostumado a pensar que existe uma impossibilidade absoluta, quase fatal, de que eu posso ser amado. Essa crença me serviu por muito tempo como uma defesa contra mim mesmo para que eventualmente não volte a me ferir e não me torne mais sombrio. Quando menino, tinha dez anos, comecei a pensar assim por causa dos meus pais. Fui forçado a fazer muitos sacrifícios e minha saúde era tão frágil que eu tinha me convencido de que nasci um peso morto, um intruso em minha própria família. [...] Todos meus sentimentos estão um pouco envenenados por esse hábito arraigado. Mas hoje quase não me reconheço, mudei tanto.

A tal ponto tinha mudado que se tornara muito insistente. Eugenia, embora correspondendo aos sentimentos de Antonio, supostamente colocou dúvidas e obstáculos no caminho, chegando a fazer Antonio perder um pouco a paciência:

> Por que você diz 'muito cedo'? Por que diz que meu amor é algo fora de você, que não lhe diz respeito? Que confusão, que imbróglios são esses? Não sou um místico, nem a senhora é uma madona bizantina. [...] Somos fortes e nos amamos. E somos simples e tudo é natural em nós. E acima de tudo, queremos ser fortes e não queremos nos afogar em intrigas psicológicas agradáveis a Matilde Serao.[22]

No entanto, a ruptura com Eugenia era iminente: alguns desentendimentos, talvez uma insistência no relacionamento físico da parte de Antonio, que, a uma "carta negativa" dela, respondeu confessando ter sido um "bruto" e admitindo ter "feito mal", mas não pedia desculpas – e até pedia ajuda a ela: "Porque ainda existe alguma cicatriz que ainda dói e talvez até alguma ferida que sangra desde criança".[23]

Quanto a Giulia, difícil dizer se, à época, estava enamorada ou apenas intelectualmente fascinada. Recentemente, nos arquivos da família, foram encontrados vestígios de cartas para Antonio, algumas enviadas, outras não, outras, ainda, não entregues ao destinatário, que tanto em 1922 quanto mais adiante, testemunham uma forte corrente de amorosos sentimentos de Giulia por Antonio.[24]

ECOS DA ITÁLIA

Enquanto isso, as notícias políticas eram prementes, e aquelas que vinham da Itália eram dramáticas. A ascensão ao governo de Benito Mussolini, o renegado por quem Gramsci, como sabemos, havia sentido admiração, significou imediatamente para os comunistas e para todo o antifascismo italiano a entrada em uma época sombria, na qual as esperanças de revanche foram dissipadas semana após semana. Pouco depois, entre o início de novembro e o início de dezembro, em Moscou e Petrogrado, foi realizado o IV Congresso da Comintern. Na sessão inaugural, foi aprovado um manifesto de solidariedade aos trabalhadores italianos, no qual se declarava: "a batalha ainda não está perdida" e, com ênfase, acrescentava: "A vitória é certa, se agirmos resoluta e corretamente".[25] Não estava claro em que consistia essa ação resoluta e correta, proposta dentro de um Congresso no qual, em um contexto confuso, dominou a tese da "frente única dos trabalhadores".[26] Que efeito poderia ter aquela mensagem entre as massas era ainda menos fácil de entender, em um momento de confusão de todo o antifascismo italiano, dividido, quase paralisado e completamente desprovido de instrumentos para compreender a novidade representada pelo fascismo. E faltavam líderes. Bordiga, mas também outros, como Terracini e Togliatti, com a grande maioria da liderança comunista, estavam convencidos de que nada havia mudado com o advento de Mussolini. Quanto a Gramsci, havia em seu pensamento certa percepção – e preocupação – sobre a força do movimento mussoliniano (em breve, ele escreveria um ensaio sobre as origens do gabinete de Mussolini, para a revista da IC, *La Correspondance Internationale*, publicada em Paris, Berlim e Viena),[27] mas estava longe e fisicamente em más condições – provavelmente inclinado a uma avaliação pessimista, que buscava combater, enquanto se deslocava irregularmente entre o refúgio de Serebryany Bor, o Hotel Lux, no centro de Moscou, perto do Kremlin, onde residia com todas as delegações estrangeiras da IC e, finalmente, a elegante Vila Berg, ainda no centro, no distrito de Arbat, onde ele foi trabalhar nos escritórios da Comintern. A experiência do Congresso da Internacional foi, de qualquer forma, decisiva para Gramsci, pois foi o último a ser dirigido por Lenin, que, no outono, havia se recuperado parcialmente do primeiro ataque apoplético, entrando em um túnel do qual não sairia mais, mesmo com momentos de recuperação que lhe permitiram trabalhar. Tratava-se da quarta conferência do "superpartido" Comunista, que, de alguma forma, retomou as discussões do III Congresso, de 1921: o pano de fundo foi a derrota da opção revolucionária, primeiro na Alemanha, depois na Itália. Daquele congresso, Gramsci tirou indicações às quais retornaria mais tarde, na prisão, pelo abandono das táticas da guerra manobrada e a passagem para a guerra de posição, dada a mudança da situação internacional, com a retração das forças da revolução. Certamente continuava, tanto em 1921 como em 1922, a tomar a opção revolucionária como certa, mas, na verdade, se indagava sobre como tirar o movimento comunista (e socialista) das agruras da derrota, enquanto estava prestes a começar na Rússia o período pós-Lenin. Este, além disso, já em 1920, havia pelo menos colocado o problema de encontrar maneiras novas para o avanço do socialismo. De qualquer forma, toda a assimilação da organização comunista, após a estreia de 1919, foi dominada por consideráveis incertezas e fortes contradições entre objetivos declarados e táticas propostas, ao mesmo tempo que os contrastes internos aumentavam.

O tema político subjacente era e continuava sendo o relacionamento com a social-democracia, um tema que se tornou cada vez mais obrigatório com o evidente recuo das forças da revolução.[28] Neste quadro também se insere a reunião decisiva do líder bolchevique com Gramsci, em 25 de outubro de 1922, às 18 horas (talvez favorecido pela mediação de Apollon Schucht) – um colóquio de outras duas horas, na presença exclusiva do intérprete, do qual se conhece pelo menos os temas: as perspectivas de aliança entre comunistas e socialistas italianos e a "questão meridional".[29] Não dispomos de um testemunho direto de Gramsci sobre o colóquio, mas Camilla Ravera nos fornece um relato eloquente da história que o companheiro lhe relatou desse episódio. Lenin criticou fortemente a divisão de Livorno de 1921, mas mostrou compreensão pelas opiniões do camarada italiano, em particular por sua dissidência com Bordiga; no entanto, ele achou necessário – e isso foi planejado e compartilhado por Gramsci do ponto de vista tático, ainda mais na fase de construção do partido – recuperar as relações com o líder e seus seguidores, os "bordiguianos", assim como com os socialistas e Serrati. Portanto, apesar de considerar favoravelmente uma mudança de linha, Lenin e Gramsci concordavam ser necessário um cuidadoso debate interno em nome da prudência.[30]

O próprio Gramsci, então, como quase todo seu partido, posicionava-se, entre 1922 e 1924, na linha antiunitária, terminando por entrar em rota de colisão com a Comintern. O que não exclui que ele demonstrasse, digamos a partir de 1923, uma capacidade de escuta e de diálogo ignorada por Bordiga, e uma maior abertura à discussão acerca do discurso sobre as relações dos comunistas com os socialistas, pedida em primeiro lugar por Lenin, que permanecia como a referência de todo o movimento comunista internacional. Em resumo, começaram a emergir as diferenças entre os dois – Bordiga e Gramsci – paralelamente às lutas internas dos vários partidos, começando pelo russo, quando teve início uma infinita série de acusações mútuas de infidelidade às leis de Lenin ou de abandono do alvo de sua concepção após a sua morte. Daí a pouco, teria início a transformação do leninismo no "marxismo-leninismo", um hircocervo* do qual o intérprete autorizado era apenas Stalin, cujas linhas teórico-políticas logo assumiriam o caráter de um evangelho intangível.

A partida adiada para a Itália também estava ligada às notícias que chegavam de lá: o fascismo já estava atingindo os comunistas severamente, com sanções administrativas e medidas policiais. O partido estava dividido, empenhado quase inteiramente na regulação das contas internas e externas, entre secretariado e Comintern (dos quais precisamente os bordiguianos rejeitavam os apelos para a unidade com os socialistas *terzini*", isto é, aqueles que entraram na IC e que eram favoráveis à entrada no PCd'I): os italianos foram acusados pelo órgão supranacional justamente por favorecerem os contrastes internos em vez da aliança com forças politicamente próximas, embora diferentes, como as minorias socialistas.[31] A divisão no campo antifascista tornava mais fácil a ação fascista; as notícias da Itália chegavam a Gramsci fragmentadas, muitas vezes imprecisas. No mês de fevereiro, uma "tempestade" atingiu o partido:[32] foi presa a maior parte de seu executivo, e havia sido emitido um mandado de prisão contra o próprio Gramsci; o secretário Bordiga, com Ruggero Grieco, haviam sido presos. Isso não deixou de despertar primeiro a descrença e depois o sarcasmo por parte dos russos e de outros na Comintern. A confiabilidade da máquina organizativa do partido italiano, que deveria ter sido um ponto de força da abordagem bordiguiana, onde estava? Foi então uma fábula? No seio da IC, confirmou-se que o doutrinarismo abstrato que Bordiga havia impresso no partido era ineficaz, do ponto de vista interno e um prenúncio de problemas externos, dos quais a primeira vítima era o próprio secretário – o qual, no entanto, da prisão, não cedia sobre a unidade com os companheiros socialistas, consumando

---

*   Animal mitológico, metade cabra e metade cervo. (N. R.)

a ruptura substancial, com a Internacional primeiro e depois com Gramsci. Já em 1923, no entanto, foi este a ser identificado, entre os comunistas da Itália, como o líder mais sério, flexível e confiável; ele, porém, enquanto construía prudentemente uma alternativa política à rigidez extremista de Bordiga, também teve que lidar com a "direita" do partido, personificada, como no passado, por Angelo Tasca. Togliatti, por sua vez, parecia indeciso entre Bordiga e Gramsci;[33] uma dialética complicada, a partir da qual Gramsci tentou seguir uma linha coerente, mas – como ele admitiu – "tergiversando".[34] Por outro lado, durante a mencionada reunião com Lenin, este não foi capaz de resolver as dúvidas de Gramsci sobre as interrogações que mais pressionavam a política nacional e internacional.

No entanto, é um exagero argumentar que, nessa fase político-histórica, Gramsci assumira, em âmbito internacional, "o papel do protagonista", como foi escrito;[35] mas, sem dúvida, foi então que ele se colocou em evidência, ganhando a confiança dos camaradas russos. E, *in pectore*, já era o líder do Partido Comunista da Itália.

LUTAS INTERNAS E EXTERNAS

EM CONTATO DIRETO COM LENIN

Além da complexa vicissitude interna no mundo socialista e comunista, era necessário não perder de vista a situação geral italiana, isto é, aquela fora do partido, que vacilava sob os golpes da nova autoridade fascista. Era necessário, urgentemente, dar vida a um novo e sério aparato clandestino, capaz de fazer sobreviver a organização e proteger os dirigentes; um objetivo que a prisão de Gramsci, em 1926, demonstrou não ter se realizado. Gramsci, por sua vez, parecia oscilar entre uma inclinação positiva e uma sombria visão realista, com traços de ansiedade que teriam crescido ao longo do tempo. "A situação é favorável a nós sob todos os aspectos", escreveu ele a Togliatti, em maio de 1923, dizendo explicitamente: "Pela Itália, estou otimista", mas especificando: "já que, é claro, sabemos trabalhar e permanecer unidos". Em agosto, no entanto, denunciando, de forma até mesmo autocrítica, "nossos erros" e "nossa passividade", deixava escapar um preocupado grito de alerta sobre "o momento terrível que o proletariado italiano atravessava".[1] A ação visava superar divisões, em uma linha coerente com a Internacional Comunista, mas mantendo distância do catastrofismo que induziu a ver a queda do capitalismo como um evento *dietro l'angolo.**

---

* Expressão idiomática que significa que algo está muito próximo, "na próxima esquina". (N. R.)

Uma linha, insistentemente posta por Gramsci, que, ao mesmo tempo, poderia ajudar os camaradas italianos a suportar melhor o rolo compressor fascista – uma linha capaz de "unificar o proletariado de vanguarda",[2] para vencer a futura batalha e resistir na situação atual.

Além disso, na Comintern, após a derrota das tentativas revolucionárias na Alemanha o advento fascista na Itália, um intenso debate havia começado, não sem vivos contrastes, contradições, incertezas.[3] O debate foi especialmente animado pelo relatório de Trotsky no III Congresso (1921), no qual se registrava, duramente, a derrota do proletariado europeu.[4] Lenin esteve naquela mesma assembleia – em uma situação em que abandonava o "comunismo de guerra" e se preparava para a Nova Política Econômica – para fazer as pessoas entenderem que a experiência do outubro russo era dificilmente passível de ser reproduzida ou mesmo repetida, e que outras estratégias e diferentes análises teriam que ser postas em prática para possíveis desenvolvimentos do movimento revolucionário. Substancialmente dando razão a Trotsky e tomando seu partido, Lenin teve que enfrentar as teses "ofensivistas"; se o princípio da revolução mundial pudesse ser confirmado, de qualquer forma era necessário reconhecer que o caminho seria muito longo.[5]

A esse Lenin, em particular, pode-se dizer que Gramsci assistiu durante a decisiva estadia na Rússia, na qual ele aumentou e aperfeiçoou sua própria bagagem teórico-prática do "político profissional", especialmente atingindo o objetivo que era, desde então, um elemento inalienável de sua fisionomia, de conectar firmemente o quadro nacional italiano ao supranacional, acima de tudo, o europeu.[6] Ao mesmo tempo, graças às reuniões com os líderes russos e ao fervor das ideias de Lenin – não obstante a grave enfermidade que o levaria à morte, em janeiro de 1924 – o italiano também recebeu sugestões de caráter teórico, que levariam ao seu brilhante pensamento maduro, começando pelo conceito de "hegemonia".[7] De maneira mais geral, foi precisamente a longa permanência em Moscou que, além de ajudá-lo a aprender bem o idioma russo, e estimulá-lo na luta política, colocou-o em contato direto com Lenin e o levou a uma aproximação ao seu pensamento, como apontou Palmiro Togliatti na primeira conferência dedicada a Gramsci, em 1958.[8] Embora não se possa reduzir a adesão de Gramsci às teses de Lenin em termos de mera historicização, ou seja, a ideia de que elas são válidas apenas em um determinado momento e em um determinado contexto geográfico, certamente não há uma adesão acrítica e, de alguma forma, o Marx "segundo Gramsci" serve para estancar o Lenin como único intérprete autêntico e continuador do fundador do materialismo histórico.

Esta é, no entanto, a fase de maior proximidade do pensamento gramsciano ao leniniano, o que não impede Gramsci, precisamente, de colocar em prática esse retorno a Marx quase como um antídoto – não tanto para Lenin, mas para o que estava se tornando o leninismo vulgar.[9] Ou seja, o "marxismo-leninismo", como doutrina, de um lado, e o senso comum, de outro. De qualquer forma, não há dúvida de que, na estadia em Moscou, Gramsci acabou por aderir à posição frentista da IC, com base nos resultados do III Congresso e, consequentemente, do II. O retorno da unidade entre o PSI e o PCd'I, no entanto, não aconteceria, malgrado as recomendações da Comintern, reiteradas em uma resolução do pleno do Comitê Executivo em junho de 1923.[10]

O BOLCHEVISMO DE GRAMSCI

No que diz respeito especificamente à Itália, a percepção do perigo fascista e a convicção do valor da unidade no seio do partido, ainda que dentro de certas coordenadas ideológicas, fizeram de Gramsci um analista mais cuidadoso dos desenvolvimentos da situação italiana do que outros dirigentes comunistas (não sem erros, no entanto, continuando ele a falar de "situação revolucionária" na Itália). Os representantes da "esquerda" liderada por Bordiga pareceram mais relutantes em avaliar a novidade perigosa representada pelo fascismo e seus possíveis desenvolvimentos, preocupados, como eram, de "ser mais revolucionários ocidentais que antifascistas".[11] Amadurecia a rejeição à linha bordiguiana em Gramsci, devida a inúmeros fatores: primeiramente às diferentes e divergentes concepções de partido, mas não podemos também excluir as contrastantes personalidades dos dois líderes. Entrava, na análise gramsciana, todo um nó de temas, decorrente dos problemas concretos emergentes da situação russa, tornando-se parte integrante de uma bagagem política destinada a ser retomada e implementada na reflexão subsequente, confinada quase exclusivamente ao nível da teoria, ainda que na íntima convicção de que essa elaboração pudesse servir, se não imediatamente, no amanhã, para retomar a ação diretamente política.

Surgiram duas vertentes: a) a necessidade de conectar a revolução bolchevique, o modelo soviético, com as situações específicas das realidades nacionais, realizando um esforço a ponto de desenvolver vias particulares para alcançar o mesmo resultado, a vitória das classes proletárias; b) a necessidade de repensar a relação entre fatores estruturais e fatores superestruturais, até, mas apenas nos anos 1930, recolocar radicalmente em discussão essa distinção canônica. Nos dois níveis, no entanto, a atividade do Gramsci "jornalista", nos anos anteriores, havia colocado em foco um elemento fundamental que agora de qualquer modo, ele retomava, em confronto com a experiência direta.

Após a estadia russa, quando já havia adquirido a autoridade de dirigente, ele perseguiu o objetivo de harmonizar a política do PCd'I, em nome de certa autonomia criativa, com as diretrizes da IC e as deliberações de seus congressos. Uma via difícil de percorrer, a bem da verdade, na qual subsistiam condições objetivas relacionadas ao papel oficial que Gramsci desempenhava dentro da organização, tanto no partido italiano quanto no "superpartido" internacional. Às vezes, ao lado desse fato, parece aflorar nele um impulso utópico que prescinde da situação real: uma força, sobre o plano ideal, se quisermos, mas também uma fraqueza, à luz da política concreta.[12]

Este é o período – praticamente desde que ele foi para Moscou – do bolchevismo de Gramsci, de sua maior aproximação à "ortodoxia", ao "centralismo" do líder bolchevique, que combina realismo e fé na revolução proletária, a leniniana "análise concreta da situação concreta" (fórmula destinada a grande fortuna, de Mao a Althusser, que Lenin propõe mais de uma vez, acreditando que representasse "a própria essência, a alma viva do marxismo"),[13] e essa pitada – ou, às vezes, mais do que uma pitada – de utopismo ao qual se fazia referência. Em resumo, se no pensamento de Gramsci, antes da Marcha sobre Roma e da viagem para a Rússia, é central o tema da revolução, em seguida a centralidade é ocupada pelo grande tema do poder, de sua gestão, de sua organização; e isso tanto em relação ao socialismo, à sua defesa e construção de um Estado socialista, na URSS, como em relação ao caso italiano, ou seja, ao problema do fascismo e sua tentativa de transformar o Estado liberal em uma forma incomum de Estado autoritário, então tirânico, com a combinação de violência e consenso.[14] Na específica atenção ao fascismo, então, entre as primeiras tentativas do biênio anterior e a análise cuidadosa dos *Cadernos* – nos quais o prisioneiro reflete, ao mesmo tempo, sobre as razões da vitória do adversário e sobre a derrota socialista –, neste período, o leninista Gramsci parece, acima de tudo, interessado em capturar, no movimento mussoliniano, os elementos conectados ao evento histórico italiano de longo prazo e, nele, o transformismo das classes políticas e intelectuais, por um lado e, por outro, o problema das mudanças institucionais das democracias liberais, em particular atenção aos temas organizativos, uma vertente à qual esteve particularmente atento, em especial na sua experiência como observador crítico do conflito de guerra, da qual retirou não apenas metáforas militares (como "guerra de posição" e "de movimento"), mas um aparato político e teórico real.

UMA INTERNACIONAL DIVIDIDA

Mas esta é também a fase em que a luta interna ao Partido e à Internacional é mais exacerbada, mostrando, de forma evidente e dramática, uma tremenda fraqueza diante do avanço das forças reacionárias na Itália e do agravamento da situação internacional. Assiste-se a uma verdadeira e própria guerra de todos contra todos, com relação à qual, especialmente no que concerne ao PCd'I, recorria-se frequentemente a uma narrativa mitigada. No entanto, ao contrário, trata-se de um confronto duríssimo que, em certo sentido, justifica e prepara as incongruências e erros que objetivamente favoreceram a prisão de Gramsci e a derrota geral do movimento.

Em 2 de dezembro de 1923, depois de uma estadia que durou um ano e meio, Antonio Gramsci deixou Moscou direto para Viena. A princípio, o destino deveria ter sido Berlim, mas mais de um companheiro havia apontado que era um lugar desconfortável e difícil para Antonio, por razões políticas e organizacionais. Chegou à capital austríaca no dia 4. E, mesmo lá, no entanto, encontrou consideráveis dificuldades logísticas e humanas. Mario Codevilla, um companheiro, se encarregou de organizar a logística, hospedando-o primeiramente em uma propriedade da esposa do secretário do partido austríaco, Josef Frey, em um pequeno apartamento na periferia. A distância para chegar ao local de trabalho parecia enorme, e é provável que ele revivesse naqueles primeiros dias em Viena as dificuldades dramáticas da estadia inicial em Turim, em 1911: dificuldade de ambientar-se ao frio, à ausência de amigos e entes queridos. Vivia "muito isolado", escreveu para Giulia, retomando a frase que se tornou uma espécie de palavra de ordem: "o mundo é grande e terrível",[15] acrescentando, como agravante, que "ainda está nas mãos da burguesia". Pensando sempre em termos sociais e políticos, nunca exclusivamente individuais e pessoais, percebeu a diferença entre aquela cidade e aquele mundo e Moscou e o novo mundo que a capital do Estado soviético incorporava. "Sabe, se experimenta uma sensação muito desagradável na passagem do território proletário ao território burguês".[16] A mesma expressão, relativa ao "mundo grande e terrível", se lê na primeira carta do ano, novamente para Giulia, que se tornou nesse meio-tempo (entre 23 de dezembro e primeiro de janeiro, uma vez que não existem provas documentais da base jurídica), sua esposa.[17] Escrita no Ano Novo, surge agora a vontade de viver:

> Para que o novo ano nos preparará? Podemos ficar juntos por algum tempo, desfrutando de nossa presença mútua, rindo de todos e de tudo (exceto, é claro, de coisas sérias, que neste mundo grande e terrível, são, contudo, muito poucas)?[18]

O ano de 1924 realmente não se iniciou com auspícios muito bons, entre as notícias italianas e russas: por um lado, o avanço do fascismo em direção ao Estado ditatorial, por outro, com Lenin fora de jogo há meses e vindo a morrer em 21 de janeiro (exatamente três anos após o dia de fundação do Partido Italiano!), e o agravamento de um confronto interno, no qual Stalin já estava conquistando o controle, apesar das indicações deixadas pelo próprio Lenin, nos últimos meses, advertindo contra o georgiano. Gramsci, agora longe da Rússia, acompanhava como podia os acontecimentos, mas um julgamento crítico estava amadurecendo precisamente sobre Stalin. Provavelmente não conhecia o documento que, no entanto, entre um acidente vascular cerebral e outro, Lenin havia elaborado, e que depois o próprio Stalin fez oportunamente desaparecer: nele, o líder da revolução expressava dúvidas mais firmes sobre a pessoa de Stalin, mas, de resto, apesar de não poupar elogios, também levantava dúvidas sobre Trotsky. A luta interna ao partido russo era agora polarizada entre esses dois líderes, e Lenin, embora em condições debilitadas, a conhecia perfeitamente, embora expressasse julgamentos contrastantes, também sobre outras personalidades do PCR, em particular sobre Bukharin.[19] Com Lenin fora do jogo, o poder foi, na Rússia, confiado a um triunvirato composto por Trotsky, Kamenev e Stalin, que, de fato, desde o início, estava trabalhando para eliminar seus companheiros. Em dezembro de 1923, a crise do partido russo atingiu seu auge. E o *Pravda* – órgão oficial – foi testemunha e também instrumento, entre os artigos e os documentos que nele foram progressivamente reunidos. Em particular, alguns discursos de Trotsky e depois de Stalin, realmente abriram direta, não mais disfarçadamente, a guerra entre os dois. Gramsci a conhecera, ainda que sem poder ler os textos, e expressara um juízo preocupado, alguns dias depois:

> Não conheço o artigo de Trotsky ou mesmo de Stalin. Não consigo explicar o ataque deste último, que senti como muito irresponsável e perigoso. Mas talvez o não conhecimento do material me faça julgar mal.[20]

Ele falava sobre isso nesses termos a Giulia, desejando obter elementos diretos úteis para fazê-lo entender bem a situação, ainda que devesse, por prudência, recorrer à escrita codificada, se dando conta de que isso lhe exigiria um esforço suplementar.

VIENA E O RETORNO DE *L'ORDINE NUOVO*

Enquanto a verdadeira campanha contra Trotsky começava, orquestrada e dirigida por Stalin, na Itália, no seio do Partido Comunista, aumentava a confusão e as divergências se tornavam uma luta interna. Gramsci, mesmo de longe, se colocava com cartas de tom muitas vezes severo e julgamentos ásperos sobre os companheiros do grupo dirigente, que agora estava sem uma verdadeira liderança. Os únicos momentos de delicadeza são os de correspondência com Giulia, mesmo quando lhe narra as dificuldades logísticas e climáticas:

> Minha vida é simples e transparente, transparente, disse Rimbaud, como um piolho entre duas lentes. Estou sempre em casa, ou quase, em uma rua muito longe do centro, sozinho, para ler e escrever. Costumo sentir frio, porque a estufa esquenta pouco. Durmo pouco à noite porque o quarto não é aquecido, e os seis graus de sua temperatura me produzem todas as noites um frio. A cama é alemã, muito dura, muito desconfortável, com sua colcha, em vez de lençóis e cobertores, que me escapa por todos os lados e me faz acordar constantemente com um pé ou um ombro congelado.[21]

Desse modo, além das razões de segurança pessoal (que o governo social-democrata não garantia, de fato, a um dirigente comunista), o que o levou a mudar de residência com certa frequência, depois de algum tempo, o "companheiro Gramsci" foi conduzido a outro lugar.[22] Foi colocado em uma pensão próxima, propriedade de uma viúva, com alguns quartos mobiliados, em Florianigasse, área quase central, onde permaneceu até 12 de maio de 1924, quando, eleito deputado para a Câmara, em abril, voltou para a Itália. A situação, no entanto, melhorou no nível logístico, mas não no ambiental. Viena, preferida em relação a Berlim pela organização comunista (Comintern e Partido), justamente para favorecer Antonio, não havia sido uma escolha tão feliz, de todos os pontos de vista: climático, ambiental, político.

No entanto, esse acabou sendo um período "repleto de entusiasmo ativo e vigoroso", que inclusive é comparado ao biênio turinense.[23] A esperança da vinda de Giulia o animava, a certeza de amá-la e ser amado por ela, juntamente com a forte convicção de que nem tudo estava perdido por causa da revolução europeia: "A vida pode ser vivida igualmente", apesar dos leitos alemães, do frio e do fascismo. Ainda que, depois, em um balanço psicologicamente extenuante, acrescentava, sempre se referindo à "vida": "Às vezes me parece que novamente você está definhando e é muito amarga". E, finalmente: "Mas isso passará"; em suma, a dialética pessimismo da razão e otimismo da vontade não o abandonava.[24] Nem, é claro, no plano público, onde, por outro lado, abundavam as mágoas e dores de cabeça. No trabalho político, em absoluta continuidade com atenção ao "Fator C", como à "cultura",[25] levou adiante projetos de publicações. De fato, nos primeiros meses de 1924, renascia, de fato, *L'Ordine Nuovo*, com periodicidade mensal, ainda que as publicações tenham sido irregulares e logo interrompidas. Na sua elaboração aflorou-se, mais claramente que nas experiências passadas, o líder político ao lado do jornalista e organizador da cultura. Emergia a consciência de uma responsabilidade que ia além da realização de um jornal periódico, mas que se referia à vida do partido e, de maneira ainda mais acentuada, a um desenho de formação política, não simplesmente cultural, e mais especificamente de conscientização das classes proletárias.

O objetivo nesta fase parece ser principalmente político, mas sempre a partir da cultura. "Todo material editorial, sem exceção, deve passar pelo meu controle. Os artigos não assinados serão publicados apenas quando eu der o publique-se". O dissenso era admitido, mas a título individual, e a edição, anonimamente ou pela assinatura do diretor, ou seja, o próprio Gramsci, se reservava o direito de resposta. E, no entanto, se as instruções aos camaradas do comitê executivo parassem aqui, não reconheceríamos totalmente a Gramsci, mesmo em suas vestes de líder de partido. Eis aqui, de fato, que esclarecimentos adicionais nos mostram isso, inconfundíveis. A revista, ele enfatizava com força, não podia "aspirar a uma atualidade imediata, no sentido de uma crônica"; portanto, deveria procurar outro tipo de atualidade, aquela mesma da primeira série, de 1919 a 1920, ou seja, a "aderência aos problemas mais urgentes e vitais da classe trabalhadora italiana"; e o semanário, talvez pensando criticamente – como já havia feito logo após seu nascimento –,[26] salientava que o jornal deveria "evitar cair em um forma antológica e enciclopédica" e garantir "uma precisa e direta unidade ideológica"; especificava, ainda, que era oportuno preservar "a forma não estritamente dependente do partido" e, recomendando se inspirar no modelo gráfico da revista semanal de 1919 a 1920, propôs novamente, pelo menos em parte, o subtítulo *Resenha de política e cultura operária*, expressando a esperança de que pudesse se espalhar "também nos círculos intelectuais".[27] E, em uma espécie de forte recuperação do espírito combativo, mesmo no exílio vienense, alertou "contra o pessimismo", título de um longo artigo de primeira página, no número 3 da revista: um artigo não assinado, mas atribuído a Gramsci. E como ele mesmo declarou algumas semanas depois, para repelir críticas dos círculos bordiguianos, "não foi a expressão de um só indivíduo, mas o resultado de todo um trabalho de entendimento e intercâmbio", mas, admitia, "dos velhos amigos e assinantes de *L'Ordine Nuovo*".[28]

Em essência, Gramsci estava trabalhando para trazer de volta à liderança do partido o grupo de Turim (do qual, no entanto, Tasca foi silenciosamente eliminado). Convidava-os a reagir com energia precisamente contra o pessimismo "de alguns grupos do nosso Partido, mesmo dos mais responsáveis e qualificados":[29] a alusão era a Bordiga que, entre outras coisas, publicara um ensaio pesado e exigente, em capítulos, sobre a teoria marxista da mais-valia, que não era outra coisa senão uma discussão analítica do livro de Antonio Graziadei, que terminava com uma rejeição sardônica do autor e de seu "comunismo do terceiro dia".[30] A crítica suscitou a resposta de Graziadei, que recorreu a Marx, Engels e Labriola contra Bordiga.[31] Uma disputa teórica que pretendia insinuar uma divergência até mesmo política – e não é arriscado acreditar que Gramsci idealmente tomou o lado de Graziadei contra uma leitura forçosamente leninista de Marx como a de Bordiga.

Contra os bordiguianos, sem citar nomes ou fornecer informações, se dirige o referido artigo, *Contra o pessimismo*, que previa tempos difíceis, lutas sangrentas e requeria "a energia máxima de nossos líderes", mas são feitas admissões importantes, que, mais uma vez, parecem referir-se ao reconhecimento de uma fase histórica radicalmente alterada desde o tempo do primeiro *Ordine Nuovo*,

> porque a situação mundial e italiana não é mais, em 1924, aquela que era em 1920, porque nós mesmos não somos mais aqueles de 1920 e não queremos mais voltar a sê-lo. Porque a classe operária italiana mudou muito e não é a coisa mais simples deste mundo fazer com que ela volte a ocupar as fábricas com fogareiros em vez de canhões, depois que o circo maximalista encheu seus ouvidos e excitou o seu sangue com a mais torpe demagogia.

De qualquer forma, para este Gramsci, entre Lenin e Marx, confirmar a diferença entre o Biênio Vermelho e o presente, com o retrocesso dos comunistas, destacar a dificuldade atual não significa inclinar-se para a derrota. E, de fato, eis o chamamento para o partido: sua existência, desde 1921, para Gramsci faz a diferença e, diversamente do que pensam alguns dirigentes, que de algum modo pedem uma revisão dos fundamentos, constitui um ponto sem retorno. É tipicamente gramsciano o chamado à guerra e aos seu léxico:

> O Partido foi constituído e fortemente constituído. É uma falange de aço, certamente pequena demais para entrar em luta contra as forças adversárias, mas suficiente para se tornar a armadura de uma formação mais ampla, de um exército que – para utilizar a linguagem histórica italiana – pode fazer com que a grave derrota de Caporetto seja sucedida pela Batalha do Rio Piave.[32]

A terceira série de *L'Ordine Nuovo* ofereceu uma seleção de artigos traduzidos especialmente do russo, com nomes importantes, a começar por Lenin, que explica o pensamento de Marx,[33] e, embora os temas políticos atuais fossem abundantes, na tentativa de expressar um ponto de vista comunista coerente, não renunciou à famosa abordagem "cultural" que caracterizara a primeira série do jornal, entre 1919 e 1920, apesar do objetivo político prevalecente. Por exemplo, em uma longa resenha sobre o pavilhão russo na XIV Exposição Internacional de Arte de Veneza, na qual se elogiava a arte revolucionária e a apresentava como manifestação de força em conjunto com a alegria: quanto contrasta aquele pavilhão da Rússia bolchevique, onde a arte "está vestida de partido", com o da Alemanha, "o país no qual à derrota militar seguiu-se a repressão sangrenta da revolução proletária", que, ainda que ofereça uma "bela exposição", inspira "tristeza desolada" e "pessimismo".[34]

A cultura permaneceu, portanto, uma trama sobre a qual pode-se registrar o presente histórico; enfatizava-se o significado pedagógico, formativo, do trabalho cultural para um leitor que se imaginava ser o proletário, um leitor simpatizante ou militante, mas desejoso de aprender elementos de teoria e, ao mesmo tempo, de receber segurança e encorajamento. E se agigantava a política, que deveria manter firme esse substrato cultural e pedagógico: continuidade de uma inspiração para a mudança da situação histórica e pessoal. Não mais Turim, não mais Itália, não mais o jornalismo de luta em vista de uma revolução que se acreditava agora não apenas possível e necessária, mas ainda iminente; antes, a organização de um novo desenho político em uma fase de recuo daquele exército proletário cujos "batalhões de ferro" – como Gramsci repetidamente expressava – não deviam se desmobilizar, introjetando a lógica de derrota, mas tentar entender suas razões, para relançar a ação, partindo de seus fundamentos sociais e culturais. Estamos, por assim dizer, em uma fase de passagem da ação direta ao *für ewig* do cárcere, quando não só a derrota se tornara evidente, mas aparecera nos seus próprios termos gerais e reduzira-se, em Gramsci, à ancoragem, segura e tranquilizadora, a União Soviética.

Nele ainda não se observa a tentativa de reelaboração complexa da hipótese revolucionária no Ocidente e, portanto, de uma nova e engenhosa teoria da revolução. Haveria tempo para isso; mas, enquanto ele visava fortalecer a barricada proletária, enfrentava sem demora o estudo, começando pelo adversário e, de maneira mais geral, pelo trabalho de formação dos trabalhadores, para guiá-los; depois de anos de batalhas perdidas, isso está justamente registrado nas páginas do jornal, com um caráter combinado de análise e luta: "Desejo fazer uma investigação sobre o fascismo, de todos os nossos pontos de vista".[35] Pouco depois, Gramsci propõe inclusive realizar "uma espécie de anuário da classe operária", um volume de 6 a 7 mil páginas que oferecesse "uma análise do movimento político e sindical internacional", dedicando estudos aprofundados ao marxismo, "especialmente na Itália", na Rússia, na Comintern, e assim por diante. Não só isso: na mesma carta, dirigida ao executivo do PCd'I, Gramsci também mencionou o propósito de uma outra revista, cuja estrutura era bem definida e cujo objetivo deveria ser, mais uma vez, pedagógico: "pela educação dos camaradas mais qualificados e responsáveis por determinar um movimento solidário com nosso partido em certos círculos de intelectuais e técnicos". E, em uma espécie de fúria criativa, sugeria a necessidade de uma série editorial de folhetos "de propaganda elementar", reclamando da ausência, na esquerda italiana, de qualquer iniciativa voltada a contrastar a *"feroz campanha ideológica que os fascistas fazem para destruir aquele pouco de cultura e de consciência marxista que havia na Itália"*.[36]

O INTERLOCUTOR ITALIANO DA COMINTERN

Em resumo, na difícil estadia vienense, após a plenitude da vida na Rússia, Gramsci novamente sentiu uma dramática solidão (*"estou sempre sozinho"*, confidenciou a Giulia em janeiro, e, sem medo: *"Preciso de você"*).[37] Ainda em Viena, começava a ser definida a fisionomia de Antonio Gramsci como diretor da orquestra comunista italiana, por assim dizer, e como uma figura proeminente no panorama da Comintern: em resumo, o interlocutor mais confiável. Apesar da solidão em Viena, ele teve reuniões e encontros com camaradas comunistas austríacos e de outras nações, tanto que, em Moscou, circulavam rumores sobre o italiano que *"passava muito tempo em cafés com estrangeiros"*: como em Turim, os cafés eram para Gramsci um refúgio das intempéries, um local de repouso, um centro de agregação e, acima de tudo, um observatório da humanidade. Interessante, por exemplo e em particular, as relações com búlgaros e iugoslavos, o que confirmava seu interesse pela situação internacional com um olhar atento à política externa mussoliniana em relação aos Balcãs, que seria estudada muito depois, primeiramente por Salvemini, com um livro publicado em francês (*Mussolini diplomate*) em 1932.

Gramsci conseguiria enfim se impor dentro do partido, depois de uma batalha cada vez mais amarga contra a direita interna de Tasca e, sobretudo, nesta fase política, contra a esquerda de Bordiga – que, da prisão, naquele momento havia escrito um manifesto solicitando a assinatura de seus companheiros para romper com a Comintern, cujas posições eram consideradas muito moderadas, inclinadas ao compromisso com os socialistas, que, para o líder napolitano, deveriam ser rejeitadas de todos os modos. Gramsci se opunha e, apesar das incertezas de todos outros dirigentes, como Togliatti, conseguiu fazer passar sua linha, correndo o risco de derrota e isolamento. No entanto, em uma das longas cartas informativas que enviava para Antonio, o próprio Togliatti, deixando claro, apesar de tudo, estar próximo de Bordiga na rejeição da linha sugerida pela Comintern/IC de aproximação com o PSI, linha compartilhada, depois de hesitações, por Gramsci, que lhe escreveu nesses termos:

> Você deve se aproximar da Itália. Você precisa ver muitos dos frequentes camaradas que viveram e vivem constantemente em contato com nossa realidade. Você precisa ser melhor informado de tudo que não pode ser feito agora. E também precisamos que sua direção se faça sentir amplamente de novo.[38]

Emerge, por meio dos atos e dos escritos do Gramsci vienense, sua concepção de partido: "Devemos lutar contra os extremistas se queremos que o partido se desenvolva e deixe de ser nada além de uma fração externa do partido socialista".[39] Entre a Rússia, Itália e Viena as trocas de cartas definiam, laboriosamente, a linha gramsciana como a linha de conduta oficial do PCd'I.

MORTE DE UM "LÍDER"

A morte de Lenin, ocorrida finalmente em janeiro (depois de uma longo calvário iniciado ainda em 1922, que o privou primeiro da mobilidade e, depois, do uso da palavra), mudou radicalmente o cenário, transformando a luta interna do grupo dirigente do partido russo em uma guerra sem restrições, desenvolvida em um terrível crescendo até a vitória total de Stalin, cujos "expurgos" atingiriam um clímax trágico precisamente no ano da morte de Antonio Gramsci – como se selasse uma estranheza em relação às políticas e diretrizes daquele.[40] Na comemoração ao revolucionário morto se inaugurou a nova série de *L'Ordine Nuovo*, em março (e Gramsci, ao observar o sucesso da revista, esgotada no primeiro dia, nem se declarava satisfeito),[41] ele delineou uma comparação muito eficaz entre Lenin e Mussolini, um, o verdadeiro líder, o outro, o falso líder, que Gramsci define iconicamente: "o tipo concentrado do pequeno-burguês italiano, raivoso, feroz, massa de todos os detritos deixados em solo nacional desde os vários séculos de dominação de estrangeiros e padres". Aquele chefe, ou pseudochefe, no julgamento gramsciano, na Itália,

> é divinizado, é declarado infalível, apregoado como organizador e inspirador de um Sacro Império Romano renascido. Vemos dia-

riamente impresso nos jornais dezenas e centenas de telegramas de homenagem das vastas tribos locais ao 'líder'. Vemos as fotografias: a máscara mais endurecida de um rosto que já vimos nos comícios socialistas. Conhecemos tal rosto: conhecemos aquele modo de girar os olhos nas órbitas oculares, que, com sua ferocidade mecânica, tinha outrora o objetivo de amedrontar a burguesia, enquanto hoje visa a amedrontar o proletariado. Conhecemos aquele punho, sempre fechado em sinal de ameaça. Conhecemos todo esse mecanismo, toda essa parafernália – e compreendemos que possam impressionar e fazer disparar o coração da juventude das escolas burguesas. Trata-se de algo realmente impressionante, até mesmo quando visto de perto. Causa espanto. Mas 'líder'?[42]

Líder não era, e a Mussolini ele contrapõe Lenin, líder autêntico:

O companheiro Lenin foi o iniciador de um novo processo de desenvolvimento da história, mas o foi por ser também o expoente e o último momento mais individualizado de todo processo de desenvolvimento da história passada, não só da Rússia, mas do mundo inteiro. Foi por acaso que ele se tornou o líder do partido bolchevique? Foi por acaso que o partido bolchevique se tornou o partido dirigente do proletariado russo e, portanto, da nação russa? A seleção durou 30 anos, foi trabalhosíssima, assumiu, com frequência, as formas aparentemente mais estranhas e absurdas. [...] Continua ainda, a cada dia, porque a cada dia é preciso compreender, prever, prover. Essa seleção foi uma luta de frações, de pequenos grupos; foi luta individual, significou cisões e unificações, detenções, exílio, prisão, atentados: foi resistência contra o desencorajamento e o orgulho; significou passar fome quando se tinha à disposição milhões em ouro; significou conservar o espírito de um simples operário mesmo quando se estava sentado no trono do czar; significou não desesperar, até mesmo quando tudo parecia perdido, mas recomeçar, com paciência, com tenacidade, mantendo todo o sangue frio e o sorriso nos lábios, quando os outros perdiam a cabeça. [...] A própria afirmação da grande maioria dos burgueses russos – 'uma república liderada por Lenin, mas sem o partido comunista, seria também o nosso ideal' – tinha um grande significado histórico. Era a prova de que o proletariado exercia não apenas uma dominação física, mas dominava também espiritualmente.[43]

Na última frase é possível captar um aceno para aquela que seria depois, na elaboração do *Cárcere*, a teoria da hegemonia. Mas, no mesmo artigo, ele se lembra de uma outra passagem, na qual há detalhes importantes sobre a relação entre classe e dirigentes, entre operários e Partido Comunista, em uma série de perguntas retóricas nas quais parece captar uma antevisão dos trágicos desenvolvimentos que o socialismo teria na Rússia, uma vez morto o verdadeiro líder, Vladimir Ilich, que expressou a essência do proletariado, representando "seus interesses e aspirações mais profundas e vitais"; e a sua liderança, sua direção em geral não constituiu uma "excrescência", em relação à classe, ou "uma simples sobreposição violenta". A excrescência, a sobreposição violenta, seriam manifestações de poder do novo "líder", Stalin, na Rússia órfã de Lenin, quando se sabia, em particular, que a ditadura do proletariado deveria ser realizada exatamente na direção oposta e contrária do que Gramsci identificava em termos claríssimos: "A ditadura do proletariado é expansiva, não repressiva. Nela se verifica um contínuo movimento de baixo para cima, um contínuo intercâmbio por meio de todas as capilaridades sociais, uma circulação contínua de homens".[44] Não é arriscado afirmar que podemos entender, mesmo que de uma maneira nebulosa, as antecipações do dissenso que dois anos e meio depois, em outubro de 1926, contraporiam Gramsci a Togliatti, o primeiro, crítico e duvidoso a respeito da linha do grupo stalinista, o outro que adere a ela plenamente em conteúdo e modalidade.

UM ÚNICO JORNAL

Se por um lado a estadia fora da Itália colocava o risco de perder o contato próximo com o partido e a situação política nacional, por outro ajudava Gramsci a olhar para as coisas, certamente sempre como militante, mas com o olhar frio daquele que, justamente pelo jogo de perspectiva, consegue pesar melhor as situações, protagonistas e deuteragonistas, ambições, perigos, erros. E isso aguçava a preocupação, ainda que o pessimismo e o otimismo se equilibrassem. Mas, ainda, a unidade do partido permanecia como um tipo de tabu, uma tradição tão grande quanto indistinta, a ser preservada a qualquer custo, mesmo que, pelo menos desde maio de 1923, tenha começado a surgir uma autocrítica por ter evitado "trazer consequências extremas" ao desacordo com Tasca, ou seja, a direita, enquanto a esquerda agora considerava necessária uma discussão aberta e definitiva entre nós a propósito de certos problemas que hoje parecem, ou podem parecer, brigas intelectuais; mas acho que elas podem se tornar, em um desenvolvimento revolucionário da situação italiana, razão de crise e decomposição interna do partido.[45]

O problema da unidade do partido italiano e, mais em geral, da unidade de todas as forças proletárias, que é, para ele, a união dos camponeses do Sul com os operários do Norte, ou seja, a aliança Norte/Sul, o outro nome da "questão meridional": esse nó era agora, e permaneceu para sempre, o centro da elaboração política de Gramsci, que se baseava tanto em sua própria experiência pessoal de "meridional", como ele declaradamente sempre se considerou, quanto da leitura original e apaixonada da questão histórica da Itália. Afirmou isso claramente na carta em que anunciou a decisão da Internacional Comunista (expressa em uma carta de 5 de setembro de 1923),[46] que, na Itália, se se desse vida a um "jornal diário operário", um "jornal de esquerda, da esquerda operária", que, no entanto, deixasse espaço para todas as forças antifascistas e progressistas, de republicanos a anarquistas, de socialistas a sindicalistas, tentando se distanciar do vínculo com o PCd'I, tanto para garantir uma "existência legal pelo maior tempo possível" quanto para facilitar a união de todas essas forças, abordando-as, se possível, em direção auma posição de "classe". O título proposto foi, portanto, *L'Unità* (o "l" do artigo está em maiúscula, tornando-se minúsculo mais tarde): "puro e simples", especificava Gramsci, trazendo à tona o problema da relação entre o proletariado industrial e o campesinato, um problema que não era interpretado apenas em termos de classe, ele explicava, mas "como um problema territorial, ou seja, como um dos aspectos da questão nacional".[47] Esse título do novo jornal, designado "diário dos trabalhadores e camponeses", repropunha o título que Gaetano Salvemini havia criado, em 1912, depois da ruptura com *La Voce*: *L'Unità*. No fundo, mesmo nessa referência implícita ao negligenciado Salvemini, se pode rever um ulterior eco meridional.

O jornal saiu em Milão, em 12 de fevereiro de 1924, enquanto Gramsci estava em Viena, onde ficaria por mais alguns meses. Isso valorizou a experiência da *L'Ordine Nuovo*, tanto a revista semanal de 1919-1920 como o jornal diário de 1921-1922, no nível jornalístico, mas se baseava naquela experiência também no sentido de reunir, em torno do jornal, o Grupo de Turim – uma escolha ainda mais clara na terceira série de *L'Ordine Nuovo*, mesmo que Gramsci estivesse sempre ciente dos riscos de polêmica interna a esse respeito sobre o domínio dos "turinenses"; tanto que, antes que o jornal nascesse, escrevendo para Leonetti, não apenas afirmou que as ideias de então poderiam parecer "anacrônicas", mas que, por esse motivo, era necessário "evitar insistir muito sobre a tradição do grupo turinense. Terminaríamos em controvérsias de natureza personalística para defender a maior parte de um legado de memórias e de palavras".[48]

O partido, no entanto, ainda era dominado pelos bordiguianos, e o novo jornal, nas mãos dos partidários de Gramsci, era uma espécie de contrapartida política: não era apenas um contraste a respeito da relação com os socialistas, em relação aos quais Bordiga e seus homens eram claramente hostis; tratava-se também de duas linhas diversas e sempre muito divergentes. Na carta citada a Leonetti, esboçando uma série de microrretratos dos principais dirigentes do partido, Gramsci expressou fortes preocupações sobre Bordiga:

> Estou convencido de que Amadeo é capaz de atingir os mais graves extremos se vir que a situação do partido se torna difícil por sua causa. Ele está forte e firmemente convencido de ser verdadeiro e representar os interesses mais vitais do movimento proletário italiano e não recuará nem sequer diante da eventualidade de sua expulsão da Internacional.[49]

O maior risco, na realidade, não era tanto que viessem a expulsar Bordiga, mas que se rompesse a vinculação do PCd'I com a organização comunista supranacional, um evento ainda mais grave na dramática conjuntura italiana, com o rápido encolhimento dos espaços de viabilidade política e a perseguição específica posta em prática contra os comunistas, perigosamente divididos em diferentes correntes, e agora tendencialmente hostis uns com os outros. Bordiga e os bordiguianos atestados, ou atrasados, fora do tempo máximo, em certo sentido, permaneciam sobre a hipótese da revolução; Gramsci, por sua vez, deslocava o eixo de análise e da ação sobre o terreno do poder, da sua conquista e, acima de tudo, da sua estabilidade.[50] Tratava-se de uma mudança prospectiva muito significativa; de alguma forma, poderíamos argumentar que era uma inversão da teorização de *L'Ordine Nuovo*, preconizada no final da Segunda Guerra Mundial. Outro fator essencial é que, justamente por meio do trabalho jornalístico e, em geral, da ação cultural e pedagógica, Gramsci visava transformar a própria estrutura do partido, de uma seita de fiéis, em uma organização de massa, dirigindo-se aos grandes estratos das classes subalternas. E um jornal que expandisse os horizontes e unisse todos os homens e mulheres de boa vontade, por assim dizer, tornando-se uma ferramenta essencial para esse fim. Por último, finalmente, com a carta na qual anunciava a fundação do jornal, Gramsci abriu o caminho para libertar o partido da disputa paralisante sobre a relação entre comunistas e socialistas, movendo o eixo em direção a outro gênero de unidade, entre trabalhadores do Norte e camponeses do Sul. Era o último ato – a fundação do jornal – de um intenso semestre. Tem razão quem escreveu que o trabalho jornalístico desses meses, tanto pelas realizações reais quanto para projetos não concluídos,

> continua sendo uma das melhores criações de Gramsci e do PCd'I, um outro meio que lhe permitiu, apesar de enormes dificuldades, continuar e aperfeiçoar sua consciência crítica das tarefas do partido e seu programa de pedagogia revolucionária.[51]

Acima de tudo, o jornal atesta a vontade precisa de Gramsci de fazer uma mudança drástica de rumo na linha do partido, renunciando ao "antigo padrão de intransigência sectária" e, com a palavra de ordem da "República Federativa de Operários e Camponeses", lançada na carta de setembro de 1923, para a fundação do jornal, indicava a perspectiva de uma extensão do campo a todas as forças políticas e sociais capazes de apoiar o esforço nessa direção.[52]

De fato, *L'Unità* nunca foi realmente "o jornal de Gramsci", senão em termos de orientação política geral. Suas contribuições não foram numerosas e, na verdade, ele se ocupou pouco do jornal, privilegiando, na comunicação "do partido", a nova série (a terceira) de *L'Ordine Nuovo* e dedicando as demais forças à luta interna, essencialmente contra Bordiga e a tecelagem da trama que, entre o PCd'I e a IC, o levaria a ser reconhecido como a voz autêntica e influente do comunismo na Itália. Além disso, a tarefa que ele assumiu por meio do jornal foi a de refundar o partido, insistindo não mais apenas nos grupos de operários, mas também no papel dos camponeses nas massas meridionais. Já foi relatado, por estudos específicos, o primeiro artigo que ele publicou no novo jornal, cerca de dez dias após a fundação, particularmente interessante para os aspectos da crítica e autocrítica que o animam. Observando a situação em Milão, o autor se pergunta por que "não é um tipo de uma grande organização revolucionária, enquanto o movimento sempre foi revolucionário?". Não é difícil constatar, isto é, que todas as estruturas organizacionais são ainda dominadas pelos reformistas, e mesmo agora que o fascismo "reduziu ao mínimo o movimento de classe" – tanto mais evidente é o triunfo dos reformistas, que permanecem à frente de "associações operárias, sindicais, cooperativas, mútuas". Mais que um mérito dos reformistas, Gramsci denunciou um demérito dos revolucionários, ele próprio incluído: isto é, nossa força depende da "nossa incapacidade". Daí a necessidade de "aprender a trabalhar", em todo lugar, constantemente, incansavelmente: "em toda fábrica, em toda casa, em toda vizinhança"; a necessidade de entender "como trabalhar para adquirir a simpatia das grandes massas". Na verdade, o artigo é um real e próprio ensaio, que retoma o estilo de cientista social que já havia mostrado o Gramsci jornalista de 1915-1920. Aqui, no entanto, a análise se torna mais requintada politicamente, e também visa diretamente o trabalho revolucionário. E, com grande realismo de quem é agora o líder dos comunistas, admite a superioridade organizativa e definitivamente política dos socialistas reformistas (em Milão, mas o discurso aparece claramente extensível em plano nacional): "Sabiamente escalonado em todos os pontos estratégicos mais importantes, sabendo trabalhar silenciosa e metodicamente".[53]

O falecimento de Lenin, em 21 de janeiro de 1924, marca uma mudança drástica no cenário interno do partido russo e do superpartido internacional. O abandono repentino da política de fronteira, a ascensão fraudulenta ao poder de Stalin, a luta contra a "esquerda" interna ao PCR e o ataque contra Trotsky teriam definido, em poucos meses, um quadro completamente diferente, com o início da transformação do marxismo de ideologia política à doutrina do Estado, na forma do marxismo-leninismo, e, no plano político, para o acúmulo do título de "primeiros bolcheviques", um pouco como aconteceu entre os fascistas que chegaram ao poder disputando o *status* de *"sansepolcristi"*, ou seja, participantes da "reunião" de fundação dos *"Fasci di Combattimento"*.

O ano de 1924, último que Gramsci passou metade fora da Itália, foi decisivo para o destino do governo de Mussolini. O principal evento foi o assassinato de Giacomo Matteotti, figura carismática do socialismo italiano, então líder dos chamados "ultrarreformistas", expulsos do PSI desde 1912 sob moção apresentada por Benito Mussolini, e reunidos no Partido Socialista Unitário. As eleições gerais foram realizadas em 6 de abril, com base em uma lei de 1923, extraordinariamente majoritária (assinada pelo deputado Giacomo Acerbo), feita sob medida para o PNF. Apesar disso, e a despeito da fraude e da intimidação, as urnas deram resultados não tão favoráveis ao fascismo, e não tão negativos para a oposição, especialmente para os comunistas: "A resistência e a combatividade das massas acabaram sendo superiores às previsões",[54] escreveu o próprio Gramsci, eleito para a Câmara no Colégio de Veneto. Em uma carta a Giulia, Antonio se permitiu, em uma evocação política, até um momento de satisfação com o resultado eleitoral, sem nenhum triunfalismo, mas com um forte senso dos novos deveres que ele havia adquirido:

> As notícias que o partido recebeu dos vários lugares são excelentes: tivemos 304 mil votos oficialmente, mas, na verdade, tivemos certamente mais que o dobro, e os fascistas pensaram em atribuí-los a si, apagando o sinal comunista e traçando um fascista. Quando penso no que custou aos trabalhadores e camponeses os votos que me foram dados, quando penso que em Turim, sob o controle de bastões, três mil trabalhadores escreveram meu nome e, no Veneto, outros três mil, na maioria camponeses fizeram o mesmo, que muitos foram espancados por isso, julgo, pela primeira vez, que ser deputado tem um valor e um significado.[55]

Quando Antonio comunicou a Giulia a notícia de que se tornou deputado do Reino da Itália, acrescentou, entre tristeza e alegria:

> Ainda posso lhe mostrar a língua? Agora somos pessoas sérias, em breve teremos um filho e não devemos mais dar exemplos ruins para os pequenos. Veja quantos novos horizontes se abrem? O mundo é grande e terrível, inegavelmente.

Um filho: Giulia estava grávida e daria à luz um bebê. Antonio sentia, então, crescerem suas responsabilidades, também em nível privado. E queria contribuir para que aquele mundo grande e terrível se transformasse em um "mundo livre e belo para nosso filho", e acrescentou: "lutaremos por obter aquilo pelo qual nunca lutamos, com uma astúcia que nunca tivemos, com tenacidade, com uma energia que derrubará todos os obstáculos".[56] A força que aqui Gramsci parece possuir deriva, antes de tudo, do amor por Giulia. Mas se trata de um relacionamento completamente desequilibrado. A estadia em Viena – durante a qual, em vão ele esperou a visita da esposa – parecia estar preparando-o, vista em retrospectiva, para a situação do período do cárcere: Antonio faz declarações amorosas contínuas, faz planos, espera somente o momento do encontro; e pede, ora, quase implora a Giulia para buscá-lo; e ela ou fica em silêncio, ou adia, ou reage mal, protestando contra a impaciência de seu companheiro. Gramsci acaba se desculpando, em um relacionamento que se parece quase sadomasoquista e, ademais, entre duas pessoas que são, ao mesmo tempo, muito sérias, diferentes, problemáticas de saúde. Ainda em abril, imediatamente após ser eleito ao Parlamento italiano, pedia desculpas por sua "metafísica de impaciência"; Antonio justificava suas desculpas pelo "mal-estar dos meus nervos e as baratas que me passeavam no cérebro".[57] Baratas eram os tormentos da enxaqueca, dos quais Antonio estava plenamente consciente; diferente, entretanto, de Giulia, em relação à sua própria epilepsia, e das mudanças de humor, que muitas vezes a levavam a um passo de declarar hostilidade ao companheiro; todos sinais da fragilidade humana, se não de uma fraqueza psíquica, diante da qual as palavras sinceras, os apelos, as reprimendas afetuosas de Nino parecem vãs. De fato, o relacionamento terminou no período de Gramsci em Moscou, com exceção de algumas estadias curtas na Itália e de uma jornada subsequente, igualmente breve, de Antonio em Moscou. No entanto, ele continuou a amá-la intensamente, de fato, "loucamente",[58] embora as respostas de Giulia às sinceras cartas que ele dirigia regularmente fossem escassas e principalmente evasivas, quando não inquietas. Antonio não abdicava de ser um líder político, não conseguia deixar de raciocinar também no nível cultural, e via em Giulia uma interlocutora intelectual e política.

"LÍDER DA CLASSE OPERÁRIA"

O HONORÁVEL GRAMSCI

Em virtude da imunidade alcançada como parlamentar, o deputado Gramsci voltou à Itália. E na viagem de retorno, depois de mais de dois anos de ausência, já percebeu a diferença de atmosfera: o fascismo no poder a havia sobrecarregado, mesmo que a fase de violência contra os adversários estivesse apaziguada, e Gramsci quase se sentiu culpado por ter escapado, pelo menos em parte, desse período. Tinha início a última fase da vida como um homem livre, aquela na qual interpretou mais plenamente o papel de líder indiscutível do comunismo italiano ou, como Togliatti o teria chamado em 1927, o "líder da classe operária". Em janeiro, havia escrito ao próprio camarada Palmi (Togliatti) sobre ter se tornado "muito pessimista e muito cauteloso" no período que passou distante da Itália.[1] Começava, a partir de agora, uma espécie de percurso, ao mesmo tempo crítico e autocrítico, sobre o passado do grupo comunista, em sua gênese no pós-guerra em Turim e, mais em geral, da esquerda – enquanto colocava diante de si os esclarecimentos internos do partido, em particular contra Bordiga, em cuja personalidade ele sempre reconheceu uma força excepcional, mas também uma capacidade perigosa; um homem com o qual "absolutamente nenhum compromisso pode ser feito".[2]

No entanto, quando retornou à Itália, Gramsci percebia a necessidade imperativa de tomar o partido nas próprias mãos, dando origem a um agrupamento – uma "corrente", em suma – que se colocasse no largo espaço intermediário entre a direita de Tasca e a esquerda de Bordiga. Foi o novo "centro" do PCd'I, adequando-se substancialmente à linha de Gramsci e, em segundo lugar, de Togliatti, linha na qual a maioria da liderança do partido estaria de acordo no curso de um ano.[3]

Ao mesmo tempo, Gramsci amadurecia interrogações, ainda que não excessivamente preocupantes, sobre os desenvolvimentos da situação soviética, na qual, já em janeiro considerava "irresponsável e perigosa" a atitude de Stalin que havia atacado severamente a Trotsky,[4] escrevendo sobre isso a Giulia. No entanto, no final do ano, em um artigo escrito no l'Unità, Gramsci tomou partido contra Trotsky, ainda que continuasse a chamá-lo de companheiro, designando-o "um soldado do Partido Comunista Russo e da revolução bolchevique".[5] Compreende-se que Gramsci nunca foi trotskista, mas alertava sobre a necessidade de não fragmentar um movimento que necessitava de coesão, de acordo com uma visão realista da política. Faltavam-lhe, então, informações precisas, e ele hesitava, por todas essas razões, em tomar partido explícita e irrevogavelmente sobre Trotsky, mas se distanciava nitidamente, também nesse âmbito, de Bordiga, que visava, ao contrário, exacerbar o confronto com a Comintern.

O novo papel de parlamentar mudou parcialmente os hábitos de Antonio, começando com a mudança para Roma, onde ele foi morar numa pensão junto a uma família de origem alemã, que sobre aquele "professor" taciturno e reservado não sabia nada, nem queria saber nada: os Passarge, que viviam em uma pequena casa com jardim na Via Vesalio 10, não muito longe da Porta Pia. Sobre essa família, sobre a localização topológica de sua casa se fizeram especulações das mais estranhas e bizarras, em tempos recentes, sem qualquer fundamento. Tratava-se de um par de quartos onde Antonio, o "prof. Gramsci", como foi chamado, escondendo tanto o papel político – era agora o secretário-geral do Partido Comunista, cargo que foi criado para ele – tanto sua função de parlamentar do Reino, vivia de uma maneira muito desordenada.

Como em Viena, na verdade, também em Roma ele gastava uma boa parte do tempo, naquela conjuntura particularmente pesada, fechado naqueles poucos metros quadrados, lendo, estudando, fazendo anotações. Mas também recebia muitos companheiros de partido e realizava reuniões no restaurante, na área da estação Termini.[6] Sua presença foi decisiva para fazer decolar, na capital, os grupos do *L'Ordine Nuovo*, que talvez se inspirassem nos grupos da "Revolução Liberal". Se Gobetti os concebia, sobretudo, como um instrumento para agregar as forças jovens de um novo liberalismo, em primeiro lugar, antifascista, para Gramsci os grupos tinham que ser uma vanguarda do proletariado, com uma tarefa de ataque, estando convencido por todo aquele ano, pelo menos, de que Mussolini poderia ser derrubado e o fascismo, encerrado. E, acima de tudo, parecia convencido da validade da fórmula "governo operário e camponês",

> fórmula que deve conter todas os motivos da luta geral contra o fascismo no plano nacional, conduzida por meio da aliança de operários e camponeses, sobretudo as massas camponesas da Itália meridional.[7]

Este era agora um *"leitmotiv"* importante, realmente decisivo, com a fundação daquele jornal, *L'Unità*, que pretendia ser um ponto de referência para os operários e os camponeses da Itália.

"A IMPOTÊNCIA DA OPOSIÇÃO CONSTITUCIONAL"

A fusão dos comunistas com os chamados *"terzini"*, ou seja, os socialistas (maximalistas) aderentes à Comintern, guiados por Serrati, no entanto, teria sancionado a derrota de Bordiga e a ascensão de Gramsci como líder do partido e secretário-geral. Mas a luta interna estava em curso, e a questão eleitoral, à qual Bordiga, quase com desprezo, recusou categoricamente se candidatar nas listas comunistas, foi um sinal preocupante.[8] O fato é que na Itália, na Rússia e na Alemanha, onde foram feitas tentativas de ataques frontais, reprimidos entre a morte e a prisão de líderes e militantes, o comunismo, que recentemente havia chegado ao governo do maior país do mundo, não estava nada bem. E na Itália consumava-se, entre o final da primavera e o verão, a tragédia da democracia liberal italiana, primeiro com o assassinato de Matteotti, e, portanto, com o fracasso da oposição, seja por sua inutilidade, seja pela atitude do soberano, de fato, um cúmplice de Mussolini – o que aceleraria o movimento que viria a apagar o comunismo da geografia política nacional, juntamente com todas as vozes antifascistas, políticas e jornalísticas.

Em 30 de maio de 1924, Giacomo Matteotti, naquele que se tornaria seu último discurso na Câmara, estando presente Gramsci, denunciou com palavras explícitas e corajosas o fenômeno de corrupção do voto, ou seja, de fraude eleitoral, que Gramsci conhecia e narrava a Schucht: "[...] a lista de maioria governante, que nominalmente obteve uma votação de quatro milhões e tantos votos [...]", passagem na qual foi interrompido pelos fascistas; retomando, prosseguia: "[...] tal lista eles não obtiveram, de fato e livremente e, portanto, é duvidoso que ela tenha alcançado o percentual necessário" – e aqui, as Atas da Câmara se referem a: "(Interrupções – Protestos)" – "para conquistar, mesmo de acordo com a lei, dois terços dos postos que lhe foram atribuídos!". A Lei Acerbo, de fato, demarcava um "prêmio de maioria", como para perturbar o próprio princípio da representação. Em definitivo, Matteotti, além dessa lei, antiliberal e fraudulenta, contestava "neste local e nesta hora, a validade da eleição da maioria".[9] Foi sua sentença de morte: o Secretário do Partido Socialista Unitário foi sequestrado e morto por uma quadrilha fascista em 10 de junho de 1924, antes que pudesse intervir novamente na Câmara, para fazer outra denúncia, desta vez sobre assuntos obscuros do governo fascista e provavelmente do próprio *duce*.[10]

Até o "esclarecimento" exposto com arrogância pelo *duce* no discurso de 3 de janeiro de 1925 na Câmara, do qual partiu uma nova onda de violência generalizada e sistemática contra o que permanecera do antifascismo, a situação pareceu se acalmar. Os depoimentos falam do desaparecimento dos "percevejos"* (os distintivos do PNF postos na lapela), de "camisas negras" difusas nas vias públicas, de discursos mais cautelosos e de um certo temor disseminado entre os fascistas. Mas, na verdade, esta-

---

* *"Cimici"*, literalmente percevejo. A palavra, no entanto, era usada de forma jocosa naquele contexto para referir-se aos distintivos fascistas, que tinham um formato achatado, lembrando o inseto. (N. R.)

vam em campo agora dois fascismos, dos quais o próprio Gramsci havia falado em um maravilhoso artigo de 1921, o dos combatentes, que eram a expressão das camadas agrárias e o dos políticos, representantes das classes médias urbanas: os intransigentes e os normalizadores.[11] E Mussolini, talvez até mais perto deste último, precisava dos primeiros, e terminou, depois de algumas semanas de incerteza, por escolher aquela rota, que era a de Farinacci, o qual não por acaso seria conduzido à secretaria do partido, em janeiro de 1925.[12]

No entanto, o clima das primeiras semanas após o delito* foi propício a uma maior liberdade, e Gramsci, em seus movimentos, poderia tirar proveito disso também: em compensação, era sempre um deputado no cargo. Durante a longa "crise Matteotti", por um lado, ele liderou a luta pela supremacia interna ao partido, em particular contra a ala bordiguiana – com a qual, de acordo com a reconstrução de Togliatti, 20 anos depois, já naquela época não se podia "excluir a perspectiva de uma ruptura" –,[13] em nome de um partido capaz de rejeitar a rigidez e sua abstração, o conceito de pureza e a ideologia política como um dogma. É verdade que o partido "não é um clube de amigos que se beijam a qualquer momento", mas, por outro lado, era necessário superar o clima de "desconfiança", "insinuações" e "difamações": impedir que o partido fosse "envenenado pelo espírito de facção", escreveu Gramsci em uma carta a um companheiro.[14] Enquanto isso, na conferência secreta realizada perto de Como, poucos dias após a chegada de Gramsci de Viena, em maio, prevaleceu ainda Bordiga, que à época tinha confrontos diretos com ele, que representava o "centro" do partido; mesmo a "direita" de Tasca recebeu maior apoio.[15] Mas Gramsci não desistiu. O partido, dividido, talvez já estivesse envenenado; e não parecia em condições de constituir uma barreira contra o fascismo que havia colocado às claras, mais uma vez, a própria natureza violenta e a vocação ditatorial de seu líder na ausência de instituições, começando com a monarquia, e no silêncio inerte da oposição. Ao contrário de Bordiga, que recusava qualquer contato para uma ação comum, Gramsci, demons-

---

* Referência à morte de Matteotti, a qual era comum referir-se como "delito Matteotti". (N. R.)

trando uma clara diversidade de opções e estratégias, trabalhou para levar as forças "aventinianas" a um papel ativo, transformando a secessão em ação; o Aventino,* em um verdadeiro e preciso "antiparlamento". O julgamento já severo que dava aos reformistas, ex-camaradas, seja os que ficaram no PSI, seja aqueles que passaram ao partido de Matteotti, tornou-se mais difícil, às vezes injusto, mesmo que, sem dúvida, os convites para a pacificação, para dar a outra face (Turati), para a covardia que podia ser um heroísmo (Matteotti), na análise gramsciana, tinham representado uma ajuda objetiva para os "camisas negras" – a cuja fúria devastadora e assassina não se soube opor mais que um debate exaustivo, diante do qual fulguravam as tentativas de resistência armada dos *Arditi del Popolo*, antes da Marcha sobre Roma e, depois, da greve geral e outras verdadeiras ações de luta.[16]

Mesmo que a boa-fé tivesse sido salva, a responsabilidade permanecia. Gramsci a teria reconhecido em um Matteotti agora morto, mas na violência exasperada da polêmica mesquinha parecia, em algum momento, até mesmo negar Turati:

> Se Filippo Turati [...] pôde ser confundido, por muito tempo, como socialista, isso aconteceu por causa da lentidão com a qual os partidos na Itália se desenvolveram. [...] O que é o socialismo de Turati e de seu partido hoje é claro para todos: é um liberalismo democrático que, como em outros países capitalistas, exerce a função de 'esquerda burguesa'.[17]

Esses homens, nos quais o proletariado confiava e acreditava que o guiavam,[18] foram incapazes de responder às necessidades específicas que a situação histórica tornou dramaticamente imprescindíveis. É certo que a situação política na qual Gramsci voltou à Itália, assumindo, de fato, uma dupla nomeação nacional – deputado e líder político da única força de oposição real ao fascismo, o Partido Comunista – era atribuladíssima e requeria cautela e coragem, astúcia e capacidade de mobilização. O otimismo que hoje pode parecer insensato, sobre a iminente queda do regime, era generalizado naquelas semanas: tão

---

* Referência à retirada da pole romana para o Monte Aventino, em 494 a.C. que exigia diretos de cidadania. (N. R.)

óbvia parecia a responsabilidade de Mussolini e da liderança fascista, confirmada pelas investigações e confissões de alguns hierarcas, era uma opinião comum que o rei Vittorio Emanuele III interviria e encerraria aquele lapso mussoliniano. Gramsci escreveu a um camarada italiano na Rússia: "o fascismo [...] foi liquidado como tal" e, no que diz respeito às preocupações do PCd'I: "Nosso partido é saudável; está vinculado a muitas deficiências, mas seu desenvolvimento é seguro: todos os dias temos provas disso".[19] De fato, o apelo à greve geral lançado pelos comunistas (27 de junho) teve meio milhão de adesões, um número bom, mas insuficiente, que todavia testemunhava que os proletários ainda seguiam, em grande parte, a liderança reformista. A greve não se sustentou, como Gramsci reconheceu alguns meses depois, admitindo que não havia chegado a derrubar o governo, já que "as massas ou não podiam se mover, ou estavam orientadas para soluções intermediárias, sob a influência dos democratas e social-democratas".[20] Não se pode ignorar, no entanto, que muitas vezes a posição dessas pessoas parecia ser prejudicialmente contrária às palavras de ordem e às propostas dos comunistas ("grandes palavras", Gramsci avalia, na reunião da oposição, "mas sem vontade de agir: um medo incrível nos tomou as mãos"),[21] mostrando novamente uma absoluta incapacidade de compreender o real perigo da situação geral, sobre a qual um isolado liberal, como Piero Gobetti, mantido sob pressão pelos fascistas, tentou atrair atenção.[22]

No entanto, Gramsci, no otimismo voluntarioso que como dirigente político era necessário expressar de algum modo, apreendeu a gravidade do momento, seja por suas potencialidades positivas, seja pelos riscos de resultados infelizes; escrevia sobre isso a seus companheiros e a Giulia, inquieto, acima de tudo, pelas "condições da inacreditável dispersão e desorganização em que se encontram as massas".[23] Prevalecia nele, todavia, ao menos momentaneamente, a convicção – talvez a esperança e o desejo de que as coisas fossem em uma certa direção, prevalecendo sobre a lucidez analítica – de que o fascismo estava prestes a entrar em colapso, mesmo que não parasse de denunciar "a impotência da oposição constitucional", que se ilude de que está "resolvendo a luta contra o fascismo no campo parlamentar, esquecendo que a natureza do governo fascista é a de uma ditadura armada".[24]

UMA SITUAÇÃO REVOLUCIONÁRIA OBJETIVA?

Naquele verão, de meados de junho ao início de julho, em Moscou, foi realizado o V Congresso da IC. Mais de 400 delegados representavam cerca de 40 partidos comunistas. O Congresso, não sem discussões bastante tensas, iniciou uma mudança radical de linha em relação ao passado, como se lê na resolução de 26 de junho. Paradoxalmente, como foi afirmado, com Zinoviev, que foi no Congresso a voz de Stalin, o movimento revolucionário após 1917 "não se desenvolveu com a velocidade que esperávamos" e se distinguia da Ásia, onde o movimento avançava, e um Ocidente no qual "a aristocracia operária estava integrada ao Estado burguês"; foi reiterado que "a situação objetiva permanecia revolucionária".[25] E a conclusão política foi, como resume uma estudiosa, que "depois de um ano e meio de fúria da reação, a Comintern saía fortalecido" e, alegando ser fiel aos III e IV Congressos, os unitários e frentistas, subvertiam-se as indicações políticas: a palavra de ordem "governo operário e camponês" (que Gramsci e o PCd'I tomaram para si) é reduzida a mera fórmula de agitação e propaganda, tende a excluir alianças e coalizões com forças "democrático-pacifistas", "socialistas burgueses" e assim por diante. Portanto, nenhuma conquista do poder por via parlamentar, como haviam tentado fazer os comunistas alemães entrando nos governos regionais, experiência que logo falhou, no outono de 1923. Reitera-se que a interpretação "correta" do "governo operário e camponês" não é outra senão a ditadura do proletariado, que obviamente exclui coalizões com qualquer força política democrática ou socialista. Não apenas: os comunistas devem levar adiante essa linha sozinhos e, além disso, deveriam levar em conta que agora a palavra de ordem seria "bolchevizar os partidos".[26]

Era uma linha que não poderia fazer nada além de gerar confusão nos partidos afiliados e dentro de seus grupos dirigentes. À luz dessas indicações se compreende melhor as incertezas de Gramsci quando, recém retornado à Itália e ingressado nos órgãos dirigentes do partido, se preparava para dar os últimos golpes na facção bordiguiana. Tudo isso em meio a uma gravíssima situação política, no verão e outono de 1924, com o mesmo Partido Comunista dividido entre aqueles que consideravam possível, agora, o impulso decisivo para derrubar Mussolini e aqueles que, em vez disso, pensavam ser necessário equipar-se para uma luta de longa duração. Escrevendo a Vincenzo Bianco, com quem teve uma relação pessoal mais estreita que com outros, Gramsci fez um exame objetivo da situação, não partilhando da ideia de um "choque armado" entre fascismo e oposição, dadas as relações de força desiguais, e insistia no papel do partido para "organizar e agitar as massas". E aqui chega a uma análise impiedosa:

> Não devemos nos iludir: 1: porque o partido, em seu complexo, ainda trabalha mal e se move muito preguiçosamente; 2: porque a situação ainda é claramente dominada pelos fascistas, do Exército e dos carabineiros [...]; 3: porque as massas estão terrivelmente divididas e acreditam que as oposições possam eliminar o fascismo sem uma luta sangrenta. Eles querem paz, tranquilidade e todas as perspectivas de um novo período de grandes lutas os assusta.[27]

Nesta fotografia das massas cansadas de conflitos é possível ver um esboço da análise do sucesso do fascismo, como um movimento que fez do fim dos conflitos o centro de propaganda que o levou ao governo; o observador crítico e apaixonado da Guerra Mundial, e seus efeitos na população, no nível antropológico.

Bianco também foi usado como "mensageiro dos vermelhos", ou seja, para levar dinheiro para Giulia para atender às necessidades decorrentes da maternidade. De fato, ela deu à luz a um bebê em 10 de agosto, após uma negociação de algumas semanas com respeito a nomes como Ninel (um anagrama de Lenin!) e Lev (ou seja, Leo); disputados com excelentes argumentos por seu pai, foi escolhido Delio, o nome de um tio de Antonio, morto prematuramente. Apesar da insistência, tanto de Antonio quanto de seu amigo, nessa circunstância, mas também em seguida, Giulia nunca quis aceitar nenhuma ajuda financeira, com a motivação de que o Estado soviético, o partido e sua própria família proviam suficientemente a ela e a criança. Por outro lado, como musicista e professora de música (mas registrada no Partido Comunista Russo, desde 1917), Giulia havia se tornado uma funcionária daquele

Estado, recrutada, em 1924, do NKVD (*Narodnyj Komissariat Vnutren-nikh Del*, Comissariado do Povo para Assuntos Internos), ou seja, os Serviços Secretos – que se tornaram, pouco depois, o principal instrumento de poder de Stalin, embora naquele cargo ela não tenha desempenhado tarefas políticas, mas de colaboração subordinada à atividade de secretariado. E alegar que Giulia havia sido contratada para seduzir o comunista italiano e mantê-lo sob controle faz parte das inúmeras bobagens que pululam na "biografia paralela" de Antonio Gramsci, feita de suposições e rumores a partir de suspeitas no máximo fundamentadas por indícios frágeis: em 1922, quando se conheceram, Giulia, como se recordou, tocava e ensinava música.[28]

RETORNO À ILHA

Entre a última semana de outubro e o primeiro de novembro, Antonio se concedeu um momento de descanso, uma breve viagem à Sardenha, onde abraçou sua mãe pela última vez.[29] Foi também uma ocasião política, o congresso regional do partido, em Cagliari, realizado de forma obviamente clandestina, em um lugar secreto, do qual ele pode participar antes de ir para Ghilarza: e foi o último retorno à aldeia que, acima de tudo, era "sua" ilha. Familiares e amigos mais íntimos vieram à estação mais próxima, onde parava e ainda para o trem Cagliari-Sassari: Abbasanta. Era seguido, e o foi durante toda a estadia na Sardenha, por dois agentes à paisana. Mas uma testemunha, um conterrâneo, conta que Nino estava conversando na calçada, com a porta do vagão aberto. E quando foi dado o apito de partida, voltou para o vagão e os dois policiais fizeram o mesmo. Mas assim que o trem se colocou lentamente em movimento, com um salto atlético, Nino pulou: foi tão rápido que os dois "cães de caça" nem perceberam.[30]

Em Ghilarza, Antonio tinha saudades de sua irmã Emma, falecida com apenas 31 anos, em 1920. Com os pais, permaneceu Carlo, 27 anos, que dirigia uma loja de sapatos, e Grazietta, a mais jovem dos irmãos e, com eles, a pequena Edmea, filha de Gennaro, que morava com amigos longe da família. Teresina se casou com o gerente dos Correios, que trabalhava e residia na vila. A chegada do conterrâneo "senhor deputado" representou um momento importante para a vida da pequena cidade, e a casa dos Gramsci se tornou o destino de uma incessante procissão de homenagens de todas as forças políticas. A Sardenha unia todos eles e os unia a Gramsci, ainda que comunista.

No caminho de volta, escrevendo para Giulia, agora mãe do pequeno Delio, enquanto lhe fazia um saboroso relato de sua visita à sua terra natal, onde parentes e amigos, e mesmo os conhecidos, incluindo oponentes políticos, foram parabenizá-lo por sua eleição para o Parlamento, se deixou levar, como em outras circunstâncias, a um ponto de desespero pessoal e político, tentando formular uma ideia do fascismo, "fase aguda da civilização burguesa em decomposição galopante, quando o proletariado ainda não tinha organização suficiente para tomar o poder" – mas, no fundo, também de grande parte de seus oponentes:

> Desmoralização, covardia, corrupção, criminalidade assumiram graus inéditos; rapazinhos e idiotas são encontrados para ser a expressão política da situação e eles choram ou enlouquecem sob o peso da responsabilidade histórica que de repente caem sobre seus ombros de amadores ambiciosos irresponsáveis; tragédia e farsa se alternam em cena sem nenhuma conexão; o distúrbio atinge graus que pareciam impossíveis para a fantasia mais louca.[31]

Nesse "furacão histórico", ele próprio confessou se sentir, embora apenas às vezes, "como um galho seco". Mas são momentos que superava, daquela vez, como as anteriores, e as sucessivas, pelo menos até um certo período, em nome do dever, moral e político.[32] Naquela carta havia, ao lado da repetição do desejo da relação com sua companheira, um sentimento de perda, não sendo capaz de entender qual existência Giulia conduzia, quão diferente havia se tornado graças a essa criatura. E ele acrescentou: "Não consigo me imaginar pai", e talvez isso dependia daquela sua incapacidade de "ver" Giulia como mãe.[33] O fato é que o relacionamento deles estava desmoronando, perdendo consistência, apesar daquele *bambino* que aparentemente os unia. Alguns dias antes, ele escreveu a ela:

> Gostaria de escrever para você por um longo tempo, sempre, mas isso me é impossível. Sobre o que eu poderia escrever para você? Minha vida é sem importância: todos os meus pensamentos e sen-

timentos estão relacionados a você, querida, e aqui passo entre as pessoas apenas percebendo o que me interessa, do aspecto político do panorama. Sobre o que poderia escrever? Deveria inventar histórias, mas, ao escrevê-las, perderiam todo o sabor. A verdade é que sem você sou um pouco ressecado, um pouco desorientado, não sei exatamente. Tudo isso passará, assim que nos encontrarmos novamente, assim que nos sentirmos unidos de novo.[34]

"O SEU É UM CONSENTIMENTO OBTIDO COM O BASTÃO"

Nesta fase, nas análises gramscianas se registra uma simplificação que deriva parcialmente da função – o dirigente do partido – mas, em parte, parece referir-se a um marxismo enrijecido pela adesão mais íntima à Comintern e ao bolchevismo soviético. É a ideia que se torna doutrina, a ideologia que assume um significado, um valor mais diretamente relacionado ao partido, mas a inteligência criativa do estudioso sempre surge, mesmo na *vis* polêmica da qual tem dado tão excelente prova em escritos jornalísticos. Por exemplo, na referência a Mussolini, à margem de uma análise da situação no verão de 1924, definido como "um fenômeno do folclore provinciano", está destinado a passar para a história não como os Cromwell, os Bolívar ou os Garibaldi, mas como uma daquelas máscaras características das províncias italianas".[35] Contudo, aquela máscara provincial conseguiu canalizar as oposições, colocar em xeque o soberano, ainda que com sua conivência, e relançar a ação esquadrista. O discurso de 3 de janeiro de 1925, com a subsequente nova onda de violência, sobretudo em todo o território nacional, contra os adversários, marcou a derrota definitiva destes e a vitória do tirano, com o discurso de que "a luta política e nossa própria história nacional entraram em uma nova fase" com o início do regime fascista.[36]

Um mês depois, na reunião do Comitê Central do PCd'I, Gramsci afirmou que o partido deveria colocar na ordem do dia a preparação da insurreição como "o único meio de expressar a vontade política das massas da qual são retiradas todas as outras formas de expressão".[37]

Gramsci realmente não acreditava que a insurreição fosse a única possibilidade restante, pois, em maio, deu-se a batalha na Câmara, para a qual o Partido Comunista havia retornado com todos os seus deputados, rejeitando o passivismo das oposições constitucionais que, por sua vez, haviam rejeitado a proposta gramsciana do antiparlamento. Em 16 de maio, Gramsci fez sua única e memorável intervenção parlamentar diante da barulhenta plateia da Câmara, interrompido reiteradamente pelos fascistas e pelo próprio Mussolini, que, também, segundo relatos, ouviu com a máxima atenção "o senhor deputado Gramsci", secretário-geral do único partido de oposição que permaneceu em campo, o comunista. Mesmo aquele deputado sem experiência, líder de um partido com pouca ou nenhuma experiência parlamentar, expôs a verdadeira finalidade do projeto de lei (Rocco-Mussolini) aparentemente dirigido contra sociedades secretas; mas que era, na realidade, ferramenta jurídica para adulterar o Estado liberal, inibindo as liberdades que, ainda que formalmente, eram concedidas pelo Estatuto Albertino – este, no entanto, permaneceu (simulacro inerte) em vigor durante toda a duração do Vintenio fascista. Estamos, em suma, nas "premissas legais e políticas da transformação do Estado recomendada por Alfredo Rocco",[38] desde os tempos de sua primeira militância na Associação Nacionalista.[39] Nessa intervenção, também na pergunta e resposta ao *duce* e a outros fascistas, Gramsci deu prova de ser capaz de resistir à pressão ambiental e não se deixar intimidar pelos gritos dos energúmenos em "camisas negras". No entanto, mesmo que sua dialética permanecesse imperturbável, as interrupções, de alguma forma, quebraram o fio da argumentação, como Gramsci confessou a Giulia.[40] O que não impediu que ele conseguisse combinar a reconstrução da história italiana – o papel da maçonaria na história nacional, o *Risorgimento*, a unificação às custas do Sul e em benefício do Norte – e a análise do fascismo, em seu progresso em direção à plena ditadura, dos quais a lei era um passo essencial. Alguns fragmentos são incisivos, como este: "O seu é um consentimento obtido com o bastão" ou, diante da afirmação de Mussolini, para quem o fascismo era a revolução, na declaração de Gramsci: "É revolução apenas aquela que é baseada em uma nova classe. O fascismo não se baseia em nenhuma classe que ainda não estava no poder [...]".[41]

Também pela coragem pessoal de seus militantes, por sua determinação e organização, com todos os limites frequentemente denunciados por Gramsci, o PCd'I sofreu, enquanto isso, por parte do fascismo, um tratamento particularmente duro e, muitas vezes, violento.[42] Gramsci se tornou o ícone da oposição mais forte e mais consistente ao regime, corajosa como aquela de um Gobetti, provida de uma estatura ética como a de um Giovanni Amendola,* mas sem concessões pelas costas, forte quanto a de um Rosselli e Salvemini, mas para se expressar no próprio país (enquanto eles já estavam no exílio ou no confinamento da polícia, embora no processo de escapar), tão intransigente quanto a de um Salvatorelli, mas sem indulgências em relação aos liberais e democratas, e sem falhas tardias. Precisamente Salvatorelli, que se tornou um estudioso desse período, consagrou como histórica a primazia dos comunistas na luta contra o fascismo, seja durante todos os anos do regime, seja 20 anos depois, no trágico biênio 1943-1945.[43]

---

* Líder antifascista do Partido Democrático. (N. R.)

A NORMALIZAÇÃO DO PARTIDO

O ENTRINCHEIRAMENTO DA MAIORIA BOLCHEVIQUE

A situação, partindo da discrepância entre ativismo comunista e imobilismo das outras forças de oposição, valeu para aprofundar a lacuna entre um e outro, com trocas de acusações que atingiram o clímax quando Luigi Repossi, operário, deputado do PCd'I sob mandato do partido, foi à Câmara, à sua reabertura, para reafirmar as razões da oposição ao governo, atraindo para si as ameaças dos fascistas (300 contra um!) e os insultos dos antifascistas.[1] A crise Matteotti foi, portanto, definitivamente superada, em uma espécie de *harakiri* do liberalismo, mesmo que a consequência mais grave tenha recaído, em primeiro lugar – mas não apenas – sobre os comunistas, com repetidas apreensões do *L'Unità*, a dissolução de clubes e seções e a prisão de militantes. E, no entanto, não cessava a guerra interna ao antifascismo, nem os conflitos internos da liderança do PCd'I (baseados também no atual retorno da guerra de modo cada vez mais dramático, na Rússia, dentro do PCR) que, no entanto, conseguia, apesar de tudo, fortalecer sua presença nas fábricas, consolidando a base social operária. Se Bordiga aderia às teses de Trotsky, a maioria do partido, agora próxima de Gramsci e Togliatti, se alinhava à maioria bolchevique dominada por Stalin. Gramsci conseguira maior compreensão retornando à Rússia: entre março e abril, participou, em Moscou, dos trabalhos do pleno do executivo da Comintern. As resoluções aprovadas eram agora não mais os pontos de um catecismo, de um ideário; eram mais dogmas indiscutíveis do que um programa a ser aplicado, adaptando-o a situações singulares, mais um catálogo de inimigos internos para combater que de "erros" para refutar dialeticamente. Foi retomada a teoria da frente única, reafirmando sua instrumentalidade como mero elemento de agitação e organização das massas (a palavra de ordem tinha se tornado, com efeito, "às massas"). E o marxismo foi codificado, em sua nova versão, já em voga, do marxismo-leninismo: o segundo não poderia ser considerado a tradução prática do primeiro, mas, ao contrário, foi a veracidade, o enriquecimento, e formou um corpo com ele. E quem o negava se colocava fora do álveo do comunismo.[2]

Em seu retorno, em 21 de abril de 1925, Gramsci encontrou a situação política profundamente deteriorada, com a prisão do próprio Togliatti (libertado após uma anistia, meses depois). O próprio Gramsci testemunhou a um executivo da IC, Jules Humbert-Droz, falando do estado de passividade das massas, consequência do endurecimento das medidas governamentais; mas, ao mesmo tempo, na bem conhecida dialética pessimismo/otimismo, ele os apoiou, à luz dos resultados favoráveis das eleições para a Comissão interna da Fiat, apesar da proibição imposta contra a candidatura da CGDL.[3] A dar-lhe razão, veio o Primeiro de Maio, com dezenas de milhares de trabalhadores liberados das oficinas, malgrado a festa tenha sido cancelada por Mussolini, que a havia substituído pelo improvável e falso "Natal de Roma" (21 de abril). Algumas semanas depois, na reunião do Comitê Central, Gramsci fez uma exposição que estabeleceu definitivamente sua estatura de um líder capaz de visões gerais, que se separam das disputas e as inserem nos grandes quadros históricos; mas a dissidência interna não cessava, e se estabeleceu, mais uma vez, a cisão.[4] Em junho, o partido iniciou uma tentativa de agregar a esquerda do Aventino em alguns pontos programáticos, que lembravam as antigas palavras de ordem (controle operário da indústria, terra aos camponeses, assembleia republicana), mas não foram seguidas pelos socialistas dos dois partidos, pelos republicanos e por outras forças da oposição. Mais uma vez, o Partido Comunista mostrou sua diversidade, atestada por uma linha de verdadeiro confronto, duro, contra o fascismo, permanecendo isolado.

TODA FAMÍLIA É INFELIZ À SUA MANEIRA

Na Rússia, naturalmente, Antonio conseguiu abraçar novamente Giulia e conhecer Delio, mostrando-se um pai muito mais capaz e carinhoso do que suas preocupações dos meses anteriores faziam crer. A outra filha Schucht, Tatiana, já morava na capital da Itália, e Antonio a havia conhecido em fevereiro. Era realmente ela quem defendia a hipótese de que Giulia, com seu filho, se mudasse para Itália – hipótese diante da qual Antonio havia expressado medo e perplexidade.[5] Mas quando isso aconteceu, foi um período totalmente feliz, dentro dos limites de uma situação difícil em ambos os planos, público e privado. De fato, esse foi o único período de vida familiar de Gramsci, embora tenha continuado a morar, por razões de segurança, na casa dos Passarge que, entretanto, havia mudado para a Via Giovanni Battista Morgagni (no número 25), permanecendo apenas algumas vezes, durante a noite, na via Trapani, onde as Schucht moravam. Chegou, mais tarde a Roma, também Apollon, que naquele momento e posteriormente foi sempre um avô afetuoso e atencioso também do segundo filho (Giuliano, nascido no ano seguinte) de sua filha e de Nino, em relação a quem, no entanto, a simpatia inicial do chefe da família Schucht era agora menor. Manifestava-se uma espécie de aliança tácita entre a cunhada Eugenia, cujos ciúmes a tornaram para sempre hostil a Antonio, e seu sogro, um homem geralmente ciumento com suas filhas e especialmente com a bela Giulia. Antonio era, ao contrário, bem-vindo pela sogra, Julija. Em uma carta, Apollon confidencia a ela sua preocupação com Giulia, provavelmente influenciado negativamente pelas cartas de Eugenia, muito duras com o cunhado, que foi acusado por ela "de todas as possíveis falhas".[6] Segundo seu pai, Antonio tinha, de fato,

> enganado nossa Giulia [...], ele a tornou viciada, a acostumou como uma alcoólatra àquilo que, para ela, não tinha nenhuma importância. Ele a transforma, estimulando-a ao que é necessário a ele

> e reprimindo o que o atrapalha. Ele não precisa dela como pessoa pública – de fato, ele sufoca esse aspecto – e, ao contrário, cultiva o que ela, em algum tempo, e já agora, guardará como um aspecto insignificante da existência humana, como uma parte marginal das relações entre duas pessoas que se amam. Ele também reprime o instinto materno, enquanto conserva e estimula apenas a esposa, segundo sua concepção.[7]

Em resumo, Antonio reduzia Giulia ao *status* de um objeto de sexualidade e não a levava em consideração como "uma revolucionária, companheira e membro do partido".[8] Além da gratuidade e do peso das acusações, não isentas de racismo, as últimas palavras parecem dignas de nota: elas nos ajudam a entender tanto a personalidade quanto a psicologia do *pater famílias* – o rígido Apollon –, quanto o que era o partido, que força evocativa tinha a revolução, e como ser comunista constituiria um traço antropológico, primeiro e mais que político. Apollon, como foi escrito, "governa o clã Schucht" com um tipo de "moralismo revolucionário", não estranho, todavia, à tradição "dos velhos aristocratas de Tolstoi, detentores de três mil almas".[9]

Giulia e Antonio passaram o Ano Novo juntos, e foi o segundo, depois daquele de 1922: dessa vez, o lugar foi a embaixada soviética, onde Giulia havia encontrado trabalho. Naquela noite, depois de muito tempo, ela pegou novamente o amado violino e tocou para a família, amigos, companheiros. Mesmo Tatiana, que ensinava Ciências Humanas no Instituto Crandon, estava com eles. Partiram para a Rússia em junho do ano seguinte, no qual estava prestes a terminar a liberdade de Antonio – liberdade que também parecia muito incerta, dia após dia, a ponto de cessar completamente, apesar do *status* de deputado do Reino. Como se sabe, isso realmente aconteceu.

O CONFRONTO COM BORDIGA

O clima político era cinzento e, com a tentativa fracassada do ex-deputado socialista-unitário (ou seja, membro do partido cujo líder fora Matteotti), Tito Zaniboni, começava a temporada, que durou um ano inteiro, dos ataques ao *duce*. Dizia-se que Zaniboni havia agido em parceria com o general Luigi Capello; entretanto, foi um excelente pretexto para desencadear uma nova cadeia de atos administrativos contra as organizações da oposição, mas também de ações esquadristas.[10] Os jornais não alinhados foram fechados ou obrigados à mudança de proprietário e, portanto, de direção: esse foi o destino imposto à *Stampa* e ao *Corriere*, com a saída de cena de Frassati e Salvatorelli, do primeiro, de Albertini do segundo. Foi fechada também a temerária, gobettiana, *Rivoluzione Liberale*; fechada a corajosa folha católica *Il Popollo*, de Giuseppe Donati, e outros jornais, de várias tendências, mas unidos nas críticas ao que estava se tornando agora um regime ditatorial. Resistiram, mesmo com apreensões contínuas e ameaças, os dois jornais históricos da esquerda, o antigo *Avanti!* E a recente *L'Unità*. No entanto, se envolveram em um absurdo jogo de polêmicas recíprocas, mas não por muito tempo. No plano social, foi muito sério o Pacto do Palazzo Vidoni, com o qual, em outubro, a Confederação de Indústrias concedeu aos sindicatos fascistas a exclusividade da representação dos trabalhadores. Era uma maneira de superar a resistência nas fábricas cujos trabalhadores, como até mesmo um estudioso insuspeito, Renzo De Felice, admite. Sem dúvida, a maioria deles era antifascista, especialmente nos centros industriais do Norte.[11]

Enquanto isso, uma miscelânea de medidas legislativas ou administrativas entre o outono de 1925 e o de 1926 desenhava a trama do Estado totalitário. À liderança comunista, que havia recuperado Togliatti, enquanto Bordiga havia se automarginalizado, viria a faltar um homem do valor de Terracini, por sua vez, preso (foi libertado seis meses depois, e seguiu o mesmo caminho que Gramsci, sendo preso, um ano depois, e condenado, mas sem o final trágico). No verão, houve uma ruptura definitiva com Bordiga após sua rejeição, ainda formalmente secretário do PCd'I, de ir a Moscou para compor o executivo ampliado da Comintern, citando, com intenção provocativa, a condição de saúde de sua esposa. Foi uma manobra para evitar o confronto com a IC, que agora estava contra ele e ao lado de Gramsci. Togliatti, em nome da maioria do partido, insistiu que fosse, mas Bordiga havia emitido uma declaração muito séria sobre o grupo dirigente, incluindo uma flechada direta pessoalmente para Gramsci, asseverando que, enquanto ele não ia por razões familiares, outros, ao contrário, propriamente por razões familiares se transferiam para a Rússia. Era uma evidente alusão à família de Gramsci que, em uma carta duríssima em nome do Comitê Executivo do PCd'I, respondeu com força toda insinuação e transmitiu uma lição de moral para quem ainda continuava chamando de "companheiro" e que cumprimentou com a fórmula canônica "saudações comunistas". Vale ressaltar, no entanto, que de qualquer maneira, apesar da dureza dos tons e na forma veemente de protesto contra as palavras de Bordiga, que agora tinha seu próprio partido dentro do partido, Gramsci o convidou a "sair do atoleiro em que mergulhou de cabeça e retornar à discussão política".[12]

Gramsci era agora formalmente o líder do partido, depois da eleição para secretário, sob pressão da Comintern – IC; de fato, porém, ele ainda era um secretário "pela metade". No entanto, no político se fazia aparecer o estudioso. Suas análises foram enriquecidas, desenhando quadros com fortes contrastes, em que surge, ao lado da classe operária setentrional, o camponês meridional, em uma relação que agora parecia ser de paridade, mas também de reciprocidade: à força de um corresponde a do outro e vice-versa; a tarefa dos comunistas era "soldar sua aliança revolucionária", declarou em uma sessão do Comitê Central.[13]

A análise da situação social e das orientações ideológicas dos camponeses do sul da Itália está no centro das reflexões do último Gramsci, antes da prisão. São estes, de fato, elementos decisivos de uma elaboração histórica e política, que Gramsci nunca abandonou, fazendo dela uma das pedras angulares de seu próprio pensamento. Ela encontrou, nas chamadas Teses de Lyon, "o verdadeiro documento de refundação" do Partido Comunista,[14] uma passagem decisiva em direção ao III Congresso, realizado na cidade francesa em janeiro de 1926 – para escapar dos controles da polícia italiana –, coração do debate que o precedeu, entre várias cidades e conferências preparatórias, e das quais o protagonista absoluto foi Gramsci. Foi um "congresso de luta contra Bordiga e o bordiguismo, e de verdadeira e própria refundação" do partido.[15] Gramsci assumiu uma linha dura em relação a toda tentativa de "fracionismo", imputada substancialmente a Bordiga, mantendo a necessidade também para as minorias internas de alinhar-se às diretrizes vigentes do partido e de adaptar-se às decisões da Comintern. As Teses de Lyon fazem parte da elaboração para o Congresso e são atribuídas a Gramsci, em colaboração com Togliatti: são uma tentativa de sistematizar a análise que um partido marxista, internacionalista, mas italiano, faz da história da Itália, da situação internacional e do fascismo, em particular. Isso representa, talvez, a parte mais interessante do documento, constituindo o ponto de chegada da experiência direta e da reflexão histórico-política sobre o movimento mussoliniano, quase um traço de união entre a produção de textos jornalísticos e partidários da primeira metade dos anos 1920 e a reflexão, como historiador e filósofo, mas sempre como militante, na primeira metade dos anos 1930, no cárcere. Mas esse texto representa também o auge do leninismo (definido como "o marxismo da era do capitalismo monopolista, das guerras imperialistas e da revolução proletária", de acordo com a fórmula estabelecida pela Comintern no V Congresso)[16] de Gramsci, a tentativa de uma de suas aplicações à questão histórica e política italiana.[17]

UM BALANÇO DO PARTIDO

No congresso fechado, o secretário do partido elaborou um rico relatório sobre o estado da arte, ou seja, sobre os cinco anos de vida do PCd'I: um relatório analítico, do ponto de vista político e sociológico, mas com um fundo histórico, sempre presente em Gramsci. Esse relatório foi escrito materialmente por um companheiro, Riccardo Ravagnan, editor do *L'Unità* (senador do PCd'I no pós-guerra), na casa de Passarge, na nova casa da Via Morgagni. Diz ele:

> Lembro que passei alguns dias com ele. Ele me ditou o relatório do modo que ele costumava, ou seja, andando ao redor da sala e seguindo seus pensamentos em voz alta enquanto eu reunia suas palavras o mais fielmente que me fosse possível. De vez em quando, ele parava, interrompendo o ditado e levando a proposta para uma conversa sobre um argumento referido pelo próprio ditado, pois era o seu costume. Em seguida, o trabalho era retomado. Finalmente li o relatório e ele aprovou.[18]

Nesse texto, Gramsci ainda se dedica à análise sociopolítica dos camponeses meridionais, e em geral do Meridione, com alusões de caráter geral, ou seja, em termos do confronto/conflito entre campo e cidade.

Gramsci recordava novamente a Guerra Mundial e o seu impacto nas classes rurais, nas massas camponesas, que "acordaram para sua própria vida e meticulosamente tentaram seu próprio enquadramento". Vários movimentos políticos têm representado esse processo, dos ex-combatentes no partido popular até o próprio movimento fascista, ao qual adere em massa a pequena burguesia do Sul. Era necessário impedir, em suma, que os camponeses seguissem esse caminho, era necessário removê-los definitivamente "da influência burguesa agrária". E isso é possível, para Gramsci, somente se o operário industrial, representado pelo Partido Comunista e apenas por ele, assumir a tarefa de organizador das massas camponesas no Sul. É necessário envolver-se em "intenso trabalho de propaganda". É necessário, em última análise, impedir a burguesia, "derrotada na sua região, de concentrar-se no Sul para fazer dessa parte da Itália a praça de armas da contrarrevolução".[19] Naturalmente, em geral, houve um grave erro de avaliação: que a burguesia estivesse derrotada no Norte era uma afirmação totalmente privada de comprovação, que fazia prevalecer um otimismo ideológico, do líder do partido, na análise sociopolítica. Aquele Gramsci, afinal, está quase completamente bolchevizado (ainda que deva ser enfatizado o "quase"), e sua capacidade de leitura dos fenômenos sociais é obscurecida pelas lentes do "marxismo-leninismo", ao qual, faz expressa referência no texto, com afirmações pragmáticas. Todo o documento justapõe elementos de análise e reflexos de ideologia e está totalmente colocado no álveo não somente ideológico, mas também cultural e lexical da Terceira Internacional, e de uma fase na qual a bolchevização em etapas forçadas está distorcendo o organismo e, mesmo quando as palavras de ordem não mudam, como a da "Frente Única", seu significado muda radicalmente. Começa com a comparação entre social-democracia e fascismo, com a consequente proibição aos partidos comunistas de alianças com outras forças não comunistas. O elemento russo assume substancialmente a liderança da Comintern, que é afetada pela luta interna ao PCR.[20] Com relação a tudo isso, Gramsci, até o outono de 1926, embora com algumas referências duvidosas na correspondência, principalmente com amigos íntimos – mais que com os companheiros de partido –, não expressa nenhuma reserva substancial e parece alinhado.

Retornando ao documento de balanço dos primeiros cinco anos de vida do PCd'I, Gramsci reivindicava como inevitável a divisão de Livorno, ainda que no geral de um modo *soft*, e falava de "um novo curso no partido", que deveria se tornar organismo de massa, não uma seita que exclui, mas um grande organismo que inclui, obrigado, no entanto, a uma férrea disciplina interna e uma organização fechada. O grupo de comando do partido não é a direção, nem o secretariado, nem o "líder", mas o Comitê Central, ao qual deve subordinar-se todo o organismo: "A autoridade do Comitê Central, entre um congresso e outro, nunca deve ser questionada, e a partido deve se tornar um bloco homogêneo".[21] Os congressos são as conferências democráticas, nas quais tudo pode e deve ser rediscutido, da linha à liderança – mas, uma vez aprovada, essa linha deve permanecer em vigor até a nomeação do próximo congresso. Gramsci é constrangido, poderíamos dizer, a essa dureza, pela necessidade de impedir que novas e potencialmente divisionistas tendências apareçam, como aquelas implementadas em 1925 por Bordiga. E, no entanto, não faltavam reflexos de originalidade e elementos de diferenciação, nos quais, ao lado do líder político de um partido sob ataque do exterior e sujeito à corrosão interna, emerge o analista inteligente, observador pontual, anatomista da sociedade e da política.

De qualquer forma, o III Congresso do Partido constituiu o triunfo pessoal e político de Gramsci, que se tornou então "líder da classe operária", como o definiu Togliatti em 1927.[22] Ele não queria conquistar muito, queria salvaguardar a unidade do partido e, portanto, conseguiu convencer Bordiga a entrar no Comitê Central para representar sua corrente.[23] Essa vitória também foi como seu canto do cisne político – como foi o caso de grande parte da liderança que, ao retornar à Itália, no arco de alguns meses, foi presa, enviada para confinamento no cárcere ou forçada ao exílio até o colapso de Mussolini.

Nessa situação cada vez mais preocupante, Gramsci se apegava ao amor de Giulia, e as cartas que lhe escreve são outras tantas declarações, ou solicitações, ou protestos, ou lamentações. Um amor sofrido trivialmente, pode-se dizer. Um amor no qual a ausência pesa, ausência dela, que de sua parte não expressa uma necessidade semelhante e constante da proximidade física do outro, consciente de sua própria fragilidade corporal, embora contrabalançada por uma força moral excepcional. No entanto, no relacionamento com Giulia, se apresentam fissuras nessa couraça moral – ansiedades, incertezas, medos: "Tenho pensado que as doenças estão me demolindo e que você está longe, e talvez permanecerá longe enquanto eu me aproximo da decrepitude".[24] Embora o amor por ela agora fosse enriquecido por Delio, o menino tornou-se fonte de novas preocupações, principalmente na situação muito peculiar em que os pais estavam. Ele, deputado comunista em um momento histórico em que estava se estabelecendo um regime violento e tirânico – e os comunistas eram as vítimas designadas; ela, cidadã do primeiro Estado comunista, estrangeira, residente na Rússia – com base em um raciocínio inusitado, o "Conselho de Família" decidiu que ela, juntamente com Delio, retornariam a Moscou. Foram primeiro ao Alto Adige, a Trafoi: Giulia, Delio e Eugenia, sempre presente. No final de agosto, Giulia, agora grávida de oito meses de seu segundo filho, encaminhou-se para a Rússia, enquanto Antonio, acompanhado por Tatiana, juntou-se, por alguns dias, a Delio e Eugenia. Foram dias de despreocupação, nos quais, pela última vez, ele poderia ser pai. E escreveu a Giulia, enriquecendo a história com observações pedagógicas:

> Penso que sua estadia em Trafoi, em um ótimo cenário de montanhas e geleiras, deixará vestígios em sua memória muito profundos. Nós jogamos. Eu construí alguns brinquedos: acendemos fogueiras no campo; não havia lagartos e, portanto, eu não pude ensiná-lo [sic] a capturá-los. Parece-me que agora ele está começando uma fase muito importante, aquela que deixa memórias mais tenazes, porque durante seu desenvolvimento se conquista o grande e terrível mundo.

Mas aqui ressurgem a decepção, o descontentamento, e o papai-marido se torna "um pouco melancólico": "Você e Delka (ou seja, o pequeno Delio) estão longe. Permaneço um pouco desatento. Espero notícias que me liguem ainda mais a você e a Delka. Eu gostaria de lhe sentir próxima e abraçá-la com toda força a mim".[25] Certamente, os eventos políticos importam muito para determinar uma imagem de crescente preocupação nele: os da Internacional, os do partido, os italianos.

A "QUESTÃO MERIDIONAL"

Antes da prisão, no entanto, Gramsci encontrou tempo para apresentar seu único ensaio orgânico, há muito julgado inacabado e interrompido precisamente pela prisão – mas hoje sabemos que chegou à sua conclusão: trata-se daquelas páginas, extraordinárias pela capacidade de síntese, pela lucidez da análise, sobre a "questão meridional", que inevitavelmente foram lidas como uma espécie de legado e, mais uma vez, como antecipação de muitos dos tópicos abordados, mais tarde, nos *Cadernos*. De fato, o escrito vai muito além dos limites de um texto de uso político imediato, atingindo o limiar da análise histórica de largo fôlego e longo prazo; um texto que "concerne ao caráter e à forma do Estado nacional".[26] Referindo-se a ele em uma carta à cunhada no ano seguinte, o autor descreveu o seguinte: "Rapidíssimo e superficialíssimo meu escrito sobre a Itália meridional" e, acrescentava, nos dando uma chave de leitura "sobre a importância de B. Croce".[27] Retomando a análise dos últimos meses, Gramsci atribuiu nova dignidade aos camponeses, fazendo alcançar a virada decisiva ao meridionalismo, mas aquele "progressista" – não mais uma classe passiva à espera da ajuda dos operários do Norte, ou da "fórmula mágica" da divisão das terras, mas a força motriz de uma revolução espontânea, profunda, com o mesmo papel dos proletários da fábrica setentrional.[28] Ao mesmo tempo, naquelas páginas escassas, Gramsci chama a atenção com uma perspectiva completamente nova sobre o papel dos intelectuais (e talvez essa seja a novidade mais importante, especialmente em uma análise da situação do Sul),[29] em particular dos grandes intelectuais do Sul, de Croce a Giustino Fortunato – para quem ele inventa uma definição destinada a fazer história, "os reacionários mais aplicados da península" –,[30] como elo entre o poder econômico e a massa popular, especificamente a rural: em outras palavras, como construtores de consenso. Eles foram também canais de comunicação com empresas culturais e algumas das figuras intelectuais mais relevantes e mais originais no resto da Itália; de muitas iniciativas, precisamente Croce e o Fortunato foram "supremos moderadores políticos e intelectuais".[31] A análise gramsciana é articulada entre elementos da Sociologia e de História, seja no que diz respeito à classe intelectual, seja, em geral, no

Sul, que ele resume com uma fórmula feliz: "uma grande desintegração social". Finalmente, esse breve escrito, objetivamente "articulado", abre visões da concepção política, que evidentemente Gramsci estava amadurecendo, sobre as possibilidades da revolução naquela fase histórica e em seu possível caráter. A reflexão foi política, mas, como sempre, havia um substrato histórico, com referência à experiência vivida em primeira pessoa como protagonista da ocupação das fábricas de setembro de 1920, que terminou com uma derrota que não o surpreendeu. Repensando nas razões dessa derrota, de acordo com uma modalidade que se tornaria fundante das reflexões carcerárias, ele observou:

> Nenhuma ação de massa é possível sem que a própria massa esteja convencida das finalidades que quer alcançar e dos métodos a serem aplicados. O proletariado, para ser capaz de governar como classe, deve se despojar de qualquer resíduo corporativo, de todo preconceito ou incrustação sindicalista.

O que significava não apenas superar as distinções entre categorias, mas também e sobretudo que a classe operária deveria ter "conquistado a confiança e o consentimento dos camponeses e de algumas categorias semiproletárias da cidade, superar alguns preconceitos e vencer certo egoísmo". Sobretudo trabalhadores metalúrgicos, da construção, têxteis etc.

> devem pensar como operários membros de uma classe que tende a dirigir os camponeses e os intelectuais, de uma classe que pode vencer e construir o socialismo se for ajudada e seguida pela grande maioria desses estratos sociais.[32]

O caminho para a reflexão do cárcere, sobre a "guerra de posição" como caminho para o socialismo, visando construir a hegemonia e tornar a classe dirigente antes que dominante, estava aberto. Os tópicos que vinculam tantas páginas juvenis, publicadas ou deixadas inéditas (como sinaliza com o termo "questão meridional"), para as páginas dos *Cadernos* e folhas de *Cartas*, na prisão e em clínicas, mostra-nos um caminho do pensamento gramsciano em continuidade, mas que se torna cada vez mais correto, modificado, ajustado, com base na leitura dos eventos de seu tempo, mas também condicionado pela situação pessoal física e mental.

A RUPTURA COM TOGLIATTI

Naquele mesmo outono, no entanto, bem às vésperas da prisão, verificou-se uma ruptura repentina com o dirigente que nos últimos anos esteve mais próximo, Palmiro Togliatti, na sequência da carta que Gramsci, em nome do *Bureau Político* do PCd'I, dirigiu ao Comitê Central do Partido Russo e que confiou ao antigo companheiro, fiel desde os tempos de Turim, como representante do PCd'I junto à Comintern. A correspondência entre Togliatti e Gramsci que se seguiu a esse episódio foi objeto de considerável interesse historiográfico e jornalístico, mas também de controvérsias e especulações póstumas, que ainda hoje continuam, na maioria das vezes em torno da drástica contraposição de Togliatti a Gramsci. O confronto entre os dois líderes e, por meio deles, entre o partido italiano e o russo, se desdobrou em várias fases, que não devem ser reduzidas à única, famosa e peremptória carta de resposta de Gramsci de 26 de outubro, quando Togliatti encerrou a história resolvendo não a entregar.

Em suma, eis a intrincada história. Tendo em vista a XV Conferência do PCR, prevista para novembro de 1926, o *Bureau Político* italiano decidiu intervir por meio de uma reflexão sobre as chamadas "questões russas", isto é, o perigo da divisão dentro do partido russo, do qual Togliatti havia informado aos italianos há bastante tempo, preocupado, mas sobre as quais ainda não haviam expressado opiniões. Então, o *Bureau Político*, na pessoa de Gramsci, considerava que a continuidade do processo revolucionário, que a Comintern visava, se fundasse na unidade do núcleo leninista do PCR e de sua demonstração proativa de construção de um partido revolucionário, portanto, na restauração da linha leninista do PCR; os italianos manifestavam um distanciamento da estratégia do "socialismo em um só país", a partir da convicção de que a sobrevivência do socialismo dependia do papel de orientação do PCR e da URSS, pois lá acontecera a revolução. Em suma, era uma questão de colocar em debate a posição do PCR, onde havia ocorrido a ascensão de Stalin. Togliatti, de acordo com Bukharin, então aliado de Stalin contra a esquerda interna, depois de pedir permissão – pressionando-o – ao *Bureau Político* italiano, não entregou a carta, aguardando um enviado da Internacional à Itália para aprofundar a questão (Humbert-Droz), o que suscitou a dura reação de Gramsci. Este, na carta datada de 14 de outubro e assinada *"Bureau Político* do PCd'I"*, demonstrava a preocupação com a situação de conflito dentro do PCR e, embora atribuindo – talvez por manobra tática – a maior responsabilidade a Trotsky, Zinoviev e Kamenev, recomendava à maioria, ou seja, a Stalin, não desejar "uma vitória arrasadora" e não utilizar "medidas extremas", valorizando a unidade interna e internacional e lembrando que não existem apenas partidos, mas existem, em primeiro lugar, as massas – a quem se presta contas do que se faz. Togliatti, de fato, recusou-se a entregar a carta e fez chegar a Gramsci seus contra--argumentos, sustentando que a carta pareceria um apoio às oposições internas ao partido russo, o que, na sua opinião, era inaceitável, dado os grandes resultados alcançados por aquele partido e por aquele próprio país, sob a liderança da maioria.[33]

Especificamente, foi ao pedido de Togliatti ao *Bureau Político para* para não encaminhar a carta que seguiu fases alternadas e controversas, que é útil analisar historiograficamente e não a partir de polêmicas jornalísticas para entender mais a fundo as raízes do enfrentamento entre os dois dirigentes. Em geral, a resposta de Togliatti, ainda que caracterizada por tons ásperos, não era um documento de ruptura, mas dela certamente emergia uma diversidade irreparável de visões entre Gramsci e Togliatti nos princípios e na estratégia de desenvolvimento do movimento socialista internacional. Em 16 de outubro, Togliatti teve o cuidado de informar uma figura igualmente representativa no *Bureau Político*, Mauro Scoccimarro, por meio de um telegrama, o conteúdo da carta recém-recebida de Gramsci. Nesse documento, Togliatti expressou sua opinião sobre a "inoportuna" entrega da mensagem, que havia recebido e de fazer o jogo do "bloco da oposição", com a consequente ameaça à unidade do partido russo, que, no entanto, estava salvaguardada. Dois dias depois, em 18 de outubro, Togliatti enviou uma carta oficial em resposta ao *Bureau Político*, na qual procurou explicar os motivos da não entrega da carta; convidou os camaradas italianos a se documentarem melhor, se quisessem sustentar tal posição, e os colocava a par de já ter divulgado ao Secretariado da Comintern (Humbert-Droz, Bukharin, Manuilski), e considerando, por essa mesma razão, seu propósito "já alcançado". Ou seja, Togliatti informou ao *Bureau Político* sobre as reservas italianas perante o Comitê Central do PCR, a quem era dirigida a carta de Gramsci, com uma intenção extremamente diferente de uma mera crítica ao partido russo, na perspectiva de divulgar as preocupações à Comintern em vista da XV Conferência. Em 21 de outubro, Manuilski, após o "aviso" recebido de Togliatti, teria escrito, por sua vez, a Gramsci, convidando-o a pedir pessoalmente informações detalhadas e evidências da capitulação da oposição para conduzir a uma conclusão diplomática o conflito com o PCd'I.

No mesmo dia em que escrevia oficialmente ao *Bureau Político*, em 18 de outubro, Togliatti também enviou uma carta pessoal a Gramsci, na qual emerge explicitamente o desapontamento com a autoridade do homem de ponta do partido italiano em Moscou. Ambas as cartas foram dirigidas a Gramsci e, conjuntamente, ao *Bureau Político* do PCd'I, mas diferia a forma com a qual Togliatti as havia escrito: ocorrera, de fato, um salto de qualidade em sua carreira política dentro da IC, onde, por ocasião do V Congresso, foi eleito para o executivo em nível pessoal, e não para representar seu partido nacional. Portanto, no caso da primeira carta, Togliatti respondeu como representante do PCd'I na Comintern, mas, na segunda, como um dirigente dela, que não admitia se retratar do trabalho cumprido.[34]

Em 26 de outubro, o *Bureau Político* do PCd'I respondeu a Togliatti, não mais por meio de Gramsci, mas de Camilla Ravera, aceitando a decisão de não encaminhar a carta ao Comitê Central do PCR. No mesmo dia, chegou finalmente a réplica gramsciana, dura em substância, fria na forma. Gramsci afirmava que, diferentemente da opinião de Togliatti, a questão era – na época pós-1917 – não a tomada de poder, mas sim o desafio de construir o socialismo, isto é, o imenso esforço de dar ao proletariado a convicção de que essa tarefa era necessária e possível: convicção "que não pode ser inculcada nas grandes massas com métodos de pedagogia escolástica, mas apenas pedagogia revolucionária, isto é, apenas pelo fato de que o PR [Partido Russo], em sua complexidade, é persuadido e luta unitariamente".[35] Foi a confirmação dessa mudança de perspectiva, aqui já indicada, que Gramsci havia implementado há muito tempo: o trabalho urgente a ser feito agora era voltado a estabilizar e construir o poder de Estado.

Essa correspondência, trocada entre tensões diplomáticas e pessoais, representou um *tournant* fundamental nas relações entre Gramsci e Togliatti, entre duas leituras da ação e da teoria política, mas também entre Gramsci e a direção stalinista-bukhariana do partido russo após o falecimento de Lenin. O distanciamento do *Bureau Político* da ação gramsciana marcaria o início de uma profunda e progressiva separação da direção do PCd'I de seu secretário, um isolamento que afetou bastante as condições objetivas e a percepção da solidão que Gramsci viveu no cárcere. Não apenas isso, mas a controvérsia de outubro de 1926 constituiu o fundamento para as reflexões do novo programa de pesquisa gramsciano, que se concretizou na elaboração dos *Cadernos*, no dia seguinte à "virada". Muitos, começando com Paolo Spriano, queriam ver na ação de Togliatti uma iniciativa pessoal e arbitrária, e essa é a imagem mais difundida que surgiu a partir dessa história. Foi fácil responder, da parte de outros tantos, que Togliatti tomou o pulso de uma situação, colocando-se em campo, que a Gramsci escapava. E que, de qualquer maneira, o próprio Gramsci se declarava a favor da maioria, isto é, aderia de fato à linha imposta por Stalin. Há também quem tenha afirmado que sustentar que ele colocava apenas uma questão de método, ou mesmo de boas maneiras entre os companheiros, seria redutivo a ponto de ser enganoso.[36] A Gramsci era muito caro, tanto para o partido italiano quanto para o partido russo "irmão", o problema da unidade: não lhe escapava que uma ruptura interna causaria satisfação aos inimigos, a "burguesia internacional", com efeitos devastadores para o movimento proletário, com fortes repercussões nas massas camponesas e operárias que, à Rússia e ao partido de Lenin, olham com fé absoluta. "Os danos de um erro cometido pelo partido unido são facilmente superáveis; os danos de uma cisão ou condição prolongada de divisão latente podem ser irreparáveis e mortais". Note-se a advertência sincera dirigida à maioria stalinista, com um tom de grande dramaticidade, contido na primeira carta:

> Vocês estão hoje destruindo o que construíram, estão se degradando e correm o risco de anular a função dirigente que o PC da URSS

havia conquistado graças ao impulso de Lenin. Parece-nos que a paixão violenta das questões russas está fazendo com que vocês percam de vista os aspectos internacionais das próprias questões russas, está fazendo com que esqueçam que os seus deveres de militantes russos só podem e devem ser cumpridos apenas no quadro dos interesses do proletariado internacional.[37]

Notamos também a censura introduzida por Gramsci, implicitamente, mas com clareza, entre Lenin e o pós-Lenin, ou seja, Stalin. As sugestões são importantes, ainda que mais implícitas que explícitas, a confirmar a censura, sobre o tema da hegemonia e da ditadura – de onde emerge, precisamente, a dualidade coerção/consenso, a necessidade do proletariado superar todo o egoísmo de classe, a dimensão corporativa, e a prontidão, se quiser se tornar hegemônico além de dominante, para sacrificar "tais interesses imediatos em nome dos interesses gerais e permanentes da classe".[38] Não há dúvida de que, em última análise, na troca de cartas entre os dois companheiros emerge, talvez não de repente, uma concepção de ação política diferente e também uma diversa leitura de cenários internacionais; e, finalmente, é diversa a percepção do papel dos "camaradas russos".[39]

Por outro lado, ler essa controvérsia como um confronto epocal entre democracia e totalitarismo ou, personalizando, entre o vilão Togliatti (dogmática e fanaticamente stalinista) e o Gramsci "bom" (herege e portador de uma concepção humanista ou mesmo liberal), seria outra entrada forçada, boa para páginas de jornais em busca de fofocas, inaceitáveis na historiografia. Realmente, há duas considerações a fazer, tendo como premissa a diferença ontológica da maneira de sentir a política por parte dos dois camaradas, um deles, Gramsci, com sólidos fundamentos éticos: o primeiro deles é a busca da verdade; o outro, com uma absoluta prioridade em perseguir os objetivos. A consideração abrange, por um lado, a riqueza do debate dentro do Partido Comunista, até o fim de suas forças, um debate que precedeu e acompanhou sua existência, muitas vezes alcançando ápices de extrema dureza. De fato, se a decisão de escrever a carta foi de Gramsci, mesmo que em acordo com o *Bureau Político*, foi, ao contrário, toda a responsabilidade do *Bureau Político* – e de modo algum somente de Togliatti, que executou sua decisão após a carta de Ravera, ainda que tenha sido a partir de sua própria solicitação – de não a entregar aos camaradas russos. A segunda consideração diz respeito à paixão educativa que anima Antonio Gramsci: afinal, ele poderia ter ficado calado, mas sua obsessão pela verdade e sua necessidade fortíssima de "educar" – mesmo no caso de adultos e de adultos "autoritários" – o impediu, nessas circunstâncias, de se calar.[40] Também é verdade que as cartas de outubro de 1926 marcaram formalmente a ruptura entre Gramsci e Togliatti, mas, por outro lado, é ainda mais verdade que o cordão entre os dois nunca se rompeu, mesmo que fossem outros que segurassem suas extremidades. Nascia agora a "questão Gramsci-Togliatti", que teria uma série de acréscimos nos anos seguintes, com suspeitas, insinuações, dúvidas, medos – alimentando-se de outras cartas, de artigos, de conversas entre terceiros, pressões externas vindas de várias direções.[41] Veremos. Por fim, mesmo nos "avisos" aos camaradas russos, Gramsci faz vibrar, ao lado da paixão educativa, a tensão unitária. O medo da ruptura no seio do "partido-guia" o angustia, assim como aquela no próprio partido. E, de qualquer maneira, parece definir-se no cenário, embora de maneira suave, mas clara, o princípio de que o socialismo não pode ser alcançado por meio da burocracia – muito menos, obviamente, por meios diretamente coercitivos.

A prisão de Gramsci, que ocorreria duas semanas depois, impediu a continuação do debate, de alguma forma estabelecendo e hipostasiando a relação entre Gramsci e Togliatti em termos de contraste radical, que, mais tarde, se tornaria um lugar comum no jornalismo, mais do que na historiografia.[42] Mas, acima de tudo, a prisão, que pôs fim à carreira política de Gramsci, impediu sua linha de se afirmar ou, pelo menos, se envolver abertamente com outras opções políticas. Isso foi um resultado sério do ponto de vista das consequências históricas.

QUARTA PARTE:
DE ROMA PARA TURI (1926-1928)

A PRISÃO

ESPECULAÇÕES POLÍTICAS E HISTORIOGRÁFICAS

> Infelizmente, sofremos os maiores danos no centro. E é gravíssimo. [...] O mais grave é a prisão de Antonio, que é a única coisa que realmente atingiu, e fortemente, o partido: os camaradas, em geral, quase nos censuram por não ter sabido salvá-lo, uma vez que isso era absolutamente necessário. Sentimos que fizemos o que era possível.[1]

Quem escreveu este texto, próximo à prisão de Antonio Gramsci, ocorrida na noite de 8 de novembro de 1926, em Roma, foi Camilla Ravera, militante comunista de primeira hora, que fazia parte do grupo fundador do partido em 1921 e era uma dirigente autodisciplinadíssima, que seria presa, por sua vez, quatro anos depois. É possível encontrar quem enxergue nas incertezas, nos erros, na confusão da direção do partido, uma resolução deliberada para fazer Gramsci cair na rede fascista, ou algo semelhante. Seriam as contradições daqueles que forneceram justificativas – seja imediatamente após o fato, seja depois de anos ou até mesmo de décadas – a suscitar suspeitas em alguns intérpretes que, no entanto, não encontram confirmação documental. Alguns dirigentes, para cumprir suas responsabilidades, não encontraram nada melhor que culpar Gramsci, intolerante com a disciplina do partido no que dizia respeito à sua própria segurança.[2] Havia um plano de expatriação para a Suíça, mas ocorria que, inclusive Gramsci, num primeiro momento, resistiu: viveu e lutou na Itália, naqueles momentos difíceis. Ravera teve que escrever no relatório entregue para Togliatti – então em Moscou – que Antonio argumentava que encontrar abrigo no exterior era um fato de tal gravidade que precisava ser justificado "de maneira absoluta", até "diante dos operários", reiterando que "os líderes precisavam, até que não fosse impossível, ficar na Itália".[3] Havia, no seio da direção, antes de tudo, uma superestimação da capacidade do partido de proteger seu líder e, em geral, da eficiência da estrutura organizacional. Em segundo lugar, é evidente que o perigo do momento político estava sendo subestimado, assim como do desenho ditatorial de Mussolini; enfim, e isso pode surpreendê-lo acima de tudo, uma confiança ingênua nas garantias do Estado liberal, começando com a imunidade que o Estatuto[*] garantia aos parlamentares. Situação paradoxal, ter que se apoiar em instituições que tantas vezes tinha criticado no passado e que, por outro lado, os fascistas tinham, desde sua entrada em cena, em 1921, de várias formas, deslegitimado, sem contar o famigerado discurso do próprio *duce* em primeiro de novembro de 1922.

Nesse intrincado emaranhado, junto da suspeita de uma decisão dos camaradas contra ele, suspeita desprovida de qualquer fundamento, é completamente enganosa uma segunda tese, mesmo que alguém a tenha avançado imediatamente, como o camarada Giovanni Grilli que, em um testemunho confuso, disse: "Mais de um companheiro pensou que ele se deixou prender de propósito, para servir, de qualquer modo, à causa do proletariado".[4] Gramsci viola as normas elementares da segurança, deixando-se prender para dar um exemplo: um tipo de martírio voluntário, que deveria valer mais que a ação política. Teses negadas não apenas pela sua própria vida, mas a partir de numerosas passagens das cartas, nas quais se afirma precisamente o oposto. A ética do sacrifício, ele afirmava repetidamente, não lhe pertencia. Giuseppe Fiori escreveu

---

[*] Estatuto Albertino, ou seja, a Constituição do Estado italiano. (N. R.)

bem: "A retórica, inclusive a retórica do sacrifício, era uma armadilha sentimental na qual não lhe agradaria cair".[5] Talvez, mais que lamentar, teria sido intolerável. No entanto, sempre alegou a partir de então, mesmo em momentos de falhas psicológicas, por um lado, a coerência de suas ações, e por outro, a legalidade e dignidade dos esforços para sobreviver, sem ceder, mas aproveitando todo o espaço que leis, regras e regulamentos admitiam. Pouco convincente e pouco elegante, para ser gentil, parece a transferência da responsabilidade da prisão à "teimosia" de Gramsci, como fez, por exemplo, Secondino Tranquilli, também conhecido como Ignazio Silone, à época alto dirigente do PCd'I, membro do *Bureau Político* e já há muito tempo contratado pelos serviços policiais, antes mesmo do fascismo. Igualmente infundado o testemunho, neste mesmo sentido, de Ruggero Grieco, de que o próprio Gramsci era "culpado" da prisão, mesmo que Grieco não carregasse suspeitas de dupla negociação, como alguns estudiosos acreditavam.[6] Outra testemunha, mais indireta, porém de confiança, Gustavo Trombetti, um companheiro comunista que compartilhou com Gramsci uma parte da prisão em Turim, durante um ano e meio, contou o que o próprio Gramsci pensava da questão, um testemunho dado várias vezes e substancialmente próximo ao de Tatiana: Gramsci chegou a Milão em um trem vindo de Roma, com o propósito "também" de deixar o país. Em Milão, ele foi recebido por uma companheira, Ester Capponi, que havia sugerido que retornasse imediatamente à capital, porque acabava de ocorrer um atentado ao *duce*, em 31 de outubro, em Bolonha, que levou ao linchamento imediato do jovem Anteo Zamboni (uma história que ficou obscura, sobre a qual pesavam fortes suspeitas de uma encenação fascista); estava em curso uma caçada humana contra os antifascistas, especialmente os comunistas. Um comissário de polícia, servindo na Estação Central de Milão, tendo reconhecido "o honorável deputado", que estava em diálogo com Capponi, se aproximou para aconselhar o retorno imediato a Roma, onde ele estaria seguro, ou pelo menos mais do que em Milão; no entanto, as razões para esta sugestão são desconhecidas. A versão dos "conselhos" recebidos por Gramsci para que voltasse a Roma, é, aliás, corroborada por várias testemunhas (incluindo aquela, indireta, de Togliatti), enquanto outros camaradas (Grieco) falaram sobre um Gramsci atrasado, a respeito de um compromisso com aqueles que o esperavam em Milão para pegar o trem; havia também aqueles (Ravera) que negaram que Gramsci tenha descido do trem.[7]

Em suma, uma reconstrução absolutamente certa, em todos os detalhes da questão parece, até hoje, quase impossível. No entanto, é possível afirmar com segurança que a queda de Gramsci nas malhas da rede fascista se deveu a uma série de "negligências deploráveis",[8] mas, pelos documentos, é muito difícil sustentar a hipótese de uma vontade perversa de algum único companheiro para fazê-lo cair e, menos ainda, uma espécie de "conspiração" *ad hoc*. Seria possível concordar com quem observou que, "em um partido no qual a 'crítica e autocrítica' dos erros cometidos é contínua e ocorrem rebaixamentos ou promoções com extrema facilidade devido a comportamentos, falhas etc., pela prisão de Gramsci, no entanto, ninguém pagou".[9] Mas essa observação também negligencia um fato: a inexperiência da luta clandestina de Gramsci e o desejo de decidir, seja como for, pela própria cabeça, negligenciando a gravidade da situação. No fundo, até o fim da liberdade foi uma prova muito amarga de que ele, assim como outros líderes comunistas (e não apenas), tinha ilusões sobre o fascismo.[10]

Entre as muitas e frequentemente contraditórias reconstruções da prisão, a mais completa e, dentro de certos limites, a mais confiável, mesmo que não inteiramente, é a da cunhada Tatiana, em uma longa carta aos membros da família. A partir daí, cruzada com outras fontes, sabemos que Gramsci deveria ter participado de uma reunião clandestina do partido em Valpolcevera, no interior genovês – reunião para a qual estava prevista, e depois confirmada, a presença do enviado, Humbert-Droz, para discutir precisamente as relações que se tornaram difíceis entre o Partido Comunista Italiano e a Comintern, a partir da troca de cartas entre Gramsci e Togliatti em outubro. Mas também se trabalhava para a expatriação para a Suíça (a passagem pela fronteira foi organizada para os dias 10 e 11 de novembro)[11] e, simultaneamente, podemos considerar confiável a notícia de várias fontes que o próprio Gramsci esperava ir para a Rússia, embora menos confiável seja a hipótese de que ele estava prestes a procurar asilo na sede da embaixada soviética em Roma que, de acordo com certas reconstruções, estaria, na época, dirigida por um executivo de prestígio como Kamenev que, em vez disso, chegou a Roma apenas no início de 1927.

A história de Antonio Gramsci, prisioneiro de Mussolini, ocorreria toda dentro desse binário, delimitado, por um lado, pela salvaguardada dignidade de um destino livremente escolhido, ou seja, a coerência de Gramsci, de outro, por reivindicar o direito de usar todas as formas de resistir, desde que não fosse lesivo à dignidade e não afetasse a coerência.

A INVESTIGAÇÃO

A detenção teve como base uma disposição da magistratura de Bolonha, de setembro, após a prisão de dois militantes do PCd'I (Giacomo Stefanini e Bonaventura Gidoni), dos quais foram confiscados materiais de propaganda dirigidos a vários líderes partidários, incluindo, de fato, Gramsci, que foi denunciado por crimes relacionados à "subversão de instituições estatais com violência". Era essa, então, formalmente a acusação pela qual ele foi preso, ainda que *contra legem*, uma vez que, como deputado em cargo, estava protegido pela imunidade parlamentar, assim como outros deputados comunistas. Em 6 de dezembro de 1926, a situação, se é que isso era possível, se agravou, porque após a adoção de "leis especiais", o órgão competente se tornou o Tribunal Especial para a Defesa do Estado. A fase de instrução se encerrou em julho de 1927, período no qual foram emitidos, em nome de Antonio Gramsci, três mandados de captura, enquanto os réus cresceram em número, superando os 50. O primeiro mandado, em 14 de janeiro de 1927, com base no artigo 134 n. 2 e em relação ao artigo 118 n. 3 do Código Penal, previa a prisão

> por ter, como membro do partido comunista, com má propaganda contra as instituições e o quadro do exército, com uma organização oculta, financiada também pelo exterior, combinado e estabelecido com outras pessoas para cometer atos direcionados a alterar violentamente a constituição do Estado e a forma de governo, em Milão, Bolonha, Roma e outros lugares, em agosto de 1926 e anteriormente [...].

Em relação ao artigo 120 do Código Penal, por "ter, nas mesmas circunstâncias e com os meios indicados acima, estabelecido e acordado com terceiros para cometer atos destinados a armar os habitantes do Reino contra os poderes do Estado" e, para o artigo 247 do Código Penal, "ter na referida circunstância, com a distribuição de folhetos à imprensa e manuscritos, incitado o ódio entre as várias classes sociais em modo perigoso para a tranquilidade pública".

Em 9 de fevereiro, o juiz investigador Enrico Macis escreveu à Direção de Segurança Pública, atribuindo todas as responsabilidades penais aos líderes do Partido Comunista, para em seguida, emitir um segundo mandado sob ordem de Gaetano Tei: os artigos 134 e 247 foram substituídos pelo artigo 251 do Código Penal,

> porque entre o último período de fevereiro de 1926 e o primeiro período do setembro seguinte, em Milão e em outros lugares, levou parte de uma associação direta a cometer, entre outras coisas, os delitos previstos no art. 247, contemplados no art. 251 do Código Penal.

Finalmente, a dupla Macis-Tei forneceu um terceiro mandado, em 20 de maio de 1927: artigo 252 do Código Penal, "por ter cometido fatos [...] destinados a despertar a guerra civil e trazer devastação, saques e massacre no Reino". Este terceiro mandado agravava pesadamente a condição jurídica do acusado, e foi a base das sentenças finais.[12]

Em 20 de fevereiro de 1928, foi protocolada a sentença de reenvio a julgamento; os réus passaram a conhecer não apenas as imputações, mas também as "provas" que, em substância, eram materiais impressos (de jornais a folhetos), além de informações policiais. Tratava-se de elementos legais ridiculamente frágeis, que os réus, antes de sair da sala, diretamente ou por meio de seus advogados, tentaram desmontar. E Gramsci foi particularmente combativo nessa direção, defendendo-se efetivamente, sozinho ou em colaboração remota com Umberto Terracini – o companheiro-advogado capaz de enfrentar os juízes – como depois faria admiravelmente no processo, particularmente em relação a um folheto apreendido pela polícia sobre o assunto da guerra civil, divulgado pelo PCd'I que, como foi indicado por Gramsci, não passou de uma proposta de um texto que saiu na revista *Política* (ápice do nacional fascismo), traduzido, por sua vez, de um texto em francês. De qualquer forma, ele complementava:

Quanto a mim, pessoalmente, há uma impressão, uma edição do *Boletim do Partido Comunista* publicado no início de 1926, na qual, na segunda parte, está resumido – como você sabe, para dizer a verdade – meu discurso à Comissão Política do Congresso de Lyon, na qual eu, em nome do Comitê Central nascente e como uma diretiva que deveria ser aprovada pelo Congresso (como foi), afirmava peremptoriamente que na Itália não havia tal situação, que o trabalho a fazer era de 'organização política' e não tentativas insurrecionais. Esse *Boletim* não foi contestado no processo.[13]

Por mais incontestáveis que fossem, os contra-argumentos de Gramsci e de seus corréus não foram aceitos. Então foram julgados, como membros do Comitê Central do PCd'I, Grieco, Gramsci, Terracini, Scoccimarro, Ravera, Ravazzoli, Togliatti, Gnudi, Roveda, Germanetto, Azzario, Maffi e Molinelli.[14]

Portanto, preso às 22h30 de 8 de novembro de 1926, em frente à entrada da Rua Morgagni, 25, residência dos Passarge, o deputado Gramsci foi levado ao cárcere "Regina Coeli", onde chegou alguns minutos depois. Nesse punhado de minutos, foi decretado o fim, ou quase, da atividade política de um militante apaixonado e corajoso, ainda que lhe tenha aberto o caminho para o trabalho de um gigante de pensamento político, mas não somente. Na verdade, a prisão ocorreu após a chuva de eventos ao longo do dia, começando com a publicação pelo diário romano, órgão do fascismo extremista, *Il Tevere*, de uma lista que incluía os nomes dos deputados do Aventino que teriam sido declarados depostos sob o pretexto de ausência ao trabalho parlamentar. Tal lista não incluía os comunistas que, depois de uma primeira adesão ao Aventino, retornaram em setembro à Câmara para combater o governo e a maioria fascista. De acordo com uma tese difundida, Gramsci foi tranquilizado por essa lista, convencido de que, no dia seguinte, ele e seus colegas de partido poderiam participar da sessão da Câmara. Mas, à noite, Mussolini convocou dois "eminentes" camaradas, Augusto Turati e Roberto Farinacci, comunicando-lhes que, por vontade expressa do rei, os comunistas haviam sido incluídos na lista. No dia seguinte, foi aprovado, portanto, o decreto de cassação de todos os representantes das forças da oposição. Gramsci, no entanto, foi preso quando ainda era parlamentar, em plena função do cargo, incluindo as garantias jurídicas. Em suma, uma dupla ilegalidade pôs fim à sua liberdade. O dia 8 de novembro de 1926 foi um golpe duríssimo também para Giulia, uma mulher fragilizada pela doença nervosa que já havia lhe atingido, e que mais tarde foi diagnosticada como epilepsia. Antonio tinha sido sua fortaleza até então. A partir desse momento, ela estava sozinha.[15] E isso apesar das imediatas palavras tranquilizadoras de Antonio e de seus pedidos para ser forte, para enfrentar a situação com sua própria força. Depois de vários dias, no dia 20, conseguiu escrever a ela: "Estou certo de que você será forte e corajosa, como sempre foi. E deverá sê-lo ainda mais do que no passado, para que os meninos cresçam bem e sejam inteiramente dignos de você". Na mesma data, enviou uma carta para a mãe, as duas únicas destinatárias nesse dia. Para a senhora Peppina, Gramsci dirigiu palavras que encontraremos dois anos depois, em 10 de maio de 1928, em uma carta, hoje famosa, que endereçou novamente à mãe ao retornar ao Regina Coeli, vindo de San Vittore, para participar, como réu prisioneiro, no processo que o relegaria à prisão praticamente pela vida toda. Escrevia, assim, para sua mãe:

> Estou tranquilo e sereno. Moralmente estava preparado para tudo. Tentarei superar até mesmo fisicamente as dificuldades que me esperam e permanecer equilibrado. Você conhece meu temperamento e sabe que nele existe uma ponta de alegre humorismo bem no fundo: isso me ajudará a viver.

Depois, ele convidou, por meio dela, toda a família na Sardenha a não ter vergonha dele: "devem ser superiores à moralidade tacanha e mesquinha das cidadezinhas".[16]

Nas prisões romanas, Gramsci permaneceu até o amanhecer de 25 de novembro: foi "o pior período da detenção", escreveu ele próprio em uma das primeiras cartas, endereçadas à sua cunhada Tania, quando já estava vivendo uma situação diferente, infelizmente de curta duração. Estava, de fato, em Ustica, para onde foi designado pelo Tribunal Especial para Defesa do Estado, em 18 de novembro. Partiu para a ilha ao amanhecer do dia 25, após 16 dias de permanência no Regina Coeli. A carta a Tania, de 19 de dezembro, longa e meticulosa na descrição da vida do cárcere, é um documento precioso que nos faz sentir profundamente a intenção opressiva, o espírito de humilhação com o qual o fascismo voltou-se contra Antonio

Gramsci, um homem a se dobrar, evidentemente, nos projetos do regime, o que só conseguiu no plano físico. O relato é impiedoso, uma radiografia de 16 dias no Regina Coeli, em isolamento, "disciplina muito rigorosa". As celas eram terríveis. A primeira, "bastante clara durante o dia e iluminada à noite", com uma cama "muito suja", os lençóis "já usados", nos quais "os mais diferentes insetos formigavam". Era-lhe negado qualquer pedaço de papel impresso que pudesse constituir uma leitura, até mesmo a *Gazzetta dello Sport*! Ao lado da fome de papel, a fome de alimentos: mesmo que a sopa estivesse "boa o suficiente". Então, uma mudança de cela, "mais obscura de dia e de noite sem iluminação", mas "desinfetada", com um leito com roupas de cama limpas. E, sobretudo, com a possibilidade de fazer compras "na cantina do cárcere": velas, gêneros alimentícios, jornais e revistas ilustradas. Por fim, a mudança para uma cela melhor, a pagamento, mas com a obrigação do prisioneiro de "*vittarse* (termo carcerário) por si mesmo", ou seja, prover sua manutenção. A cela paga implicava a passagem do colchão de crina de cavalo ao colchão de lã. O mobiliário consistia em "uma pia com uma tigela e um jarro e uma cadeira". E luz elétrica, mas sem um interruptor, motivo pelo qual "toda noite me virei para proteger meus olhos da luz". As jornadas eram estabelecidas pelo horário da prisão, que depois se tornaria horário da própria existência de Gramsci até o fim. Acordar às sete, café da manhã às nove, que se seguia com horário varável a hora da caminhada, "com a proibição de conversar e cumprimentar alguém", vigiado pela guarda entre muros altíssimos que o impediam de lançar o olhar para os espaços livres, exceto o céu. Ao meio-dia, almoço; às três, a primeira revista à cela, com o teste das grades da porta, repetida às dez horas da noite e às três da manhã, com a consequente impossibilidade de o detento de voltar a dormir, mas com a obrigação de permanecer na cama das 19h30 até o amanhecer. E assim por diante, até que ele foi avisado, sem qualquer explicação, que a comissão responsável pelo confinamento havia estabelecido cinco anos em uma colônia. Falou-se inicialmente da Somália; depois, na véspera de sua partida, foi anunciado que o destino era uma ilha italiana; somente em uma das estações do calvário, que foi a transferência de Roma, ele soube oficialmente que se tratava da ilha de Ustica.

QUARENTA E QUATRO DIAS

DE REGINA COELI PARA USTICA

Antonio contou sobre a viagem a Tatiana em um tom quase diverti-do. Foi uma epopeia não privada de aspectos interessantes e, de qualquer forma, tanto na viagem de trem quanto na de navio, ele pôde ficar perto de camaradas que executavam o mesmo trajeto, todos ligados por longas correntes. Mais do que uma jornada, na realidade, era uma espécie de tráfico de escravos: imaginar Antonio Gramsci, um dirigente político de nível internacional, um jornalista, um deputado no Parlamento, maltra-tado de estação em estação, precisamente como em uma *via crucis*, com pulsos presos por algemas, e amarrado a correntes, é difícil, mas instru-tivo sobre a natureza do regime de Mussolini. De Roma a Nápoles, de Nápoles a Palermo, de Palermo finalmente a Ustica. A viagem de navio foi particularmente dolorosa, adiada por vários dias por causa das difíceis condições do mar. Aqui está seu relato a Tatiana:

> Imagine: despertar às quatro da manhã, formalidades para a en-trega de dinheiro e diversos pertences em depósito, algemas e cor-rentes, camburão até o porto, ida ao barco para alcançar o vapor, subida da escada para chegar ao bordo, subida de uma escada para chegar à ponte, descida de outra escada para chegar ao compar-timento de terceira classe; tudo isso com os pulsos algemados e

presos a uma corrente com outros três. Às sete, o pequeno navio parte, viaja por uma hora, dançando e saracoteando como um golfinho, e depois recua, porque o capitão reconhece a impossibilidade de continuar a travessia. Repete-se, ao contrário, a série de escadinhas etc., retorna-se ao cárcere, passa-se por nova revista e retorna-se à cela; mas já é meio-dia, não houve tempo de preparar o almoço; até às cinco não se come e, de manhã, não se havia comido. Tudo isso quatro vezes com intervalo de um dia.[1]

A continuação da carta é uma obra-prima da Literatura, com uma base socioantropológica de extraordinária riqueza, que mais uma vez revela a capacidade de observador de Gramsci, que, em poucos dias de permanência na ilha, soube fazer uma análise detalhada, penetrante, do mundo dos "detentos" – ou seja, "os criminosos comuns, que sofreram múltiplas condenações", submetidos a "um regime muito restritivo". Gramsci os observa, conversa com alguns deles; violando o regulamento, adquire informações e escreve sobre elas. É o método ele usava quando compunha seus artigos em Turim: coleta de dados, reelaboração, construção de hipóteses interpretativas a partir dos dados, das informações e não do próprio eu interior. Bem, além da descrição cuidadosa de tipos humanos e da tipologia de indivíduos, classificados pelas áreas regionais, ele observa, acima de tudo, a brutalização comum de uma humanidade degradada, agravada pelas condições impostas nos regulamentos do confinamento: a exiguidade da *"mazzetta"* (ou seja, o subsídio governamental para a manutenção de confinados), desnutrição, alcoolismo, jogo que produz endividamento e a queda em uma espécie de "círculo infernal". "Tudo aquilo que sobrevive de elementar no homem moderno volta à tona irresistivelmente: essas moléculas pulverizadas se agrupam segundo princípios que correspondem ao que ainda existe de essencial nos estratos populares mais recônditos."[2] Ele ficou muito impressionado com o mundo desses desgraçados, reduzidos a condições de "brutalização física e moral": "Para beber, eles vendiam até a camisa: muitos venderam sapatos e jaqueta" e se submetiam aos agiotas, pagando juros exorbitantes que os privam de boa parte da *"mazzetta* governamental".[3]

No entanto, é impressionante, mesmo na descrição dos momentos mais desconfortáveis e das situações mais difíceis, o esforço de destacar os elementos positivos, mais "interessantes", termo que Gramsci costumava usar, demonstrando o fato de que, apesar de ser um deles, ou seja, um entre tantos confinados, ao mesmo tempo os observa, os estuda, nunca com atitude submissa, mas sempre o oposto, com espírito de humana solidariedade. E se preocupa em tranquilizar sua correspondente, como fez com os outros parentes, agora e no futuro, mesmo na constante deterioração da própria condição física e psicológica. A sopa em Regina Coeli "era muito boa"; na prisão de Palermo, por exemplo, "tivemos um quarto muito limpo e arejado, com uma bela vista do monte Pellegrino"; a população de Ustica é composta por sicilianos, "muito gentis e hospitaleiros"; seu amigo, Piero Sraffa, abriu para ele uma conta ilimitada em uma livraria de Milão (Sperling & Kupfer).[4] E confessava à cunhada, sempre para acalmá-la, de ter-se "amplamente beneficiado"; de fato, Sraffa "ainda acrescentou novos livros e novas revistas na lista que enviei". E lhe escreve, "insistindo para que eu também peça ajuda financeira e receba roupas e alimentos". De resto, "ele é rico e não terá vergonha de me ajudar", e sua oferta "não é puramente de cortesia e acadêmica".[5] E, de fato, além dos livros, Gramsci pede ao amigo, agora, "um pouco de sabão para o banheiro e para a barba, alguns medicamentos de uso comum que podem sempre ser necessários", começando, é claro, pela aspirina; e aqui, recordando a experiência do período de guerra, quando a propaganda "patriótica" convidava a desistir da marca alemã e preferir "produtos nacionais", embora de qualidade muito mais baixa,[6] especificava: Bayer, porque "aqui a aspirina faz os cães respirarem". A ele, como a Tatiana, pedia sobretudo para que lhe escrevessem: "A correspondência é a coisa mais bem-vinda em minha situação".[7]

E chegava a afirmar, com otimismo bastante excessivo: "Posso olhar para o futuro com serenidade suficiente".[8] A única aflição de Antonio, que, de resto, nunca teve dificuldade nem hesitação em confessar: Giulia e os filhos. O medo de que eles pudessem sofrer, seja a falta de um cônjuge e pai, seja privações materiais, na Rússia, onde a vida era tudo menos fácil no gigantesco esforço de construir o "primeiro Estado socialista da história", como foi repetido naqueles anos. Ainda nessa carta, Gramsci se deixava levar por uma crença sombria: "Sentia chegar esta tempestade, de modo indistinto e instintivo e, por isso mais tormentoso".[9]

A ESCOLA NA ILHA

No entanto, os 44 dias de Ustica foram um período, em certo sentido, prazeroso, mesmo com as restrições econômicas e as dificuldades práticas. A condição de quase liberdade, a possibilidade de fazer longas caminhadas, o mar, o clima ameno, a afabilidade das pessoas, a oportunidade de retomar a leitura e o estudo, uma intensa atividade pedagógica e organizativa: todos os elementos dos quais Gramsci avaliou bem a importância e até enfatizava na correspondência. Além disso, ele estava entre companheiros de luta, frequentemente também de partido: por uma ironia estranha do destino, Bordiga, o querido "inimigo" Amadeo, seu primeiro adversário à liderança no partido, ficou com ele na mesma residência, por livre escolha. Compartilharam aqueles dias entre leituras, discussões, cigarros, café. Com ele, especialmente, Gramsci organizou uma verdadeira "escola", seja de cursos, seja de cultura elementar ou geral, acrescentando também conferências: para Bordiga, a direção da "seção científica", para Gramsci, a "histórico-literária". Escreveu a Piero Sraffa, explicando as razões da escolha de alguns textos que ele encomendara da livraria milanesa, nessa conta aberta pelo rico e generoso amigo, que agora morava em Cambridge:

> Esperamos, assim, passar o tempo sem nos embrutecermos e sendo úteis para os outros amigos, que representam toda a gama de partidos e de preparação cultural. [...] Há três ou quatro analfabetos ou quase; o restante tem uma preparação variada, mas com média geral muito baixa. Mas todos estão contentes por ter a escola, que é frequentada com grande assiduidade e aplicação.[10]

Ainda a Sraffa, poucos dias depois, forneceu alguns elementos informativos a mais sobre a escola, explicando que eles se preocuparam em "combinar a necessidade de uma seriação escolar com o fato de que os alunos, embora às vezes semianalfabetos, são intelectualmente desenvolvidos" – ele mesmo participando, por exemplo, de um curso de alemão. Especificava que os cursos eram acompanhados também por funcionários e habitantes da ilha, insistindo na importância de "evitarmos os perigos do desânimo, que são imensos".[11]

Com Bordiga, ele também compartilhou – estranhamente, considerando a constituição muito diferente dos dois – a perfeita adaptação ao local, ao ar, à comida. Todos os outros confinados – os políticos, não os "forçados", que conduziam uma existência à parte – tiveram consequências mais ou menos sérias no físico, enquanto Amadeo e Antonio estavam se dando bem, de acordo com as cartas deste último, quase todas dirigidas a Tatiana, algumas a Piero Sraffa, muito poucas a Giulia: por vergonha, como confessou a Tatiana, quase como se sentisse um desconforto, se não também culpa por estar na condição de condenado ao confinamento. E tinha a irmã como intermediária para a troca de notícias.

Além dessa frutífera atividade educacional, se empenhou na organização de um refeitório comum para todos os políticos, também para reduzir as despesas de cada um deles, mantidos com um auxílio do governo que, embora superior ao dos "forçados", era absolutamente insuficiente e todos tiveram que recorrer à ajuda de casa. Mas Gramsci pensou, acima de tudo, já nessas poucas semanas, em organizar um plano de trabalho, e aqui o apoio do amigo Piero foi fundamental, mesmo que os livros chegassem irregularmente, com atraso, com o tempo necessário para as remessas; o próprio navio era frequentemente parado pelo mar agitado e, às vezes, atrasava uma semana inteira. Outros livros lhe chegavam de casa: de fato, sua primeira carta, na verdade não entregue, retida pela censura, foi endereçada à dona da casa, Clara Passarge, na qual ele demandava justamente os volumes deixados em seu quarto, não sem pedir desculpas "pela perturbação", ou seja, por ter sido preso. Os livros que solicitava – numerosos e variados –, mais que alimento para o espírito, eram instrumentos de trabalho, mas lamentava não poder dedicar-se "a um estudo determinado e sistemático".[12] Esse foi o compromisso que Gramsci se submeteu ao longo dos anos, desde que tivesse força e capacidade de concentração suficientes. Mesmo que a maior preocupação fosse, como em Viena e em Ustica, Giulia, e as relações atormentadoras com a família dela. Digna de particular interesse é a lista de livros, parte de sua biblioteca na casa dos Passarge, que enviou a Tania no final do ano: livros sobre ação católica, seis volumes dos *Anais da Itália*, contendo uma história dos últimos 30 anos, um ensaio sobre Maquiavel (do estudioso nacionalista, e depois fascista, Francesco Ercole) e três fascículos da revista *Política*, dirigida por Alfredo Rocco e Francesco Coppola, contendo artigos do próprio Ercole, um dos quais em duas partes, sobre as origens da cidade-Estado. E acrescentava: "Em geral, você deve selecionar entre meus livros, que não são muitos, todos os volumes de história e mandá-los sistematicamente".[13] Esses são elementos que capturam alguns dados importantes, que teriam acompanhado Gramsci até o fim: a paixão pela pesquisa e análise, a predileção pela história, o interesse por Maquiavel, cultivado sem preconceitos ideológicos.

O período em Ustica foi, no entanto, o último com aspectos positivos, ou pelo menos aceitáveis, após a prisão de 8 de novembro. Foi uma estadia curta, mas rica sob muitos pontos de vista para ele, em meio àquela humanidade de origens e procedências diversas, entre os "políticos" e os "comuns", uma distinção que ele conheceria melhor na longa experiência subsequente de Turim. E nesse mês e meio, Gramsci, Bordiga e os outros presos políticos trouxeram para a ilha "uma mudança radical", que, escreveu a Sraffa, "deixará largos traços". Alguém diria naquele tempo, que, graças à chegada de um punhado de homens (que cresceu rapidamente chegando a 60 pessoas), todos com experiências de vida, de trabalho (nos mais diversos campos), de luta e muitas vezes até mesmo intelectual, aquele lugar abandonado por Deus e pelos homens vislumbrou uma civilização superior, ou simplesmente uma civilização. Implantou-se a luz elétrica, reparou-se o relógio do campanário, parado desde tempos imemoriais, começou-se a estudar a construção de um cais na enseada do navio de Palermo. Os depoimentos dos habitantes, reunidos muitas décadas depois, confirmam o fato. Relata uma senhora que teria conhecido muitos dos "políticos", que eram "grandes senhores", "pessoas cultas", e que trouxeram, portanto, "um pouco de civilização, um pouco de limpeza". E outro nativo fala de Gramsci: "Era uma pessoa [...] mais única que rara". E explica que ele, Gramsci, era "muito inteligente",

> realizou conferências públicas, abertas a todos, havia [...] não só [...] um grupo de carabineiros e fascistas; [...] agora havia também agentes de segurança pública, [...] a força pública, [...] estavam todos lá, de plantão, mas ninguém nunca o incomodou, [...] como eu posso dizer?... [...] Com sinal para terminar.[14]

PARA SAN VITTORE

Em 14 de janeiro de 1927, o confinado recebeu um mandado de prisão emitido por um magistrado, o juiz investigador do Tribunal Militar de Milão, ao qual já se referia Macis, um sardo, que também teria estudado no mesmo liceu Dettori de Cagliari, onde Antonio havia se formado. Macis fez uma rápida e bastante misteriosa carreira em instituições fascistas, salvo por ser conhecido pela astúcia inquestionável (e uma incrível frivolidade, por outro lado), méritos antifascistas, após 1945.[15] Em 20 de janeiro, Gramsci escreveu para Tatiana:

> Neste momento, recebo a ordem de transferência para Milão. A transferência é ordinária, ou seja, devo parar, em trânsito, nas prisões de Palermo, Nápoles, Roma etc. se eu não conseguir que me concedam a transferência extraordinária, mais rápida e menos atribulada. [...] Acredito que se trate de um procedimento judicial acerca de uma destas acusações de sempre, que levam a uma absolvição mais ou menos rápida.[16]

As coisas seriam muito diferentes, na verdade. O desejo de não incomodar os parentes levou Gramsci a mentir, talvez primeiro para si mesmo; mas jogava também com o medo de que a correspondência fosse bloqueada ou censurada, como de fato acontecia não raramente. Foi, nessa jornada, uma experiência terrível: a "transferência" – em algemas e correntes, com carabineiros perenemente nos calcanhares – foi longuíssima (19 dias), às vezes dramática, e se tornou mais séria pelas condições físicas de quem agora era réu, com mudanças contínuas de itinerário, inconveniências muito fortes, com etapas em seis prisões diferentes e, onde não havia, em dois quartéis carabineiros: "As duas noites mais brutas que passei, talvez em toda a minha vida", escreveu a Tania, e acrescentou, recorrendo à sua reserva excepcional de otimismo:

> Em geral, a viagem foi para mim como uma longuíssima fita de cinema: conheci e vi uma infinidade de tipos, dos mais vulgares e repugnantes aos mais curiosos e ricos em características interessantes. Entendi como é difícil compreender, a partir de sinais exteriores, a verdadeira natureza dos homens.[17]

Na mesma carta, novamente para acalmar Tatiana, a preciosa interlocutora a partir daquele momento, e fazê-la se "animar", pintava, como um grande escritor e interessado observador, imagens memoráveis dos personagens encontrados nessas três semanas de "transferência"; tipos humanos de cada gênero, criminosos comuns e opositores ao fascismo, uma humanidade multifacetada, riquíssimo mostruário para a caneta de Gramsci, que descreve homens, mas também se atenta a situações e condições logísticas com uma extraordinária felicidade narrativa: dos muitos personagens interessantes que ele encontrou, provavelmente o mais pitoresco, na verdade "cinematográfico", é aquele que se escolheu chamar "Único" – um "formidável tipo de anarquista ultraindividualista [...] que se recusa a confiar em qualquer um, mas especialmente na polícia e nas autoridades em geral, em suas generalidades: 'Sou o Único e chega', era a sua resposta". Este se encontrou com Gramsci:

> Na multidão que esperava, o 'Único' reconheceu entre os criminosos comuns (mafiosos) outro tipo, siciliano (o 'Único' deve ser siciliano ou algo assim), preso por vários motivos, políticos e comuns, e passou às apresentações. E me apresentou: o outro me olhou por longo tempo, depois perguntou: 'Gramsci, Antonio?' 'Sim, Antonio!', respondi. 'Não pode ser' – replicou – 'porque Antonio Gramsci deve ser um gigante e não um homem tão pequeno'. Não disse mais nada, enfiou-se num canto, sentou-se em cima de um traste qualquer e, como Mario nas ruínas de Cartago, ficou a meditar sobre as próprias ilusões perdidas.

Um encontro semelhante se deu com o chefe da escolta,

> um sargento gigantesco que, ao fazer a chamada, se deteve em meu nome e me perguntou se era parente do 'famoso deputado Gramsci'. Respondi que tal homem era eu mesmo, e me observou com um olhar cheio de compaixão e murmurando algo incompreensível. Num certo momento, o sargento soltou o verbo. Era um tipo extraordinariamente interessante e bizarro, cheio de 'necessidades metafísicas', como diria Schopenhauer, mas que conseguia satisfazê-las do modo mais excêntrico e confuso que se possa imaginar. Disse que sempre havia imaginado minha pessoa como 'ciclópica' e que estava muito desiludido com esse ponto de vista. [...] Num certo ponto, começou a chamar de 'professor'. Diverti-me à beça, como pode imaginar. E deste modo tive a experiência de minha 'fama'.[18]

AGUARDADO JULGAMENTO

O "CASO GRAMSCI"

Além do tom de brincadeira com que Gramsci os relata, floreando de detalhes saborosos, os dois episódios nos fazem entender que ele era realmente, à época, um personagem famoso, um líder reconhecido e amado no interior do movimento proletário, conhecido e estimado fora dele. A partir de então, sua prisão se torna um caso político internacional, e o regime fascista, de todo modo, tentou se equilibrar entre o desejo de aniquilar seu oponente mais famoso e o de não favorecer campanhas de opinião pública que prejudicariam a Itália mussoliniana. O pedido de perdão, de alguma forma solicitado, ainda que indiretamente, no fundo, teria sido a solução perfeita: o fascismo teria se livrado da "batata quente" de um prisioneiro inconveniente, ao mesmo tempo que teria obtido um enorme sucesso político, dobrando o líder dos comunistas e silenciando todos os protestos em nível internacional. No baluarte do comunismo mundial, a União Soviética, nascida formalmente no final de 1922, a causa de Gramsci não foi, nem naquele momento e nem mais tarde, tida em grande conta, ainda que sobre esse ponto tenham circulado rumores tardios e sem fundamento real. Além disso, com sua carta de 14 de outubro de 1926 ao executivo da Comintern,[1] o secretário do PCd'I certamente não era bem-visto aos olhos dos componentes da maioria de Moscou. Ali, de fato, havia acontecido o primeiro acerto de contas no seio do grupo dirigente bolchevique, e Stalin não estava apenas ganhando o jogo, mas limpando o campo, com uma sabedoria luciferina, de cada adversário, transformado *ipso facto* em inimigo a liquidar, por enquanto, com meios políticos, mais adiante com a ação policial visando a simples eliminação física. O partido russo, em resumo, liderado por Stalin e Bukharin, continuava exatamente, com fria determinação, no caminho que Gramsci havia instado a interromper em seu último gesto público, escrevendo a famosa carta de outubro de 1926 para a Comintern, confiada a Togliatti, e que este, com Bukharin, resolveu não entregar. As divergentes estradas do comunismo mundial estavam de todo modo traçadas. E a de Antonio Gramsci foi derrotada, cada vez mais, nos anos seguintes, com o endurecimento das decisões da Comintern, também rapidamente "russificadas", isto é, stalinizadas.[2]

E o partido italiano, ainda que determinado por dissensos internos, seguiu com bastante fidelidade, embora apenas por um tempo, o mesmo caminho. Mesmo o jornal de operários e camponeses, idealizado por Gramsci em setembro de 1923 e nascido em Milão em fevereiro de 1924, com aquele título fácil e simples, *L'Unità*, que apontava para um conceito que ele considerava essencial, em uma direção múltipla (e vimos isso tanto nos assuntos internos do PCd'I quanto nos do PCR, ambos, no que diz respeito à situação social, referindo-se à necessidade da aliança dos proletários urbanos do Norte com os rurais do Sul), foi rapidamente se afastando da via principal indicada por seu fundador. Em suma, o jornal acabaria sendo reduzido, também em um plano meramente jornalístico, ao patamar de um folheto de propaganda, de acordo com a linha orientada pela Terceira Internacional, tornando-se "um órgão de agitação das massas e de propaganda mesquinha da linha 'classe contra classe'", em um distanciamento que não era apenas de Gramsci, mas da própria realidade da sociedade italiana.[3]

No entanto, graças ao papel de Palmiro Togliatti, ajudado por preciosos coadjuvantes como Piero Sraffa em primeiro lugar, o elo entre Gramsci e o partido nunca se rompeu, nem se fragilizou ou esteve, em qualquer momento, a um passo de uma ruptura irreparável. Em resumo, contra as acusações recorrentes a Togliatti, de ter "traído" o companheiro na prisão, ou de "entregá-lo" aos torturadores fascistas, ou mesmo de ter "boicotado" as tentativas de libertação, a pesquisa histórica séria, de caráter documental e não de mero indício, ou pior, de suspeita, já mostrou de modo convincente que Togliatti e o grupo dirigente estavam, substancialmente, do lado do prisioneiro: momentos de tensão e atrito não faltaram e, de fato, às vezes, assumiram formas dramáticas, especialmente nos anos da estratégia stalinista do social-fascismo, no início dos anos 1930, mas a mais alta consideração que esse "líder" tinha por quem o conhecia não falhou, e isso devido, em grande parte, à direção de Togliatti. Este, em 1927, publicou um artigo na revista teórica do partido, em Paris, *O Estado operário*, com um título eloquente: *Antonio Gramsci, um líder da classe operária*. Foi o primeiro retrato político-intelectual verdadeiro do companheiro, exatamente um ano após sua prisão: foi a única lembrança de Gramsci publicada naquele ano. Nele, Togliatti retomou e enfatizou, na chave antibordiguiana, a concepção de partido de Gramsci, um "partido" da classe, um partido de massa, contrapondo-a à concepção de Bordiga, do partido-seita dos iluminados.[4] O artigo permaneceu como sustentação principal da sucessiva interpretação que se tornaria canônica dentro do Partido Comunista Italiano, pedra angular de toda a "operação Gramsci" do pós-guerra.[5]

FÜR EWIG

Enquanto isso, o prisioneiro, na expectativa do processo, insistira ao habitual magistrado examinador Macis para poder ter "permanentemente, em sua cela, caneta, tinta, um cento de folhas de papel para escrever obras de caráter literário". A solicitação foi aceita em teoria, mas a autorização nunca foi concedida: labirintos burocráticos, medo da exposição por parte dos funcionários, ordens de cima?[6] Ou o juiz Macis fingia, brincando de gato e rato, mas que, em sua negação, provavelmente era o executor de uma vontade precisa de Mussolini, a quem respondia como líder? Foi preciso esperar fevereiro de 1929 para que Antonio Gramsci estivesse em condição de trabalhar. Era isso que, acima de tudo, ele tinha, além dos fragmentos que inseria na correspondência – aquelas notícias de livros lidos, pertencentes à biblioteca de San Vittore, ou de sua própria, recuperada da casa em Roma ou do período em Ustica, que foi já mencionado – não lhe restava mais que planejar, e Tatiana foi a primeira destinatária também dos projetos de trabalho. Em 19 de março de 1927, ele escreveu:

> Minha vida transcorre com a mesma monotonia de sempre. Até mesmo estudar é muito mais difícil do que parece. Recebi alguns livros e, na verdade, leio muito (mais de um volume por dia, além dos jornais), mas não é a isso que me refiro; quero dizer outra coisa. Estou atormentado (e este, penso, é um fenômeno típico dos presidiários) por essa ideia: de que é preciso fazer algo 'für ewig', segundo uma complexa concepção de Goethe, que me lembro de ter atormentado muito nosso Pascoli. Em suma, segundo um plano preestabelecido, gostaria de me ocupar intensa e sistematicamente de alguns temas que me absorvessem e centralizassem minha vida interior. Pensei em quatro temas até agora, e isso já é um indicador de que não consigo me concentrar. São eles: 1) uma pesquisa sobre a formação do espírito público na Itália no século passado, em outras palavras, uma pesquisa sobre intelectuais italianos, suas origens, seus agrupamentos segundo as correntes culturais, seus diversos modos de pensar etc. etc. [...]; 2) Um estudo de linguística comparada! Nada menos que isso. Mas o que poderia ser mais 'desinteressado' e *für ewig* do que esse tema? Tratar-se-ia, naturalmente, de examinar apenas a parte metodológica e puramente teórica do assunto, que jamais foi tratado de modo completo e sistemático do novo ponto de vista dos neolinguistas contra os neogramáticos [...]; 3) Um estudo sobre o teatro de Pirandello e sobre a transformação do gosto teatral italiano que Pirandello representou e contribuiu para produzir [...]; 4) Um ensaio sobre os romances de folhetim e o gosto popular na literatura.[7]

Era, em essência, o esboço de uma parte, pelo menos, da trama dos *Cadernos*, com aquela precisão, insistia, em *für ewig* – retirada de Goethe, que havia atormentado Pascoli e, posteriormente, todos ou quase todos os estudiosos gramscianos. O conceito, além de sua tradução ("para sempre" ou "desinteressadamente", como o próprio Gramsci havia indicado em outra carta),[8] não deve ser entendido como um desengajamento, como um retiro no topo das árvores, mas como um distanciamento, pela força das coisas, do imediatismo da luta política, como superação da polêmica jornalística e reposicionamento (não renúncia) no estudo. O *für ewig* é o apelo às qualidades morais de alguém, reconhecendo a situação, e pensando, e escrevendo, com um espírito "definitivamente separado da realidade contingente e dos fenômenos políticos em andamento".[9] O conceito também parece indicar uma vontade dupla específica; de um lado, resiliência no cárcere, mais que de resistência à prisão – a determinação para ir mais longe, ir além de algum modo, recorrendo às infinitas reservas de paciência e ironia, o sofrimento, as perseguições, as dificuldades e as privações; por outro, a vontade de um trabalho sistemático que permitiria a Gramsci transcender o cativeiro, de alguma forma centralizando os esforços, ainda que na ausência de interlocutores, dos quais sempre declarou ter necessidade, mas sem, por isso, renunciar, pelo menos em certo sentido, à dimensão dialógica que é a própria forma do pensar gramsciano.[10]

O UNIVERSO CARCERÁRIO

Gramsci chegou ao cárcere de Milão em 7 de fevereiro. A jornada fora tremenda, não apenas pelos desconfortos inerentes à "transferência comum", com os ferros nos pulsos, com as estadias nas celas de várias prisões e nos quartéis; Antonio havia sofrido sobretudo com o frio, não estando preparado para combatê-lo, sem blusa, sem casaco, e porque os vagões ficavam no gelo noturno, sob a neve, e não eram aquecidos durante o trajeto. Ele tinha inclusive pensado em morrer e, em Milão, a sensação de frio o teria acompanhado por meses.[11] Como aconteceu no primeiro encarceramento no Regina Coeli, também em Milão, foi submetido, inicialmente, ao regime de isolamento, embora em uma cela a pagamento. Foi interrogado pela primeira vez pelo juiz Macis, na companhia de um advogado militar, Gaetano Tei (que já conhecemos aqui), que se fazia passar pelo Ministério Público. Foi então que Macis começou um jogo perverso, feito de falso entendimento, de advertências "desinteressadas", de contraste entre "maus" (a polícia) e "bons" (a magistratura, de fato), de tentativas de desencarregar-se de responsabilidades pessoais: tudo, na realidade, para colocar em dificuldade o acusado e, finalmente, agravar sua posição.[12] Nos meses de San Vittore, Gramsci começou, no entanto, a endurecer-se, adotando regras de sobrevivência às quais ele procurava permanecer fiel, com uma força de vontade excepcional. Em setembro, portanto seis meses depois de entrar na prisão, escreveu a Tatiana, que o estava inundando de mantimentos e alimentos, muitas vezes também proibidos pelos regulamentos prisionais, com um excesso de zelo que era irritante para Antonio:

> Para viver tranquilo no cárcere, é preciso habituar-se ao estritamente necessário: você há de compreender que qualquer comodidade, neste ambiente, se torna uma espécie de vício que depois é difícil extirpar, dada a ausência de distrações. Quem quiser permanecer forte e manter intacta a própria força de resistência deve se impor um regime e observá-lo ferreamente.[13]

No entanto, ele sabe como suavizar a cela com o cultivo de mudas ou improvisando para si mesmo amigos animais, como pardais – que ele, em certo sentido, consegue criar e de cujos hábitos se torna um atento observador.[14] Ao mesmo tempo, não tendo autorização para receber livros de fora (ele o tinha no tempo de Ustica, quando era um "simples" preso político, mas não no período de espera do julgamento, realizado em San Vittore), recorreu à biblioteca da prisão, por meio de uma assinatura (de fato, uma assinatura dupla, que lhe garantia oito volumes semanais) e comprava na revenda interna seis jornais, distribuídos pela manhã (*Corriere della Sera*, *Il Popolo d'Italia*, *Il Secolo* – com a anunciada intenção de não comprá-los mais, "porque não vale mais a pena"– e *Il Sole*) e pela tarde (*La Stampa* e *Il Giornale d'Itália*); não renunciou aos semanários, como o *Domenica del Corriere*, o *Corriere dei Piccoli* ("que me diverte") e o *Guerin Meschino* ("considerado humorístico").

Não podendo usar papel e caneta, exceto para duas cartas semanais, Gramsci recorreu à tática, enriquecida, e em seguida implementada na prisão de Turi, de inserir nas cartas brevíssimas resenhas de livros, ou rápidas críticas de autores, ou mesmo sugestões de análises históricas e filosóficas. Tatiana foi, mesmo neste caso, a destinatária privilegiada e, a seu modo, buscou, enquanto podia, ser uma ouvinte, não podendo ser uma verdadeira interlocutora. As cartas foram, em suma, um substituto e, nesta fase, uma espécie de antecipação do que os *Cadernos* seriam: notas, apontamentos, esboços de ensaios, ou mesmo, simplesmente, uma linha ou duas palavras não apenas descritivas, mas conotativas, sobre um livro – por exemplo, a *História do Reino de Nápoles*, de Pietro Colletta, "excelente"; quanto ao *Íntimo Napoleão*, de Arthur Lévy, é "curioso, desculpas de Napoleão como 'homem moral'", enquanto *A essência do Cristianismo*, de Harnack não recebe julgamento; o volume 2 das *Obras completas* de Carducci é, por sua vez "muito medíocre, entre os piores de Carducci"; sempre "muito medíocre" é a reportagem de Gina Lombroso *Na América meridional*; enquanto o romance de um autor, agora em moda, Virgilio Brocchi, *O destino na mão*, "dá vida aos espíritos"; finalmente, em uma breve revisão semanal enviada a Tatiana, *Minha senhora,* de Salvator Gotta, recebe um comentário sardônico: "Menos mal que seja dele, porque é muito chato".[15] Nessa mesma carta, o prisioneiro fez um quadro completo de seu dia, marcado pelo horário da prisão: além da caminhada matinal (as duas horas de ar) e da refeição, Gramsci dedicava todo seu tempo à leitura e ao estudo, senão à reflexão, especialmente quando, às sete e meia da noite, os presos eram forçados a ir para a cama. Era nesse momento que Antonio refletia sobre sua jornada, sobre o tempo passado na prisão, perspectivas e, certamente, sobre Giulia e as crianças e, provavelmente, sobre sua situação política. Além disso, a prisão lhe proporcionou uma admirável amostra que não apenas lhe permitiu operar reflexões de caráter antropológico, mas abriu terreno para análises histórico-sociais. Tudo isso a partir de um encontro com um prisioneiro, a partir da visão de uma cena no pátio do cárcere, de uma história ou de uma crônica aprendida do artigo de jornal ou da voz de um parceiro de prisão. Como escreveu para Tatiana, mas dirigindo-se também a Giulia e à família,

> todo dia, de um modo ou de outro, há algum movimento. De manhã, tem o banho de sol; quando consigo uma boa posição no pequeno pátio, observo as faces daqueles que vão e vêm ocupando os outros pátios. Depois, vendem os jornais políticos, cuja leitura me permitem; depois, é a hora das compras e, então, trazem as coisas compradas no dia anterior, depois trazem o almoço etc. etc. Em resumo, veem-se continuamente faces novas, cada uma das quais esconde uma personalidade a ser decifrada.[16]

E de rostos e tipos ele conheceu nos primeiros seis meses depois da prisão: detentos, criminosos comuns, condenados, políticos, até a coluna beduína em Ustica e assim por diante – experiências interessantes, ele as chama. Em sua homenagem, são adicionados "entretenimentos organizados de ocasião" – teatro, combates, e assim por diante: "Todo um mundo subterrâneo, complicadíssimo, com uma vida própria de sentimentos, de pontos de vista, de ponto de honra, com hierarquias rígidas e formidáveis", reveladas a ele no universo da prisão. Ele olha, estuda, ajudado, por um lado, pelo espírito de observação, por outro, por "um certo espírito irônico e cheio de humor que me acompanha sempre".[17]

SOFRIMENTOS DO CORPO E DA ALMA

A condição física do detento, de acordo também com o que Tatiana diz aos familiares, são boas; surge, ao lado do sofrimento pela situação familiar, pelo silêncio de Giulia, a quem, no entanto, ele não consegue escrever, um problema persistente: a insônia, uma insônia crônica, aparentemente insolúvel. Mas os recursos de Antonio são igualmente fortes, pelo menos por enquanto, físicos e psicológicos. "Eu não sou um desesperado que precisa de consolo; e não serei nunca. Mesmo antes de ser jogado na prisão, conhecia o isolamento e sabia encontrá-lo até mesmo no meio da multidão".[18] O que o enerva é a expectativa, a alternância de ilusão e desilusão, essa condição muito amarga que certas correntes de pensamento de seu século colocaram à luz do tempo, de Freud a Husserl: especificamente, os repetidos anúncios de Tatiana sobre cartas recebidas de Giulia que, regularmente, não chegavam. Escreveu para a cunhada:

> Você não pode conceber como é minha existência aqui na prisão. Não imagina como eu, recebendo a promessa, espero cada dia e tenho cada dia uma desilusão, o que se repercute em todos os minutos de todas as horas de todos os dias; como eu leio e a cada momento interrompo a leitura e me ponho a andar pra cima e pra baixo, e penso, volto a pensar, ruminar e digo muitas vezes: ah, aquela Tania, aquela Tania![19]

A partir de um certo momento, percebendo uma espécie de atrofia contínua dos músculos do corpo, o prisioneiro decidiu inventar exercícios físicos: ginástica no quarto, em suma. Uma atividade que também serviu para distraí-lo "das leituras que são muito tolas e feitas apenas para vencer o tempo". Certamente não recusava o estudo, ao contrário: não tinha os livros adequados, ou seja, aqueles que ele próprio podia pedir, e não tinha papel nem caneta para fazer anotações – instrumentos que apenas cerca de dois anos mais tarde seriam concedidos. A única atividade semelhante ao estudo, nessas condições, foi o aprendizado de idiomas estrangeiros, ao qual ele poderia se dedicar com seus próprios livros.

> Estou realmente decidido a fazer do estudo das línguas minha ocupação predominante; quero retomar sistematicamente, depois do alemão e do russo, o inglês, o espanhol e o português, que estudei por alto nos últimos anos; além disso, o romeno, que estudei na universidade apenas em sua parte neolatina e agora acho que posso estudar completamente, isto é, inclusive a parte eslava de seu vocabulário (que, afinal, é mais do que 50% do vocabulário romeno).

À sua própria biblioteca pessoal, recuperada em partes, entre Roma e Ustica (exceto os livros deixados para os "amigos" que permaneceram na ilha), recorria para estudar, esboçando ideias de trabalho, sempre sem poder detê-las no papel, preto no branco, pela recusa à solicitação de papel e caneta, além do estritamente necessário para escrever cartas aos membros da família às segundas-feiras. Estudou, entre outros, o *Curso de Ciências Financeiras*, de seu "interlocutor silencioso" dos anos de Turim, Luigi Einaudi, "livro sólido a ser digerido sistematicamente", e numerosos outros trabalhos de economia e finanças. Para cada título, dando conta a Tatiana, ele elaborou um julgamento, mesmo que de apenas uma palavra ou duas, mas sempre eficaz. Lamentava a falta de obras históricas; teve que deixar o amado De Sanctis (tanto a *História da literatura italiana* quanto os *Ensaios críticos*) aos amigos de Ustica, "que se encontravam também em um mau começo", mas ficou com a *Itália em caminho*, de Gioacchino Volpe, livro de história sobre os últimos 50 anos e, portanto, também "atual" e "de caráter bastante argumentativo".[20] Livro, aliás, recém-publicado naquele 1927; portanto, talvez tenha vindo de Sraffa no começo do ano, quando Gramsci ainda estava confinado e lhe era permitido receber livros de fora. Em correspondência com Tatiana, Antonio citava outros trabalhos, sempre acompanhando os títulos com avaliações sumárias. E enfrentava, além das leituras, vários temas da História, Antropologia, Filosofia, Geografia, Economia, dirigindo-se a uma mulher que certamente não tinha a preparação nem o temperamento do estudioso, mas que era curiosa e atenta, interessada em tudo o que o cunhado lhe escrevia.

Entretanto, apesar dos cuidados de Tatiana, o autocontrole, as leituras, a ginástica e observação de outros não aliviavam o sofrimento básico que, no entanto, Antonio tentou garantir de modo que não se expressasse: "No passado, vivi como um urso na caverna exatamente por este estado de espírito: porque não queria que ninguém se envolvesse nas minhas mazelas. Quis até mesmo que minha família me esquecesse".[21]

O TERCEIRO MANDATO

Em abril daquele ano, aconteceu em Milão – a cidade onde Gramsci estava limitado em condições de detenção – um fato marcante: um atentado no parque Giulio Cesare, por ocasião da inauguração da Feira Mundial, em sua IX edição, em 12 de abril. Sua majestade, Vittorio Emanuele III, estava chegando para a cerimônia, mas o ataque fez apenas vítimas inocentes: 20 mortos e muitos feridos. Os responsáveis não foram identificados, mas o evento foi um perfeito pretexto para um novo endurecimento da repressão aos ataques do antifascismo, ao qual foi imediatamente atribuído o lamentável evento. E o antifascismo significava, como sempre, comunistas. A perseguição foi forte, principalmente em relação a uma célula do partido milanês, mais vulnerável que outras, na qual pululavam informantes da polícia. Também aparece aqui a história dos dois irmãos Romulo e Secondino Tranquilli, o último, mais conhecido pelo heterônimo de "Ignazio Silone": ambos registrados no PCd'I, o primeiro, militante honesto e o segundo, como agora se sabe, um espião do regime, ou seja, um agente da polícia secreta de Mussolini, a *Ovra*. Um mandado de captura em seu nome, emitido "de boa-fé" pela magistratura, foi de algum modo interceptado para impedir que um informante valioso, colocado no topo do Partido Comunista, pudesse ser queimado. Nessa história, o juiz investigador Macis voltou a visitar Gramsci, iniciando uma segunda investigação, em vista da mudança de *status* que se tinha em mente, ou seja, de passar daquele de "detido" para esse, mais grave, de "recluso", enquanto, de alguma forma, apareceu a sombra de uma acusação de massacre, para o qual estava prevista a pena de morte.[22]

Macis, verdadeiro manipulador da ação jurídico-policial contra Antonio Gramsci, estava ocupado coletando elementos probatórios – na verdade, baseados principalmente em informações dos carabineiros reais ou infiltrados no Partido Comunista – e aumentar as acusações contra Gramsci, Terracini e outros dirigentes que foram pouco a pouco presos e confinados em diferentes prisões. O dia 20 de maio de 1927 marcou o terceiro e último mandado de prisão contra um homem já privado de liberdade e agravado por duas disposições anteriores semelhantes. Os delitos previstos em seu nome incluíam a insurreição contra os poderes do Estado, a instigação à guerra civil, a devastação e o massacre. Com as mesmas acusações, foram citados no processo outros 53 militantes do PCd'I.[23]

Cerca de duas semanas depois, Macis convocava para interrogatório formal o imputado, que, diante das contestações da acusação, negava as próprias funções de liderança do partido, convidando a promotoria a fornecer provas, que evidentemente não existiam. No entanto, para o Tribunal Especial, os relatórios organizados e assinados por oficiais e suboficiais dos carabineiros e funcionários da Polícia de Estado (PS) eram provas, sem nenhuma necessidade de outras descobertas: sobre Gramsci, choveu toda acusação, geral e particular – da vontade de organizar a insurreição armada dos "habitantes do Reino contra os poderes do Estado" ao projeto de "alterar violentamente a constituição do Estado" e assim por diante, chegando até a criação de depósitos secretos de armas, a constituição de grupos armados, a busca e acumulação de fundos de origem obscura, a espionagem política e militar.

Gramsci aderiu à linha defensiva acordada com outros camaradas, ou seja, negar todas as acusações: "Não me consta...", "excluo...", "não estou ciente...". No dia 16 de julho, Macis passou os procedimentos da investigação preliminar que havia concluído ao promotor público Tei, que os encaminhou ao advogado-geral militar, Giuseppe Ciardi, ligado ao Tribunal Especial. Ele decidiu reduzir o número de réus, mencionando a posição de alguns que seriam processados posteriormente, e passou o dossiê à Comissão Instrutora do Tribunal Especial, que emitiu a sentença de reenvio a julgamento de 31 réus, dos quais, no entanto, sete estavam foragidos, entre eles Togliatti e Ravera. A sentença foi datada de 19 de março de 1928. Em 11 de maio, Gramsci partiu para Roma, que foi identificada como a sede do processo, pois considerou-se que a sede do líder do Partido Comunista deveria ser na capital. Gramsci carregava dentro de si a amarga convicção de que uma carta enviada pelo camarada Ruggero Grieco foi "a acusação mais grave", como disse ao irmão Gennaro em seu último encontro, ocorrido no cárcere em Turi em 1930.[24] E três anos depois, escrevendo para Tatiana, lhe confidenciou como aquela carta, o pensamento sobre aquele gesto irresponsável ou criminoso, não o tinha abandonado.[25] Foi e provavelmente permaneceu até o último dia sua principal preocupação, ao lado do silêncio de Giulia.

O "PROCESSÃO"

O GRUPO DIRIGENTE DO PARTIDO NO TRIBUNAL

Pouco antes de partir para Roma, onde deveria ocorrer o julgamento, em 10 de maio, Antonio escreveu uma de suas cartas mais comoventes e nobres, endereçadas à mãe:

> Querida mamãe, não queria repetir o que escrevi muitas vezes para tranquilizá-la sobre minhas condições físicas e morais. Para ficar realmente tranquilo, gostaria que você não se assustasse ou se perturbasse muito, seja qual for a condenação que me deem. Que compreendesse bem, até mesmo com sentimento, que eu sou um preso político e serei um condenado político, que não tenho e nem terei do que me envergonhar nesta situação. Que, no fundo, eu mesmo quis a prisão e a condenação, de certo modo, porque nunca quis mudar minhas opiniões, pelas quais estaria disposto a dar a vida e não só a ficar na prisão. Que, por isso, só posso estar tranquilo e feliz comigo mesmo. Cara mamãe, gostaria de abraçá-la bem apertado para que sentisse quanto a quero bem e como queria consolá-la por este sofrimento que lhe dei: mas não podia agir de outra maneira. A vida é assim, muito dura, e os filhos devem às vezes trazer grandes sofrimentos para suas mães, se quiserem conservar sua honra e sua dignidade de homens.[1]

Nestes mesmos dias, Tatiana, escrevendo aos familiares na Rússia depois de ter encontrado Antonio, descreveu-o como "em excelente estado de espírito" e acrescentou, a título de explicação: "dado que ainda sonha em lutar".[2]

Gramsci chegou a Roma em 12 de maio, na habitual "transferência comum", em correntes, preso novamente no Regina Coeli, primeira localização de seu encarceramento (em novembro de 1926), ciente da gravidade da situação. No cárcere romano, teve que esperar, com os outros réus, até o dia 28 para o julgamento começar. E foi "o processão": toda a liderança do PCd'I havia sido colocada sob acusação, com uma carga de imputações pesadíssimas, como vimos, que incluía condenações que poderiam chegar à pena de morte. Enquanto isso, os réus, comunicando-se de alguma forma entre si e seus advogados, desenvolveram uma estratégia defensiva – mesmo sabendo que teria pouco efeito –, com Terracini, que preparava recursos sobre recursos, igualmente vãos, mas que dão a ideia da combatividade do homem e da força persistente da organização.

O processo teve início duas semanas depois. No banco dos réus, perante o Tribunal Especial de Defesa do Estado, foram trazidos os acusados, dentre os quais, além de Gramsci, seu antigo companheiro de estudos e lutas em Turim, Umberto Terracini. Como este lembrou, no Regina Coeli, onde não estavam isolados, ele, Gramsci, Scoccimarro e outros discutiram sobre a linha de conduta, a acordaram e então todos seguiram.

> Em primeiro lugar, não precisamos dizer nem entregar nada sobre a organização e, portanto, não respondemos a nenhuma das muitas perguntas feitas sobre o assunto, concordamos que tínhamos que dizer tudo sobre o programa, a ideologia, a linha política do partido, ou seja, reivindicar plenamente seu caráter de classe e suas tarefas históricas. Demos então um treinamento que cumpriram os companheiros que depois de nós apareceram no gabião do Tribunal Especial e mostramos ao país [...] quem eram os comunistas.[3]

Na plateia, estava seu irmão Carlo, e depois os irmãos de Terracini e Scoccimarro; na imprensa, foram admitidos os correspondentes de dois jornais, *The Manchester Guardian* e *Le Petit Parisien*, e, a partir do terceiro dia, correspondentes de uma agência de notícias, a *Tassdi Mosca*.

As reconstruções do que realmente aconteceu nos debates não são inteiramente precisas, mas de toda forma se aproximam muito da verdade, em seu conjunto, e não deixam margens de dúvida efetiva sobre o comportamento das partes, acusação, defesa, réus, juízes. Em qualquer caso, permanece o clima na sala, cheia de esquadrões fascistas, agora como corpo militar do Estado (a pletórica Milícia Voluntária para a Segurança Nacional [MVSN], que se desfez como neve justamente no dia seguinte ao 25 de julho de 1943), policiais e carabineiros, que estavam em peso inclusive dentro do espaço reservado aos réus: um evidente propósito para fins de intimidação contra os acusados, a quem o presidente Saporiti disse logo no início que tiraria a palavra "ao primeiro sinal de sair da estrita matéria da causa".[4] O que implicava que cada um deles deveria estar muito atento às palavras, medindo-as para evitar ser silenciado. Outros pesados "avisos" do presidente Saporiti aos advogados foram dados, nos dias imediatamente precedentes, advertindo que o processo seria encerrado com "uma pesada condenação", independentemente de mérito, não tendo ele nem sequer visto os autos até então. O mesmo alegou o promotor Isgrò durante o julgamento. Em suma, disse a verdade o juiz, que avisou a um dos advogados, após seu argumento em defesa das acusações: "Senhor, advogado, tem razão, mas esqueceu apenas uma coisa: que somos um tribunal político".[5] E foi o processo político mais importante implementado pelo regime.

NO BANCO DOS RÉUS

De acordo com o relato do Tribunal de Defesa, de fato, Gramsci teria confirmado as declarações feitas na investigação preliminar, ou seja, que era comunista, deputado e jornalista, recusando a acusação de ter desenvolvido atividades secretas, coisa impossível, dada a estreita supervisão à qual foi submetido. Não somente negou estar à frente do partido, mas também de ter feito parte dos órgãos dirigentes. O relatório do interrogatório de Gramsci não foi localizado, mas um dos advogados, Giuseppe Sardo, solicitado pelo primeiro estudioso que se ocupou do processo, Domenico Zucàro, o reconstruiu de cabeça e, se é confiável aquele relato, Gramsci enfrentou o presidente do Tribunal que o questionava, não sem uma boa dose de sarcasmo e com igual orgulho de ser, sentir-se, declarar-se um comunista: "Se, de fato, ser comunista significa responsabilidade, eu aceito". A essa afirmação inequívoca, um pouco retórica, o general Saporiti respondeu: "Entre os escritos apreendidos, fala-se de guerra e posse proletária do poder. O que esses escritos significam?". E aqui está a resposta de Gramsci:

> Penso, senhor general, que todas as ditaduras militares acabam cedo ou tarde sendo esmagadas pela guerra. Parece-me evidente, neste caso, que cabe ao proletariado substituir as classes dominantes, tomando as rédeas do país para elevar o destino da nação.

Não intimidado com as interrupções do promotor Isgrò, Gramsci continuou a conceder – Zucàro escreve – uma "pequena lição", a ele e ao Tribunal de Juízes. E, finalmente, dirigindo-se aos pseudomagistrados, proferiu a frase que ficou famosa: "Vocês conduzirão a Itália às ruínas, e a nós comunistas caberá salvá-la".[6] Não temos certeza de que a sentença tenha sido pronunciada como aquela atribuída a Isgrò, no final de sua argumentação, em 2 de junho de 1928: "Por 20 anos, devemos impedir esse cérebro de funcionar". Ambas foram contadas pelo advogado Giuseppe Sardo: uma testemunha que não se sabe se era confiável.[7]

A VÃ MEDIAÇÃO DA COMINTERN

A direção do partido e Togliatti, em particular, estavam, enquanto isso, atentos ao destino do prisioneiro e determinados a removê-lo da pena do Tribunal Especial. Durante o desenvolvimento do processo foi feita uma tentativa de libertar Gramsci por meio da via diplomática, a primeira de uma série que durou pelo menos até 1934. Enquanto isso, começava a se manifestar alguma atenção internacional em torno do "Caso Antonio Gramsci", como se lia no título de uma carta assinada por "Um italiano na Inglaterra", publicada no *Manchester Guardian* em 24 de outubro de 1927, na qual se denunciava a dolorosa condição física do prisioneiro e as perseguições às quais foi submetido um indivíduo necessitado de cuidados, de visitas de especialistas, de alimentos diferentes e mais nutritivos do que os permitidos pelo regime prisional. A carta, escrita por Angelo Tasca, enviada para publicação por Piero Sraffa, provavelmente pela mediação de Maurice Dobb, um grande estudioso do pensamento econômico marxista, que fez a tradução para a língua inglesa.[8]

A operação – negociação destinada a fracassar, assim como as sucessivas – foi orquestrada entre setembro e outubro de 1927, a partir da iniciativa de um padre que trabalhava na prisão para dar assistência religiosa aos prisioneiros, Luigi Viganò. Contava também com a organização discreta de Sraffa, a iniciativa do dirigente comunista Egidio Gennari e o envolvimento de numerosos sujeitos: a embaixada soviética e a Nunciatura Apostólica de Berlim, liderada por Eugenio Pacelli (futuro Papa Pio XII), altas hierarquias do Vaticano, especialmente o cardeal Gasparri, que assinou, no ano seguinte, os Pactos de Latrão e da Concordata, juntamente com o *duce*, que conversou com o padre Tacchi Venturi, a figura mais eminente dos jesuítas italianos, que desfrutava de excelente acesso ao governo e, novamente, o Partido Comunista Russo, o governo soviético, a Comintern. A proposta era obter a liberação de Gramsci e Terracini, os "dois infelizes comunistas italianos", escreveu o padre Tacchi Venturi ao *duce*, que não o honrou com uma resposta, confiando-a, burocraticamente, ao subsecretário da Presidência do Conselho, Giacomo Suardo. Na resposta, alegou que, tratando-se de um acusado na expectativa de processo, era necessário esperar primeiro a tramitação processual, para então recorrer a possíveis atos de clemência. Ou seja, de acordo com um esquema sucessivamente repetido, condenação e, então, ato de clemência, só seria seguido após o arrependimento, formalmente expresso com um pedido de perdão. É necessário levar em conta que tanto o partido italiano quanto o russo, como mencionado pela própria Comintern, se mobilizaram fortemente para atingir o objetivo, mas falharam, certamente não por suas deficiências.[9] Isso, como foi observado, desmente tantos rumores sobre a hostilidade por parte dos círculos soviéticos, ou de uma parte ao menos do próprio partido italiano, que seriam alimentados seriamente contra Gramsci.[10] Deve se acrescentar que Macis teve sucesso no caso, como o faria mais ainda tarde, ao enganar Gramsci, afirmando que as negociações fracassaram devido aos camaradas comunistas que, por meio de uma carta talvez imprudente de Ruggero Grieco, enviara ao detento demonstração de sua proximidade e solidariedade. O juiz fez acreditar que a divulgação da negociação havia suscitado não apenas uma alegria insustentável nos companheiros, mas a convicção de que se tratava de uma "vitória" sobre o regime, algo que este naturalmente não podia aceitar. Foi uma eficaz encenação, na qual não apenas Gramsci caiu, mas também estudiosos e especialistas posteriores, que até acusaram Grieco (como já mencionado) de ser um espião ou provocador – acusação injustificada, que causou reações muito vivas quando foi formulada.[11] Grieco, desse modo, escreveu um carta a Gramsci, mas também a Scoccimarro e Terracini, sempre guardada em San Vittore: cartas que chegaram de Moscou, enviadas por um companheiro, Giovanni Germanetto, enquanto Grieco tentava despistar a polícia fascista. As cartas são muito parecidas entre si, com um tom leve, quase estudantil, mas afetuosas: Grieco provavelmente queria algo que fizesse sentir a proximidade entre ele e o partido, sondar o regime prisional para entender as possibilidades reais de se comunicar com os companheiros de "dentro". O certo é que ele nada sabia da negociação para a troca entre os padres presos na Rússia e líderes comunistas presos na Itália. E além da ligeireza, que também revela uma certa incipiência política, a intenção deliberada de prejudicar Gramsci deve ser excluída. Mas o próprio Gramsci, nas mãos de Macis, creditou a ele a figura do bom juiz, dentro dos limites de uma determinada situação, na qual o juiz não poderia escapar a certos deveres, mas tentou ainda assim atenuar a severidade da penalidade e aliviar o desconforto e o sofrimento do prisioneiro. Um engano eficaz, conduzido com uma desenvoltura sem problemas e uma capacidade sem dúvidas de Macis, que também aproveitou-se de sua conterraneidade, da "*sardità*", que Gramsci provavelmente acreditava ser um elemento que o favorecia.[12] Sua conclusão foi a suspeita, às vezes a certeza de ter sido abandonado à própria sorte, ou até traído, especialmente por Grieco, baseado naquela frase que ficou famosa, proferida por Macis enquanto entregava a Gramsci o que mais tarde se tornou "a notória carta", como foi denominada por Tatiana e Sraffa, assumindo uma expressão de Antonio:[13] "Deputado Gramsci, você tem amigos que certamente querem que você fique na cadeia por um tempo". Um "ato perverso", essa carta, ou uma "espontaneidade irresponsável"? Gramsci teria se perguntado anos depois em uma de suas cartas mais dramáticas para Tania. E respondeu aceitando ambas as hipóteses e lembrando que "alguém" havia julgado aquela carta "criminosa", de acordo com o que a própria Tatiana havia contado a ele.[14] Mas Sraffa já havia desmentido qualquer interpretação maliciosa da carta de Grieco, após a morte de Antonio, percebendo que as suspeitas dele não tinham fundamentos concretos e que haviam nascido do efeito pernicioso das duras condições da prisão sobre a saúde já frágil do prisioneiro, do trabalho de Macis precisamente para incutir dúvidas e suspeitas, mais que da carta em si, por trás da qual não havia a "maldade" imaginada pelo prisioneiro, muito menos um "plano diabólico".[15]

A BOA TATIANA

Se Piero Sraffa foi fundamental para a gestão da complexa relação com o partido e, em segundo plano, também com a Comintern, da mesma forma foi importante o papel de Tatiana Schucht como mediadora de Sraffa (e, portanto, com Togliatti e o partido), mas também com a esposa de Antonio, Giulia, e o resto da família, que permaneceu na Rússia. Uma família, os Schucht, muito coesa, unida por sentimentos fortes e por um *idem sentire* em relação ao bolchevismo, isto é, de ser convictamente parte dele. Uma família que parece, a bem dizer, querer quase extinguir a figura de Antonio, fazendo próprios seus dois filhos, Delio e Giuliano, e afastando, de várias maneiras, Giulia do marido. Tatiana, extremamente ligada aos familiares, assume, neste âmbito, um papel de mediação: apoiar Antonio de todas as formas possíveis e favorecer a continuação de suas relações com Giulia e com os filhos. Com a saúde muito débil, acompanhada constantemente pela polícia, que também realizou buscas em seu domicílio,[16] mulher "aparentemente frágil, mas decisiva e resistente na intrincada interação",[17] Tatiana sobrevivia graças a empregos garantidos, não sem dificuldade, pela União Soviética em sua sede diplomática e comercial e, desde 1927, a partir do retorno de Antonio de Ustica, tornara-se seu anjo da guarda.

A presença e proximidade de Tatiana, enquanto residia em Roma, seguiram gradualmente o cunhado nas mudanças que a máquina burocrática da polícia o forçou entre 1926 e 1928, contrastando com a substancial ausência de Giulia. Desde as primeiras cartas, como testemunha Tatiana, foi o próprio silêncio de sua esposa a principal preocupação de

Antonio: "Na última conversa, encontrei Antonio com boa saúde e em boa forma, ele só sente falta das notícias de Giulia e dos filhos e sofre muito, porque constantemente pensa neles, em sua situação e na saúde de Giulia".[18] Além disso, após os primeiros meses de espera em vão, ou quase, de sinais por parte de sua esposa, foi o próprio Antonio quem se sentiu numa situação de vergonha que o forçou a um silêncio que somente a estabilização, após a sentença final de junho de 1928, pode romper, embora a relação epistolar com Giulia permanecesse fortemente desequilibrada, com poucas, esparsas e apressadas cartas da parte dela.

Por outro lado, o da família Gramsci, se sente uma ausência parcialmente temperada pela correspondência, sempre exígua demais para os desejos e expectativas do detento. Um fato excepcional foi a visita de Mario, o irmão mais novo, que agora havia se tornado fascista, mas um "bom rapaz", que se mudou para Varese,[19] por conseguinte, vizinho da sede em que, após a longa transferência, Antonio foi colocado antes do julgamento – ou seja, a prisão judicial de San Vittore, em Milão. Também é verdade que o próprio Mario, em seguida ao encontro, por meio de sua esposa e irmão Carlo, espalhou notícias catastróficas sobre a condição de Antonio, despertando sua ira, preocupado sobretudo com a "velha mãe", que poderia ficar aterrorizada.[20] Na mãe, Antonio não parou de pensar, mesmo que, tentando sempre fazer tudo para tranquilizá-la, não queria, mais cedo ou mais tarde, esconder nada. No entanto, ele sabia muito bem que ela vivia "em condição de medo permanente desde o início da guerra": três dos quatro filhos no front, um quarto com deficiência e agora na prisão. E essa era talvez a coisa mais terrível de se aceitar no ambiente provinciano: "A pobrezinha", escreveu Gramsci a Tatiana, "sofreu muito com minha prisão e acredito que sofra ainda mais, porque em nossa terra é difícil compreender que se pode ir para a cadeia sem ser ladrão, trapaceiro nem assassino".[21]

UMA SENTENÇA POLÍTICA ANUNCIADA

Enquanto isso, Gramsci foi atormentado pelo pensamento obsessivo da suposta "traição" de Grieco durante o julgamento. Na realidade, a carta de Grieco, como contraprova da boa-fé com a qual foi escrita e de sua ineficácia objetiva para os propósitos processuais, não faz parte da documentação do processo de maio de 1928. Ou seja, não foi utilizada, pois poderia (e em certo sentido devia) ser, se tivesse sido uma prova contra o acusado Gramsci, como não foram nem mesmo aquela de Terracini e de Scoccimarro.[22] Além disso, a linha defensiva de Gramsci e dos principais acusados, visando negar qualquer responsabilidade, pode parecer questionável hoje: o papel dos dirigentes, começando pelo dele, era bem conhecido, ainda mais pela polícia, que vinha acompanhando as mudanças há algum tempo, com perseguição e vigilância. Claro, essas cartas colocaram, pelo menos, o problema da falta de consciência da maioria da liderança comunista das mudanças político-institucionais que ocorriam na Itália. Eles ainda não haviam percebido, Grieco e os outros – talvez com a única exceção de Togliatti –, que o fascismo estava mudando as regras do jogo, com a conivência da monarquia, e que todos os aparelhos do Estado eram súcubos ou cúmplices de Mussolini em seu desenho totalitário. As prisões de novembro, a decadência dos deputados não fascistas, as "leis especiais" de Alfredo Rocco e, anteriormente, as eleições de 1924 com um sistema fraudulento que permitiu a maioria absoluta ao partido fascista, o assassinato de Giacomo Matteotti e o silêncio do rei não haviam aberto seus olhos suficientemente para a situação italiana. Os líderes comunistas não haviam entendido que se tinha entrado em uma nova fase, na qual a vigilância e a prudência, não eram suficientes, e que, em vez disso, era necessária uma imediata mudança geral para a dimensão clandestina, se o partido quisesse sobreviver. As cartas de Grieco pareciam demonstrar não a intenção de prejudicar Gramsci e os outros prisioneiros, mas, antes, um desconhecimento de tudo isso que, no entanto, parece grave em um dirigente de primeiro nível como Ruggero Grieco.

Basicamente, o próprio Gramsci não estava imune a tal falha, como parecia acreditar, pelo menos até um certo ponto, em um fundo de "cavalheirismo" da magistratura, na persistência do pensamento jurídico independente, que de alguma forma poderia fornecer uma certa garantia para aqueles que entravam na máquina repressiva. Além disso, Gramsci não poderia não saber que a lógica real do Tribunal Especial para a Defesa do Estado era de natureza política. E que se tratava de uma mera ficção jurídica, por trás da qual havia, maciça e resistente, a figura do *duce*. Como escreveu um parceiro e cúmplice de Mussolini, Cesare Rossi, desonrado pelos eventos ligados ao crime de Matteotti, e exilado no exterior, aquele Tribunal agiu sob jurisdição direta do *duce*, dos líderes das acusações até as sentenças.[23]

Após a argumentação de Gramsci, o Tribunal Especial passou a descrever a "atividade criminosa" do Partido Comunista, acusado de ter objetivos "que se concretizam na abolição do Estado burguês e na criação do Estado operário por meio da violenta mudança da Constituição".[24] No último dia do julgamento, Gramsci não foi o protagonista, mas sim Umberto Terracini, que fez as declarações finais em nome de todos os réus: naquela circunstância, ele teve não apenas a coragem e a força para enfrentar seus acusadores, mas a capacidade de colocar as inconsistências legais grotescas de todo o dispositivo, induzindo várias vezes o presidente Saporiti a interrompê-lo e, ao final, tirar-lhe a palavra. Indubitavelmente, como foi observado por muitos, aquela foi uma das páginas superiores do antifascismo italiano.

Dois dias após o discurso de Gramsci, em 4 de junho de 1928, a sentença veio: os principais líderes do PCd'I (Gramsci, Roveda, Scoccimarro, Terracini e outros), foram julgados culpados de

> haver, como expoentes do PCd'I, em conjunto, determinados a fazer uso do chamado exército revolucionário, composto especialmente de trabalhadores e camponeses que aderiram ao partido, secreta e parcialmente também militarmente organizada, com a disponibilidade de armas, munições e dinheiro proveniente do exterior; fatos destinados a fazer surgir em armas os habitantes do Reino contra os poderes do Estado, para estabelecer violentamente a República Italiana dos Sovietes.[25]

Gramsci, especificamente, foi identificado como "a mente diretiva do Partido Comunista", "a alma de todo o movimento", aquele que "marca e mostra o caminho a seguir para o partido". O Tribunal Especial impôs a pena de 20 anos, quatro meses e cinco dias de prisão e uma multa de 6.200 liras. A Terracini foi ainda pior: 22 anos, nove meses, cinco dias, além da proibição perpétua de serviço público (também imposto a Gramsci) e três anos de "supervisão especial dos Ps", e multa de 11.200 liras.[26] À pergunta de por que ele teve uma sentença superior a de seu "líder", muitas décadas depois, Terracini respondeu: "Talvez por causa do meu desejo de humilhar o Judiciário comum que, tendo-me outras vezes à sua mercê, me havia absolvido".[27] Mas a verdadeira razão provavelmente reside naquele argumento final, em que o futuro chefe da Assembleia da qual surgiu a Constituição republicana desafiou os juízes, falando "politicamente", como ele disse, sem pretensão, não sem acentos de zombaria pesada para o Tribunal. Houve depois outro motivo técnico, ligado ao representante da acusação, a saber: o fato de Terracini ser "suspeito de ser o maior organizador do partido".[28]

Enquanto isso, em julho de 1928, quando Gramsci já estava preso em Turi, ocorreu uma segunda tentativa de libertação via negociação, após a iniciada durante "o processão", realizada novamente com o envolvimento dos russos e com um papel propulsivo de Togliatti. O navio quebra-gelo soviético *Krassin* havia chegado à *"Tenda rossa"* em 12 de julho, ou seja, remanescente da expedição do dirigível *Italia* que, guiado por Umberto Nobile, sofreu um terrível acidente, caindo no cais do Polo Norte. Foi um evento retumbante, especialmente após as inúmeras tentativas de recuperar sobreviventes no imenso e intransponível gelo eterno do polo, tentativas fracassadas, e frequentemente de maneira dramática, como aquela conduzida pelo famoso explorador Amundsen, morto durante a expedição de resgate. O sucesso dos soviéticos recebeu os aplausos públicos solenes de Mussolini, enquanto, no entanto, Nobile foi dispensado (interessante o fato de que, no final da guerra, viria a ser eleito para a Constituinte como independente nas fileiras do PCd'I). Bem, enquanto o *Krassin* ainda não havia retornado à base com os italianos salvos, Togliatti escreveu a Bukharin para implorar que ele agisse, aproveitando o momento favorável, para solicitar, em nome do governo soviético, liberdade para o "detento Antonio Gramsci", devido às precárias condições de saúde, e seu envio para a Rússia. Na iniciativa, foram envolvidos os camaradas Giuseppe Dozza e Ruggero Grieco. Provavelmente, no entanto, após a queda em desgraça do próprio Bukharin, entre o verão e o outono de 1928, a coisa morreu pela raiz, e foi a segunda tentativa fracassada.[29]

EM TURI

Arquivado o processo, enquanto Terracini continuava a preparar recursos, Gramsci tentou se adaptar à nova estação, talvez a definitiva, de seu próprio e pessoal calvário. O destino estabelecido foi a penitenciária do Porto Longone, a enorme mansão construída pelos espanhóis no início do século XVIII, e transformada em prisão dois séculos depois. Um local agradável para um edifício sinistro, onde a prisão era particularmente dura. A irmã de Antonio, Teresina, em 8 de junho, enviou ao secretariado particular do *duce* um requerimento no qual solicitava ao prisioneiro uma "rigorosa visita médica fiscal" e que, portanto, ele fosse designado para uma "casa penal de saúde, com alimentos próprios e com regime de cuidados compatíveis para que seu corpo doentio pudesse suportar mais humanamente a penalidade infligida". O pedido foi entregue ao chefe de polícia Bocchini, com uma observação de próprio punho de Mussolini, que se declarou "favorável ao acolhimento do pedido em anexo".[30] De fato a visita médica foi feita, e o médico declarou que Gramsci sofria de "periodontite expulsiva em consequência de distúrbios uricêmicos e de um leve colapso nervoso"; foi disponibilizada uma condição, pelo menos em teoria, mais favorável, mas que, na definição dos fatos e do local escolhido, não se mostraram muito melhores: as condições físicas e psíquicas em que Gramsci começou a nova detenção já estavam muito comprometidas, apesar das cartas tranquilizadoras enviadas à mãe e a outros familiares. A "melhor condição", portanto, foi Turi, não muito longe de Bari, e precisamente a casa penal especial para condenados que sofriam de doenças físicas e mentais.[31] O cárcere, ainda em funcionamento, como o de Porto Longone, é um edifício localizado no centro da cidade. É uma construção que remonta ao século XIX, concebida como um complexo monástico (convento dos Scolopi) e que foi transformada, após a Unificação, em um instituto penal. Gramsci permaneceria lá até 19 de novembro de 1933.

Chegou na manhã de 19 de julho de 1928, depois de uma viagem "horrível", ainda pior do que aquela que o levou de Roma a Ustica entre o final de novembro e o início de dezembro de 1926, agravada pela piora das condições físicas devido a uma forma violenta de herpes, que se tornou dolorosa, tanto sentado, quanto de pé, ou pior, deitado, forçando-o a se torcer "como um verme".[32] Apenas a experiência dessa jornada o levou a rejeitar, com força, as iniciativas de Tatiana, de acordo com outros membros da família, de voltar a solicitar uma transferência para um local mais adequado que Turi – onde, de fato, Antonio não demorou a estar ciente de que a "estadia" de San Vittore, quando era um detento à espera do julgamento, era de se lamentar. Primeiro, devido às novas e pesadas restrições sobre as correspondências: somente para parentes de primeiro grau e não mais que duas cartas por mês (enquanto anteriormente ele podia recebê-las sem limites, mas sempre apenas de parentes próximos); isso queria dizer, essencialmente, uma carta para Tatiana e uma para um parente – a mãe, um irmão, uma irmã... Para Giulia, como confidenciou várias vezes à cunhada, não sabia escrever. Seu silêncio exagerado, a falta de notícias diretas dela e das duas crianças o tornaram quase um estranho; não o faziam encontrar o espírito, o teor e até os argumentos que poderiam colocá-lo em comunicação com sua esposa. Por isso, a Tatiana também coube o difícil papel de mediadora entre os dois cônjuges, além da tarefa de transcrever uma parte da correspondência a ser enviada aos membros da família para compensar a limitação das duas cartas mensais, e outra parte a não familiares, em particular Piero Sraffa, o amigo mais precioso de Antonio, que, por sua vez, escrevia a Tatiana para falar com Gramsci.[33] Antonio estava perfeitamente ciente disso e, apesar de suas explosões de raiva (não sem motivo, mesmo que frequentemente excessivo), ele sempre reconheceu sua dívida com Tatiana, expressando sincera preocupação com as condições físicas da cunhada, que não eram das melhores, e que os "serviços de cuidados" que ela lhe proporcionava, corriam o risco de piorar. Por sua vez, Tatiana, em certos momentos, diante das explosões de raiva de Antonio, sentia-se não reconhecida, precisamente em seu apoio constante à distância, e não retribuída em termos de afeto. Assim, Antonio tentou remediar em um desses momentos de atrito:

> Cara Tania, como você pode pensar que, em algum momento de todo este período cheio de vicissitudes dolorosas, eu tenha deixado de reconhecer sua grande bondade e não lhe tenha querido imensamente bem? E não só isso, mas o fato de ter dado tantas preocupações e feito você realizar tanto trabalho para mim? [...] Com-

preenda apenas que, desde quando me vi no cárcere, fiz todo um esforço voluntário para controlar meus sentimentos e meus afetos e mantê-los refreados o mais possível: esta é uma forma de autodefesa. Assim, pode ter acontecido, ou melhor, certamente deve ter acontecido, que, muitas vezes, eu tenha parecido, em minhas cartas, árido, seco, um pouco egoísta etc. etc.[34]

Outras proibições pesaram, como não receber qualquer coisa do lado de fora, exceto roupas íntimas e livros, cujos títulos tiveram que ser submetidos ao crivo do diretor de estabelecimento da sentença, depois de passar pelo Ministério do Interior (do chefe de polícia ao próprio titular do departamento, que quase sempre era Mussolini). E talvez mais grave do que qualquer outra foi a proibição de ter papel e caneta, além do necessário para escrever as duas cartas mensais: ou seja, não poder escrever, não poder colocar no papel, pensamentos, projetos, ideias. No entanto, uma das maiores ansiedades dizia respeito aos livros: os de sua casa, os que permaneciam em Ustica, outros em San Vittore e os que a livraria Sperling, de Milão tinha que enviar e estavam atrasados. Mas colocar-se novamente em viagem, em transferência com ferros e troncos, não se podia nem mesmo falar sobre isso. Ele não queria saber de mudar para outro lugar (tinha-se pensado em outra casa de atendimento a presos com problemas de saúde, a penitenciária Soriano em Cimino, perto de Roma, também por razões de conveniência logística, para a visita dos parentes) e aproveitou a incauta iniciativa de Tatiana para abandonar-se a uma amarga *lamentatio*: lhe parecia, daquela maneira, "estar duplamente encarcerado", porque mesmo os íntimos, como Tatiana, não lhe reconheciam "nenhuma vontade"; a cunhada havia procedido, encaminhando pedidos às autoridades, "sem querer ouvir minha opinião, eu que, afinal, estou no cárcere, sei o que é o cárcere, trago suas marcas dolorosas na pele".[35]

No início, foi colocado no *"camerone"*, com outros cinco presos, todos sofrendo de doenças respiratórias, de caráter infeccioso; e Antonio estava preocupado com isso. Foi dado início, imediatamente, às práticas de obtenção de uma cela individual, sob pagamento, e, ao mesmo tempo, o reconhecimento de Tatiana com o *status* de parente próximo, para que ela fosse autorizada tanto para a correspondência quanto, principalmente, para visitas ao recluso. A prática, na verdade, acabou sendo longa e complexa, forçando Tatiana a um ziguezague entre as diferentes autoridades: a irritação começou, em suma – ou melhor, prosseguia.[36] Mais longa foi a espera pela autorização para escrever na cela. E rapidamente a saúde de Gramsci declinava, com o acúmulo de males, agravados tanto por uma dieta inadequada e insuficiente quanto pela falta de médicos de confiança – que não foram autorizados –, pelas correntes de ar que recebia e, finalmente, pelos barulhos que dia e noite lhe impediam o sono. É importante observar que a cela individual, o recebimento de livros de fora e, finalmente, a autorização para ter o necessário para escrever na cela correspondiam às possibilidades previstas pelos regulamentos prisionais e, portanto, não eram privilégio para aquele prisioneiro especial.

Nessas situações, a proximidade de Tatiana foi providencial, mesmo que as pressões muitas vezes excessivas e até inadequadas da cunhada provocassem forte oposição em Antonio, que, regularmente, se arrependia, embora reiterasse razões próprias, e a conclusão sempre foi a mesma: quem está do lado de fora não consegue se dar conta do que quer dizer ficar na prisão. E Giulia, sua esposa, em particular, lhe parecia ser a pessoa que o entendia menos do que todos os outros em casa. O relacionamento com Tatiana, em retrospectiva, tornou-se cada vez mais complexo, com uma espécie de identidade crescente entre a cunhada e sua esposa, de quem ele próprio relatava a semelhança física.[37] Talvez se criou, entre eles, um vínculo que não está apenas relacionado ao cuidado, mas a um conjunto de sentimentos emaranhados, mas que também inclui mais que carinho. Por um lado, o silêncio de Giulia e a incapacidade de Antonio para escrever para ela, decorrente desse silêncio, por outro lado, a presença constante e fiel de Tatiana, acabam por comprometer a formalidade do relacionamento parental. E as cartas muito frequentes (dela, acima de tudo, devido às restrições impostas ao prisioneiro) e as conversas na prisão, esparsas, mas sempre muito desejadas por ambos, testemunham uma realidade multifacetada. Tatiana não é apenas uma Antígona lutando contra o poder tirânico que está matando Antonio, não é simplesmente aquela que tenta lhe dar forças para resistir, mas também aparece como uma mulher apaixonada e, em um certo sentido, correspondida por aquele homem que continua a recusar as atitudes de quem busca consolar o detento: "Eu não sou um desesperado que precisa de consolo e não serei nunca",[38] censurava-a aquele homem que continua a dizer que se tornou insensível: "Em dois anos", ele escreve, em outubro de 1928, "perdi quase toda minha sensibilidade" e "a persuasão de não ser compreendido, dentro dos limites nos quais sou obrigado a escrever, me conduz cada vez mais para baixo, em um estado de indiferença passiva e feliz, do qual eu não posso me desatar". Um paradoxo muito amargo para quem, uma década antes, gritou seu ódio aos indiferentes. E mais tarde, na mesma triste carta, escreveu: "o que é pior, parece-me que já caí em um estado de transe, que deve ser próprio de velhos prisioneiros, que não raciocinam mais por nexos reais, mas por intuições de caráter mágico ou espírita". E dava alguns exemplos. Eficaz, especialmente, a metáfora com a qual ele tenta descrever seu estado de ânimo:

> Dizem que o mar está sempre imóvel além dos 30 metros de profundidade; pois bem, eu afundei pelo menos até 20 metros, isto é, estou imerso naquele estrato que só se movimenta quando se desencadeiam tempestades de certo porte, muito acima do normal. Mas sinto que afundo cada vez mais, e lucidamente vejo o momento em que vou chegar, por linhas imperceptíveis, ao nível de imobilidade absoluta, onde não se deixarão perceber nem mesmo as borrascas mais formidáveis, de onde não será nem mesmo possível ver os movimentos das camadas superiores, seja ainda como mera ondulação da franja de espumas.[39]

Em suma, Gramsci se sente "um pouco como um sobrevivente, em todos os significados".[40] E estamos apenas no começo da "jornada" em Turi. Uma jornada que durou cinco anos, nos quais sua condição física teria sofrido uma sensível degradação, com uma progressiva aceleração ao longo dos anos, chegando bem depressa à irreversibilidade, a uma condição na qual a própria sobrevivência, ou seja, o mero permanecer vivo, torna-se difícil e até no limite do impossível. Uma dificuldade física que se tornou mais séria pelo peso psicológico da prisão, duro como foi o que lhe fora imposto. Pouco depois, finalmente, depois de um longo silêncio, Gramsci decidiu escrever, usando Tatiana como intermediária, para Giulia. E o relato da prisão foi confirmado, ou até mesmo piorado.

Seu medo era se conformar, sofrer as mesmas "deformações psíquicas" de prisioneiros de longa duração; de se tornar como eles, em suma. Mas a força de vontade, esse componente otimista que, até o momento, de qualquer maneira, havia resistido, ressurgiu: "Certamente, eu vou resistir. Mas, por exemplo, percebo que não sei mais rir de mim mesmo, como antes, o que é grave".[41] Pouco depois escreveu para Carlo, lamentando o excesso de imaginação e ingenuidade de Tatiana, que tinha ilusões, pensando que o cárcere poderia ter sido transformado em exílio, como em Ustica. Algo teoricamente possível, um acordo de capitulação política ou um pedido de perdão. E, em vez disso, era importante reiterar uma verdade elementar para Antonio, que ele reputava como tal também para os íntimos:

> Não tenho nenhuma intenção de me ajoelhar diante de quem quer que seja nem de mudar minimamente minha conduta. Sou bastante estoico para perceber, com a maior tranquilidade, todas as consequências das premissas acima mencionadas. Eu sabia há um bom tempo o que podia me acontecer. A realidade confirmou minha resolução e não me abalou de modo algum. Em vista de tudo isso, é preciso que Tatiana saiba que não se deve nem falar de tais romances, porque só o fato de falar nisso pode levar a pensar que se trate de abordagens que eu possa ter sugerido. Só esta ideia me irrita.[42]

Tatiana, de fato, talvez não tenha se colocado esses problemas, ou se colocava e se respondia que a libertação de Antonio era o objetivo a ser perseguido a todo custo. Ela o amava de modo "desinteressado", como pode ser observado, mas talvez não fosse igualmente verdade que não esperava nada em troca,[43] tanto que, muitas vezes, diante de seus silêncios teimosos, ou das tentativas de fechamento, ela não desistiu, não cedeu; insistiu, persistiu, o estimulou e às vezes o atacou. E as duas posições endureciam, depois amoleciam imediatamente, em um relacionamento semelhante ao de um "casal", mesmo sem admitir, no fundo, nem mesmo para eles mesmos. Antonio continuava a pensar em Giulia como seu amor, e esquivou-se tanto quanto podia das armadilhas dos sentimentos; Tatiana oscilou entre "estar plena de sentimentos pessoais íntimos e o papel mais destacado de mensageira e mediadora dos afetos familiares".[44]

Em dezembro, Tatiana finalmente conseguiu entrar na penitenciária, obtendo a primeira visita a Antonio, na qual ambos tentavam segurar e controlar seus próprios sentimentos. Nele se acrescentou, provavelmente, já uma nuvem de medos e suspeitas: medos por iniciativas que a cunhada, sozinha ou com todos os parentes – seja do ramo Schucht, seja dos Gramsci –, pudesse tomar, colocando-o em uma séria complicação política, como se predispor, ou até mesmo apenas falar, dentro do círculo restrito de familiares, de um pedido de perdão. As únicas práticas que ele autorizou, e nas quais insistia, eram aquelas permitidas por lei, sem desonra para os condenados: isto é, uma cela individual e a oportunidade de escrever, com autorização. E Tatiana, enquanto isso, continuava, deste ponto de vista mais prático, a principal interlocutora, aquela que se virou para pedir livros, remédios, dinheiro e pouquíssimos artigos de roupas ou conforto permitido. Mas, na verdade, na maioria das vezes, tinha que ser ele mesmo a pedi-la, diretamente ou por meio de seu irmão, para que não lhe enviasse nada que ele mesmo não tivesse expressamente solicitado. E, sempre esperando o momento fatídico da autorização para escrever na cela, enviou listas de livros: Hegel, Dante, mas também de estudiosos italianos de sua época, de Croce a De Ruggiero, com a abertura do amplo espectro já usual. Seus interesses culturais não haviam sido extintos ou mesmo suprimidos pelas grades do cárcere. Escrever, mesmo as duas cartas mensais permitidas, era um exercício incômodo: pouquíssimo tempo à disposição, em uma sala comum a outros prisioneiros.[45] Ao lado da paixão pela leitura, do amor pelo estudo, embora praticado apenas em certa medida, emergia a paixão educacional, muitas vezes mencionada aqui. Para Carlo, deu sugestões e conselhos para a educação da pequena Edmea, que escrevera para o tio Nino. Depois de agradecer à sobrinha, não desistiu de lhe dar uma aula de italiano, que também foi uma lição de comportamento:

> Mas me parece que ela, embora redija bastante bem e saiba colocar seus sentimentos em frases espontâneas e vivas, comete um número muito grande de erros de ortografia, até mesmo para uma estudante que está apenas na terceira série. Deve ser pouco cuidadosa e estar sempre apressada: suponho que, até quando fala, algumas vezes pareça um redemoinho e coma a metade das palavras, engo-

lindo os 'erres' com um prazer especial. Deve-se ter o cuidado de mandá-la fazer os deveres com aplicação e muita disciplina.

Era um tema que, já nos escritos jornalísticos, era emergente e que confirmava a atenção de Gramsci à questão pedagógica e sua atitude oposta a qualquer tipo de espontaneísmo: a insistência na necessidade de indicar uma direção, a importância da disciplina. E, contemporaneamente, essa obsessão pela educação, a ser seguida com o máximo zelo. A rejeição radical de todo *laissez-faire* naquele plano nos recorda artigos como *Socialismo e cultura* e *A universidade popular*, ambos de 1916, nos quais as bases foram lançadas em tal sentido.[46] Seguiam indicações de caráter geral, que tinham em conta a situação particular, para ele bem conhecida, de sua ilha: indicações cuidadosas no campo da Linguística ("você mesma sabe", escreveu Tatiana a Giulia, no mesmo ano, "o quanto Antonio se interessa pela Linguística")[47] que, como sabemos agora, foi o primeiro amor científico de Gramsci e, como todo primeiro amor, permaneceu. Assim ele escreveu:

> Nas escolas dos vilarejos sardos, acontece que uma menina ou um menino que em casa foi habituado a falar o italiano (ainda que pouco e mal), só por esse fato se encontra num nível superior a seus colegas, que só conhecem o sardo e, portanto, aprendem a ler e escrever, a falar, a redigir numa língua completamente nova. Parece que os primeiros são mais inteligentes e espertos, quando algumas vezes não é assim, e por isso, na família e na escola, não se tem o cuidado de habituá-los ao trabalho metódico e disciplinado, pensando que superam todas as dificuldades com a 'inteligência' etc. Ora, a ortografia é justamente a pedra no caminho dessa inteligência.[48]

Estes são argumentos, problemas, orientações encontradas nos anos seguintes, na correspondência, e aqui e ali também nos *Cadernos*.

QUINTA PARTE:
DE TURI PARA ROMA (1928-1937)

MATRÍCULA NÚMERO 7047

O INÍCIO DOS CADERNOS

Em 14 de janeiro de 1929, Antonio anunciou a Tatiana, de sua cela em Turi: "Minha saúde foi restaurada"; e continuou com detalhes sobre os vários distúrbios e medicamentos relacionados, depois sobre a dieta. *En passant*, acrescenta: "Em breve, poderei também ter o necessário para escrever na cela e assim será satisfeita minha maior aspiração como prisioneiro". Provavelmente, a sensação de se sentir melhor era devida à comunicação recém-recebida da administração da penitenciária, relativa à possibilidade de escrever na cela, mais que às condições objetivas. Agora, finalmente, as coisas poderiam mudar. Ele não leria mais a esmo e para matar o tédio, um "plano de estudos poderia ser feito", por isso, cerca de dez dias depois, a decisão foi tomada: "Agora que posso escrever na cela".[1] Assim, as autorizações tinham sido concedidas e se tornou possível, entre o final de janeiro e o início de fevereiro de 1929 (8 de fevereiro de 1929), é a primeira data que encontramos de próprio punho de Gramsci em um caderno: "Agora que vou poder escrever, farei um plano de estudos e aprofundar determinados argumentos e não mais 'devorar' os livros". Ele deixou de receber novos livros, ou livros escolhidos pela própria Tatiana: "Eu mesmo pedirei os livros de que preciso". E especificou não querer mais "livros quase inúteis ou supérfluos"; a partir de agora, ele precisava de "livros mais substanciosos!".[2] Pedia, no entanto, informações muito detalhadas sobre as revistas das quais era assinante, na tentativa de recuperar os atrasados ou os números perdidos, entre uma prisão e outra, e solicitava também receber boletins regulares das novas livrarias. Reiterou que amigos e parentes deveriam aguardar seus pedidos, antes de lhe enviar volumes; com uma exceção: "para qualquer livro da atualidade, dos quais eu não posso ter conhecimento". E então, ele acrescentou, com um senso quase triunfante: "Sabe? Já estou escrevendo na minha cela". Embora tivesse começado com exercícios de tradução, "para refirmar a mão", mas, continuava, "enquanto isso eu coloco ordem nos meus pensamentos".[3] Foi o começo, em poucas palavras, de seu trabalho intelectual mais impressionante, os *Cadernos*.

Não é de se admirar que a estreia do Gramsci "escritor" atrás das grades aconteça com dicionários de idiomas e gramáticas. Algumas semanas depois, em resposta a uma pergunta específica de uma correspondente, observou:

> Entre os estudos mais proveitosos, certamente está o das línguas modernas: basta uma gramática, que se pode achar em bancas de livros usados por pouquíssimo dinheiro, e alguns livros (também usados, se for o caso) da língua escolhida para o estudo. Não se pode aprender a pronúncia falada, é verdade, mas se saberá ler, o que já é um resultado notável.[4]

De fato, já desde o cárcere de San Vittore, recordamos, ele havia mencionado, em seu programa de trabalho, o estudo de línguas, falando dele como sua "ocupação" principal,[5] aludindo ao conhecimento linguístico já adquirido, outros a serem aperfeiçoados e outros ainda a serem empreendidos. "Você sabe", escreveu Tatiana a Giulia, em 1928, "o quanto Antonio se interessa por Linguística" e perguntou à irmã se não poderia "obter informações sobre livros importantes neste setor junto a Lunatchárski",[6] o grande literato, comissário responsável pela Educação que também atuara por um tempo como embaixador russo em Roma. Agora, porém, para Gramsci, era chegado o momento de iniciar esse programa. Começou, portanto, com o alemão, do qual ele já tinha um certo conhecimento, com traduções de uma revista de literatura, *Die Literarische Welt*, de uma edição dedicada inteiramente à literatura dos Estados Unidos na época – a mesma que atraiu a atenção na Itália, mais ou menos naqueles anos, de Emilio Cecchi, Cesare Pavese, Elio Vittorini. Observou-se com razão que existe um vínculo preciso entre as traduções e os temas discutidos logo depois e em seguida, em uma espécie de trabalho paralelo que durou um par de anos, ou um pouco mais. Em essência, não foi um mero exercício, seja porque Gramsci traduzindo buscava ideias, informava-se, documentava-se para depois iniciar, em primeira pessoa, a escrita sobre temas ligados aos textos traduzidos; seja porque, de certa forma, ele dava um sentido a essas versões, de acordo com o tema (por exemplo, as fábulas dos irmãos Grimm adquiriram um valor pedagógico muito mais claro que no original alemão). Se temos isso em mente, então não teremos dificuldade para entender a importância daquelas traduções, que apenas muito recentemente foram consideradas dignas de serem publicadas.[7] No interesse de Gramsci, ressurgiram, naturalmente, os estudos universitários interrompidos em Turim, os ensinamentos de Matteo Bartoli, glotologista e linguista, antes de tudo, mas também o de Arturo Farinelli, germânico, hispânico, italianista, um dos primeiros a fazer a história comparativa das literaturas. Justamente nas traduções de um número significativo de páginas dessa revista alemã podemos ver a antecipação de um interesse preciso, que se manifestaria, além de menções esparsas, no "caderno especial" por ele mesmo intitulado de *Americanismo e fordismo*. Da mesma forma, a tradução dos contos de Grimm testemunhou uma atenção específica às formas de literatura popular, recuperando também, por outro lado, o interesse despertado pela *trivial litteratur* da qual ele havia sido forçado a se alimentar na detenção em Milão ("possuo uma capacidade bastante feliz de encontrar algum lado interessante mesmo na menor produção intelectual", escreveu ao camarada Giuseppe Berti: "Eu remexo até nos monturos!").[8]

No entanto, mesmo naquelas circunstâncias de cárcere e, indiretamente, das bibliotecas institucionais, havia o que descobrir e aprender. Especificava ainda, usando Tatiana como interlocutora, em uma passagem que pode ser lida como um dos precursores do conceito de "popular nacional" – sintagma abusadíssimo e mencionado principalmente com uma deformação ("nacional-popular") que, na realidade, parece percorrer, mesmo indefinido, quase a inteira reflexão gramsciana; duas palavras que podem ser divididas e reconectadas, dependendo da área de pesquisa, que, no entanto, diz respeito à História, Linguística e Antropologia.[9] É a atenção de Antonio Gramsci às formas culturais das classes subalternas que o guiam, e sua curiosidade insaciável o induziu não apenas a ler tudo, mas a transformar a leitura em estudo. Assim, mesmo as bibliotecas prisionais podem ser reservatórios preciosos: "Tudo consiste em finalizar as próprias leituras e em saber fazer anotações (se você tiver permissão para escrever)". Então ele leu com proveito e, pode-se dizer, com prazer, Sue, Montépin, Ponson du Terrail... Mas, acima de tudo, ele começou a se perguntar: "Por que essa literatura é sempre a mais lida e a mais publicada? Que necessidades isso satisfaz? A que aspirações responde? Quais sentimentos e pontos de vista estão representados nesses livros, para agradarem tanto?".[10]

Trata-se de perguntas que, na forma de curiosidade, eram já presentes no jornalista Gramsci e que seriam retomadas nos *Cadernos*. A questão se torna um método histórico quando passamos para outro tema: o catolicismo e a burguesia na França antes da Revolução. Citando a famosa obra histórica de Bernard Groethuysen, sobre a origem do espírito burguês na França, publicada dois anos antes, observou que esse estudioso havia trabalhado com uma amplíssima massa de textos devocionais, coleções de sermões, catecismos e assim por diante, "e reuniu um magnífico volume". Há uma dupla confirmação: que pode-se *"cavar sangue" anche dalle "rape"* e que, em certos casos, como este, "os nabos não existem".[11]

Após a estreia com o alemão, Gramsci voltou-se para a língua russa, da qual ele também tinha algum conhecimento, que se desbotou com o passar do tempo, desde quando, entre 1922 e 1923, esteve em Moscou e conheceu Giulia. Esta foi certamente uma maneira de se restabelecer o relacionamento rompido, coerentemente com o fato de que, naquelas primeiras semanas do novo ano, havia escrito para sua esposa, apesar de não ter recebido resposta à carta anterior, de novembro de 1928. Estu-

---

* Expressão idiomática italiana que significa literalmente: "tentar tirar sangue de nabos", cujo significado é "buscar algo impossível". (N. R.)

dar o russo, no entanto, tinha obviamente uma forte motivação política que não é necessário sublinhar: uma vez que a Rússia se identificava com o comunismo, a língua russa se tornou o principal instrumento de comunicação no movimento internacional dos trabalhadores, uma língua agora imprescindível, mesmo na cela fechada. Finalmente, o russo constituía um meio de penetrar em uma das literaturas mais ricas do século passado, de Tolstoi a Dostoiévski, e que, graças à Revolução, retomou a circulação na Itália, especialmente pelo trabalho de Alfredo Polledro (ex-socialista, objeto preferido das críticas do jornalista Gramsci), de sua companheira russa-polonesa, Rachele Gutman, com quem Polledro havia publicado obras de linguística russa e antologias, das quais Gramsci se serviu. Polledro também representava a editora por ele fundada, a Slavia de Turim, a cuja produção Gramsci sempre esteve muito atento, especificando várias vezes que os textos traduzidos do russo ou de outras línguas eslavas tivessem uma etiqueta editorial: "Não me mande nenhuma tradução que não seja da Ed. Slavia" – ordenava a Tatiana.[12]

Mais ou menos simultaneamente, ele se dedicou à língua inglesa, cujo estudo confessou ser mais fácil do que do alemão – língua na qual obviamente se especializou, depois das fábulas de Grimm, com textos mais desafiadores, começando com o manual de Franz Nikolaus Finck sobre as "famílias linguísticas" do mundo,[13] nunca traduzido, nem mais tarde, em italiano; ou se dedicava a textos de Marx. No primeiro caso, se tratava do cultivo de uma paixão genuína que vinha de longe, enquanto no segundo era a urgência de um confronto próximo com os "marxismos" do seu tempo, especialmente aqueles expressos em fórmulas impostas pela hegemonia stalinista-bolchevique do "materialismo dialético" ou *diamat*, ou "marxismo-leninismo" – fórmula que o nosso Gramsci nunca aceitou completamente, mas da qual se aproximou, pelo menos em um certo estágio (boa parte dos anos 1920), para depois se afastar. Nesse sentido, Marx era um antídoto precioso para Gramsci (voltaremos a esse tema).

Aqui, como em outros casos, além do diferente grau de dificuldade dos textos, pode-se notar que o tradutor Gramsci, apaixonado, mas amador, não poderia não se deparar com os erros clássicos de quem não têm a experiência específica desse difícil trabalho, mas é igualmente fácil observar como ele progredia rapidamente. Há ainda uma segunda observação a se fazer: os textos nos quais ele começou a trabalhar, em italiano ou nos idiomas mencionados acima, eram escolhidos por Gramsci não a partir simplesmente do exercício de tradução, mas pela utilidade do conteúdo em relação a um determinado tema. Então, se inicialmente traduzir foi uma maneira de vencer o *"horror vazio"* da página em branco e deslanchar, privilegiando, no entanto, trabalhar com determinados autores e assuntos, pouco a pouco a perspectiva foi invertida e as escolhas aconteceram precisamente com base nos temas e, desse modo, pela urgência de enfrentá-los em um certo estágio da vida do erudito recluso. Finalmente, como ele traduziu, impulsionado pela primeira ou pela segunda exigência, começou a refletir sobre a tradução como tal e sobre a tradutibilidade, adicionando um significado geral, forte, para ambos os conceitos, até escapar da esfera estritamente técnico-linguística. E o traduzir em Gramsci assumiu um significado histórico, geográfico, cultural, antropológico, como meio de comparação e intercâmbio entre culturas.[14] Acrescenta-se que o traduzir tinha um significado preliminar também no plano psicológico: ainda não era a escrita criativa, que estava por se expressar na redação das notas nos *Cadernos*, mas foi um passo adiante comparado à mera leitura, à própria fadiga de traduzir, pois representava um tipo de terapia contra a brutalidade, por um lado, e a angústia, por outro: "Este trabalho me acalma os nervos e me deixa mais tranquilo. Leio menos, mas trabalho mais", escreveu a Giulia em março.[15] No mesmo mês, ele deu provas do que estava dizendo, com um novo programa de trabalho, comparado ao de março de 1927:

> Decidi me ocupar predominantemente e tomar notas sobre os três assuntos seguintes: 1) A história italiana no século XIX, com especial referência à formação e ao desenvolvimento dos grupos intelectuais; 2) A teoria da história e da historiografia; 3) O americanismo e fordismo.[16]

Entrando nesse mérito imediatamente, já indicava uma bibliografia básica, pedindo de tudo um pouco: Croce, Marx, Labriola, Rodolfo Mondolfo, Bukharin, Maritain, Michels, Sombart, mas também Salvemini, Gobetti, Prezzolini... e muitos outros: todos os livros de sua biblioteca, que se supõe que tenha lido, ou pelo menos consultado, a fim de "fazer determinada pesquisa". É o jovem Gramsci de Turim que ressurge aqui, com sua enorme bagagem de leituras, aquele onívoro estudante que parava diante das vitrines de livros. Isso se confirma, na mesma carta, em uma série de indicações bibliográficas que ele fornece indiretamente por meio de Tatiana à destinatária, uma conhecida que solicita, em nome do marido, conselhos sobre "livros de filosofia".[17] Gramsci exalava sua própria curiosidade intelectual: depois de uma série de observações gerais de método sobre os livros, transitava de William James a São Tomás, mostrando conhecer textos e estudos, e fornecendo, aqui e ali, micronotas de leitura. Apenas um exemplo, sobre Croce:

> Para estar a par da dialética, deveria ler: ainda que sejam muito cansativos, alguns grandes volumes de Hegel. A *Enciclopédia*, traduzida admiravelmente por Croce, hoje, no entanto, custa muito: cerca de 100 liras. Um bom livro sobre Hegel é também o de Croce, desde que lembremos que nele Hegel e a filosofia hegeliana dão um passo adiante e dois atrás: a metafísica é superada, mas se recua na questão das relações entre o pensamento e a realidade natural e histórica.[18]

Cada vez que se adentrava no estudo e os livros começavam a fluir, numerosos (tanto os próprios quanto os novos, provenientes do "fundo Sraffa" na livraria Sperling, em Milão), ele reduzia o espaço para seus exercícios de tradução, que permaneceram, mas apenas na medida em que resultavam funcionais para "certas pesquisas".

Estudar, ler e, agora, escrever, não apenas cartas, no entanto, não esgotavam o dia na prisão de Gramsci. Havia lugar para, além de coisas práticas, como se alimentar, cuidar-se, tentar dormir (a insônia permaneceu um problema fundamental), a construção de objetos, a criação de pardais, o cultivo – da rosa, por exemplo, uma plantinha que Tatiana lhe deu e que passou por momentos de sofrimento, entre sol e geada. Mas aqui também surgiu o teórico. O que fazer com a rosa? Deixá-la crescer em espontaneidade absoluta, ou guiá-la, direcioná-la, ajudá-la a crescer? Zombando, mas sincero, sobre isso ele escreveu:

> Hesito entre as duas concepções do mundo e da educação: ou ser rousseauniano e deixar agir a natureza, que nunca erra e é fundamentalmente boa, ou ser voluntarista e forçar a natureza, intro-

duzindo na evolução a mão experiente do homem e o princípio de autoridade.[19]

Ele está ciente de que a alternativa, radical, não diz respeito apenas à natureza, mas também todo resto; e embora aqui ele não diga, pode-se razoavelmente pensar, além do campo pedagógico (ao qual se refere explicitamente), também no âmbito político. Gramsci é sempre, em síntese, um inimigo de qualquer forma de espontaneísmo.

Todos esses entretenimentos não o impedem de sentir, por vezes, desabar em um estado de indiferença, perdendo progressivamente a ironia e a capacidade de rir, mas adquirindo paciência – uma paciência que, como meio de autodefesa, no final parecia a ele próprio a habituação à rotina da prisão, que era seu grande medo. A amargura por não poder contribuir com a educação dos filhos, senão com alguma sugestão que ele não sabia como seria possível ser seguida, o sofrimento de sentir-se no caminho da separação de Giulia, os mal-entendidos com Tatiana, a única presença intermitente da família... As aflições do prisioneiro eram tais que ele estava começando a fazer confusões mentais, a ponto de se perder dentro daquilo que ele chamou de seu "caos". Ou, diferentemente, sentia que se tornara "apático e passivo" ou "seco e sombrio".[20]

Tentava compensar pensando em Delio e Giuliano, de quem recebia ocasionalmente fotografias e aos quais – inicialmente apenas a Delio, o mais velho – começou a encaminhar pequenas cartas, mas ainda estava atormentado pelo problema da distância: "Não posso gozar também o primeiro frescor das impressões dos meninos sobre a vida". Ele também estava angustiado pelo sentimento de culpa em relação a Giulia, sobre a qual recaia inteiramente o ônus da cura, dos cuidados e da educação contínua.[21] A relação com ela, que depois viria a arruinar-se efetivamente, ainda era, no entanto, dificultada por longos silêncios que os dois cônjuges agora reservavam um ao outro; ela, além dos problemas "de nervos", apresentava uma sintomatologia clínica que, como de fato aconteceu com sua irmã Tatiana, a levava ao hospital de tempos em tempos ou a obrigava a andar de bicicleta terapeuticamente. Mas o problema mais sério atingia a irmã Eugenia, "Genia", que pôs na cabeça a ideia de ser mãe dos dois filhos de Antonio, de qualquer maneira, principalmente do primeiro

– uma mãe que também era pai, para afastar os filhos do verdadeiro pai, por quem seu ódio era profundo e inexorável.[22]

OS *ANNI NERI* DO COMUNISMO

Enquanto isso, os "anos sombrios" do movimento comunista haviam começado, com a "aceleração sectária" da Comintern, sob inspiração do partido russo e, portanto, dos "partidos irmãos, aos quais cabia simplesmente se fazer porta-voz da propaganda soviética, sobre o 'grande progresso' daquele país, sob a liderança do partido".[23] Isso logo causou uma crise muito pesada no interior da organização, na qual não faltaram as vozes dissidentes em relação à "total subordinação de suas seções", ou seja, os diferentes partidos, também no que dizia respeito à vida interna, "às decisões tomadas pelos líderes do partido russo; por Stalin, para dizer mais simplesmente".[24]

A interpretação moderna, em uma chave histórica, não parece se distanciar muito da análise política de Angelo Tasca, representante em Moscou do PCd'I. Em 2 de janeiro de 1929, em uma carta reservada ao secretariado do partido (Togliatti era agora "responsável pelo trabalho de secretariado"; formalmente, Gramsci permaneceu secretário até o final da guerra),[25] o piemontês se expôs muito, escrevendo que comparar Stalin a Lenin era uma "profanação", e que sem Stalin não havia nem o PCR nem a IC, que eram órgãos fantasmagóricos por detrás dele: "Stalin é o 'mestre e senhor' que move tudo", e a coisa mais grave era que ele, na opinião de Tasca, não estava absolutamente à altura de tal responsabilidade.[26] Julgamentos duríssimos, que hoje são confirmados pela história, precisamente, mas que nenhum líder daquele tempo sequer ousava compartilhar – talvez nem o pensasse. No entanto, ele argumentaria posteriormente – e possivelmente agravaria suas observações críticas –, em um relatório ao partido, em fevereiro, que constitui uma análise aguda do processo degenerativo em andamento na Rússia, no partido e na sociedade. A condenação de Tasca estava no ar e chegou em setembro do mesmo ano, que tinha começado, na Rússia, com a expulsão de Trotsky, do país e do partido, enquanto na Itália chegou mais tarde, em março de 1930, com a expulsão de Bordiga, que nesse período estava livre do confinamento (de Ustica havia passado para a ilha de Ponza), não sem causar, em função disso, descontentamento e rumores insatisfatórios, porém infundados, de possíveis acordos com o regime.[27]

Para todos os expulsos sempre chegava, imediatamente, a acusação de trotskismo, mesmo que não houvesse laços nem, muitas vezes, afinidades político-ideológicas. O partido do qual Gramsci ainda estava à frente, pelo menos formalmente, estava firmemente em conformidade com as diretrizes de Stalin: entre 1929 e 1931, dos oito membros do *Bureau Político*, foram expulsos cinco: Tasca, Leonetti, Ravazzoli, Tresso, Silone, sem contar o fundador do partido, Bordiga, já marginalizado por algum tempo antes de ser expulso. No fim de 1928, também o economista Antonio Graziadei foi expulso, já signatário de *L'Ordine Nuovo*, acusado de se dedicar mais aos seus próprios estudos que à luta política, ademais, sob a perspectiva do revisionismo marxista.[28]

O evento decisivo que levou a essas consequências ocorreu no verão de 1929, com o X Pleno da IC, quando quase todos os discursos, com alguma diversidade de sotaque, apoiaram a tese da "apressada e grosseira identificação" entre social-democracia e fascismo.[29] Era a questão já surgida no VI Congresso e já antecipada por insinuações em algumas intervenções no V Congresso. Agora se chegava à conclusão, formalizando a tese do "social--fascismo". Togliatti, como todos os representantes italianos, a subscreveu, embora com algumas tentativas de distinção (não apenas dele, mas também de Grieco, presente com ele naquela assembleia), sendo acusado entre outras coisas de excessivo "tato" em relação a Trotsky, no passado, e, entre os italianos, mais recentemente, em relação a Tasca.[30]

Interessante a reorientação de Togliatti, a uma distância de exatos 30 anos, quando definiu, mesmo de modo autocrítico, essa linha escolhida como "o erro mais sério" do movimento comunista.[31] No retorno do Pleno, em uma reunião de partido, foi realizado o segundo "julgamento" de Tasca, acusado de não acreditar na fase ofensiva do movimento naquela conjuntura histórica, culpado ainda por não acreditar que não fosse aquela a hora de atacar a fortaleza capitalista e convencido de que se deveria jogar na defensiva, chegando a apoiar políticas de aliança com as forças democráticas. A expulsão ocorreu quase automaticamente, em 1929, após um processo político no qual, em certo sentido, Tasca usou argumentos gramscianos como autodefesa: dizer a verdade, a qualquer custo, até mesmo o de romper com Stalin, a URSS e a IC, da qual, enquanto isso, foram excluídos também Bukharin e Humbert-Droz. Ele teria se sentido como um herege perseguido pela igreja, mas continuou, pelo menos por algum tempo, a considerar-se um comunista.[32]

O ano de 1929 se encerrava com a Grande Crise e o colapso de Wall Street: um período de turbulência começava não apenas no âmbito econômico-financeiro, mas também político e social, o que não poderia deixar de influenciar o movimento comunista que, em sua liderança, chegou à confirmação da crise irreversível do sistema – o que, portanto, autorizava acelerar em direção à revolução proletária, contra toda tentativa de acordo com democratas e reformistas. A palavra de ordem de uma Assembleia Republicana, das forças antifascistas e progressistas, foi descartada. Agora era a hora da revolução proletária, e somente os comunistas, sem se contaminar com falsos aliados, deveriam assumir a direção do movimento. Uma espécie de vento de loucura atravessava o comunismo mundial e também na Itália, onde estava no poder seu inimigo mais tenaz, o fascismo, e as forças antimussolinianas estavam dispersas e desorganizadas, mantendo-se a linha de ataque. O encarceramento de Gramsci pesava muito negativamente neste processo de involução teórica e prática. Até o jornal ao qual ele havia dado vida em 1924, *L'Unità*, periódico oficial do partido, depois de ter, no passado, dado a impressão de ser um jornal relativamente livre, a partir do "ponto de virada" se alinhou rápida e acentuadamente tanto no que diz respeito à direção do PCd'I quanto à IC.[33] Uma orientação que encontrou, afinal, um tipo de incentivo ao endurecimento do regime de Mussolini que, depois dos Pactos de Latrão, de fevereiro de 1929, e do plebiscito, em março, já se sentia firme, capaz de suportar e controlar todos os impulsos centrífugos, impedindo o nascimento de qualquer dissidência. O fato, no entanto, de que a maior parcela de abstenções ou de "não" ao plebiscito de Mussolini estava expressa nos grandes centros industriais testemunhava que o partido, embora desestabilizado e quase tateando no escuro, não havia sido domado e que ainda havia uma classe proletária não conquistada por Mussolini.[34]

Para Gramsci, a notícia veio fragmentada – nem sempre pontual ou precisa, às vezes contraditória. Quando ficaram mais claras, ele tomou uma posição e foi de crítica radical. A situação do movimento e do partido e a própria falta de informação aumentaram o estado de incerteza e depressão gerado pela dificuldade de relações interpessoais com familiares: Giulia e, em parte, Tatiana também, como sabemos. Em novembro de 1929, se indignou muito com a prática de revisão da sentença, como já mencionado, iniciada sem que sequer fosse informado. E aproveitou a oportunidade para fazer um quadro, quase como um manual de psicoantropologia, da situação do recluso, que não pode ser considerado da mesma maneira que o homem livre. Não apenas suas condições materiais, mas sua psicologia é completamente diferente, assim como sua hipersensibilidade, sua extrema suscetibilidade, até sua "infantilidade", as quais, no entanto, devem ser respeitadas. E se Tatiana estivesse obstinada em não o fazer, Antonio ameaçava, em termos inequívocos, "romper toda e qualquer relação".[35] Finalmente, em 30 de dezembro, decidiu escrever para Giulia, depois das pressões cada vez mais insistentes de Tatiana, e essa carta provavelmente (e Antonio nem deve ter se dado conta) não deve ter agradado muito a esposa, duramente criticada pelos métodos educativos relacionados aos filhos. Aqui, Gramsci aproveitou a oportunidade para reiterar um conceito já expresso tanto em termos pedagógicos quanto políticos, ou seja, que o espontaneísmo é um fator negativo em sua forma inconclusa. As crianças, de acordo com uma concepção de tipo espontaneísta, de fato, são consideradas adultos em potencial, que o tempo naturalmente proporcionará que se desenvolva "sem coerção, deixando agir as forças espontâneas da natureza ou sei lá o que". Em vez disso, outro deveria ser o procedimento, porque – e assim é um conceito já expresso de várias maneiras por Gramsci – "tudo é uma formação histórica, obtida com a coerção (entendida não só no sentido brutal e da violência externa) [...]: que, de outro modo, se cairia numa forma de transcendência ou de imanência". E continuou: "Renunciar a formar a criança significa só permitir que sua personalidade se desenvolva acolhendo caoticamente, do ambiente geral, todos os motivos da vida".[36] Poucos dias antes, falando com o irmão mais novo, Carlo, implorando que desistisse do projeto de levar a mãe para visitá-lo, tentou animá-lo e, por meio dele, fortalecer toda a família:

> Não estou abatido, desanimado nem deprimido. Meu estado de espírito é tal que, ainda que eu fosse condenado à morte, continuaria tranquilo e até mesmo na noite anterior à execução, talvez eu estudasse uma lição de língua chinesa.[37]

Ele, Carlo e seu irmão Nannaro (ou Gennaro), além disso, viveram a guerra e, portanto, deveriam ter alcançado "o grau máximo de serenidade estoica e adquirido a convicção profunda de que o homem tem em si mesmo a fonte das próprias forças morais" e, portanto, "a ponto de jamais desesperar e não cair mais naqueles estados de espírito vulgares e banais que se chamam pessimismo e otimismo". Retomando uma frase atribuída por ele mesmo a Romain Rolland (*"ma con beneficio d'inventario*") e já usado em algumas passagens juvenis, ele concluiu: "Meu estado de espírito sintetiza esses dois sentimentos: sou pessimista pela inteligência, mas otimista pela vontade".[38] Nascia então um dos lemas gramscianos, que com poucos outros vulgarizariam seu pensamento, às vezes até banalizando, em vez de torná-lo conhecido.

A "OFICINA" GRAMSCIANA

Como uma demonstração de paz de espírito, que a autorização para escrever na cela havia fortalecido em si, Gramsci começou a fazer anotações sobre várias questões, juntamente com os exercícios de tradução, gradualmente reduzidos até quase desaparecerem ao longo do tempo. Foram os primeiros fragmentos daquele *Diário do século XX*, que iria aparecer nas livrarias, após a Segunda Guerra Mundial, como os *Cadernos do cárcere*, quando começaram a ser conhecidos e depois publicados, em uma iniciativa editorial, cultural e política de extraordinário interesse.[39] Um material desagregado diante do qual os problemas de leitura e interpretação estão ligados, antes de tudo, à datação de notas individuais; iniciativa possível apenas em parte, devido à dificuldade, seja de estabelecer o momento preciso em que o prisioneiro escreveu esta ou aquela página,

---

* Expressão jurídica que significa a necessidade de distinção entre o patrimônio do herdeiro e o patrimônio do falecido em casos de sucessão. (N. R.)

seja de reconstruir com precisão o processo de revisão de textos dos primeiros rascunhos que ele próprio fez, pelo menos em parte, durante um certo momento.[40] Iniciativa quase impossível, a rigor dos termos, mas ao mesmo tempo indispensável, à luz da advertência que o próprio Gramsci dava, referindo-se àqueles que desejassem empreender um estudo sobre Marx: devia ser "mais importante do que as afirmações particulares e casuais e do que os aforismos destacados", o que é feito principalmente no discurso público ("Gramsci diz...", mas qual Gramsci, ou em que fase da elaboração do pensamento de Gramsci?), "a pesquisa do *leitmotiv*, do ritmo do pensamento em desenvolvimento".[41] Tanto mais quando se considera que a elaboração gramsciana no cárcere é um verdadeiro e próprio trabalho clássico em andamento, que é afetado fortemente pelas situações externas, relacionadas a eventos do movimento comunista, bem como pela própria questão biográfica, da deterioração das condições físicas, do enfraquecimento da resistência psicológica do prisioneiro.

Entre janeiro e fevereiro de 1929, uma vez obtida a sonhada autorização para escrever na cela, os obstáculos colocados pelas disposições de autoridade na prisão incluíam, além da censura prévia de livros, revistas e jornais que Gramsci poderia receber de fora, as limitações de materiais (isto é, livros e cadernos) e o tempo de sua consulta em cela: com base em testemunhos de companheiros da prisão ou de guardas e dos vários regulamentos sucessivos naqueles anos, podemos deduzir razoavelmente que Gramsci poderia ter não mais que quatro ou cinco peças na cela, no máximo seis no total, simultaneamente e por um número de horas que não excedia meio dia (de acordo com algumas teorias, sequer algumas horas).[42] Na prática, entre a cela e os armazéns onde os materiais dos prisioneiros eram conservados, se desenvolvia o trabalho intelectual de Gramsci, um trabalho que, com boa probabilidade, não passou despercebido pelo próprio Mussolini, além de algum outro funcionário atencioso que tivesse a curiosidade (ou a ordem) de vasculhar aquele material, supondo que se tratasse de "conceitos desconectados", "nebulosidades", "sem sentido" – como se escreveu em um relatório, sobre o qual retornaremos, de abril de 1933, o inspetor sanitário Filippo Saporito, para verificar a condição de saúde do prisioneiro.[43] No fundo, foi precisamente esse tipo de avaliação que facilitou a conservação e a salvação dos *Cadernos*: o julgamento sobre sua medíocre qualidade teórica e estilística, na leitura de um "besta grosseiro" – para recordar a expressão bem conhecida de Vico – implicitamente equivalente a uma avaliação de irrelevância política.

Embora os funcionários mal entendessem, ainda assim se mantinha em Gramsci sempre o medo, fundado, de que alguém pudesse entender o significado completo de suas anotações, um significado implementado, por assim dizer, pelo conteúdo das cartas (que deve ser considerado um apoio fundamental para o leitor moderno que queira mergulhar no *mare magnum* dos *Quaderni*) e isso o levou a escrever frequentemente de modo codificado ou mesmo, sobretudo nas cartas, mas não somente, de modo alegórico – Tatiana, provavelmente tendo em mente a perseguição tsarista a escritores como Pushkin e sua estratégia para evitar a censura, teria recorrido ao adjetivo "exótico", escrevendo para Iulka.[44] Finalmente, se hoje o fato de que ele começava um tema apenas com um título e o desenvolvesse apenas em parte, passando depois para outro argumento, para nós, torna a leitura mais desconfortável, naquele momento acabou sendo um escudo protetor contra as autoridades fascistas, sempre que fossem se aventurar na leitura. E essas características obviamente facilitam os mal-entendidos dos leitores de hoje, permitindo uma ampla gama de interpretações, daquelas que podem ser verificadas com quase certeza àquelas que se fundam no nada. No entanto, deve-se enfatizar que, apesar de *für ewig*, a intenção fundamental e primária dos *Cadernos* é política: trata-se de reflexão longa e dolorosa sobre derrota – a derrota de seu partido, do movimento internacional ao qual se reporta, e sua derrota pessoal, como líder e militante, à qual se acrescenta a crescente sensação de ser um perdedor, como homem, como esposo, como pai. Como escreveu Valentino Gerratana, conceituadíssimo "gramsciólogo", "compreender a razão da derrota era para ele [...] a única maneira de continuar o trabalho da revolução", não apenas porque no cárcere não poderia fazer outra coisa, mas também porque "com Marx, aprendeu que essa é a única atitude do revolucionário que não se resigna à parte subalterna de mártir". O homem de luta deveria se transformar em homem de ciência, sem perder o espírito militante e sem renunciar ao objetivo final, que continuava a ser o de libertar as classes oprimidas.[45] Não é casual a ocorrência do termo "derrota" nos *Cadernos*: depara-se 44 vezes com a palavra, em referência a situações históricas, eventos políticos, histórias de indivíduos. Afinal, como teve que dizer várias vezes, ele estava preparado para a eventualidade, que terminou por teorizar: "[...] na luta deve-se sempre prever a derrota, a preparação dos próprios sucessores", e "é um elemento tão importante quanto tudo o que se faz para vencer".[46] Mesmo que ele, o líder, tenha caído, outros terão que continuar a luta.

Quem reconstruiu a história interna dos *Cadernos* nos convida a lê-los de modo a capturar da melhor forma possível "a emergência progressiva dos problemas, dos conceitos, e datar os nós centrais de pesquisa: devolvendo, em suma, o fator tempo, o ritmo do pensamento gramsciano".[47] O assunto se complica se observarmos que estamos diante de uma "estrutura reticular" e de uma "escrita em espiral" de Gramsci; razões pelas quais não é suficiente verificar as informações imediatamente relevantes (como as datas registradas nos *Cadernos* pela administração carcerária, após a entrada no cárcere), mas é necessário tratar de toda uma série de indícios menores, de traços secundários, aqueles que a um exame mais cuidadoso aparecem como algo muito diferente do que simples caprichos do escritor, como o hábito de passar de um caderno a outro mesmo se não tiver terminado. Mesmo o abandono de um caderno inacabado e o começo de escritos em outro testemunha – de acordo com o tempo de maturação entre os escritos – não desordem e aleatoriedade, mas, antes de tudo, uma intenção de Gramsci de pôr em ordem, precisamente mudando o argumento e, ao mesmo tempo, o caderno de anotações. Existe, de fato, uma substancial diferença entre os cadernos chamados "miscelâneos" e os cadernos que ele próprio chamou de "especiais", ou monográficos: se, no primeiro caso, a sobreposição de elaboração de vários cadernos não respondia a critérios metodológicos temáticos, no segundo, se delineava uma precisa estratégia de caracterização de conteúdo no início de um novo Caderno. Em resumo, se tratavam de regras mais ou menos precisas elaboradas por Gramsci, incluindo aquelas sobre as quais se pode tentar um pouco mais facilmente penetrar naquele universo-mundo, que são os trinta e três *Cadernos*, renunciando no fundo, pelo menos em parte, à pontual cronologia, mas privilegiando a escolha de abordar a rede de temas que gradualmente o autor coloca em foco, revendo as "grandes massas de páginas" compostas por diversos itens e, em seguida, adicionando, especificando e, algumas vezes, introduzindo modificações não irrelevantes na própria elaboração.[48] Percebe-se, certamente, uma notável fragmentação, nas páginas preenchidas, com ortografia clara, mesmo que pequena ("um caso singular de escrita diretamente em versão definitiva"),[49] que não pode ser explicada apenas com a condição de constrição e os limites fortíssimos que foram colocados pelo regime prisional. Havia, de fato, quem rotulasse essa fragmentação formal e que, desde a primeira publicação desses textos, entre 1948 e 1951, tenha falado em "fragmentação"[50] para sublinhar, precisamente, antes e depois: a necessidade que forçou o autor a prosseguir de certa maneira representava uma escolha, que mantinha essa dimensão dialógica destacada desde então, e reiterada por muitos estudiosos.[51] Ainda que se tenha tratado de fragmentação ou fragmentarismo, não se pode deixar de compreender a inspiração unitária dos *Cadernos*[52] quase a seu malgrado, e antes das edições que o organizaram (em particular, a de Valentino Gerratana, em 1975, que permitiu uma nova leitura, iniciando uma temporada diferente de estudos),[53] substanciadas como uma obra única, embora particularíssima, como "um sistema".[54] O mesmo trabalho do autor que, na condição de prisioneiro, e com a escassez de ferramentas bibliográficas disponíveis, na fadiga extenuante determinada por essa condição e por sua saúde, que declinava muito rápida e inexoravelmente, visava tornar esse material o mais orgânico possível, a transformar notas dispersas em ensaios, notas provisórias em capítulos de um discurso unitário, reescrevendo, corrigindo e até fazendo pequenas monografias, ou seja, andando na direção da maior organicidade e sistematicidade possíveis. E, portanto, os *Cadernos* devem ser considerados uma obra, embora inacabada e deixada em um estágio de esboço, com lacunas, aproximações e aporias, mas ainda assim uma obra, evitando o risco, muito presente na última tendência dos estudos, de filologismo, ou seja, um excesso de filologia voltado a fragmentar e quebrar, que faz perder de vista o significado geral do trabalho gramsciano.

Claro que algumas páginas são mais imediatamente políticas, mesmo de forma codificada, justamente pelos temas enfrentados; outras o são de modo mais mediado, de uma maneira que privilegia uma abordagem histórica, mas atenta a linguagens filosóficas, políticas e do mais amplo domínio das ciências humanas e sociais. Em particular, são substanciadas de política as notas dedicadas à história da Itália, no qual a referência entre passado, mesmo que remoto, e presente é contínua. Basicamente, Gramsci pesquisa as causas de derrota, penetrando nas últimas décadas e séculos, mas que significa refletir sobre os vencedores, ou seja, as forças que venceram o movimento proletário internacional, o fascismo, bem como o americanismo: duas faces, em essência, do capitalismo.

Uma cronologia convincente do trabalho no cárcere foi proposta por alguns estudiosos, na medida em que isso é possível, com algumas diferenças relativas, sobretudo na subdivisão interna dos vários períodos. Basicamente, temos a redação (sempre incompleta) de nove cadernos "miscelâneos", ou seja, que tratam de diferentes tópicos, entre a segunda metade de 1929 e a primeira metade de 1932, adicionados aos cadernos de tradução. Mas, ao mesmo tempo, Gramsci começava a trabalhar tematicamente em *Notas sobre filosofia*, deixadas em três cadernos (quatro, sete e oito) e no *Risorgimento italiano* (nove). Em meados de 1932, ocorreu o início da próxima fase, dedicada aos primeiros cadernos "especiais". Gramsci, no entanto, continuou, paralelamente, a trabalhar em outras miscelâneas (14, 15, 17). Finalmente, no último período, que abrange um ano (entre meados de 1932 e 1933), ocupou-se de processos de trabalho nas três miscelâneas anteriores e da realização, quase sempre incompleta, de 13 cadernos especiais (de 16 a 29), nos quais foram colocados os textos escritos nos primeiros três anos de prisão (1929-1932), recopiados e parcialmente reformulados. A maioria desses cadernos não foi concluída, e alguns mal foram esboçados. Foram adicionados, como uma etapa extrema de trabalho, o *Caderno de Formia*, desenvolvido entre o final de 1933 e a primavera de 1935: uma dúzia de cadernos, a maioria inacabados, aos quais devem ser somados outros cadernos já escritos, mas nos quais ele fez acréscimos e integrações.[55] Quanto às fontes e ideias, nas ocasiões que levaram o prisioneiro a escrever, foi observada uma possível categorização dos textos gramscianos:

aqueles que partem da memória de um fato, aqueles que se movem a partir de leitura, aqueles (a grande maioria) originários de uma ou mais fontes presentes na mesa do prisioneiro, aqueles finalmente dedicados ao trabalho propriamente teórico e que são como os pontos em que a pesquisa anterior ocorreu e de onde partem novas investigações.[56]

No que ele próprio chamou de *Primeiro caderno*, Gramsci se propunha um amplo programa de estudos, com 16 tópicos a serem abordados (entre outros, o *Risorgimento* – que logo se tornou um dos fios condutores –, o marxismo, a questão meridional, americanismo e fordismo, o problema linguístico, o jornalismo), apenas alguns dos quais foram realmente desenvolvidos; mas todos foram tocados, sempre de uma maneira original, ainda que nunca de uma maneira completa. Teria sido essa a principal preocupação do prisioneiro, com a passagem dos meses e anos, sem os necessários instrumentos disponíveis (basicamente livros, documentos, revistas, jornais) para colocar o trabalho em uma forma finalizada, uma preocupação de que a constante deterioração das condições de saúde se tornaria mais séria. Isso teria acontecido pelos programas de trabalho subsequentes, que permaneceram, em grande parte, na fase do elenco de temas proposto.

Na última habitação, a clínica romana, entre 1935 e 1937, Gramsci não escreveu uma linha, exceto em papel de cartas. Apareceu menos sua força cerebral e, provavelmente, mesmo o desejo de adentrar-se nas selvas da teoria.

O "PONTO DE VIRADA" E A DISSIDÊNCIA

UMA CRISE "ORGÂNICA"

Começou então uma nova fase na vida de Antonio Gramsci, a mais trágica, mas também, por cerca de três anos, a mais produtiva, felizmente. Lá fora, o movimento em cujo seio havia lutado, e no qual ele havia começado a sentir alguns sinais de desconforto, estava iniciando um caminho sem volta. Em 29 de agosto daquele ano, a IC aprovava as *Teses sobre a situação internacional e sobre as tarefas da Internacional Comunista*, redigidas por Bukharin, nas quais se delineava o "ponto de virada" que logo seria formalizado na orientação da organização. Já se delineava "o aburguesamento dos quadros superiores da burocracia operária apoiada e favorecida pela social-democracia, que passou de uma defesa tímida a um apoio aberto e à construção ativa do capitalismo" e, continuando, se sustentava toda uma série de acusações muito pesadas de caráter geral, entre os quais o apoio "à política de opressão colonial" e até à "preparação para a guerra contra a URSS", aludindo a Karl Kautsky. Por isso, se proclamava, em tom forte, a necessidade, para os verdadeiros comunistas, liderados pelo PCR e pela IC, de combater a social-democracia. A divisão entre comunismo e social-democracia era clara e recolhia argumentos e teses já em circulação no V Congresso da organização. Mas o que era novo era que agora se juntavam tanto à direita quanto à esquerda na condenação da social-democracia.[1] Os êxitos internos da URSS foram exaltados, ainda que se admitissem "elementos de burocratismo de certo grau do aparato estatal, econômico, sindical e também do aparato do partido", contra o qual foi admitido, com um certo orgulho, ter conduzido "uma luta implacável", e foi especificado que já havia sido "liquidado o desvio social-democrata do trotskismo".[2] "Trotskismo" se tornou a palavra amaldiçoada, a formidável e mortal chave-mestra da liquidação de oponentes internos. O inimigo número um era agora Leon Trotsky: fora expulso do PCR em novembro de 1927, junto com Zinoviev, após as inúteis manifestações que os dois, com outros líderes, haviam realizado no país em nome da "oposição unificada", contando que conseguiriam levantar as massas contra o poder esmagador de Stalin, que venceu graças ao apoio da direita interna, liderada por Bukharin. Este homem, no mesmo 1928, que se opôs às coletivizações forçadas no campo pretendidas por Stalin, estava prestes a cair em desgraça e seria, por sua vez, expulso no ano seguinte e executado dez anos depois, após um processo paradoxal no qual ele se declarou culpado de tudo, com uma surreal declaração de cumplicidade de Trotsky. O VI Congresso da Internacional, entre 17 de julho e 10 de setembro de 1928, aprovara aquela tese e, nas conclusões, Bukharin "tentou moderar as teses mais extremas", afirmando, por exemplo, que embora fossem relevantes as "tendências social-fascistas" no seio da social-democracia, eram precisamente "tendências, não um processo conclusivo."[3] E concluía, com apelo ao bom senso, que ele não encontrara aceitação: "Seria irracional colocar, em um único caldeirão, a social-democracia e o fascismo".[4]

Contudo, já era insinuada a palavra e a tese do "social-fascismo", que causaria tanto dano ao movimento proletário internacional. Além disso, esta tese surgira mais cedo, pelo menos desde 1926, e no VI Congresso, alguns líderes a relançaram, enquanto Palmiro Togliatti havia alertado contra as "generalizações excessivas", sublinhando as diferenças importantes entre fascismo e social-democracia.[5] No entanto, a linha agora estava traçada e logo venceria, favorecida pela grande crise do sistema capitalista de 1929, que fez com que muitos acreditassem – Stalin em primeiro lugar – que o colapso fosse irreversível e iminente, e, portanto, que era necessário evitar todos os acordos com quem, como os expoentes da social-democracia internacional, não percebeu e não apoiou a linha revolucionária.[6] Seria necessário o nazismo para induzi-los a mudar de ideia, mas agora o estrago estava feito, primeiro com a ascensão ao poder de Adolf Hitler, favorita precisamente pela linha decidida pela Comintern e adotada pela direção do PCd'I, mas, de qualquer modo, contestada por Gramsci, que ainda era a figura mais carismática do partido.

A contestação gramsciana do "ponto de virada" se desenrolou nas maneiras que lhe foram consentidas, levando em conta que não podia se expressar publicamente, e que nem sequer estava autorizado a enviar cartas para aqueles que não fossem seus parentes de primeiro grau. Portanto, acenos nas cartas para Tania, Giulia ou Carlo e alusões nos *Cadernos*. Tudo de forma elíptica, se não mesmo codificada. Quanto sabia, no entanto, o prisioneiro, da natureza e da evolução da crise econômica? Não muito, mas também não pouco.[7] Tinha, de todo modo, uma ideia clara de que não se tratava de uma crise de "conjuntura", mas, ao contrário, de uma crise "orgânica" do sistema, um tipo de crise "que só pode ser superada com a construção de uma estrutura nova, que leve em conta as tendências próprias da velha estrutura e o domínio com novos princípios".[8] De acordo com alguns estudiosos renomados, a "crise orgânica" é "o elemento mais interessante da teoria política de Gramsci"[9]: é uma noção que indica a crise de hegemonia da classe dirigente, em comparação com as classes dirigidas, quer por uma falha da primeira, quer, ao contrário, pela passagem das segundas da passividade a um estágio de atividade, "e colocando reivindicações que em seu complexo desorgânico, constituem uma revolução".[10] A guerra – lembramos da importância, não apenas do ponto de vista político-social, que o primeiro conflito mundial teve para Gramsci – é um dado essencial, para ele, precisamente em relação à noção de crise orgânica.

Detendo-se na situação causada pelo colapso de Wall Street, no final de outubro de 1929, Gramsci também captura com perspicácia a situação, acreditando, com alguma simplificação, mas concentrando-se no problema, que a crise foi o resultado de "resistência reacionária às novas relações mundiais, à intensificação do mercado mundial"; uma resposta nacionalista à globalização, poderíamos dizer em outros termos. A acepção da crise, no entanto, é múltipla, como em quase todas as palavras-chave de Gramsci, e somente no final de sua elaboração a crise política e a econômica se aproximam até se fundirem. E teremos uma daquelas frases, quase "digna" de Vico, que circula hoje na web, e que têm mais abusos casuais que usos corretos: "a crise consiste justamente no fato de que o velho morre e o novo não pode nascer"[11] e, acrescenta, retornando da filosofia à ciência política: "nesse interregno verificam-se os fenômenos patológicos mais variados". Em última análise, Gramsci nunca caiu na visão catastrófica que se tornou usual na IC, e vinculou a análise da crise, e de suas possíveis soluções (na realidade era o socialismo a "estrutura nova" que substitui a antiga, ou seja, o capitalismo), à questão das "relações de poder". Este é outro conceito fundamental, mesmo que não apareça com frequência explicitamente no texto dos *Cadernos*, mas está confinado a ele a grande parte do pensamento de Gramsci, particularmente aquele de natureza política.[12] Mais sobre isso falaremos novamente mais tarde.

Em um dos primeiros *Cadernos* (número um e, precisamente, no parágrafo 44), Gramsci abordou um tema diretamente histórico-político, vinculando sua reflexão ao desvio intransigente do comunismo: o da "direção política de classe antes e depois de chegar ao governo". Um texto considerado "iluminado seja pelo argumento, seja pelo contexto no qual se desenvolve o tratamento gramsciano".[13] Na verdade, o tema foi retomado em outros cadernos, tanto por ser um daqueles nos quais a análise de Gramsci estava concentrada, precisamente a formação do Estado unitário italiano, com a luta política interna entre as várias correntes do *Risorgimento*, em particular o contraste entre o *Partito d'Azione*, ou seja, o componente mais avançado, liderado por Mazzini (e Garibaldi e os outros), e os moderados, ou seja, os liberais-conservadores de Cavour e parceiros. Mas, discutindo o *Risorgimento*, Gramsci fala de Marx e de sua análise do jacobinismo; fala de Trotsky, da "revolução permanente" e, em contraluz, se refere, com toda a probabilidade, ao que está acontecendo no grupo dirigente soviético após a vitória de Stalin. E parece querer recuperar Lenin precisamente na função anti-Stalin, como que para deixar claro tanto aos camaradas russos quanto à liderança do próprio partido que, afastando-se de Lenin, estariam cometendo um erro capital: no fundo, Gramsci retomou, na maneira permitida pela situação prisional, senão os argumentos, o espírito da carta de outubro de 1926; mas, no nível argumentativo, o pano de fundo era constituído pelas Teses de Lyon e pelo artigo sobre a "questão meridional", com aquele característico entrelaçamento da História (e historiografia) e (ciência) política que caracteriza toda sua reflexão.

A FILOSOFIA DA PRÁXIS

O Sul, que no desenvolvimento dos *Cadernos* se tornou também uma metáfora para o sul do mundo, era e continuaria sendo até o fim o centro do interesse político e historiográfico daquele que sempre se considerou um homem do Sul. E falar do *Mezzogiorno* significava enfrentar a principal questão historiográfica e política da unificação da Itália, o que, por sua vez, era uma maneira de trazer à luz pelo menos uma parte das causas do movimento fascista e de sua vitória. Mas refletir sobre a formação do Estado unitário, por si só, implicava uma reconstrução histórica, atenta aos sujeitos sociais, aos interesses econômicos, mesmo antes das escolhas políticas das classes dirigentes. Este era um argumento antigo para Gramsci: uma verdadeira angústia para o meridional que "ascendeu" ao Norte, o insular emigrado "ao continente." A leitura crítica do processo de unificação da Itália – mencionado frequentemente nos textos pré-carcerários, em artigos jornalísticos e documentos políticos (as Teses de Lyon, por exemplo), até o ensaio sobre a "questão meridional" – constituiu um *leitmotiv*, em suma, nos escritos de Gramsci. Isso comportou uma análise pontual das posições políticas dos atores em campo, com a denúncia precisa da responsabilidade da classe dirigente liberal, do peso da Igreja Católica, de limites e de erros dos expoentes da democracia mazziniana e garibaldina. "O Partido Liberal não teve a audácia e força necessárias", escreveu por exemplo no fim da Guerra Mundial, referindo-se à força do catolicismo e o papel invasivo do Vaticano.[14] Mas aquele era ainda o doloroso assunto do sacrifício do Sul em benefício do Norte, desenvolvido amplamente nos apontamentos nos *Cadernos*, e que, no entanto, encontraram expressão em várias passagens nos anos anteriores, quando, após o final da Guerra Mundial, muitos publicitários e estudiosos se colocaram o problema do Sul, numa fase histórica de reconstrução nacional, que inevitavelmente se referia ao primeiro processo de construção do Estado italiano. Em 1924, portanto antes do ensaio sobre a "questão meridional", ele escreveu, por exemplo, que o sul da Itália "continua sendo um problema central para toda revolução em nosso país e toda revolução que quer ter um amanhã".[15] Parece uma antecipação textual da frase com a qual Guido Dorso, no ano seguinte, teria fechado seu próprio ensaio sobre a revolução meridional: "A revolução italiana será meridional ou não será".[16]

O interesse pela formação do Estado unitário traduz, de forma não sistemática, mas não inorgânica, grande parte da elaboração propriamente histórica do autor que exercita seu próprio "esforço específico e consciente"; desde a história italiana, em Gramsci, "é antes de tudo e acima de tudo, e de algum ponto de vista exclusivamente, o *Risorgimento*: o problema das origens, das lutas, das soluções risorgimentais".[17] Como um bom escavador do passado, não desistiu de procurar as origens mais distantes, até remotas, dos problemas resultantes na época risorgimental mas, diferentemente de Gobetti e de Missiroli – anunciantes cujos temas intervinham com várias fórmulas –, descartou qualquer discurso sobre o "caráter declarado dos italianos", ou sobre incompreensíveis anomalias genéticas; ao contrário, buscava fatores estruturais aos quais pudesse atribuir o papel dos elementos de determinação das orientações políticas. Aqui, de fato, pode-se observar como, desde o primeiro momento em que o marxista Gramsci parece aderir a uma canônica ideia de materialismo histórico, com a determinação dos fenômenos políticos, incluindo ideias, fatores econômicos e sociais, sempre em relação ao tema *Risorgimento*, teria passado, no decorrer de um ano ou dois, entre 1929 e 1931, aproximadamente, a uma posição muito mais dialética e problemática, no interior de um percurso de separação rápido, com a nova década, do marxismo-leninismo e do materialismo dialético – mesmo que, nos primeiros *Cadernos*, realmente, Gramsci não aborde a questão do ponto de vista teórico, ou seja, a relação, marxianamente entendida, entre estrutura e "superestrutura". Precisamente, em notações históricas, parece aderir à ideia de que a primeira determina a segunda, mas depois, já no final de 1930, nas notas intituladas *Apontamentos de filosofia,* tomadas e desenvolvidas alguns meses depois, (*Appuntidi filosofia – Seconda série*), se afasta definitivamente de qualquer concepção determinista, repudiando o mecanicismo de Nikolai Bukharin (ou aquele que, para Gramsci, tal parece) – o qual, no ano de 1921, havia publicado sua bem-sucedida *Teoria do materialismo histórico,* reeditada várias vezes, com um subtítulo que Gramsci usou em sua análise crítica: *Manual popular da sociologia marxista,* que, estranhamente, na versão gramsciana se torna *Ensaio popular.* Alguns anos antes, em 1925, esse texto havia sido utilizado, até mesmo traduzido pelo próprio Gramsci em alguns capítulos, para a escola de formação por correspondência criada por Gramsci dentro do PCd'I; agora, ao contrário, não apenas se afastava, mas tomava como exemplo, forçando os textos, na realidade, Bukharin como o grande teórico de uma concepção do marxismo dogmático e mecanicista. Talvez se pudesse até falar de um gesto de vilania, visto que Bukharin havia caído em desgraça, filosófica e politicamente, perante altas esferas, e em um longo caminho de decadência, sendo então expulso no mesmo ano da morte de Gramsci, para depois ser fuzilado após um julgamento fictício e uma inacreditável "confissão" do réu em 1938.[18] Mas Bukharin, naquela altura dos acontecimentos, serviu precisamente como símbolo de uma concepção filosófica (que tinha um aspecto especificamente político) a repudiar e combater, diretamente no momento em que se afirmavam, na Comintern stalinizada, as posições da luta sem quartel à social-democracia, apresentada como aliada e cúmplice do fascismo.

Entre a segunda metade de 1930 e o final de 1931, todos os resíduos do esquematismo marxista desaparecem na elaboração de Gramsci. Ainda falando de Karl Marx, Gramsci observou, agudamente, que além da teoria da estrutura e superestrutura, o "fundador da filosofia da práxis" – como o chama, para evitar escrever um nome perigoso –, nas obras históricas, que tinham objetos concretos e precisos, evitava "apresentar e expor qualquer flutuação da política e da ideologia como expressão imediata da estrutura", e propunha análises mais articuladas, como marca de uma cautela que não era permitida na obra de caráter meramente político ou em "obras gerais".[19] Essas *Notas* eram de 1930-1931. Seguiu-se uma "terceira série", datada de 1931-1932, na qual Gramsci tomou novo distanciamento do marxismo de sua época, na versão leninista de *sub-espécie* stalinista, mas que até mesmo colocam em discussão, em certo sentido, o próprio Marx, pelo menos em certas declarações que se tornaram fórmulas na lição imposta por Stalin e seus escribas, falando sobre terminologia "convencional": o binômio estrutura-superestrutura, por exemplo, ou a expressão "materialismo histórico", ou pior, "dialética materialista" – nem uma e nem outra, nunca empregadas por Marx, e que Gramsci tende a eliminar.[20] Não foi um afastamento do marxismo, nem um repúdio a Marx, mas sim sua recolocação na precisa posição histórica que era de sua competência e uma primeira tentativa significativa de enriquecer, esclarecer, ampliar o campo marxista. A filosofia da *práxis* (uma fórmula que não deve ser interpretada como um simples artifício para iludir a censura),[21] podemos sustentar, representa o coração da reflexão gramsciana, em seu desejo de superar a lacuna entre pensamento e ação: Gramsci enfatiza, e não por acaso, que as *Teses sobre Feuerbach* (de 1845) mostram que já então Marx "havia superado a posição filosófica do materialismo vulgar".[22] E assevera em outra passagem que a frase de Marx, novamente nas *Teses*, relativa à "educação do educador", nada mais significa que a superestrutura incidindo sobre a estrutura. Ou pelo menos é assim que Gramsci entende que, com relação à conclusiva e famosíssima *XI tese* ("Os filósofos até agora interpretaram o mundo. Trata-se agora de transformá-lo"), faz uma integração significativa; a filosofia não foi abolida, longe disso: antes, ela interage com a prática, tornando-se uma filosofia da *práxis*, de fato, sob a bandeira dessa relação dialética, antimecanicista e, acima de tudo, antieconomicista, sob cuja luz ele lê Marx e, acima de tudo, procura abordar o marxismo contemporâneo, bem diversamente orientado. Esta é uma convicta proposição da unidade entre filosofia e política, um discurso ao qual Gramsci, mais do que qualquer outra pessoa, fez uma contribuição importante.[23]

A filosofia da *práxis*, que ele propõe como fruto de uma tradição que se refere à teoria (idealismo filosófico alemão) e juntamente com a prática histórica (Revolução Francesa), pode "se transformar numa ideologia no sentido pejorativo, isto é, um sistema dogmático de verdades absolutas e eternas".[24] Mesmo se a referência for explicitamente direcionada ao habitual Bukharin, na verdade Gramsci tem como alvo todo o complexo – não apenas doutrinário que, de certa maneira, compreende – do mundo soviético e da Comintern. Mas a crítica gramsciana, que tem sempre presente o ponto de vista de Labriola, é precisamente direcionada contra qualquer predomínio do economicismo ou, como ele chama, o "economismo", que seja ao menos buckariano. Como foi escrito com autoridade, Marx e *O capital* são uma espécie de premissa inevitável (embora não suficiente) dos *Cadernos* gramscianos, no qual o autor – um intelectual, um estudioso, mas também um militante e um líder político – olha em profundidade a economia política, do ponto de vista especificamente marxiano, como explicado pelo subtítulo de sua obra: *Crítica da economia política*. A economia política dominante, "ortodoxa", do mundo liberal, deve ser submetida a uma inversão crítica, que não aceita, no entanto, os princípios doutrinários de uma ortodoxia diferente, a soviética. O capitalismo é um regime transitório e sua natureza essencial não é o equilíbrio, mas a crise; não a regra e a ordem, mas desordem e instabilidade, e em sua lógica a produção é um meio e ferramenta para o lucro. Em outras palavras, para Gramsci, economia e política formam uma unidade. Deste ponto de vista, a relevância histórica e a validade política das análises compensam a aproximação feita em um nível meramente teórico.[25]

Como prova do vínculo fundamental, não apenas entre economia e política, mas entre a dimensão historiográfica e ação política, entre filosofia e prática, aqui Gramsci concentra a atenção no problema do Estado, tema pouco frequente no contexto do socialismo (que havia encontrado, em 1917, em *Estado e revolução,* de Lenin, uma formulação canônica) e, em particular, à formação do Estado moderno,[26] e passando diretamente da historiografia para a teoria política, com um olhar cada vez mais atento ao presente, reconsidera o Estado em termos que pouco se referem aos leninianos. O Estado se torna um problema teórico, portanto, e não apenas um objeto de reconstrução histórica (a partir da reflexão sobre o Estado nacional italiano), segundo um esquema que gradualmente se consolida na redação das notas, ou seja, de um caso de estudo histórico; ou de uma discussão historiográfica sobre um certo problema se chega a uma teoria. Em outras palavras, a teoria política de Gramsci sempre nasce da observação empírica ou da reflexão histórica: nesse sentido, pode ser facilmente notada uma forte afinidade com Nicolau Maquiavel que, como Gramsci, construiu sua própria teoria política partindo da experiência pessoal, como funcionário de Florença, Primeira República, então o Principado, ou o *exempla* que oferecia a história.[27] Não é acidental a atenção extraordinária que o sardo dispensou ao florentino, como veremos em breve, também em relação à retomada da temática do Estado, na qual mostraremos significativas mudanças em relação aos "cânones".

REVOLUÇÃO NO OCIDENTE?

De qualquer forma, o nexo entre elaboração teórica e reconstrução histórica, vivido pessoalmente, é exaltado e ao mesmo tempo problematizado pela plena consciência de Gramsci, também com um conhecimento, nem sempre tempestivo ou totalmente completo, da amarga batalha dentro do movimento e de sua recusa, que podemos considerar explícita, do "ponto de virada" – uma via sem saída, da qual é necessário retroceder. São suas considerações políticas que emergem aqui e ali no interior de análises mais propriamente históricas, sempre de forma velada, senão realmente codificada. São frases incidentais, das quais se concluem orientações gerais. "A difusão de um centro homogêneo de uma maneira de pensar e operar", escreveu ele, "é a condição principal": era uma concessão ao centralismo, mas, sublinhava, "não deve ser e não pode ser a única"; e era a reivindicação do pluralismo. O tema é aqui representado pelo jornalismo e especialmente pelas revistas de cultura, e Gramsci, de acordo com um método que encontra aplicação contínua, na realidade, acrescenta à análise histórico-política as notações linguísticas, muito frequentes nos escritos carcerários (tanto nos *Cadernos* quanto nas *Cartas*), como quando escreve: "Todo movimento político cria sua própria linguagem [...] introduzindo novos termos, adicionando novo conteúdo aos termos já em uso, criando metáforas" (parece estar falando de si mesmo, inventor e malabarista de palavras). Mas também faz observações sobre o tema, igualmente recorrente, da cultura popular, e de seus limites: é um erro pensar, escreve ele, "que todo estrato social elabora sua consciência e sua cultura do mesmo modo, com os mesmos métodos, ou seja, os métodos dos intelectuais por profissão". E então ele propõe a "revisão da literatura mais difundida e mais popular combinada com o estudo e a crítica às correntes ideológicas anteriores".[28]

É provável, em essência, que por trás dessas observações se escondessem referências à situação atual, dentro do movimento comunista, mas, da mesma forma, no velado confronto *Risorgimento*-fascismo, para lutar contra o último, que exigia não uma atitude sectária, mas de máxima abertura, capaz de se associar ao cenário urbano setentrional o proletariado industrial e outros grupos sociais, como os camponeses do Sul, da mesma forma que eles tinham vindo no *Risorgimento*, no qual a força urbana era representada pela burguesia empresarial do Norte.[29] Foi a reimpressão do opúsculo de 1926, sobre a *"Questão meridional"*, e das mesmas Teses de Lyon, que hoje, à luz do Pleno de 1929, a Comintern e, portanto, o próprio PCd'I, deixaram de reconhecer. Em essência, começou em 1930 a aparecer, embora em contraluz, a discordância gramsciana em relação ao que veio saber sobre os eventos traumáticos no seio do partido, com as expulsões dos "três" (Leonetti, Tresso, Ravazzoli), em 1930, depois da de Tasca em 1929 e, a seguir, em 1931, de Silone (de quem, no entanto, até então se ignorava jogo duplo).[30]

Ver na crise econômica gerada pela "terça-feira negra" de 29 de outubro de 1929, em Wall Street, o início da crise final do sistema capitalista, tese fundamental que seguia a linha adotada pela IC, era descaradamente uma ideia absurda.[31] Em novembro, foi Togliatti, em obséquio à linha, a escrever que "elementos de uma situação revolucionária aguda estão amadurecendo na Itália", embora, com prudência inteligente, tenha observado que subsistia um "desequilíbrio entre a situação objetivamente revolucionária e a organização das forças da revolução".[32]

A situação, na verdade, não parecia de todo muito próxima da revolução e, precisamente quem deveria modificá-la tinha o problema de resistir à contrarrevolução, enquanto o capitalismo se estabeleceu, entre manobras políticas e econômicas. O *New Deal* de Roosevelt nos Estados

Unidos, o corporativismo fascista, com massivo intervencionismo estatal na economia (em 1931 nascia o *Istituto per la Ricostruzione Industriale* [IRI], o instrumento máximo sob esse assunto) e os acordos com a Igreja Católica, na Itália mussoliniana, mostraram que o sistema poderia absorver os golpes. Na Itália, em particular, o regime fascista prosseguia cada vez mais seguro em torno do totalitarismo perfeito: os comunistas, as forças de oposição mais organizadas, constituíam o maior obstáculo e estavam derrotados. Foram, portanto, expandidas as prisões preventivas, com sentenças proferidas pelo Tribunal especial, ao confinamento e à prisão, e também foi inserida a infiltração dos informantes em suas fileiras. E, todavia, o partido, precisamente em relação às novas palavras de ordem da IC, já expressas por Togliatti com o artigo de 1929, e à perspectiva de uma aceleração da luta de massas, fez um grande esforço para aproximar de um Centro externo, um Centro interno, atribuindo ao último o papel principal: forçando as temporalidades dos fatos, Luigi Longo, codinome "Gallo", interpretando rigidamente as novas diretrizes, declarou finalizada a "situação excepcional" do biênio anterior, prevendo, portanto, a urgência e a necessidade de trazer o centro da ação política para a Itália. Foi aquele o pavio que incendiou a liderança, tendo despertado a dura oposição dentro do órgão de comando do partido, o *Bureau Político*, dividido em duas seções: a maioria, composta por Longo, Togliatti, Ravera, Secchia e Grieco, por um lado; e, por outro, a minoria de Leonetti, Tresso, Ravazzoli, Silone, este último em posições ambíguas. Sem dúvida, a minoria – de agora em diante chamada "Três", já excluindo Silone – assumiu uma linha agressiva, que não hesitou em acrescentar à expressão de um diferente ponto de vista organizativo, uma dissidência política e também uma forte controvérsia pessoal contra Togliatti. As acusações de oportunismo, de um lado e de outro, se espalharam. Chegou-se, assim, à expulsão, em 1930, endossada por Moscou, depois de meses de vãs negociações internas.[33]

A aceleração imposta pelo "ponto de virada", o incremento da repressão fascista, facilitou um endurecimento do partido, que, em qualquer caso, aumentava seus próprios números, ao procurar intensificar a atividade de protesto e mobilização; mas os espaços de ação permaneciam mínimos. Por outro lado, a melhoria da máquina do corporativismo embalsamara a classe operária em organizações sindicais fascistas. Executivos importantes como Camilla Ravera e Pietro Secchia caíram na rede da polícia fascista, na prática colocando em duríssima prova a reconstituição do centro interno. O partido estava cheio de infiltrados, espiões e personagens medíocres ou, pior, disponíveis para a traição: a Organização para a Vigilância e a Repressão do Antifascismo (OVRA) fez seu trabalho zelosamente, obtendo amplo sucesso;[34] o novo centro interno não prosseguiu como se esperava, e Grieco escreveu um relatório sobre a situação da organização, em outubro de 1930: "hoje temos um partido amorfo".[35]

Sobre o "ponto de virada" e seu desenvolvimento, merece um aceno especial o comportamento do antigo parceiro ordinovista de Gramsci, Terracini, também condenado no "processão" de 1928 – o qual tornou possível falar em dissidência, expressando-se de modo ainda mais claro que Gramsci. Terracini havia sido preso em 1928, primeiro em Santo Stefano e mais tarde no hospital carcerário de Florença, em razão das más condições de saúde, depois em San Gimignano e Castelfranco Emilia, sendo finalmente transferido para Civitavecchia, onde ficou até 1937. Lá, apesar da rígida prisão, conseguiu manter contato com o partido por meio da cúmplice ajuda de sua esposa, Alma Lex, residente em Paris; chegando a "Palmi" ou "Ercoli", agora permanentemente em Moscou, obteve um pedido urgente de esclarecimentos, no qual vale ressaltar a referência à sua posição, compartilhada por Gramsci e também por outro importante diretor, Mauro Scoccimarro, desde o final de 1928 (da sentença ao "processão"),[36] ou seja, a necessidade de ir em direção ao "retorno ao método democrático" e para facilitar a separação da "burguesia do fascismo". E Terracini lançou uma pergunta: "Por que excluir qualquer perspectiva democrática em cujo âmbito somente pode realizar a renúncia ao atual imperialismo (político e econômico)?". Uma perspectiva que, em vez disso, segundo Terracini (e também Gramsci e Scoccimarro), poderia favorecer "além da desmobilização de todos os organismos paraestatais do fascismo, essencialmente uma profunda modificação da política externa com o abandono da corrida armamentista e de projetos de guerra".[37] E, contestando o julgamento da maioria sobre a situação favorável, observou friamente: "O aparato do

Estado [fascista] mantém sua força intacta".[38] Em outras cartas, ainda que reprovando fortemente o comportamento dos "três", condenou a expulsão deles, de uma maneira convicta; na resposta, Togliatti não apenas reiterou as boas razões para a decisão, mas escreveu literalmente: "Aplicação contínua realizada", com breves referências à situação na Itália, na Alemanha, na França, da qual se deduziu que havia um movimento de "lutas de massas", em andamento ou por vir.[39] No pós-guerra, Terracini voltou várias vezes a essa história, que tinha, em sua opinião, a expulsão pelo PCd'I dos três dirigentes "entre os mais qualificados",[40] seu momento mais traumático; e expressou, de maneira mais geral, preocupação com a liquidação de "todo um núcleo, senão de dirigentes, certamente de corajosos elementos revolucionários",[41] começando por Bordiga. Além disso, os três, já acusados de trotskismo, se organizaram na Nova Oposição Italiana (NOI) e deram o passo decisivo para corroborar a acusação contra eles de aproximarem-se da Internacional ligada a Trotsky, para buscar um apoio; e criaram, ainda que de modo diferente, uma campanha contra seu ex-partido e seu líder, Togliatti, também baseado em julgamentos desdenhosos de Trotsky em relação a este último.[42] Para muitos, foi um trauma no trauma, o seguinte: Ravera escreveu, de certa maneira, expressando um sentimento geral: "Eu não conseguia entender como aquele pequeno grupo de nossos camaradas comprovados, que nunca haviam aprovado as posições trotskistas, poderia ter, daquela forma, aderido unitariamente no trotskismo",[43] expressando, acima de tudo, lamentos por Leonetti (que, no entanto, retornaria ao partido em 1962), devido à sua conexão pessoal com Gramsci e à experiência do *L'Ordine Nuovo*, da qual a própria Ravera tinha sido muito próxima.

As expulsões da década de 1930, de fato, além das singulares motivações e justificativas, constituíram o epílogo mais dramático da longa crise do partido, após a captura de Gramsci, com quem Terracini sempre enfatizou a continuidade da própria orientação. Em março de 1931, em uma carta aos líderes do partido, explicou que não tinha ainda conhecido alguém que tivesse falado diretamente com Gramsci e, portanto, não estava em condições de definir seu pensamento: "No entanto, é certo que o assunto das perspectivas que Ant[onio] se tem batido com camaradas de Turi e precisamente sobre a ocorrência do período de transição". Ou seja,

Gramsci rejeitou a ideia de que se poderia passar, naquela condição político-histórica, do fascismo ao comunismo e, em vez disso, considerava útil e indispensável um período intermediário de "transição", para o qual lançou a palavra de ordem da "Assembleia Constituinte", da qual falaremos daqui a pouco. O centro do partido, ou seja, o grupo de liderança, não foi informado diretamente e queria acreditar, ou fingir que acreditava, no alinhamento de Antonio com o "ponto de virada".[44]

A PROPOSTA DA ASSEMBLEIA CONSTITUINTE

Em vez disso, ele expressava de forma cada vez mais clara a própria linha divergente. Os depoimentos são numerosos e concordes nesse ponto. Entre os mais notáveis e confiáveis, está aquele de um companheiro de prisão, Athos Lisa, que contou que Gramsci fizera palestras para seus companheiros presidiários, na hora do banho de sol, por pelo menos 15 dias; nessas ocasiões, insistia na necessidade, para a conquista do poder pelo proletariado, de construir uma ampla política de alianças com outras forças políticas e com outros grupos sociais. A "Constituinte" era, aos seus olhos, o meio mais adequado para atingir a meta: pelo menos em uma fase histórica, em andamento, de relações desfavoráveis de força. Era aquela palavra de ordem, "um soco no olho", se comparada evidentemente ao léxico, aos temas, às prioridades que vinham indicadas na linha adotada pelo partido, ao ponto que o próprio Lisa achou que fosse uma *boutade.*[*] Mas ele deveria dar-se conta de que não era esse o caso e que Gramsci havia estudado detidamente a questão e acreditava que o partido deveria conformar a própria linha política por meio daquela palavra de ordem.[45] Outro companheiro de prisão, o sardo Giovanni Lay, por sua vez, contou que Gramsci, andando no pátio interno da prisão, expunha os programas políticos para o futuro, não apenas do partido, mas do país:

> Um partido da classe trabalhadora, sempre atento à função da classe, mas também grande força nacional, atento aos problemas da sociedade italiana no Sul, para a questão camponesa. Um partido que simultaneamente sabe como manter seus laços com o movimento internacional.[46]

---

[*] Do francês, uma brincadeira, um ato espirituoso. (N. R.)

Parece quase o desenho do "novo partido" de Togliatti, mas, de resto, uma continuidade entre este Gramsci e o Togliatti pós-1944 é visível. E este Gramsci, embora sem renunciar à opção de mudança radical nas relações sociais, vê na ideia de uma Assembleia Constituinte a capacidade de oferecer uma oposição séria e forte ao regime mussoliniano, e abrir uma fase democrática, um ponto de partida para a reconstrução da ação socialista. Ficou claro que a proposta passava por um desacordo total sobre o "ponto de virada", mas, na mesma expressão usada por Gramsci (mencionada por mais de uma testemunha), foi possível apreender a consciência de que a proposta teria deslocado não apenas os companheiros, mas também possíveis aliados na ação antifascista. Nela, não havia apenas dissidência política (não pelos aspectos táticos, como tem sido sustentado por um renomado estudioso comunista),[47] mas também um evidente desconforto em relação ao otimismo superficial dos camaradas, dentro e fora da prisão, que consideravam iminente, ao alcance das mãos, a transição da ditadura fascista àquela do proletariado, como disse, próximo à morte de Gramsci, outro companheiro, frequentemente citado na história, Giuseppe Ceresa.[48]

A Assembleia Constituinte, palavra de ordem que parecia retomar a velha ideia da Assembleia Republicana proposta pelos comunistas em 1924-1926, na realidade, na proposta gramsciana, não é apenas uma *remontagem* democrática; intervieram novos fatos, na vida de Gramsci e na do partido, na Comintern e na Itália. A Assembleia Constituinte na qual ele pensa, para a Itália, deve ser a ferramenta para ir além do fascismo, da sua queda, com a recuperação da democracia, primeiro, e seu avanço definitivo, que inclui, não exclui, aquela revolução por meio da construção da hegemonia das classes dominadas. Gramsci está definindo um projeto teórico e um desenho político adequado à situação histórica: o fascismo deve ser combatido, isso é certo, mas é preciso reconhecer sua força, naquele momento dominante, senão imbatível, e certamente não imediatamente; o capitalismo estadunidense está se tornando hegemônico enquanto "no Oriente", isto é, na Rússia, prossegue a construção do socialismo "em um só país", segundo os ditames stalinistas: a revolução mundial, de acordo com Trotsky, é uma hipótese posta de lado. E a atualidade da revolução, palavra de ordem circulante no mundo terceiro-internacionalista, cai, pelo menos no Ocidente, pelo menos nessa altura temporal. As palavras-chave do léxico gramsciano mudaram e tornaram-se instrumentos para a análise dessa situação, na qual a guerra "manobrada" ou "de movimento" é sucedida pela "de posição", e se afirmam decisivamente em seu vocabulário palavras-mundo, tais como hegemonia, intelectuais, revolução passiva, relações de força.[49] Um dos maiores estudiosos mencionou "uma mudança de paradigmas que impacta as categorias de pensamento político".[50] Em particular, o conceito de revolução passiva, encontrado desde o primeiro caderno, é a ferramenta que permite a Gramsci repensar o nexo nacional/supranacional, que se pode dizer que, desde sempre, ou pelo menos por um longo tempo, está fixo em sua mente. O prevalecer do americanismo como forma hegemônica mundial não pode ser subestimado e deve ser encarado com a atenção que merece um processo de modernização pelo alto, capaz de governar o mundo, em nome da economia/mundo em relação à qual a Europa parece muito atrasada, firme em modelos de desenvolvimento econômico nacionais.[51] O que também parece ser o mesmo desenho político da Rússia, sob Stalin.

Gramsci não expressa um julgamento explícito, nos *Cadernos*, sobre a condenação de Stalin e sobre a linha que ele impôs à Comintern e suas "seções" nacionais – ou seja, os partidos comunistas –, mas certamente está definindo sua própria posição em um sentido diferente e tendencialmente contrário, embora o julgamento de Trotsky sempre tenha sido bastante crítico: "o teórico político do ataque frontal num período em que este é apenas causa de derrotas".[52] Aquela que lhe parecia, em suma, a fase histórica pela qual era necessário passar – nas sociedades em que o capitalismo estava se estabilizando e nas quais estava ocorrendo, de fato, uma aceleração produtivista – à guerra de posição, cujas vitórias, diferentemente daquelas da guerra de movimento, observa Gramsci, são definitivas.[53] Também se pode pensar na revolução, na Itália, então? A resposta é "não", não nessa situação histórica. Aqui as interpretações na historiografia divergem; há quem acredite que a Assembleia Constituinte represente apenas um momento de passagem, um instrumento tático para ultrapassar o fascismo e depois retomar o caminho revolucionário, permanecendo, portanto, plenamente na perspectiva do marxismo da Terceira Internacional;[54] para outros, ao contrário, por meio da conjugação daquela palavra de ordem e da "descoberta" do americanismo, Gramsci alcança um horizonte, se não totalmente liberal-democrático, aquele, pré-togliattiano, da "democracia progressiva", com a qual identifica o socialismo, ou o único socialismo possível (e conveniente) na sociedade do capitalismo avançado que, nesta ótica, "é organizado em uma 'sociedade regulada'".[55] Nesse sentido, chegou-se a falar, de um modo consideravelmente forçado teórica e lexicalmente, do "revisionismo" de Gramsci.[56] E há aqueles que não se limitam a sustentar que aí se deva ler a superação da ditadura do proletariado e, portanto, do esquema leninista – mas mesmo uma rejeição radical, uma verdadeira e própria renúncia, que Gramsci consumaria a partir de 1929, definindo-a cada vez mais nitidamente.[57]

Na minha opinião, a Assembleia Constituinte se coloca plenamente no caminho da transformação radical da sociedade, da inversão das relações de dominação e hegemonia e, não sem dificuldades, se trata, no pensamento de Gramsci, de uma etapa não apenas tática, mas estrategicamente útil e necessária: um julgamento fortalecido positivamente pelos exemplos da história, ou seja, quando uma Assembleia Constituinte é realizada (ver Revolução da 1789), ou negativamente, quando não é realizada (o exemplo é o *Risorgimento* e o primeiro período pós-guerra, com as eleições de 1919 que, de fato levou, após o longo intervalo temporal, desde 1913, a "uma Assembleia Constituinte sem a Constituinte", na linha giolittiana).[58] Uma passagem e, portanto, um conceito, em última análise, que, enquanto confirma um Gramsci revolucionário e marxista, destaca suas diferenças: no Ocidente, a revolução deve responder a um longo processo e não pode ser reduzida a um ato. Retorna, assim, o *leitmotiv* da preparação ideológica e cultural que vimos como um ponto fixo no "jovem" Gramsci. E mesmo a luta contra o fascismo não pode ser realizada, naquele momento, com fuzis: mesmo para derrotar Mussolini, é preciso se equipar cultural e ideologicamente, até quando as relações de força permitam outras formas. Daí a escolha de dar vida a uma espécie de lições peripatéticas nas horas do banho de sol na prisão, como testemunharam vários camaradas, entre eles Ercole Piacentini, um operário comunista, "seduzido" por aquele "mestre". A proposta de uma transição democrática, avançada com a convocação de uma Assembleia Constituinte, é colocada aqui. Voltaremos a isso mais tarde.[59]

Um dado biográfico importante durante essa densa elaboração teórica é representado pelas visitas dos familiares a Nino, ao longo do ano de 1930: seu irmão Gennaro, seguido por Tatiana, em junho, novamente Gennaro, entre o final de junho e o início de julho e, entre setembro e outubro, Carlo. Este foi encarregado de ocupar-se da prática de receber livros que Gramsci havia solicitado em uma lista rejeitada pela gerência do cárcere (entre os títulos, deve-se sublinhar os livros de Trotsky após sua expulsão da União Soviética); a Gennaro, coube o papel de embaixador político. Sobre o retorno em cena de seu irmão mais velho (escreveu para Tatiana que com ele "foi muito mais amigável do que com o resto da família" e, portanto, essa visita o deixou "muito feliz"), há reconstruções em registros de memórias e de historiografia bastante discordantes, entre os quais não é fácil mover-se. Depois do selvagem confronto dos esquadrões em Turim, em dezembro de 1922, que lhe custou um dedo de uma mão e outras feridas graves, como dissemos, Gennaro se refugiou no exterior (na França e depois na Bélgica), onde perdeu o rumo, a ponto de preocupar Gramsci.[60] Em essência, ele se tornou um militante "adormecido", mas nunca rompeu relações com o partido e foi encarregado pelos seus dirigentes de informar Antonio e, eventualmente, coletar suas opiniões, sobre o "ponto de virada" e as expulsões. De acordo com o que disse a Tania, essa visita foi para Antonio uma "novidade extraordinária" para a qual não estava "minimamente preparado".[61] Ainda não somos capazes de saber com absoluta certeza se Gramsci expressou, nesse encontro, seus julgamentos; de acordo com uma declaração do próprio Gennaro, um ano antes de sua morte, ele teria evitado divulgar à liderança do partido as posições do irmão, por medo de consequências para Antonio, como isolamento ou até a expulsão.[62] Em um depoimento de muitos anos depois, Gennaro declarou que mentiu sobre isso.[63] Em todo caso, ele elaborou um relatório para Togliatti, que foi encontrado apenas alguns anos atrás. Parece que, no encontro, Gramsci expressou oposição à linha de ação da IC, mas não às expulsões dos três;[64] ao contrário, Terracini, que estava hostil a essa decisão, argumentou, como vimos, uma identidade de pontos de vista com Gramsci a este respeito. À luz de tudo o que se sabe, é provável que tenha havido adesão de Gramsci à decisão de expulsão, que o partido considerou essencial levar à aprovação dos órgãos da Comintern. Extremamente ligado ao valor da unidade, bastante convencido da importância do centralismo leninista, para não condenar uma linha que parecia claramente fracionária – e, de todo modo, Gramsci estava convencido que iniciativas que poderiam provocar fraturas com Moscou deveriam ser avaliadas com extrema cautela. O PCd'I se apagava, sobrevivia dificultosamente na clandestinidade, e seus dirigentes e filiados estavam sob risco contínuo de prisão ou algo pior. A IC constituía não apenas um ponto de referência ideológico, mas uma barricada política por trás da qual se refugiar. Mas, no nível teórico, a distância entre Gramsci e o "comunismo" oficial da Comintern seguia aumentando.

UMA NOVA TEORIA DO MARXISMO

O afastamento da dogmática teórica de Bukharin ocorria, *pari passu,* na cabeça de Gramsci, com o afastamento da prática dogmática de Stalin. A recusa do "ponto de virada" da Comintern, a crença de que o capitalismo estava se reorganizando em vez de entrar em colapso, a ideia, não apenas tática, da Assembleia Constituinte, uma crescente recuperação de Marx atuando como um freio em Lenin e contra Stalin, uma presença constante de Benedetto Croce, ainda que geralmente para rejeitar suas especulações, o olhar para outros mundos, em uma nova concepção de cosmopolitismo (diferente daquela já criticada por Gramsci, típica dos intelectuais italianos da era humanística anterior), como corretiva do antigo "internacionalismo", e muito mais, confirmavam um Gramsci que estava começando a se sentir limitado e inquieto nos ambientes do marxismo-leninismo, e que queria quebrar essas barreiras – indo além, embora sem repudiar o que poderíamos chamar, como na economia, de "os fundamentos" e, acima de tudo, sem perder de vista o objetivo que não era puramente teórico ou ético do próprio trabalho de pesquisa no cárcere. O objetivo era e permaneceu o mesmo desde os anos da guerra e do primeiro período pós-guerra: a libertação do proletariado das suas cadeias.

Em resumo, nos anos 1930, temos um Gramsci marxista, mas inovador, que cria um léxico próprio, seja por razões inerentes ao seu marxismo, seja para se diferenciar da doutrina em circulação. A tal ponto que, como já mencionado, ele acaba desistindo das fórmulas usuais, como o "materialismo histórico", e daquela ainda mais deletéria, filha do tempo, do "materialismo dialético". A fórmula gramsciana é a "filosofia da práxis", que se refere a um autor com o qual ele começou a se familiarizar já no período pré-carcerário, especialmente nos anos de Turim, e com respeito ao qual Antonio se coloca em uma posição de recuperação e desenvolvimento crítico – Labriola, que remonta à mesma expressão: em 1897, no escrito *Discurso de socialismo e de filosofia*, tinha sentenciado que a filosofia da *práxis* era "a medula do materialismo histórico".[65]

Foi Palmiro Togliatti quem primeiro insistiu no nexo Gramsci-Labriola, em um esforço de delinear uma linha genética que remontava a fontes anteriores, pelo menos a Francesco De Sanctis; e, entre os estudiosos, Eugenio Garin havia evidenciado os fios que conectavam Gramsci a Labriola e a outros expoentes da tradição filosófica italiana.[66] Entre as muitas definições, não formais, mas substanciais, que se pode empregar para identificar o sentido geral da elaboração gramsciana, não apenas pós-1929, mas de maneira mais geral, certamente é esta: Gramsci deu vida, pelo menos *in nuce*, a uma nova teoria-geral do marxismo.[67] E, nesse esforço, a referência a Labriola foi de grande auxílio. Gramsci executa, em particular, um esforço importante para reestabelecer o esquecido ou negligenciado filósofo de Cassino, não apenas e nem tanto ao lugar que lhe pertence no panteão do grande pensamento italiano, mas acima de tudo por ter defendido o marxismo de contaminações positivistas e idealistas, e de ter valorizado, em particular, sua autonomia e autossuficiência. E, em nome de uma coerência unitária entre pensamento e ação política, por enfatizar a prática ou a *práxis*.[68] Para Gramsci, se trata da defesa do "marxismo de Marx" da banalização, do dogmatismo, da redução a modelos: nesse sentido, a controvérsia com Bukharin, sobre a qual já falamos, era uma maneira de apoiar uma ideia muito diferente do marxismo e redesenhar, dentro de certos limites, a mesma fisionomia, no auge de novos tempos e em uma situação de dificuldade objetiva do proletariado. Mas para Gramsci não é suficiente diferenciar a própria filosofia da *práxis* da ascendência labrioliana, e antes dele, diretamente marxista do materialismo vulgar, da grosseria do marxisma Cominternista; para isso é necessário e primordial fazer as contas com Croce, o nome que prevalece ao longo das milhares de páginas dos *Cadernos*, quase uma espécie de obsessão para Gramsci. Croce tinha sido, graças a Labriola, por um curto período, marxista, para então se tornar furiosamente antimarxista.[69] Gramsci assume o ônus de "reverter a reversão", mas também de reconstruir as fases de relacionamento de "Don Benedetto" com Karl Marx – fases alternadas, que são fortemente afetadas pelas mudanças de climas políticos. Não se pode aqui entrar no emaranhado teórico-ideológico e histórico-filosófico entre Marx, Croce e Gentile, o qual, por sua vez, fascinado por Marx, no final do século, decidiu, de alguma forma, desafiá-lo, ainda que sublinhando o peso filosófico.[70] Propriamente respondendo a Gentile, e à sua teoria do "ato puro", Gramsci felizmente a contrasta com a filosofia da *práxis* como "filosofia do 'ato impuro'", ou seja, o ato em sua realidade concreta, que é para Gramsci uma "antropologia", ou uma ciência do homem, ou, em outras palavras, um "neo-humanismo". E retorna assim o eco daquela definição que ele havia dado mais de dez anos antes, do comunismo como "humanismo integral".[71]

Aqui podemos nos limitar a sublinhar a complexidade do esforço intelectual que Gramsci teve que fazer – esforço que, no entanto, sempre tem um significado político, como já foi aqui lembrado. Além disso, nas controvérsias, terminadas com argumentos amargos, com os camaradas comunistas, no pátio da prisão, a contestação política da virada da Comintern teve um substrato teórico, esse questionamento sutil da categoria marxista de estrutura/superestrutura, para usar o léxico de Gramsci.[72] Ele recupera e renova, de Georges Sorel, que permaneceu como um de seus autores, o conceito de "bloco histórico", que representa mais uma inovação profunda dentro da teoria marxista. Do conceito, como em outros casos, Gramsci não se limita a fazer uma apropriação, mas torna uma "tradução", isto é, uma utilização que, em parte – apenas em parte –, contém o original, mas o adapta, modifica, reformula.[73] Este é outro passo adiante na construção de um pensamento original, que parte de Marx e da tradição marxista, com a incorporação da experiência teórico-prática de Lenin e do bolchevismo, para chegar ao "gramscismo", que pode ser considerado uma verdadeira e própria corrente de pensamento que tem autonomia própria, preservando a matriz marxista. O "bloco histórico" alude, portanto, à superação da dicotomia canônica marxista, retomada de todo o marxismo, entre estrutura e super (ou supra) estrutura, alegando, em resumo, que os elementos ideais se fundem com os materiais e que esses se alimentam daqueles e vice-versa. O diálogo é novamente com Croce, bem como com Marx, que aparece nos dois polos dentro dos quais se desenrola amplamente, mas certamente não exclusivamente, o pensamento de Gramsci no cárcere. O próprio homem, neste momento, aparece para Gramsci como um "bloco histórico de elementos puramente subjetivos e individuais e de elementos de massa e objetivos ou materiais, com os quais o indivíduo está em uma relação ativa".[74] De forma mais simples, o bloco histórico é definido como uma síntese de estrutura e superestrutura, na qual as forças materiais se encontram e quase se fundem com as ideologias, mas a síntese também de natureza (que pode ser identificada na estrutura) e espírito (no concreto, as superestruturas), bem como do passado e presente, como já mencionado.[75]

Em seu percurso de distanciamento da ortodoxia dogmática, que é essencialmente a banalização dos pensamentos, e seu uso discricionário baseado nos ditames stalinistas, Gramsci chega, no início dos anos 1930, para questionar também a tese da relação biunívoca entre estrutura e superestrutura, ou seja, a influência mútua entre os dois elementos que, a longo prazo, foi aceito, talvez acriticamente. Gramsci, como foi observado, "passa, às vezes quase inadvertidamente, e sem nunca tematizar a diferença, a uma afirmação de implicação: na estrutura, já está implícito um elemento que pertence ao setor superestrutural".[76] Agora, apesar da fortuna no debate intelectual de uma leitura toda "superestruturalista" de Gramsci, ou seja, de um Gramsci mero teórico da superestrutura (por exemplo, graças à interpretação de Norberto

Bobbio),[77] a novidade característica que se percebe em seus pensamentos, em seu desenvolvimento ao longo dos últimos cinco anos do trabalho de escrita, é precisamente a unidade dialética desses dois conceitos, com a devida ênfase, porém, no caráter vinculante do momento econômico, dos dados estruturais. E, no entanto, inversamente, o desenvolvimento da reflexão no cárcere e na clínica mostra uma passagem, na verdade "um deslocamento radical do eixo estrutura-superestrutura na direção do sujeito histórico e de sua iniciativa".[78] Pode-se argumentar que existe algum tipo de recuperação do jovem Gramsci, aquele que, comemorando Marx ou celebrando a Revolução Bolchevique, ou ainda polemizando sobre este ou aquele tema, exalta a criatividade, a ação do sujeito, a primazia do homem historicamente determinado, mas sempre um homem que sente, ama, pensa e age.

A rejeição do materialismo rústico e vulgar, o desdém pela dogmática "marxista-leninista", por um lado, as críticas ao idealismo especulativo de Croce (e Gentile), que subtrai à história e aos indivíduos o substrato concreto, por outro: dessa recusa dupla, inicia-se a construção de uma posição teórica própria por parte de Gramsci. No entanto, ele acredita que a análise do bloco histórico no presente é mais evidente, como a situação está em movimento e, além disso, o mesmo conhecimento que pode ter da estrutura econômica da sociedade capitalista, nos anos da grande crise, é limitado e muito parcial. Então ele trabalha, acima de tudo, olhando para o passado e, além disso, como já mencionado aqui várias vezes, a chave de Gramsci é eminentemente histórica. E a estrutura é fundamentalmente a base que, de maneira precisa, define-se no passado, do qual o presente é uma continuação. A Gramsci interessa entender a realidade em movimento, o passado/presente ou, dito de outro modo, estrutura/superestrutura, que ele vê ligadas de forma orgânica.[79] Nesse sentido, pode-se chegar a definir a filosofia da *práxis* como "historicismo absoluto", isto é, "a mundialização e a natureza terrestre absoluta do pensamento, um humanismo absoluto da história"; e então, eficazmente, como uma "concepção historicista da realidade, que se libertou de qualquer resíduo de transcendência e teologia", também do que, em referência ao pensamento de Croce, chama de sua "última encarnação especulativa".[80] Croce e Bukharin, aparentemente opostos, cometem o mesmo erro: ambos são teologizantes; ambos, como foi observado, "concebem uma realidade como estranha à vontade concreta", são incapazes de compreender a unidade da estrutura e estrutura, de teoria e práxis.[81]

A reflexão sobre a filosofia da práxis é definida principalmente em 1932, embora tenha seus antecedentes e seus próprios desenvolvimentos subsequentes, o que confirma a dificuldade de colocar com absoluta exatidão as notas gramscianas em anos e meses precisos. O ano de 1932 foi definido recentemente como o *annus mirabilis* de Gramsci, especialmente em relação à elaboração desse conceito que é na realidade um conjunto, pelo menos triádico. Ele contém, ou melhor, se articula em três partes: historicismo absoluto, imanência absoluta e humanismo absoluto.[82] Mas este também é o ano em que o líder político, preso por um Tribunal Especial de Defesa do Estado, elabora sua própria teoria do Estado. E sobre isso, convém nos deter brevemente, porque mesmo aqui estamos diante de uma colaboração inovadora em relação à tradição marxista que, entretanto, sobre o conceito de Estado não produziu, antes de *Estado e revolução*, de Lenin, grandes resultados teóricos. Lenin dera, com essas páginas, não apenas uma contribuição para melhor definir a teoria do Estado em Marx e Engels, reunindo e organizando os fragmentos dos textos, mas também um formidável instrumento de luta política, que teve um papel nos eventos de novembro de 1917, basicamente comparável ao libelo de Sieyès, *O que é o Terceiro Estado?*, em comparação com a revolução de 1789, ou o do *Manifesto comunista,* de Marx e Engels, nos eventos de 1848 na Europa: não um papel diretamente causal, mas um fator agregador e propulsor relevante.[83] Lenin permaneceu, porém, dentro dos limites da teoria marxista, que ele, mais do que ninguém, também com o supracitado livro, transformou em doutrina. E no comunismo italiano, por exemplo, o grande antagonista Bordiga havia adotado sem esforço a doutrina – se possível, enrijecendo-a ainda mais, também no conceito de Estado. Gramsci vai em outra direção: não abandona o contexto marxista, mas olha além, dilata os espaços do marxismo e o contamina proficuamente com sugestões de outras origens. Na concepção gramsciana de Estado, além da comparação com a tradição marxista, houve, sem dúvida, um eco do "Estado ético" de Giovanni Gentile e, por trás dele, a monumentalização hegeliana do Estado: resíduos que gradualmente são deixados para trás e caem, enquanto segura a bagagem mais ou menos classicamente marxista, que Gramsci, no entanto, usa imediatamente de modo pouco escolástico.[84] Há também, por algum motivo, a possibilidade de uma interpretação parcialmente diferente, aproveitando desde a elaboração ordinovista, em 1919-1920, o convencimento de que o Estado é a própria encarnação da sociedade, que, por si, é um conceito abstrato e indeterminado; e, em definitivo, Gramsci não adere à tese "clássica" de extinção do Estado, que, em sua opinião, permanece como elemento forte. A sociedade do futuro, na qual acredita e pela qual luta – mesmo agora, apenas com as armas da crítica, restrito no cárcere – não verá o desaparecimento dos Estados, mas uma coexistência pacífica dentro da sociedade organizada e solidária, ou seja, a Internacional.[85]

De qualquer forma, ele não somente vai além da "linha" Marx-Engels-Lenin, mas se diferencia do marxismo do próprio tempo, como observador crítico da modernidade, que é o próprio ponto de apoio da elaboração gramsciana dos anos 1930 – olhando para o que, no início daquela década, acontece no mundo, desde o stalinismo soviético até o intervencionismo estatal na economia do Ocidente, com uma presença crescente do Estado: na Itália de Mussolini e Alfredo Rocco, grande teórico de o "Estado é tudo", assume um peso transbordante e um enorme papel simbólico. Até o Estado de Gramsci sofre, ainda que criticamente, o que não justifica, mas tenta entender o protagonismo inexorável do ente estatal na sociedade contemporânea, do Oriente para o Ocidente. Focalizando o Ocidente capitalista, ele nota como não apenas na economia, mas em todas as áreas sociais, o Estado vai assumindo e acumulando novas funções, chegando a se definir como um "Estado integral". Gramsci, como sabemos, ama não apenas descrever os processos, mas atribuir um nome a eles, usando termos já em uso, mas enriquecendo-os, modificando-os, dando-lhes um significado novo – pelo menos parcialmente. E uma estudiosa, simplificando o conceito, usou a fórmula afortunada de "Estado ampliado". Um alargamento, especifica apropriadamente, "o que não é reduzido a um simples deslocamento para o campo supraestrutural (ou mesmo cultural), como supõem muitos intérpretes de Gramsci",[86] entre os quais, por exemplo, Norberto Bobbio.[87] Assim, coerentemente com a construção do conceito de filosofia da *práxis*, mesmo no Estado a distinção entre o momento estrutural e superestrutural em um certo sentido é perdida, na medida em que eles se reúnem e quase se fundem em trocas mútuas, dando vida a um Estado de fato integral, que inclui e assimila diferentes funções – aquelas destinadas a exercer domínio por meio da coerção de seus cidadãos e aquelas endereçadas a alcançar consenso por meio da "hegemonia". Aqui estamos com a palavra que muitos estudiosos consideram central no léxico gramsciano, provavelmente a palavra mais importante: muito foi escrito sobre as origens, as transformações, os usos a partir do uso que Lenin faz dela.[88] Próprio no artigo dedicado a ele, em 1924, Gramsci o utilizou pela primeira vez, mas foi mais tarde que uma séria e rica reflexão terminológica, científica e política sobre seu conceito, conectando-a, no ensaio sobre a "questão meridional", de 1926, ao discurso dos intelectuais.[89] Os dois âmbitos se tocavam e, no desenvolvimento dessa relação, nos *Cadernos*, encontramos referências abundantes.

O CONCEITO-CHAVE: "HEGEMONIA"

Nos *Cadernos*, o conceito de hegemonia aparece no primeiro mês de 1930, em relação ao discurso sobre o *Risorgimento* (como dissemos, um tema muito presente), e a última ocorrência do termo é, com referência à Linguística, de abril de 1935, ou seja, precisamente nas últimas páginas depositadas por Gramsci em uma clínica romana.[90] Ele especifica repetidamente, com um adjetivo, mesmo que nem sempre, as palavras: hegemonia política, cultural, linguística, intelectual, moral e assim por diante. Estamos quase diante de uma chave-mestra da qual Gramsci, portanto, se serve com muita frequência e em um âmbito muito variado e amplo. Na realidade, existem incertezas na identificação do conceito e seus usos por parte de Gramsci, na leitura da história e na elaboração teórico-ideológica. E existe, assim como para outros conceitos-chave, um caminho que vê o autor gradualmente se libertando do penhor marxista-leninista, mas também de uma leitura escolástica de Marx. Mesmo nas oscilações terminológicas, há um refinamento da teoria da hegemonia como instrumento para alcançar a preeminência de uma nação, de uma classe, de um grupo social sobre o outro. No *Caderno 1*, no qual o tema é abordado pela primeira vez, a hegemonia ora é identificada com "direção", ora, ao contrário, como uma fusão entre "direção" e "domínio": o autor aprofunda a questão da construção da hegemonia, com quais sujeitos e por meio de quais instrumentos ela se realiza, e o discurso agora assume extrema importância para nós atualmente: ele alude à escola, ao jornalismo, aos instrumentos de trabalho cultural, em essência, deixando o tema de todo modo relativamente em suspenso. Posteriormente, embora nunca tenha sido resolvida essa oscilação, Gramsci, em 1931-1932, sublinha sua dívida teórica com Lenin[91] sobre o conceito, mesmo que, na realidade, Lenin seja apenas um ponto de partida, substancialmente superado em enriquecimento e aprofundamento da hegemonia. Ou, dito de outra forma, além da medida da dívida com Lenin e além das variações semânticas, podemos ler hegemonia como direção política que implica consenso, unida ou distinta de domínio, que, por sua vez, implica coerção, e a hegemonia se vale de "aparelhos hegemônicos", de caráter público (Estado, escola, instituições políticas) ou privado (partidos políticos, organizações sindicais, instituições religiosas, mídia). São esses aparelhos que permitem preservar a hegemonia em "formas normais", por meio da combinação eficaz de força e consenso: a divisão liberal de poderes é sua expressão jurídica, exceto quando ocorrem crises hegemônicas, o que torna indispensável o uso da mera coerção.

De qualquer forma, no desenvolvimento do conceito, a hegemonia é o caminho que Gramsci indica não como um substituto da revolução, mas como uma manifestação desta nos países de capitalismo maduro, naquela parte do mundo que não apenas em referência aos dados geográficos ele chama de "Ocidente". E a hegemonia, nesse sentido, viaja nos trilhos da cultura, exigindo um papel específico e relevante para os intelectuais.[92]

A análise, do ponto de vista filosófico, volta a ser predominantemente histórica, por colocar sob uma luz apropriada as distinções de Oriente e Ocidente e para explicar as contraposições. Aqui está uma passagem célebre, que não se pode prescindir de mencionar:

> No Oriente, o Estado era tudo, a sociedade civil era primitiva e gelatinosa; no Ocidente, entre Estado e a sociedade civil, há uma relação equilibrada e no menor tremor do Estado se percebe imediatamente uma estrutura robusta da sociedade civil. O Estado era só uma trincheira avançada, por trás da qual se levantava uma robusta cadeia de fortalezas e casamatas.

Obviamente, Gramsci afirma "mais ou menos, de Estado a Estado", o que obriga a "um reconhecimento preciso de caráter nacional". Ora, para além da precisão que no plano do método refere-se a uma atitude sempre presente no trabalho no cárcere (ou seja, a autorrecomendação para investigar mais, para estudar melhor) e ao convite específico para desenvolver com profundidade o plano nacional (outro dado constante em Gramsci), o discurso histórico se torna político, com todas as adições teóricas e detalhes históricos possíveis, incluindo esboços econômico-sociológicos interessantes, por exemplo, sobre o papel do Islã. As duas categorias, Oriente/Ocidente, tornam-se horizontes puramente políticos, com um forte valor simbólico (ele admite que foi uma "construção convencional", embora sejam entidades objetivamente "reais")[93] a partir de uma identificação substancial do segundo com sua indústria e seu sistema de valores, sua cultura – o industrialismo –, que se tornou – como foi observado – um objetivo materialismo que relegou, por exemplo, "o espírito na esfera obscura do mistério".[94] Mas a passagem fundamental, de acordo com alguns, a mais importante de todo os *Cadernos*,[95] é a seguinte:

> Parece-me que Ilich [Lenin] havia compreendido a necessidade de uma mudança da guerra manobrada, aplicada vitoriosamente no Oriente em 1917, para a guerra de posição, que era a única possível no Ocidente, onde, [...] num breve espaço de tempo, os exércitos podiam acumular quantidades enormes de munição, onde os quadros sociais ainda eram por si sós ainda capazes de se tornarem trincheiras municiadíssimas. Parece-me este o significado da fórmula da 'frente única', que corresponde à concepção de uma só frente da Entente sob o comando único de Foch. Só que Ilich não teve tempo de aprofundar sua fórmula, mesmo considerando que ele só podia aprofundá-la teoricamente, quando, ao contrário, a tarefa fundamental era nacional, isto é, exigia um reconhecimento do terreno e uma fixação dos elementos de trincheira e de fortaleza representados pelos elementos da sociedade civil etc.[96]

É sem dúvida uma página "extremamente densa, rica em imagens e metáforas sugestivas":[97] além do léxico da guerra, que é um dado a que já fizemos referência, deve-se notar a contraposição Oriente/Ocidente, aquela entre guerra de movimento ou, como ele diz em outro lugar, "guerra manobrada" e guerra de posição, que é a guerra de trincheira que o conflito mundial havia descoberto no mundo. Na realidade, o binômio Oriente/Ocidente era de uso corrente, desde o debate sobre a infeliz revolução de 1905, e basicamente aludia à Rússia (Oriente) e Alemanha (Ocidente). Esse debate continuou próximo à Revolução Bolchevique e às revoluções tentadas e derrotadas no pós-guerra, com a participação de expoentes ilustres do marxismo, de Trotsky a Luxemburgo, de Bernstein a Kautsky. Mas foi Lenin, no início dos anos 1920, que sugeriu a linha no sentido em que Gramsci retoma, polemizando com a teoria da revolução permanente (nascida na Revolução Francesa, mas relançada nos últimos tempos por Trotsky, sobre o qual o julgamento foi duro e impiedoso) que "é própria de um período histórico", antes das estruturas organizadas no seio da sociedade, que estava "no estado de fluidez, em muitos aspectos". Só mais tarde – depois de 1870, sugere Gramsci, aludindo à era do imperialismo colonialista europeu – a situação muda:

> Ocorre na arte política o que acontece na arte militar: a guerra de movimento torna-se cada vez mais guerra de posição e pode-se dizer que um Estado vence uma guerra quando a prepara de modo minucioso e técnico no tempo de paz. A estrutura maciça das democracias modernas, seja como organizações estatais, seja como um conjunto de associações na vida civil, constitui para a arte política algo similar às 'trincheiras' e as fortificações permanentes da frente de combate: faz com que seja apenas parcial o elemento de movimento, que antes constituía 'toda' a guerra etc. A questão se apresenta para os Estados modernos, não para os países atrasados e as colônias, onde ainda vigoram a forma que em outros lugares já foram superadas e se tornaram anacrônicas.[98]

A guerra de posição, portanto, torna-se a forma apropriada, no tempo presente e mais ainda no Ocidente, para construir uma hegemonia, ou melhor, uma contra-hegemonia das classes proletárias: a hora e o local da guerra manobrada ou de movimento não ocorrem aqui, não ocorrem agora.[99] E a guerra de posição, que tem um antigo nobre precedente no famoso *Prefácio* de Engels ao *As Lutas de classe na França (1848-1850)*, de Marx, em 1895, estranhamente não mencionado por Gramsci, que também cita frequentemente o companheiro de lutas e de pensamento de Marx,[100] se pode explicar por meio de um inteiro instrumental cultural e ideológico. Nele, o papel dos intelectuais é decisivo.

Hegemonia, intelectuais, trabalho ideológico, ação cultural... Nesse nó complexo de conceitos que se entrelaçam, tem também lugar o de ideologia, que Gramsci, de novo voltando as costas à Marx (que primeiro usou o termo em um sentido negativo) e parcialmente retomando, em vez disso, Lenin (que dá uma leitura diferente, completamente positiva), usa para tentar especificar e desenvolver o discurso sobre hegemonia e o consequente papel de intelectuais. E podemos falar de uma "constelação", nos *Cadernos*, que combina filosofia, ideologia, política, em uma espécie de círculo no qual os conceitos se conectam entre si estreitamente, até que se fundem.[101] Assim como em outras reflexões – por exemplo, "crise" – no rigor lexical que anseia por esclarecimentos, Gramsci tenta distinguir diferentes acepções e contrapõe as ideologias "orgânicas" (que são necessárias a uma certa classe ou estrutura social) àquelas "arbitrárias" ("desejadas", isto é "racionalistas", superficiais), atribuindo, no entanto, um valor positivo à primeira; deste ponto de vista, o marxismo também é uma ideologia, mas serve a um grupo social para sua emancipação. Isso faz parte das ideologias que "'organizam' as massas humanas, elas formam o terreno em que os homens se movem, tomam consciência de sua posição, lutam etc.".[102] Ele o declara, portanto não pretende estar acima da história, mas afirma estar nela; e é válido dentro dos limites nos quais se realiza essa tarefa. Se pretende ir além disso, também a ideologia marxista, se deseja considerar-se eterna e absoluta, torna-se arbitrária: é novamente uma tomada de distância do dogmatismo marxista-leninista de Bukharin; isto é, de Stalin. Aqui também ele retorna – e se trata de um fio condutor que une o "jovem" Gramsci ao "maduro" – uma "atenção específica ao elemento de subjetividade revolucionária",[103] que tem impacto sobre muitos dos conceitos adquiridos e quase sempre reformulados ou reutilizados.

A reflexão sobre a ideologia é uma das muitas pesquisas que o recluso faz no campo de superestruturas, enquanto afasta-se de sua definição canônica, na dicotomia banal em relação às estruturas. Contíguo, e atravessando toda a reflexão gramsciana, é o tema religioso. À religião, e especificamente ao cristianismo, se dirige por sua incapacidade de compreender a unidade entre o homem e a natureza, que condena o primeiro a uma espécie de passividade, em uma leitura supersticiosa do mundo e da vida que é bem adequada ao que ele chama de atitude "opiácea".[104] E o mesmo Croce, o Croce secular e liberal, acabou endossando, na realidade, a passividade e aceitação do existente, por exemplo, justificando o ensino religioso nas escolas, acreditando que a religião é uma forma de conhecimento inferior, "popular". Gramsci retira desse tema um estímulo para falar de "religião como senso comum", conectando-a portanto, por um lado, à reflexão antropológica sobre a cultura popular, ou nacional-popular, e, de outro, a uma mediação filosófica, precisamente no senso comum, que torna-se um dos principais conceitos do arsenal teórico gramsciano.[105] Esta é uma das expressões mais comuns, desde 1929, nos *Cadernos*, justaposta, e às vezes contraposta, ao "bom senso", nem sempre esclarecido de modo unívoco, como costuma acontecer neste interrompido *work in progress* na prisão. De resto, encontram-se expressões de incerta definição também no léxico atual, que na época circulavam amplamente também no campo das Ciências Humanas e Sociais. Justamente, foram corretamente lembradas as pesquisas de Marc Bloch e Lucien Febvre, visando explorar formas semiocultas da consciência popular, do imaginário popular – da obra sobre os *Reis taumatúrgicos* de Bloch (1924) até aquela dedicada a Martinho Lutero, de Febvre, chegando à fundação da revista *Annales*, em 1929. Novamente, o esforço analítico induz Gramsci a distinguir, e aqui o senso comum se torna bom ou ruim, dependendo dos contextos, das situações, de indivíduos singulares ou coletivos (estratos sociais): todo estrato social – esta parece ser a última formulação – "tem seu 'senso comum', que é basicamente concepção da vida e da moral mais difundida". Ele não é nada além do produto da sedimentação de cada corrente filosófica, quase uma derivação: com seu equilíbrio linguístico-conceitual, define-o como "folclore da filosofia".[106]

Mas, entre o final de 1931 e 1932, encontramos outra eficaz etiqueta: "filosofia dos não filósofos". Certamente se trata de uma espécie de variante da ideologia,[107] mas, em vez de contrapor citações a citações, consideramos as sugestões da abordagem genético-evolutiva, que mostra as mudanças e os desenvolvimentos do conceito em Gramsci.[108] A partir da análise dos textos em elaboração ao longo dos meses, nota-se que, à crítica das concepções mecanicistas (Bukharin, marxismo-leninismo), por um lado, e ao "solipsismo" (Croce e Gentile), por outro, há um nova "apologia" da filosofia da práxis, herdeira da filosofia clássica alemã, a única "que fez o pensamento dar um passo à frente".[109]

O SILÊNCIO DE GIULIA

A TURI COM PERTINI

Tudo isso, em uma condição que estava se tornando preocupante, tanto em termos de saúde física quanto de suas condições de espírito, que se traduziam na sensação de abandono, por sua esposa e pelo partido, totalmente imerso no período pós-virada. No coletivo de companheiros que havia informalmente constituído em Turi, a posição de Gramsci logo se viu isolada. Aconteceu também em outros lugares para os "antivirada", entre os quais o mais famoso dos dirigentes restantes no partido, Terracini: ele tinha notado o que era a própria situação, a miséria dos lugares de pena, a dureza das condições, a monotonia dos dias intermináveis, o peso das noites sem dormir, a exasperar as contraposições, transformando-as facilmente em conflitos.[1] Um quadro análogo fez, sobre Turi, Athos Lisa em um relato a Togliatti (de fevereiro de 1933), que mostra a séria dificuldade em que viu Gramsci, que catalisou antipatias e hostilidades, a partir de razões triviais alimentadas, após a virada, por "algumas discussões políticas sobre a análise do fascismo, na situação italiana, sobre táticas do partido etc.". Chegou a ter "brigas muito sérias" e os "antigramscianos" tiveram a ideia de enviar uma reclamação ao partido, por meio de uma carta clandestina, sem o conhecimento do próprio Gramsci que, anteriormente, já havia sido objeto de insultos e agressões físicas por presos de orientação anarquista.[2]

Testemunhos não diferentes vêm de Sandro Pertini, que, por um curto período, foi companheiro na prisão em Turi. Na memória do "presidente mais amado pelos italianos", Antonio Gramsci aparece como um homem imerso em uma solidão amarga, mas consciente, cada vez mais doente, cercado por companheiros prisioneiros, especialmente aqueles que compartilharam com ele a fé e a militância comunista, pela qual foram acusados de heterodoxia ou, pior ainda, de traição. Também foi acusado de desfrutar de privilégios, com as suspeitas relativas, por causa da cela individual (entretanto, com pagamento de taxa) e pela concessão da possibilidade de leitura e escrita.[3] O vínculo de empatia que se nutriu das longas conversas sobre o socialismo despertava desconforto e inveja dos militantes comunistas, entrincheirados na doutrina do social-fascismo. Gramsci, recorda Pertini, foi o único a mostrar solidariedade e carinho por aquele socialista, isolado em um cárcere povoado por comunistas e anarquistas. Também estes últimos não toleraram a predisposição gramsciana em relação à abertura para antifascistas de diferentes orientações.[4] Lembra-se Pertini:

> Nevou, e prisioneiros durante a caminhada atiravam bolas de neve. Um grupo alvejou Gramsci, que se refugiou em um canto para evitar ser atingido por outros tiros. Em um certo ponto, uma bola se quebrou na parede na qual Gramsci se apoiava e uma pedra saiu. Eu estava ao lado dele e o ouvi dizer: 'Eles colocaram uma pedra na bola de neve para me atingir'. Alguém mais tarde afirmou que os autores do gesto nojento eram os comunistas. Eu digo que não é verdadeiro. Era outro grupo de prisioneiros, e agora é inútil dizer qual era a qualidade política deles.[5]

Digno de nota é a história do primeiro encontro entre os dois:

> Eu me aproximei dele, me apresentei. Disse que vinha de Santo Stefano e que tivemos a honra de conhecê-lo. Tratei-o por 'senhor' e o chamei de 'deputado Gramsci'. Ele começou a rir: 'Por que trata por 'senhor'? Somos antifascistas, os dois, vítimas de Tribunal Especial'. Mas lembrei a ele que, para os comunistas, éramos 'traidores sociais'. Gramsci disse para deixar de lado essa controvérsia dolorosa.[6]

Pertini, de acordo com suas lembranças, se empenhou pessoalmente para que o médico do cárcere, Giuseppe Resta, tivesse os maiores cuidados em relação ao líder comunista, mas o médico lhe disse: "Vou fazer de tudo para curá-lo, mas é difícil; tem uma doença tal que necessitaria de internação em uma clínica ou em um sanatório. Aqui, as curas são o que são".[7]

O diálogo remonta a 1931-1932, quando, após um breve período de melhora, a condição física de Antonio começara a se deteriorar, em um processo de aceleração progressiva. Poderia recuperar um mínimo de tranquilidade do corpo apenas em jejum, "mas este não é um tratamento que possa durar muito tempo", escreveu com uma pitada de sarcasmo.[8] A comida da prisão, escreveu Tatiana, "não é adequada para as necessidades de seu estômago". Ao sofrimento do trato digestivo foram combinadas as dores respiratórias. O quadro impiedoso foi concluído com um terrível detalhe: "Eu não posso mastigar: por causa de uma uricemia crônica, meus dentes caíram. Só posso comer alimentos líquidos, ou triturados etc.".[9]

Não era, em suma, um "agravamento" das condições, mas uma ruptura real do corpo de um homem que acabara de passar dos 40. Foi um constante processo de decadência, do qual, por enquanto, a mente era poupada, apesar da enxaqueca devastadora que não o abandonava. Nesse processo, houve picos repentinos, com crises reais, nas quais desenvolvia seguramente um papel importante o sentimento de abandono e solidão. Crises físicas ocorreram e foram superadas – longos momentos de desânimo, nos quais Antonio também foi duro com a boa Tatiana, hostil com ela e com os poucos membros da família que cuidavam dele, quase ostentando a secura: "Sua sinceridade não me serviu de nada, porque eu nunca soube o que me escreveu. O que significa, então, 'sinceridade' e o que significa que você 'se aborrece'? Eu também, há cinco anos, me aborreço por estar no cárcere, talvez mais do que você por causa dessa espécie de pouca sinceridade".[10] Era uma defesa, é claro, e um efeito da prisão. As cartas de Giulia, apesar dos pedidos insistentes, diretos ou indiretos, por meio de Tatiana, mas não apenas, permaneceram uma miragem, e Antonio não conseguia entender o quanto daquele silêncio era por problemas de saúde ou por outras causas. Não receber sinais da parte dela o levou ao silêncio, a partir do qual a afetuosa solicitação de Tatiana não o movia, mas tinha o efeito oposto – de despertar sua contrariedade. Ela estava bem ciente disso e, compreendendo a doença mental de sua irmã, que a impedia de reagir, tentou mediar incessantemente a relação entre os dois, com iniciativas concretas para favorecer uma aproximação física, pedindo que Giulia viesse para a Itália: "Seria necessário incutir em Giulia a ideia de vir para a Itália, fazendo-a entender que isso seria útil, mas também necessário para dar forças a Nino, para garantir sua vida". Tatiana era a pessoa com o contato mais próximo com o recluso, a única a poder dizer: "Acho que não podemos nem ter uma ideia da gravidade de suas condições". Essa necessidade impulsora submeteu-o a um exame médico sério. Acreditava que uma visita de Giulia poderia ter sido um remédio, não o único, mas talvez o decisivo, no fundo também para ela que, por sua vez, estava doente.[11]

Consultava-se sobre isso não com seus familiares ou com os de Antonio, mas, na verdade, com Sraffa, um eterno *convitato di pietra*[*], autêntica eminência cinzenta da situação, uma espécie de intocável que, tantas vezes lembrado, era o amigo mais precioso de Antonio após sua prisão, até a morte e mais além. É provável que além da relação de amizade afetuosa, Sraffa agisse em missão direta com o partido, assumindo um papel quase institucional.[12] Uma série de lendas pesa sobre sua figura, acrescentadas de estudos de sistemas questionáveis e de recentes especulações jornalísticas, facilitadas pela confidencialidade proverbial do homem que se cercou de uma verdadeira barreira protetora real.[13] O certo é que seu papel era de fato fundamental, também graças à figura de seu tio, Mariano D'Amelio, senador do Reino e o primeiro presidente da Suprema Corte de Cassação, que teve uma relevância mais que positiva, no sentido efetivo de ajudar Gramsci – ao menos no movimento negativo, ou seja, para evitar uma maior deterioração das condições carcerárias.[14]

---

[*] A expressão "um convidado de pedra" remonta à obra teatral *El burlador de Sevilla y convidado de piedra* (1630), atribuída ao espanhol Tirso de Molina. Ela é usada para indicar a presença de alguém eminente, mas, ao mesmo tempo invisível e silencioso. (N. R.)

Os esforços de Tatiana e Piero foram em vão: o relacionamento com Giulia se desgastou irremediavelmente. O silêncio dela, iniciado, pode-se dizer, após a internação em Turi, continuou, implacável.[15] No final de 1931, Antonio lhe escreveu:

> Acreditava que ainda seria possível uma certa comunhão em nossa vida, que me ajudaria a não perder completamente o contato com a vida do mundo; pelo menos, com sua vida e a dos meninos. Em vez disso, e o digo, ainda que deva lhe causar forte contrariedade, parece-me que você contribuiu para agravar meu isolamento, fazendo com que eu o sentisse mais amargamente. [...] Uma vez, há muito tempo, me escreveram que sua bolsa estava cheia de cartas para mim, começadas e não terminadas: esse fato me atingiu mais do que qualquer outra coisa, porque o significado dele não é agradável. Quer dizer que você não consegue me escrever, que existe algo que se interpõe e a impede de se comunicar comigo. Na verdade, não sei nada sobre você. [...] Por certo, não esqueci a Iulca do passado; mas não consigo fazer com que reviva na Giulia de hoje, nem consigo imaginar a Giulia de hoje, concretamente, de modo vivo. Queria poder sacudi-la fortemente, violentamente, mesmo com o risco de ser injusto e grosseiro com você, mais ainda do que pretenderia. Queria fazer com que sentisse minha ansiedade e minha dor.[16]

A OBSESSÃO PEDAGÓGICA

Esse sofrimento era, por assim dizer, introduzido em Antonio pela impossibilidade de ver as crianças crescerem. O epistolário relacionado – essencialmente, a correspondência de Tatiana com familiares na Rússia –, confirma a correspondência de Antonio com a cunhada e a esposa. É um arrependimento infinito, aquele relacionado à distância de si mesmo como pai; e não é simplesmente o carinho a motivá-lo, mas é, acima de tudo, a impossibilidade de ajudar a construir a personalidade dos dois meninos na fase de desenvolvimento da adolescência. Se dirá, na verdade, que não seria tanto o carinho a mola fundamental, mas sim a inesgotável "obsessão pedagógica".[17]

Delio e Giuliano nem sequer tomaram conhecimento do encarceramento de seu pai, e foram informados somente na sua morte. Antonio era atormentado intimamente por isso e voltavam vivamente à sua memória o desconforto e o sofrimento quando, em criança, descobriu a mentira com a qual foram cobertos a prisão e o encarceramento do pai. Enfrentar a verdade, "dizer a verdade", mesmo a mais dolorosa, permanecia um comportamento inalienável, principalmente com os filhos, e para ele era um elemento de grande importância formativa, ligada a toda sua incessante reflexão pedagógica. A pressão social que culpava os presos políticos por serem responsáveis pela ruptura familiar lhe pesava enormemente, fazendo com que se sentisse culpado; mas, ao mesmo tempo, lhe trazia motivação para gritar a própria condição de prisioneiro político.

No entanto, Antonio ainda não ousara tomar a iniciativa e informar as crianças pessoalmente; considerava muito mais correto que fossem seus educadores diretos, as mulheres da família Schucht, a fazer isso; talvez também pesasse sobre ele e, indiretamente, sobre Giulia, a figura de Eugenia, que continuava a se impor como "mãe" e governanta, particularmente de Delio. E Giulia aceitava, não sabemos por qual motivo, que a criança tivesse duas mães.

A ânsia pela verdade, a honestidade e a transparência vinham constantemente frustradas, mesmo em nome do carinho por eles; na maioria das vezes, lhe chegavam informações da *pietas* de Tatiana: "Penso que a falsa compaixão não passa de uma insensatez, e nas condições em que um prisioneiro se encontra torna-se uma verdadeira crueldade, porque determina um estado de ânimo de desconfiança, de suspeita mórbida que te escondam quem sabe o quê".[18] Seu amigo Sraffa sabia bem dessa situação. No verão de 1933, escreveu para Tania:

> Como já lhe disse várias vezes, estou convencido de que isso de ocultar más notícias é, a longo prazo, desastroso. Sempre envie a ele todas as cartas de Giulia: que se o irritarem, não importa; o essencial é que ele não se sinta abandonado, que ele não perca esses poucos contatos com o mundo exterior.[19]

É possível que o amigo conhecesse a psique de Nino melhor que os familiares? Antonio não esquecia os pregressos episódios de "omissão" e mentiras, a última referente ao falecimento de sua mãe, Peppina, que morreu em 30 de dezembro de 1932: Tatiana decidiu não contar a Antonio, apesar da repetida insistência deste em receber notícias da mãe doente, e os irmãos Carlo, Teresina e Grazietta concordaram em manter o segredo. "Vocês não me mandaram mais notícias de mamãe nem vi as lembranças dela nos cartões postais. Por favor, escreva-me sobre isto ou peça a Grazietta que me escreva".[20] Apesar disso, anos depois, ele quase se entregou a esse jogo de papéis, provavelmente ciente de sua fragilidade; então, quando descobriu que Tatiana havia escondido a morte do sogro, Apollon, ele escreveu a Giulia:

> Você acreditou que eu não sentia, desde 1932, que minha pobre mãe tinha morrido? Senti então a dor mais forte, e de modo verdadeiramente violento, se bem que eu estivesse em um grave estado de prostração física. Como podia imaginar que minha mãe, viva, não me escrevesse nem mandasse alguém escrever e, de casa, ninguém mais se referisse a ela?[21]

Ao mesmo tempo, compreendia não ser o único nessa família a ser vítima de uma condição de "prisão", de uma subordinação material e intelectual aos desejos dos outros; e continuou escrevendo para Giulia, que foi tantas vezes censurada pela cunhada: "Sofri agora por você, ao ler suas cartas que estavam me escondendo".[22]

Na correspondência, Antonio sempre manteve um engajamento pedagógico também com os filhos, como de fato com Tatiana e outros parentes, mas especialmente refinou seu papel de educador com Delio e Giuliano, representando uma figura tradicional, que conta fábulas, sem renunciar a tentar, pelo menos, exercer um papel que poderia ser definido, citando-o, "de direção intelectual e moral". Nessa qualidade, ele entrava não raramente em conflito com a esposa, com a qual não compartilhava os métodos e, em particular, criticava o "espontaneísmo", ou seja, a convicção de que as crianças poderiam crescer por conta própria sem um guia metódico, o que não implicava, em sua opinião, um sistema coercitivo, mas sim um papel ativo de educador: "Parece-me que, praticamente, você não consegue se livrar de certos hábitos tradicionais, relacionados às concepções espontaneístas e libertárias que explicam o surgimento e o desenvolvimento dos novos tipos de humanidade capazes de representar as diferentes fases do processo histórico".[23] Anteriormente, ele a havia criticado por sua reivindicação de apreender precocemente as inclinações dos filhos. E, como sempre, escolheu o pretexto para inserir uma pequena lição histórico-filosófica, dando origem a nada menos que o homem de Leonardo, mas com muita razão, especialmente se olhar para o nosso tempo de especialização precoce e tecnificação forçada dos ensinamentos:

> Acredito que, em cada um deles [os filhos] coexistam todas as tendências, tal como em todas as crianças [...], e que, de fato, seria correto guiá-los nesse sentido, para um ajuste harmonioso de todas as faculdades intelectuais e práticas, que podem se especializar no tempo apropriado, com base numa personalidade vigorosamente formada em sentido total e integral.

Aqui estão sublinhados os dois adjetivos caros para o autor (totalitário e integral). A continuação do raciocínio é uma projeção quase utópica, na qual o homem moderno é descrito como uma soma daquilo que geralmente é indicado como "caráter nacional", chegando a recriar o ideal precisamente leonardesco, "tornar-se homem-massa mantendo sua forte personalidade e originalidade individual".[24]

O trabalho de tradução, aperfeiçoado nos textos de Grimm nos primeiros anos de prisão, não foram um mero exercício linguístico: Gramsci havia readaptado as histórias, servira-se delas como ponto de partida para a elaboração de fábulas autobiográficas baseadas em suas memórias de infância. Foi um artifício para preencher a ausência física e a distância da figura paterna, mas também para compartilhar o imaginário familiar de origem, uma cultura familiar sarda feita de emoções, paisagens, alimentos, palavras. A mais famosa é, sem dúvida, a história do ouriço que faz estoque de maçãs, apunhalando-as com seus espinhos, para a dispensa familiar, o refúgio do afeto de casa:[25]

> Numa noite de outono, quando já estava escuro, mas a lua brilhava luminosa, fui com outro menino, meu amigo, até um campo cheio de árvores frutíferas, especialmente macieiras. Escondemo-nos atrás de um arbusto, contra o vento. Então, de repente, saem da toca os ouriços, dois maiores e três pequeninos. Em fila indiana se encaminharam para as macieiras, deram voltas na grama e, em seguida, se puseram a trabalhar: ajudando-se com os focinhos e pernas pequeninos, rolavam as maçãs, que o vento havia arran-

cado das árvores, e as juntaram em uma pequena clareira, bem pertinho umas das outras. Mas logo se viu que as maçãs caídas no chão não eram suficientes; o ouriço maior, com o focinho no ar, olhou ao redor, escolheu uma árvore curva e trepou, seguido por sua mulher. Ajeitaram-se num ramo carregado e começaram a se balançar, ritmicamente; seus movimentos se comunicaram ao ramo, que oscilou cada vez mais, com vaivéns bruscos, e muitas outras maçãs caíram no chão. Depois de reunidas também estas junto das outras, todos os ouriços, grandes e pequenos, se enrolaram, com os espinhos eriçados, e se estiraram sobre as frutas, que ficaram espetadas: alguns tinham poucas maçãs espetadas (os pequenos ouriços), mas o pai e a mãe conseguiram, cada qual, fisgar sete ou oito maçãs. Enquanto estavam voltando à toca, nós saímos do esconderijo, botamos os ouriços num pequeno saco e os levamos para casa. Fiquei com o pai e dois pequenos ouriços e os mantive por muitos meses, livres, no pátio.[26]

Por sua vez, as crianças enfrentaram de modo muito diferente a distância do pai, que havia sido motivada, de acordo com as mulheres da casa, por "seu trabalho muito importante na Itália", e que eles deveriam repetir às pessoas de fora.[27] Delio, o maior, se demonstrava equilibrado, sociável e bastante autoconfiante, apesar do crescimento e amadurecimento em um ambiente familiar "muito controverso e, em certo sentido, insalubre",[28] morbidamente cuidado por sua tia Eugenia que se atribuiu um papel de mãe, tentando desapegá-lo também emocionalmente de Antonio e substituindo Giulia em sua educação moral. No entanto, Delio conseguiu estabelecer um diálogo intelectual com o pai por meio das cartas, compartilhando com ele um profundo interesse pela literatura. De outro nível foi, por sua vez, o tormento interior que afligia Giuliano, inseguro, reservado, introvertido e particularmente angustiado pela falta de um pai que povoava seus sonhos. Quanto a Eugenia, o caso de amor com Antonio continuou refletido na vida cotidiana da família Schucht, na qual ela havia assumido o papel de chefe de família, especialmente após a morte de Apollon – não sem consequências desestabilizadoras para a irmã mais nova, Giulia, controlada pela personalidade invasiva, com aspectos, para dizer pouco, maníacos, de Eugenia: "Ela era uma dominadora, Giulia era completamente passiva em suas mãos: era desde criança, quando menina, e foi mesmo depois do casamento", disse Nilde Perilli, a fiel amiga dos Schucht, que, por muito tempo, hospedou Tatiana em Roma.[29]

A DOENÇA DE GIULIA

Nesse ambiente, não é difícil entender que Giulia começara a ter manifestações de distúrbios psíquicos que, mesmo naquela época, os familiares não entendiam o diagnóstico e a terapia medicamentosa com "Luminal", uma substância hipnótica e antiepilética e, ao mesmo tempo, com um tratamento analítico, para curar uma forma de depressão, então comumente chamado de "colapso nervoso".[30] A evolução do mal-estar não foi positiva, a ponto de a paciente ter sofrido algumas internações hospitalares, embora utilizando a psicanálise, da qual Gramsci tinha alguma noção e já havia mencionado Freud em algumas cartas. E fala diretamente com Giulia, além de Tatiana:

> Estava convencido de que você sofria daquilo que os psicanalistas chamam de 'complexo de inferioridade', que leva à sistemática repressão dos próprios impulsos volitivos, isto é, da própria personalidade e à completa aceitação de uma função subalterna na hora de decidir, mesmo quando se tem certeza de estar com a razão, com exceção das esporádicas explosões de irritação furiosa até por coisas insignificantes. [...] Numa manhã, tendo encontrado a porta aberta, entrei em sua casa sem que ninguém percebesse e assim pude ouvir, sem que você soubesse, uma dessas explosões furiosas.[31]

A manifestação dos transtornos mentais de Giulia foi a oportunidade para Nino começar a restaurar, embora debilmente, um relacionamento com a esposa, quando ela conseguiu torná-lo partícipe das próprias ansiedades pela chegada da doença. No entanto, ainda foi Sraffa a favorecer a reaproximação, quando foi a Moscou, no início de 1931, visitando Giulia e assegurando-lhe que o marido tinha conhecimento dos seus distúrbios e de sua crítica situação pessoal: Giulia, que então trabalhava para a Direção Política Estatal unificada com o Conselho de Comissários do Povo da URSS (OGPU), serviços de informação do partido, em essência, foi dispensada, depois licenciada, por causa de sua condição de saúde. Os proventos do trabalho, desde 1922, constituíam até então a maior fonte de sustento para toda a família Schucht.[32] Não deve-se excluir, no entanto, que além do clima pesado na família, em uma convivência difícil, em Moscou (com a gélida e vingativa Eugenia e seu pai Apollon, que sempre foi contrário a seu casamento com Nino) os distúrbios psíquicos de Giulia foram intensificados pela atmosfera de vigilância rigorosa e de suspeitas perenes que pairavam na URSS stalinista da época, bem como, ao mesmo tempo, a distância da única irmã benevolente para com ela. Retornando da Rússia, Piero deu notícias a Tatiana:

> Estou muito feliz que Giulia tente a cura pela psicanálise: assim que a vi, tive a ideia de que o dela era propriamente um dos casos em que poderia ser útil, mas não o sugeri porque pensei que, uma vez que é apresentado por seus apoiadores como uma filosofia universal, na Rússia, eles a rejeitariam em bloco. Mas, apesar de, à primeira impressão, parecer apenas uma mistura de charlatanismo e ingenuidade, há um certo núcleo de verdade, no fundo, e em alguns casos vi que o tratamento psicanalítico teve alguns sucessos impressionantes.[33]

E acrescentou: "Não sei se Nino já esteve interessado em psicanálise – mas, se não, certamente será de interesse agora. Você poderia perguntar se ele quer alguns livros: e nesse caso, você pode fazer o pedido na livraria Freud".[34] Antonio se ocupou, estudando o assunto a partir do ponto de vista clínico, bem como aproximando-se de maneira particular e afetiva, acolhendo a ideia de se relacionar com a complexidade da doença de Giulia:

> Vou ler de bom grado o livro de Freud que Piero lhe indicou: pode encomendá-lo. É possível que Giulia tire proveito de um tratamento psicanalítico, se sua doença tiver origens puramente nervosas. Enfim, acredito que conte mais o médico responsável pelo tratamento do que a psicanálise; o velho Lombroso, com base na psiquiatria tradicional, obteve resultados surpreendentes que, acredito, se deviam mais à sua capacidade de médico do que à teoria científica (abstrata) [...]. É possível que a psicanálise seja mais concreta do que a velha psiquiatria ou, pelo menos, force os médicos a estudar mais concretamente os doentes individuais, isto é, a ver o doente e não a 'doença'.[35]

Foi então que Giulia se convenceu a retomar o contato direto com o marido, fonte também de uma redescoberta vontade de autonomia em relação à personalidade complicada da irmã "Genia". Na verdade, Nino havia manifestado indignação pela indelicadeza desta, acordando provavelmente uma certa autoconfiança em Giulia.[36]

A correspondência dos dois, entre 1931 e 1932, abrange os temas de transtornos depressivos de Giulia, por quem Antonio se interessava não apenas do ponto de vista privado e íntimo, mas também médico-cultural. Seu conhecimento da psicanálise era "de segunda mão",[37] mas é muito provável até que se deduzisse e se intuísse que teria prazer em aprofundar-se, também ou acima de tudo, para entender melhor os distúrbios de sua esposa: "Tenho muito interesse pelo que me escreveu sobre sua saúde, mas não sei se ainda continua o tratamento psicanalítico. Como Freud observa que os familiares são um dos obstáculos mais graves à cura pelo tratamento psicanalítico, eu nunca quis insistir na questão [...] para que se esforçasse por 'desencolher' sua verdadeira personalidade".[38] Antonio lutava para voltar a entender os métodos clínicos e a abordagem de Giulia ao próprio cuidado, olhando-os com padrões analíticos derivados do conhecimento científico anterior e comparando as ciências médicas russas à crise do positivismo ocidental; não só, mas deixava escapar, diante de relatórios de Giulia, um certo ceticismo, não fazendo esforços para aprofundar a complexidade de um transtorno depressivo agudo por formas obsessivas e paranoicas: "Eu quero que você me escreva suas impressões sobre a carta de Giulia. A mim ainda é difícil me orientar", escreveu à sua cunhada Tatiana. E continuou:

> Um núcleo positivo me parece que pode ser identificado: isto é, que Giulia adquiriu uma certa confiança em si mesma e em suas próprias forças, mas essa confiança não será de caráter puramente intelectual e racional, isto é, pouco profunda? Parece-me que o caráter intelectualista de seu estado de espírito é muito evidente, ou seja, o momento 'analítico' ainda não se tornou força vital, impulso volitivo. O que tranquiliza um pouco é que Giulia, como a maioria dos russos contemporâneos, tem uma grande fé na ciência, e com isso quero indicar uma fé de caráter quase religioso, o que nós, ocidentais, tivemos no final do século passado e depois perdemos por meio da crítica da filosofia mais moderna.[39]

Antonio, no entanto, mesmo nesta fase, havia perdido a familiaridade com Giulia e lutava para aceitar que o sofrimento dela poderia somar-se ao próprio, em um mecanismo que envolveu os dois, condenando-os ao silêncio. Foi Tatiana, nesses casos, que atuava como mediadora, pedindo-lhes para não perderem contato e reforçando a força um do outro: "Caro, eu teria prazer, apesar de tudo, que você escrevesse para Giulia falando de sua saúde também; caso contrário, parece que você não recebeu notícias, ou pelo menos você não acredita nelas, ou ainda que elas não despertam em você sentimentos que deseje comunicar".[40] A própria Tania tomou a iniciativa de não enviar nenhuma carta de Nino direcionada a Giulia, porque acreditava que ele havia lidado muito superficialmente com a complexidade das doenças de sua irmã e que isso poderia feri-la enormemente. Em sua opinião, na verdade, Antonio havia dado algumas opiniões "improváveis" sobre a saúde da esposa, "absolutamente sem sentido", devido, em parte, à insuficiência de informações, mas também ao prejulgamento estabelecido por ele de que os males de Giulia eram "insolúveis", já que ela pertencia à categoria que ele havia descrito como aquela dos "humilhados e ofendidos", afetados por "um distúrbio de fantasia desordenado e febril". Tatiana alertou para não "fazer confusão entre os vários tipos de transtornos mentais" e argumentou, por sua vez, que Giulia teve melhorias tangíveis na disposição física e no humor, e que era um sinal indiscutível seu novo desejo de "estudar". A psicanálise da qual Nino desconfiava foi, entretanto, se provando, no início de 1932, sempre mais eficaz, em vez daqueles tratamentos tradicionais como antiepiléticos e eletrochoques.[41]

O interesse de Antonio pela matéria psicanalítica foi crescendo, a ponto de ele avançar hipóteses sociológicas classistas em técnicas psicanalíticas:

> O ponto mais importante me parece este: o tratamento psicanalítico só pode ser benéfico para aquela parte dos indivíduos da sociedade que a literatura romântica chamava de 'humilhados e ofendidos' e que são muito mais numerosos e variados do que tradicionalmente parece. [...] A situação se torna dramática em determinados momentos históricos e em determinados ambientes, isto é, quando o ambiente está superaquecido até o ponto de uma tensão extrema, quando são desencadeadas forças coletivas gigantescas que pressionam cada indivíduo até o ponto da convulsão para dele obter o máximo de impulso volitivo para a criação. Essas situações se tornam desastrosas para os temperamentos mais sensíveis e refinados, enquanto são necessárias e indispensáveis para

os elementos sociais atrasados, por exemplo, os camponeses, cujos nervos robustos podem ser submetidos a tensões e vibrações num diapasão mais alto, sem se ferirem.[42]

Enquanto isso, no lento, inexorável agravamento da situação física e mesmo do estado de saúde mental do recluso, um novo fato foi inserido, uma inspeção ministerial que pode ser considerada *ad personam*. Muito numerosos foram os livros que chegaram para a matrícula número 7047 – muitos jornais por assinatura; muitos volumes e revistas estrangeiras; muitos cadernos cheios de anotações; muitos temas não pessoais ou familiares na correspondência... Afinal, ele ainda era um líder comunista; de fato, era o cérebro que se queria impedir de trabalhar. Eis, portanto, porque o Ministério, no verão de 1932, enviou um inspetor para a prisão, que veio revistar meticulosamente tanto a cela do prisioneiro quanto o depósito onde livros e cadernos eram guardados. E o resultado foi um agravamento de condições, com uma redução da possibilidade de receber material de leitura, tanto assinado quanto comprado, e um controle mais severo sobre a correspondência recebida e enviada.[43] Tudo isso não poderia deixar de agravar o estado de prostração e degradação, como emerge com nitidez das cartas para Tania; enquanto aquelas para Giulia, que continuavam a ser escassas, são sempre muito mais cuidadas, não apenas em consideração a sua doença, mas porque o fio do diálogo, mesmo tendo voltado, permaneceu tão instável que não foi possível uma exposição franca de sentimentos quando eles expressavam medo e desespero. Ainda... E ainda, mesmo em perigo e em um caos interno crescente, Gramsci não parou de elaborar seus pensamentos, de ler e, embora com interrupções, de escrever suas anotações.

O HISTORIADOR EM AÇÃO

O RISORGIMENTO: UMA REVOLUÇÃO SEM REVOLUÇÃO

A precariedade das condições de saúde forçou o recluso a praticamente interromper a escrita das notas por alguns meses, pelo menos no verão de 1931: em agosto, se manifestou uma primeira grave crise, com sangramentos que criaram alarme em Tatiana e em Antonio, mas não na direção do cárcere -- interpelado por meio de carta por Carlo Gramsci, o médico interno, doutor Cisternino, respondeu com uma "carta verdadeiramente infame" (palavras de Tatiana), na qual argumentava que as condições do prisioneiro eram "excelentes".[1]

Ele provavelmente recomeçou a trabalhar no outono, mas talvez começasse a aparecer nele o medo de um futuro breve e obscuro. O amigo Piero, "o advogado", nome em código, o estimulou, por meio de Tatiana, a quem ele expressou, no entanto, toda preocupação com as condições físicas e mentais de Nino: "Parece-me que é precisamente a sua vontade que se enfraquece". O tema sobre o qual Gramsci pretendia refletir foi o que apareceu em primeiro lugar no programa de março de 1927, uma história dos intelectuais: diante das hesitações e dúvidas de Antonio, Piero o convidava a guardar-se do perfeccionismo, ou seja, "o excesso de escrúpulos científicos" que bloqueia o trabalho: "É possível que dez anos de jornalismo [...] não o tenham curado?".[2] Recalcitrante, incerto, Antonio iniciava uma segunda fase do trabalho, na qual tentava uma primeira sistematização do que havia escrito anteriormente, e percebia a necessidade de se reprogramar; mas ao mesmo tempo havia o enfraquecimento da vontade de prosseguir, e especialmente de dar uma ordem sistemática aos *Cadernos*, ou pelo menos de avançar para os "reagrupamentos de assuntos", como ele os chamava. Ele escrevera no mesmo mês: "Pode-se dizer que eu não tenho mais um programa real de estudos e trabalho e, é claro, isso tinha que acontecer", e admitia, não com vergonha, mas com um certo orgulho: "O costume de severa disciplina filológica, adquirido durante os estudos universitários, me deu uma dose excessiva de escrúpulos metodológicos".[3]

Tratava-se, à época, de reconstruir a situação histórica dos intelectuais na Itália, da qual, de fato, de acordo com o *modus operandi* típico, era possível obter indicações históricas válidas para outras realidades, assim como elementos da teoria política. Mais em geral, ressurgia, sob sua pena, a necessidade de fazer um balanço da história da Itália e, em particular, do movimento do *Risorgimento*, ao qual há muito voltara sua atenção, selecionando livros para ler, resenhando alguns, apontando notas de comentários. A "questão política dos intelectuais [...] torna-se o centro da análise dos *Cadernos*, graças à extensão do método analógico de investigação histórica, também além do quadro histórico do *Risorgimento*".[4]

Diz-se que toda a produção escrita no cárcere – não só nos *Cadernos*, mas também na correspondência – é uma longa e dolorosa meditação sobre o tema da derrota: de seu partido político, nacional e supranacional, mas de si mesmo como indivíduo. A reflexão se alarga continuamente, em um discurso definido em espiral, com um ir e vir temporal e temático, do particular ao geral e vice-versa, da história italiana ao panorama europeu, mais raramente fora da Europa, especialmente na América do Norte, mas não apenas. Assim como não se deve acreditar que Gramsci, o historiador, se ocupe apenas de seu próprio tempo; os seus são reconhecimentos de longo prazo, que nas revistas de Clio procuram e encontram material desde os tempos antigos e medievais, e especialmente na era moderna, com a atenção ao nascimento das classes burguesas, à formação dos Estados-nação, ao Humanismo e ao Renascimento, a Reforma e a Contrarreforma, até o Iluminismo gerador da Revolução de 1789, e todo o amplíssimo conjunto de temas e problemas, nos quais a preciosa joia da coroa é colocada em "seu" Maquiavel. Gradualmente, ele se aproxima da contemporaneidade, que basicamente significa a idade do *Risorgimento*; aumenta a colheita e crescem as sugestões destinadas a fortalecer a reflexão política, em particular sobre coisas da Itália, na busca inesgotável de elementos que o ajudem a entender. Refletir sobre um longo período: parece que esse é o ensinamento de Gramsci, em busca das causas remotas dos "encontros históricos" em nosso país, numa perspectiva que é quase sempre de história comparada.[5]

Discutindo com a interpretação dos historiadores liberais e nacionalistas, rejeitando também leituras hagiográficas, ele rejeita o conceito de "era do *Risorgimento*": o processo de unificação lança suas bases no contexto europeu. Embora partindo de dados locais/nacionais, na pesquisa gramsciana se enfrenta, aqui e em outros lugares, a exigência de olhar para a Europa. São relações de poder, na Itália e/ou na Europa, para determinar consequências a partir das quais o movimento unitário assumiu a liderança ou se beneficiou. Ele está interessado, especialmente, em analisar resultados a médio e longo prazo ao longo das décadas após a unificação até à aterragem fascista, ou seja, até a possível explicação da derrota do movimento socialista – compreender a dinâmica social e política posteriores em 1848, em 1861, em 1870, em 1914, e subterrâneas, em 1922: "o longo *Risorgimento*",[6] de Cavour a Mussolini.

Segue a necessidade de permanecer como classe dirigente; e aqui Gramsci pode colocar o tema da hegemonia, numa relação dialética, da coerção, do domínio, de consenso: antes que uma classe chegue ao poder, deve ser dirigente e somente quando chegar ao poder pode se tornar dominante, mas sem deixar de ser dirigente. Este é um resumo de seu pensamento no início dos anos 1930. De fato, a classe dominante italiana se constitui, como foi observado pela primeira vez por um grande historiador marxista, Gastone Manacorda, o coração da pesquisa gramsciana –[7] pelo menos, daquela propriamente histórica. E aqui outro conceito também se apresenta, como muitos já encontrados, emprestados da *História do Reino de Nápoles*, do pensador napolitano e patriota Vincenzo Cuoco e, como em outros casos, conhecidos indiretamente, por meio, provavelmente, de uma revisão de Croce: "revolução passiva".[8] O *Risorgimento* italiano foi uma revolução agrária fracassada, como se disse, banalizando o pensamento do autor;[9] uma revolução sem revolução, uma revolução pelo alto, sem o povo, uma revolução passiva. Gramsci chegou a esse resultado teórico-político ao longo de vários anos, a partir de 1930 até 1933, no qual refinava a análise e a tornava mais precisa, examinando a política dos moderados, no movimento do *Risorgimento*, que não alcançou todos os objetivos que poderia ter alcançado, apesar de ser classe dirigente e classe dominante. O partido da ação – ou seja, os democratas – mostrou limites semelhantes: nunca foi uma força autônoma, capaz de imprimir ao *Risorgimento* um caráter popular e democrático. Seus expoentes não souberam transformar interesse recebido de parte do povo em "interesse organizado", isto é, consenso: o confronto com os jacobinos é uma vantagem para estes (o julgamento sobre o jacobinismo, que, no passado, era crítico, agora se tornou amplamente positivo).[10] Além disso, Gramsci critica um "comportamento 'paternalista'" do *Partito d'Azione* no confronto com as massas populares, que não sabiam como entrar em contato com o Estado. Enquanto isso, o *Partito Democratico* "foi incorporado molecularmente pelos moderados".[11] Isso nos faz entender que o ponto focal do interesse gramsciano não é aqui da história econômico-social, como foi interpretado em um acalorado debate após a publicação do volume *O Risorgimento* na edição temática (1949), mas exatamente na teoria política: permanece no coração, para os propósitos de hoje, entender como andaram as coisas do ponto de vista da luta hegemônica, quem ganhou e por que e quem perdeu e por quê.[12]

Um discurso que conduz a outro sobre a fraqueza estrutural da burguesia italiana e ao drama de fundo: o caráter de elite do *Risorgimento*, a falta de envolvimento das massas populares e especialmente camponesas – as do Sul, sobretudo. O conceito de revolução passiva é uma das grandes chaves interpretativas da história da Itália, ou seja, "a ausência de uma iniciativa popular no desenvolvimento da história"; as massas populares manifestaram subversivismo, contudo, esporádico, ocasional e inorgânico. E a mesma história do século XIX e XX também pode ser vista à luz desse conceito: ocorreram ações de reforma e guerras nacionais, mas nada como a Revolução Jacobina Francesa, que permanece como um ponto essencial sobre o plano político e histórico: daí o confronto com a Revolução Bolchevique, a insígnia da equiparação entre bolcheviques e jacobinos. O conceito de revolução passiva passa por uma expansão, provavelmente em paralelo ao de hegemonia, a ponto de tornar-se seu paradigma "historiográfico", ainda que seja necessária cautela ao ler esse desenvolvimento como um progressivo abandono da ótica revolucionária e uma adesão, substancialmente, à forma democrática, como tem sido feito, também recentemente.[13] Sem dúvida, o conceito serve para Gramsci caracterizar muitos elementos contemporâneos: o fascismo, corporativismo, stalinismo, New Deal... E torna-se decisivo em termos de pesquisa histórica, quase a ferramenta de análise que serve então para fornecer, gradualmente, o material para a elaboração teórica (na qual, por sua vez, é realmente central o tema da hegemonia).

No *Risorgimento* italiano, em comparação com movimentos franceses no final dos séculos XVIII e XIX, se revela a insuficiência de forças nacionais: novas ideias não foram levadas adiante pela classe dominante, a burguesia, mas pela classe intelectual, que, no entanto, criou uma representação abstrata do Estado como um absoluto racional; o Estado da classe intelectual italiana não estava ancorado em grupos sociais e econômicos. Daí sua fraqueza estrutural. E, não obstante, Gramsci considera que os componentes fundamentais do *Risorgimento*, complementares entre si, devem ser lidos em relação dialética, e expressa um juízo mais positivo sobre Cavour, expoente da revolução passiva – a "guerra de posição" – do que sobre o representante da iniciativa popular, Mazzini – a "guerra manobrada" ou "de movimento": Cavour estava ciente da própria tarefa, mas também do papel de Mazzini que, por sua vez, não o era; de fato, se fosse, se Mazzini tivesse deixado cair as vestes hieráticas de um apóstolo iluminado, provavelmente o *Risorgimento* teria sido realizado em bases mais modernas e avançadas, europeias. Cavour realizou um trabalho sagaz, visando "diplomatizar" a revolução, observa brilhantemente Gramsci, que se aproxima, nesse sentido, Cavour a Guicciardini.[14] Aqui está a frase final que coloca melhor o conceito:

> Cavour não era apenas um diplomata, mas essencialmente um político 'criador', só que o seu modo de 'criar' não foi revolucionário, mas conservador: e, em última análise, não foi o programa de Mazzini e Garibaldi, mas o de Cavour que triunfou.[15]

Um julgamento que um historiador moderado, Walter Maturi, não suspeito de gramscismo, compartilhará.[16] Maturi não pôde subscrever o julgamento limitativo de Gramsci sobre o liberalismo cavouriano e piemontês, em geral. Claro, na fase em que Cavour dirigiu o processo, o Piemonte desempenhou uma função historicamente positiva, comparável àquela de Paris que, com suas massas, liderou a Revolução de 1789. Mas, acrescenta Gramsci: "Os liberais de Cavour não são jacobinos nacionais". Eles conceberam a Unidade "como uma ampliação do Estado piemontês e do patrimônio da dinastia, não como movimento nacional de baixo, como conquista de direção", fórmula derivada de Alfredo Oriani (*La lotta politica in Italia*. [*A luta política na Itália*], 1892), destinada a se tornar famosa. Contudo, para Camillo Benso, Gramsci, como já mencionado, dirige elogios, que aparecem também, de certo modo, juízos limitativos: ele "trabalhou maravilhosamente", mas "como um homem de partido". No entanto, com grande honestidade intelectual, admite como possível que Cavour "representasse os interesses nacionais mais profundos e duradouros, ainda que somente no sentido da mais ampla extensão a ser dada à comunidade de necessidades da burguesia com a massa popular".[17] Certamente – mas Gramsci reconhece isso, destacando as deficiências dos democratas e dos intelectuais que tentaram liderar um movimento popular sem ser capaz realmente de suscitá-lo –, a unificação dos Estados em um novo Estado, a Itália, foi realizada precisamente por aqueles liberais, e não por outros, o *Partito d'Azione* e os mazzinianos, democratas e republicanos de várias posições – os quais, de fato, é o próprio Gramsci a sublinhar, com uma deploração implícita, foram absorvidos no bloco moderado após a Unidade, como prova de seu fracasso. Emerge uma característica que Gramsci talvez veja em certas respostas ao fascismo, como o *Aventino*, incapaz de permanecer no terreno difícil da política real. À hegemonia dos moderados, o Pd'A não soube opor nada além de "reclamações ou explosões tão infantis dos sectários e partidários que não podiam conquistar a juventude educada e deixar as pessoas comuns indiferentes [...]". Portanto, a democracia burguesa italiana não era capaz de criar uma base popular, permanecendo asfixiada, limitada, uma oligarquia clientelística.[18]

A história do Sul na formação do Estado unitário também é interpretada em termos de um confronto não resolvido entre campo e cidade. De fato, foi, de certa forma, um conflito entre nações.

> Além disso, no *Risorgimento*, já se manifesta embrionariamente a relação histórica entre Norte e Sul como uma relação análoga à de uma grande cidade e um grande campo: como esta não é a relação orgânica e normal entre província e capital industrial, mas implica dois amplos territórios de tradição civil e cultural muito diversa, acentuam-se os aspectos e os elementos de um conflito de nacionalidade.[19]

Nesta perspectiva, o papel dos grandes intelectuais meridionais, de Giustino Fortunato a Benedetto Croce, teria sido necessário, se tivessem tido iniciativa, coragem, coerência. Mas, ao lado desses grandes intelectuais, existem os menores, os *"paglietta"*,* que atuam no *trait d'union*, de intérpretes, entre proprietários e camponeses, e entre esses e o Estado, nos seus vários institutos e aparelhos; figuras equivalentes a intelectuais "técnicos" do Norte que, em vez disso, colocaram em conexão trabalhadores e empresários. De qualquer forma, o Sul foi "reduzido a mercado de vendas semicoloniais".[20]

O MODERNO PRÍNCIPE

A necessidade de "aprofundar a história do *Risorgimento* surgiu naturalmente da necessidade de entender melhor as origens do fascismo",[21] ou pelo menos esse foi um dos objetivos fundamentais, que o trabalho intelectual do prisioneiro de Mussolini mirava. Em linhas gerais, os *Cadernos* (juntamente com as *Cartas*) também podem ser interpretados como um contraponto ao fascismo, que se tornou regime: a subestimação do movimento no primeiro período pós-guerra cedeu o posto a uma atenção

---

* O *palheta* é um personagem da história jurídica de Nápoles no século XVII, que usava um grande chapéu de palha. Utilizado como adjetivo depreciativo com o sentido de sujeito medíocre e bufo. (N. R.)

aguda, ao regime fascista, de onde emergem fenômenos políticos que podem ser explicados com categorias como, por exemplo, a revolução passiva. Pode-se dizer que, dentro dos limites autoimpostos de uma escrita que deve evitar a humilhação da censura, fala-se do fascismo, nos textos gramscianos, com grande regularidade: o assunto, em suas variantes, "pode parecer marginal em relação aos principais temas filosóficos do corpo prisional [...], constitui sua trama conectiva, o problema central e mais dramático".[22] A dramaticidade é obviamente dada pela situação na qual se encontra aquele que escreve: fascismo é aquele movimento que, derrotando o socialismo, o jogou na prisão. Portanto, Gramsci estava estudando um objeto que também era um inimigo pessoal, e o trabalho de pesquisa intelectual foi agravado pelo sofrimento de sobreviver naquela cela. Notou, de modo enfático, mas não errado, um historiador comunista: "Gramsci é o homem por excelência da luta contra o fascismo", e, portanto, é uma questão que não deve ser esquecida. Não é só um estudioso, mas um lutador, como ele disse de si mesmo muitas vezes, "um combatente abatido na luta", justamente contra aquele inimigo; mas que também não pode ser liquidado inserindo-o, ainda que em posição de máxima honra, como um militante e mártir do antifascismo. Seu interesse também é um interesse teórico que, no entanto, é continuamente "reconduzido ao interesse pela história das classes subalternas e pela sua emancipação, à reflexão sobre o Estado e sobre a sociedade civil italiana, aos problemas da revolução e, portanto, à especulação sobre política, os partidos, o moderno príncipe".[23]

Qual é essa fascinante (e famosa) fórmula? Nada mais que que a síntese incisiva, quase um *slogan* da leitura criativa que Gramsci faz do pensamento de Maquiavel, que ele, com grande admiração, contrasta com o "maquiavelismo" de Stenterello,[24] pois constitui uma referência essencial e inevitável, símbolo da própria teoria política gramsciana. Esta é uma atenção que cresceu no tempo, a tal ponto que o secretário florentino é hoje o autor central da reflexão teórico-política no cárcere: mais que Croce, Marx, Lenin...[25]

Não podemos traçar aqui a estrada que leva Gramsci a Maquiavel e o conduz a um processo autoidentificação. Maquiavel, como Gramsci, derrotado, retirado de cena no Albergaccio, escrevia as páginas de *O prínci-pe*, enquanto Gramsci, restrito na prisão, dedicou-se, com as dificuldades que sabemos agora, à elaboração de seu próprio *De principado*, se quere-mos renomear os *Cadernos*: não é um tratado, mas "um trabalho vivo".

Maquiavel, de fato, era um assunto muito comentado na Itália do pós-guerra, de modo a atrair atenção até do *duce*, que assina um *Prelúdio a Maquiavel*.[26] Embora se coloque, obviamente, em lado oposto, como Mussolini, Gramsci desejava fazer um "uso" de Maquiavel, ou seja, não é uma mera leitura histórica. Logo antes da prisão, em outubro de 1926, Maquiavel foi proposto como metáfora para indicar os instrumentos para a conquista e defesa do poder:

> Nós comunistas [...] temos princípios, uma doutrina, de objetivos concretos a serem alcançados. É apenas em relação aos nossos princípios, à nossa doutrina e aos fins a serem alcançados que esta-belecemos nossa verdadeira linha política. Nosso 'Maquiavel' são as obras de Marx e Lenin.[27]

O príncipe é, portanto, para Gramsci, mesmo antes de começar realmente a estudar esse texto, não apenas um tratado de teoria política fascinante, mas acima de tudo um manual de ação, um trabalho político no sentido mais pleno e imediato. E ainda havia aqueles que, como o "bom professor" Cosmo, insistiram "que eu escrevesse um estudo sobre Maquiavel e o maquiavelismo; era uma ideia dele, desde 1917, que eu ti-nha que escrever um estudo sobre Maquiavel".[28] Dirigindo-se a Tatiana, Gramsci observou como nenhum estudioso

> relacionou os livros de Maquiavel com o desenvolvimento dos Es-tados em toda Europa no mesmo período histórico. Confundidos pelo problema puramente moralista do chamado 'maquiavelismo', não viram que Maquiavel foi o teórico dos Estados nacionais regi-dos pela monarquia absoluta.[29]

Esse aceno é suficiente para mostrar a novidade da leitura gramsciana, ainda uma leitura sem escrita, enquanto ainda não havia obtido, à épo-ca, autorização para escrever na cela, que virá a acontecer somente em fe-vereiro de 1929; e, no entanto, nas primeiras páginas escritas nesse mês, no parágrafo 10 (Gramsci sempre insere um número) aparece Sir Nicolau:

"Costuma-se considerar Maquiavel, de modo excessivo, como 'o político em geral', válido para todos os tempos: eis aqui, já, um erro de política". Ele está, ao contrário, inicia retumbantemente Gramsci, "ligado ao seu tempo".[30] Uma afirmação que, na realidade, Gramsci contradirá, fazendo de Maquiavel justamente um reservatório a ser utilizado, *mutatis mutandis*, para fins de elaborar um conjunto teórico-ideológico para o próprio tempo, e especialmente para a época da recuperação proletária. Embora as referências ao secretário florentino nos *Cadernos* de primeira escrita sejam escassas e, no primeiro programa de trabalho próprio do prisioneiro não apareça de fato o nome de Maquiavel, isso se torna central nos textos posteriores, entre 1932 e 1934, que é o ponto de chegada de uma jornada de "esclarecimento do problema político-maquiavélico" que resultou em uma política para a filosofia da práxis, ou da teoria marxista revolucionária.[31]

Definitivamente, Maquiavel foi o Virgílio que conduziu Dante-Gramsci nos meandros da política, entendida como teoria, mas acima de tudo como a história da Itália, em uma relação simbiótica entre as duas abordagens disciplinares. *O príncipe*, como livro vivo, como um trabalho dramático, também é um tratado de teoria política e um espelho da história italiana em sua passagem da Idade Média ao Renascimento. A crescente atenção a Maquiavel, que encontrou no caderno 8 (1932), uma espécie de *ponto de virada*, também explicado com o desenvolvimento de um repensar crítico do marxismo que levou Gramsci a uma ruptura definitiva da infraestrutura representada pelo marxismo-leninismo, uma espécie de grade que ele destrói. Mas já no caderno 4 (1930), sob o título *Marx e Maquiavel*, se lê:

> Este tema pode dar origem a um duplo trabalho: um estudo das relações reais entre os dois como teóricos da política militante, de ação, e um livro que extraísse das doutrinas marxistas, um sistema ordenado da política efetiva, como o d'*O Príncipe*. O tema seria o partido político em suas relações com a classe e o Estado: não o partido como categoria sociológica, mas o partido que pretende fundar o Estado.[32]

Nas linhas iniciais do caderno, sob o título *História dos intelectuais italianos*, se encontra, no ponto número 2, *Maquiavel*. E depois lemos uma nota esclarecedora, reescrita no sucessivo caderno 13 (datado de 1934):

> O príncipe moderno. Sob esse título, poderão ser recolhidos todos os motivos da ciência política que podem concorrer para a formação de um trabalho de ciência política que seja concebido e organizado segundo o modelo d'*O Príncipe*, de Maquiavel.[33]

Maquiavel, portanto, torna-se uma *cartina al tornasole** para a verificação de tal orientação, com a acentuação da centralidade do momento político, do qual Gramsci admite, portanto, pelo menos uma relativa autonomia em relação ao econômico. Basicamente, reemerge, de forma distinta, o velho "sorelismo" e "bergsonismo" que, mesmo que em modesta medida, tocou o jovem Antonio, estudante, jornalista e ativista do partido socialista. No fundo, Gramsci acredita distinguir em Maquiavel uma concepção da política que, embora "científica", possui um componente emocional e voluntarista fundamental. Maquiavel, Marx – com o *Manifesto* –, e basicamente ele próprio, Gramsci, preso no cárcere fascista, estão unidos pela condição de autores e atores: seus textos são, de fato, tratados com caráter histórico e teórico, mas, ao mesmo tempo, são manuais de ação política. O incentivo à ação prática, à *práxis*, os anima, além da intenção de entender os segredos da política. Em resumo, Maquiavel, precursor de Marx, mas também *protogiacobino*, com uma sugestiva *mistura* de utopia e de realismo, que o mostra como um gigante que encontrou sua posição final nas páginas de um dos mais orgânicos, e literariamente mais felizes, cadernos especiais – o décimo terceiro – pelo próprio Gramsci, intitulado *Notas sobre política de Maquiavel*. O príncipe moderno emerge como uma estrutura, uma organização, um partido político, não podendo mais ser um indivíduo único: "O moderno *príncipe*", ele escreve, "deve ter uma parte dedicada ao *jacobinismo* [...] como exemplo de como se forma uma vontade coletiva". O tema é: "Quando se pode dizer que existem as condições fundamentais para que se possa suscitar uma vontade coletiva nacional-popular?".[34] E se pergunta por que isso não aconteceu na Itália, na busca "por tentativas feitas ao longo dos séculos para despertar essa vontade e as razões das falhas subsequentes", do Império Romano aos municípios medievais. A análise que Gramsci propõe, como historiador que não deixa de pensar no objetivo último, político, sob a

---

* Sentido figurado para "prova decisiva ou irrefutável". (N. R.)

perspectiva do proletariado, é de natureza socioeconômica, mas o resultado, como acenado, é político-ideológico. Não é apenas uma questão de entender, mas também de agir, valorizando os erros e derrotas. O moderno príncipe, é claro, é o partido, que finalmente aparece como um intelectual coletivo, em cuja tarefa, escreveu,

> deve ser o anunciador de uma reforma intelectual e moral, que é o terreno para um novo desenvolvimento da vontade coletiva nacional popular, no terreno de uma forma completa e total da civilização moderna.[35]

ENTRE HISTORIOGRAFIA E CIÊNCIA POLÍTICA

Mais uma vez, Gramsci recorre a fórmulas alheias; revisitadas, provavelmente descontextualizadas, corrigidas: "a reforma intelectual e moral" refere-se a Georges Sorel, um autor que, como mencionado, teve notável influência em seu período da juventude. A filosofia da práxis é, para Gramsci, um exemplo extraordinário de reforma intelectual e moral que Benedetto Croce tentou, em vão, contrastar. A ação da filosofia da práxis serve para transformar o senso comum de estratos sociais tão vastos quanto desintegrados em ação coletiva, em uma vontade coerente e organizada.[36] De qualquer forma, é certamente uma ação no nível "superestrutura", mas "não pode existir sem uma reforma econômica anterior; de fato, o programa de reforma econômica é o modo concreto pelo qual se apresenta toda reforma intelectual e moral".[37] A questão a se colocar diz respeito à identidade do partido "moderno príncipe": é o Partido Comunista, como se costuma considerar, ou é o partido enquanto tal? E se a verdade é a segunda, talvez deva-se pensar que Gramsci havia defendido os princípios da democracia liberal? É um partido não apenas comunista, mas "totalitário", que exclui a democracia mesmo no seio dela?[38] Ou, ao contrário, é um partido que, fundado no princípio da hegemonia entendida como sistema de alianças, é totalmente colocado na arena do Estado liberal?[39] Trata-se de exageros, em ambas as interpretações. Gramsci, mais uma vez, parece escapar desses esquemas, e tem em mente, embora talvez não tão claro, um novo projeto do qual assimilou muitas lições, numerosos dados e buscou cavar terras incultas, usando ferramentas que foi obrigado a construir a partir de matrizes, das quais os reservatórios do pensamento e da literatura oferecem exemplos infinitos. O reservatório principal não é a tradição que vem de Montesquieu, mas tem uma genealogia aproximadamente identificável com Rousseau, Marx, Labriola, Lenin – com relação aos quais, é bom insistir, ele introduz inovações tão poderosas que podemos vislumbrar no horizonte uma linha de pensamento completamente nova, que não pode ser chamada senão de "gramsciana", irredutível aos meios a que pertencem os "ismos" de sua época.

Alguém se perguntou sobre a ciência política gramsciana e sobre sua possível inclusão em uma tradição italiana, que desde Maquiavel, pelo menos, leva aos escritores elitistas entre os séculos XIX e XX. Na realidade, se houver nexos, deve-se notar que a perspectiva gramsciana nunca é formalmente legal, mas sempre histórico-filosófica, o que o diferencia e, de várias maneiras, o afasta de Gaetano Mosca – que, como observa o próprio Gramsci, nunca excede o ponto de vista jurídico-formal. E, no entanto, de Mosca (com quem, embora professor na Universidade de Turim por 30 anos, Gramsci nunca teve nenhuma familiaridade),[40] e no fundo também de seus companheiros Pareto e Michels, mas também internacionalmente de Weber, Henri de Man, Bukharin e outros, ele extraiu a perspectiva inteiramente maquiavélica e igualmente marxiana da dualidade dirigentes/dirigidos, elites/massas, governantes/governados, bem como a confirmação do domínio da força na gestão da sociedade, mas também na modernidade, da necessidade de elaborar ideologias, de criar fórmulas políticas, de criar senso comum, de construir hegemonia. Tudo isso sempre com a certeza de que a política e, portanto, sua "ciência", não pode desconsiderar movimentos reais da sociedade e, essencialmente, de seus próprios conflitos.[41] A ciência política gramsciana, pode-se dizer com alguma boa aproximação, desenvolve-se gradualmente e, ligada à Sociologia, implica e exige uma ligação com a história, caso contrário, se reduz à "uma filosofia de não filósofos ", assim como a filosofia, "separada da teoria da história e da política", é reduzida à metafísica.[42] Ligação com a história e até identificação na própria política, pois essa mesma é uma atividade política e, ao mesmo tempo, pensamento político: é assim que a ciência política de Gramsci se apresenta; portanto, aparece de muitas maneiras distante da "canônica". Seria possível falar, se não fosse uma expressão abusada, de centralidade do político, como uma categoria abrangente no pensamento gramsciano, que emerge, por exemplo, em sua consideração da literatura, do teatro, da arte. Lutar por um mundo novo sempre significou, para Antonio Gramsci, lutar por uma nova cultura, ou seja, "por uma nova vida moral, que não pode deixar de ser intimamente ligada a uma nova intuição da vida, até que esta se torne um novo modo de sentir e ver a realidade".[43] Essas são as razões de fundo pelas quais se contrapõe Benedetto Croce a Francesco De Sanctis, à estética formalista e desencarnada do primeiro, o fervor apaixonado do segundo, "homem de partido que tem convicções morais e políticas firmes e não as esconde e nem tenta escondê-las".[44] Além dessas anotações gerais e genéricas, a predileção gramsciana se explica ainda com a filosofia da práxis, ou seja, com "uma impostação baseada na crítica estética com a crítica de costumes, de sentimentos e concepções do mundo".[45]

Não há dúvida, porém, que desde o início dos *Cadernos*, e até as últimas linhas, o trabalho de Gramsci, entre 1929 e 1935, também se coloque totalmente no contexto do estudo da política de seu tempo, olhando não apenas para autores italianos, é claro.[46] A abordagem progressiva das Ciências Sociais, de alguma maneira afastando-se do preconceito (de Croce mas também de Lenin) contra a sociologia, foi para ele um dos mais poderosos antídotos ao doutrinarismo marxista-leninista da época stalinista. No entanto, nem Mosca, nem Pareto, nem Michels, mas, precisamente, Maquiavel, em relação com Marx, foram os faróis que iluminam o caminho da ciência política gramsciana. Geometrias jurídicas não abstratas, listas supérfluas ou classificações duvidosas, sistemas políticos pletóricos – antes, a ciência nua do poder maquiavélico, corroborada pela concepção histórico-materialista marxiana. Ele valoriza "as intuições de Maquiavel dento do quadro teórico estabelecido por Marx".[47] Por outro lado, Maquiavel e Marx são revolucionários. E Gramsci está à frente deles como um revolucionário. Como Palmiro Togliatti disse, na primeira conferência de estudo dedicada ao grande companheiro falecido, em 1958: "Gramsci era um teórico da política, mas, acima de tudo, era um político prático, ou seja, um lutador".[48] Foi uma afirmação, na realidade, muito redutiva, que naquela época tinha uma linha precisa e que hoje não poderíamos retomar de uma maneira literal, mas devemos levar em conta. Ou seja, quando se põe no assunto da ciência política, Gramsci de fato se questiona sobre as condições objetivas, das quais pode surgir a vontade coletiva nacional-popular. Isso postula a necessidade de olhar as situações dadas historicamente, as lutas sociais concretas, as relações socioeconômicas, abrindo mão, de partida, da ideia de uma "ciência abstrata e normativa", mas recorrendo a uma "precisa e aprofundada pesquisa histórica e socioeconômica".[49] É o que Gramsci tenta fazer, dentro dos limites das muitas restrições dolorosas que a prisão lhe impõe, mas buscando, no entanto, análises históricas para alcançar a construção de teorias válidas, mesmo além daqueles contextos, épocas específicas e indivíduos e povos. O resultado que Gramsci pretende alcançar, longe dos caráteres básicos atribuídos à ciência política (descrição, avaliação), é sempre político e, mais precisamente, a construção de um projeto e um aparato hegemônico capaz de minar o das classes dominantes. O nexo política/cultura e o objetivo prático da reflexão gramsciana, também em seu caráter declarado "desinteressado", no sentido que já vimos, são a trilha em que ela prossegue. Muito diferente da ciência política burguesa, essa gramsciana visa a sua própria socialização, "como elemento capaz de dar às pessoas o poder de se autogovernar".[50] A ciência (política) conduz o partido (comunista), em uma tensão entre a experiência e o conhecimento histórico, entre o passado e seus ensinamentos (derrota) e a "cidade futura" que resta para ser construída, ainda que de maneira completamente diferente, em uma época que, em muito pouco tempo, mudou o próprio caráter, terminando totalmente com maneiras, formas, regras pré-existentes. Por outro lado, é o que chamamos de "o moderno": o que é divorciado do passado, isto é, que se contrapõe também às formas do presente, no qual domina a passividade, a inércia, a rigidez. Gramsci, desde as primeiras reflexões sobre a Revolução de Outubro, sobre os efeitos produzidos pela Guerra Mundial, concentrou-se em uma ideia de tempo histórico não imóvel, com ritmos imutáveis, mas "marcados pelo fazer e desfazer de sujeitos sociais e que se modela com base na capacidade de ação deste último".[51]

E os tempos da vida de Antonio Gramsci, entre o triunfo bolchevique, a espera revolucionária do pós-guerra na Itália e na Europa e o fim da esperança, a prisão, haviam mudado muito rapidamente, no intervalo de poucos anos, enquanto mudavam também as relações de força. E a Rússia começou na estrada que, em nome de Lenin, parecia, pelo menos em parte, dar as costas a ele, em vez de segui-lo. O prisioneiro não poderia seguir os eventos com regularidade e precisão, mas tinha consciência, e então o fazia saber, dentro de limites fáceis de imaginar, seu próprio pensamento aos seus colegas, pelo menos enquanto não decidir, entre medos reais ou infundados, parar de conversar com aqueles com quem compartilhava o cativeiro. Contemporaneamente, entre a leitura da imprensa e as notícias que vieram de várias direções, acompanhava a evolução do regime de Mussolini, e continuou a estudar suas origens, desenvolvimentos, tentando esclarecer também os componentes teóricos. Ele levou o fascismo a sério e não podia fazer o contrário, pois era o prisioneiro do *duce*.

A oposição, sobre a qual discutimos anteriormente, à tese cominternista do "social-fascismo", em uma investigação mais detalhada, não estava apenas a uma distância da Comintern stalinista; é também o resultado de um conhecimento aprofundado que, a certa altura daquela época, Gramsci desenvolveu sobre o fascismo. Recusando a teoria do colapso, a tese "catastrofista" surge também em uma passagem muito original, na qual ele se pergunta se o fascismo não é "precisamente a forma de revolução passiva própria para o século XX como o liberalismo foi no século XIX". E o mesmo aparelho teórico-prático desenvolvido pelo fascismo para controlar as massas proletárias, o corporativismo, poderia ser ou vir a ser uma "forma econômica média de caráter 'passivo'", análoga "àquela que na política pode ser chamado de 'guerra de posição' em oposição à guerra de movimento".[52] Além disso, Gramsci percebeu semelhanças entre corporativismo e "americanismo", de modo que o primeiro seria basicamente uma forma distorcida em uma sociedade mais atrasada do que a estadunidense, assim como a italiana.[53] Retornaremos em breve ao tema. Voltando ao fascismo, parece que se trata de uma espécie de encruzilhada de interpretações e categorias interpretativas, que, ao final, levaria Gramsci a uma visão de grande lucidez que basicamente abalava as ideias correntes no comunismo da época: era a solução militar para um impasse, a resposta para a crise, entendida como equilíbrio estático entre classes opostas, no qual aqueles dominantes, à beira de perder seu poder sobre os dominados, buscam um líder carismático; Gramsci não deixava de comparar esse regime com aquele soviético stalinista, mas o de Mussolini lhe parecia, no entanto, uma forma "regressiva" de uma matriz "totalitária".[54]

No fundo, Mussolini, aquele Rômulo Augusto desonrado no artigo de 1924, dedicado ao confronto com Lenin, recém-falecido,[55] pode ser tratado dentro de outra categoria do léxico do Gramsci maduro, o "cesarismo", ainda que os exemplos que ele traz não contemplem o líder do fascismo, é claro. Mas, na dicotomia cesarismo progressivo/regressivo, não há dúvida de que ele coloca idealmente Mussolini. Acrescente-se que também nesse caso se pode observar um enriquecimento da bagagem marxista, no qual se usava o termo bonapartismo, mais ligado à prevalência do elemento militar.[56] Cesarismo é uma categoria mais elástica e, acima de tudo, serve melhor para explicar fenômenos da modernidade: "O cesarismo moderno, mais que militar, é ação policial";[57] ou seja, o controle social passará não apenas pelos exércitos e força física, mas por meio de um sistema refinado e extenso que invadirá nossas vidas; não apenas o bastão que quebra as cabeças, mas uma força invisível que permeia os cérebros, os conforma, nos faz pensar de acordo com padrões e linhas que não são nossas realmente. Também a esse respeito, parece que podemos dizer que como a revolução no Ocidente muda o sinal em relação ao Oriente, também pode se modificar naturalmente a contrarrevolução. Parece vislumbrar elementos da teoria social que seriam desenvolvidos principalmente em outros lugares, nesses mesmos anos, sobretudo mais tarde, para compreender a natureza, os mecanismos e as ferramentas de controle sobre as mentes, o conformismo de massa, o consenso político obtido por essa via. Em suma, novamente o papel dos intelectuais, a importância do "fator C", a libertação como processo que passa pelos aparatos hegemônicos.

"ESTE INFERNO ONDE EU MORRO LENTAMENTE"

O RELATÓRIO DO DOUTOR ARCANGELI

Na dissolução progressiva do relacionamento com Giulia, determinado também por causas objetivas (afastamento e doença de ambos), Antonio, no final de 1932, chegou a uma determinação, talvez previsível, mas que acabou sendo traumática – a tal ponto que Tatiana, ciente da decisão, não queria nem mesmo comunicá-la à irmã. A consciência de uma distância intransponível o levou a acreditar que seria mais honesto propor a Giulia uma separação. Falou disso, com fria lucidez, para Tatiana, deixando transparecer em suas palavras, no entanto, tamanha dor a ponto de não poder reconhecer nem para si mesmo:

> Soube, faz algum tempo, que muitas mulheres, que tinham o marido no cárcere, condenado a penas altas, se consideravam livres de todo e qualquer vínculo moral e tentaram construir para si uma nova vida. [...] Terminei por explicá-lo e até justificá-lo. [...] Por que um ser vivo deve permanecer vinculado a um morto, ou quase? [...] É uma coisa muito, muito séria; tenho pensado nisso há muito tempo, talvez desde o primeiro dia em que eu fui detido.[1]

Tatiana ficou perturbada com isso: "Não acreditei que estava lendo seu escrito. [...] Você fez muito bem em expressar sinceramente seus pensamentos"; no entanto, ela pediu: "acalme-se" e, acima de tudo, "permita aflorar os seus tormentos", que lhe davam "uma dor infinita". A frase crucial, porém, é a seguinte: "Sua dor é inseparável da de Giulia". Era a chave do papel que Tatiana havia construído, ou seja, fazer Antonio entender que seu amor era retribuído por Giulia. E que aquela solidão afetiva não era justificada à luz dos sentimentos reais entre eles, embora compreensível, do ponto de vista objetivo (prisão, partido, Comintern) e do subjetivo, vinculado, isto é, à percepção do prisioneiro, que já havia sido atingido por uma degradação absoluta. E ainda, no final de 1932, se aventou a possibilidade concreta de um decreto de anistia, por ocasião do décimo aniversário da Marcha sobre Roma. A anistia realmente chegou, mas os principais líderes do PCd'I permaneceram atrás das grades ou no exílio: Togliatti e Grieco em Moscou, Gramsci em Turi, Terracini em San Gimignano, Scoccimarro, na ilha de Santo Stefano, Ravera na prisão feminina em Trani. No entanto, se delineou a possibilidade, para Gramsci, de obter liberdade condicional, influenciada pelas condições de saúde que agora eram mais que precárias e, por meio da mediação da União Soviética que, como se recorda, já estava envolvida, juntamente com o Vaticano, em uma negociação que não chegava ao fim. Em outubro, tendo ouvido falar da iminência de uma provisão de anistia e perdão, Gramsci expôs a Tatiana um projeto que, mais tarde, em conjunto com seu amigo Sraffa, chamara de "grande tentativa": um plano de libertação que, com a ajuda de uma certificação médica, solicitasse a intervenção soviética, e o Vaticano, para uma nova tentativa de troca dos prisioneiros.

Em setembro, Piero e Tania decidiram solicitar uma visita de um médico especialista de confiança, o professor Umberto Arcangeli; Tatiana mencionou isso para Antonio, sem obter um consentimento explícito (mas tampouco uma recusa).[2] No entanto, quando ela lhe disse que a visita havia sido encaminhada, como no passado, Antonio reagiu muito mal, porém por uma razão de princípio (irritava-o a suspeita de estar sendo considerado apenas "o número de matrícula 7047, que não pode ter vontade própria", depois de ter sido calorosamente recomendado a não se tomar nenhuma ação prescindindo de sua vontade);[3] segundo, por uma razão política, ou seja, o medo de que uma instância simples de natureza médica pudesse ser considerada uma ausência de resistência. Então foi feito: Arcangeli visitou o recluso e elaborou um relatório muito explícito que, após listar os diversos males de que o prisioneiro estava sofrendo, concluiu: "Gramsci não poderá sobreviver por muito tempo nas condições atuais. Considero necessária sua transferência a um hospital ou clínica civil, a menos que não seja possível conceder liberdade condicional".[4] No entanto, a direção da prisão não se preocupou em encontrar uma acomodação em um hospital, ainda que em uma instituição prisional. Ou de semirreclusão, onde fosse recebido o pedido nesse sentido.[5]

O relatório de Arcangeli serviria como elemento útil em uma estratégia que previa a intervenção do governo soviético e do Vaticano, como no passado (alguns padres ucranianos detidos na Rússia); uma hipótese apoiada, ou mesmo promovida, por Togliatti, ainda que Antonio tivesse solicitado explicitamente que o partido ficasse fora disso. Entre mal-entendidos, confusões e erros, a coisa falhou, porque, como no passado, foi o *duce* que se colocou contrário. O que o regime queria era que "o fundador do Partido Comunista" se rebaixasse. Desde então, a "grande tentativa" assumiu outro aspecto e visava um pedido de libertação condicional sustentado com intervenção do governo soviético, com a esperança de obter eventualmente autorização de expatriação para juntar-se a Giulia na Rússia.[6]

A mudança no *status* do prisioneiro, com os decretos sucessivos à anistia, poderia facilitar uma intervenção da URSS por meio da embaixada, promovendo mais uma vez uma troca de prisioneiros. A situação internacional, com a ascensão de Hitler ao poder, sugeria, além disso, a oportunidade de uma Itália fascista se aproximar cautelosamente da URSS, melhorando as relações recíprocas, a partir das quais Mussolini aspirava ao papel de árbitro internacional, e um ato de generosidade, como a libertação de um prisioneiro de tal prestígio, a pedido de Stalin, o teria ajudado em nível de imagem pública. O *duce* estava de fato em um forte embaraço diante da possibilidade de que Gramsci, deputado preso ilegalmente, pudesse morrer na prisão.[7]

Esse foi precisamente o plano que Antonio sugeriu a Tatiana, que deveria ser sua executora, como um contato valioso com a embaixada da Rússia e com a colaboração de parentes no país, em particular Giulia, que trabalhava para o governo. Era realmente uma questão de solicitar mais uma vez a mediação da URSS e do Vaticano, sem, no entanto, contar com o partido: "Os italianos não devem saber nada, levando em conta os erros, intencionais ou involuntários, cometidos no passado". Pesava ainda, sempre, o julgamento gramsciano sobre a carta de Grieco e, não menos importante, a absurda posição de condenação que o partido havia assumido na anistia do décimo aniversário da Marcha sobre Roma. Chegou a ele, todavia, a notícia de que o secretariado o teria autorizado a pedir às autoridades liberdade condicional, aceitando assinar o compromisso de não realizar atividades políticas: uma renúncia que seria igual a um pedido de graça e que, é claro, ele não poderia ter aceito. "Mais e melhor talvez se possa obter somente pela intervenção da URSS por meio do Vaticano. Esta é sua tarefa à distância", escreveu Tatiana, explicando que o relatório da Arcangeli formaria a base para fundamentar a denúncia pública: "Ele é especializado em medicina interna, e seu diagnóstico propõe que devamos permitir que Antonio seja conduzido a um hospital da cidade ou a uma clínica particular, naturalmente sob vigilância".[8] Tatiana teria envolvido, de acordo com Gramsci, Piero Sraffa ou seu tio, o senador Mariano D'Amelio, e informou primeiro sua irmã Giulia. Provavelmente por meio da correspondência dela, Togliatti soube do plano de Gramsci, ainda antes que Sraffa, no final de março de 1933, se apresentasse pessoalmente em Paris para explicar os detalhes.

Foi então que a posição de Gramsci sobre o "ponto de virada", no seio da direção, não pode mais ser evitada, e se suspendeu, por enquanto, o julgamento político, garantindo o apoio do partido na "grande tentativa"; era o próprio Togliatti a garantir que essa posição italiana era o resultado de decisões da Comintern e, portanto, originária de uma decisão de Stalin. A intenção era unir Antonio com sua esposa, na melhor das hipóteses, na Rússia, ou, caso a tentativa falhasse, de qualquer forma, libertá-lo. Sraffa teria a tarefa de mediar, por meio do tio, com o Tribunal de Cassação, enquanto da Rússia eles deveriam trabalhar para que a iniciativa parecesse partir do governo soviético – o que teria constituído, segundo Tatiana, aconselhada por companheiros de Antonio, a alavanca certa sobre o governo fascista, juntamente com a disseminação de notícias sobre o agravamento de sua condição de saúde.[9]

A CRISE DE 7 DE MARÇO DE 1933

Enquanto Gramsci e Sraffa pretendiam entender com quem seria mais sensato falar sobre o planejamento da tentativa, em 7 de março de 1933 ocorreu a mais grave das crises de Antonio no cativeiro. Ele caiu no chão e não conseguiu se levantar novamente: perdeu a consciência. Permaneceu em um estado de semicoma por alguns dias, durante os quais a direção do cárcere não se preocupou em avisar os membros da família, nem mesmo Tatiana, que já era de casa naquele local, e que, à época, como em outros períodos da prisão de Antonio, se hospedara em Turi. Apenas uma semana mais tarde, em 14 de março, Antonio pôde informar Tatiana sobre o que havia acontecido, em uma carta, e implorar a ela que o visitasse urgentemente:

> No primeiro dia, tive um certo estado de alucinação, se é que se pode dizer assim, e não conseguia relacionar ideia com ideia e ideia com palavra apropriada [...]. Se bem me lembro, o doutor Cisternino qualificou minha crise de anemia cerebral e de debilidade cerebral.[10]

A cunhada foi imediatamente para a prisão e não teve dificuldade de perceber a gravidade da situação. Cerca de um mês depois, escreveu para a irmã de Antonio, Teresina: "Nino ainda não está bem, ao contrário, suas condições são bastante graves". E acrescentou que ele tinha pedido transferência para uma estrutura hospitalar civil. Mas alertava também para não falar sobre isso com ele, não porque ele era contra, "na verdade, era ele quem havia desejado e também tinha urgência"; somente não queria "saber de nada para manter a calma, se possível".[11] Aqueles esclarecimentos sobre Nino, que queria nada mais do que ficar quieto, nos dá uma ideia de exaustão espiritual, além de uma condição física reduzida ao limite extremo, na qual o prisioneiro havia caído. Querer a transferência, no sentido da lei, confirma a linha de conduta sempre adotada por Gramsci: não brigar por nenhum favoritismo, não reivindicar pretextos para obter privilégios e, principalmente, não assinar pedidos de perdão (ou mesmo uma revisão do processo com a finalidade de reduzir a sentença, em plena consciência que teria sido em vão para fins práticos, e frustrante, no nível psicológico, para ele); mas perguntava – se possível, exigia – todas as regras, leis e regulamentos consentidos, assim como a visita de médicos de confiança e a mudança para hospitais.

Após o episódio de março, foi concedido a Gramsci ter um companheiro de cela com ele, a conselho do médico do cárcere, que prescreveu assistência contínua. Gramsci escolheu ter ao seu lado um membro do PCd'I dos tempos de Livorno, Gustavo Trombetti, que tinha uma experiência de detenção em Bolonha e Roma, de exílio em Paris e, em seguida, depois de voltar para a Itália em 1931, havia sido preso novamente, terminando em Turi, aonde chegou em abril de 1932. Na casa penal, compartilhou nove meses de prisão com Gramsci, conversando com ele em uma "caminhada" diária e estabelecendo um relacionamento de confiança.[12]

Enquanto isso, em 1933, se revigorava a campanha internacional para a libertação de Gramsci, campanha que acabou sendo um obstáculo mais que um incentivo, aumentando a sensação de solidão irremediável no prisioneiro. O jornal do partido, naquele ano, acentuou de modo impressionante a propaganda para apoiar a campanha. Quase em todas as edições, *L'Unità*, lançado irregularmente, publicou artigos pedindo a libertação do líder, a partir de abril, em particular. Podemos notar uma concomitância entre essa ação e a paralela correção da linha do jornal, que parecia se afastar da tese do "fascismo social", para direcionar-se à frente única proletária. O ponto de chegada da campanha foi a indicação do partido aos seus militantes e simpatizantes para escreverem, na cédula de voto do plebiscito de 1934, um vistoso "Liberdade a Gramsci!".[13] Nesse mesmo ano, com o incentivo pessoal de Stalin, foi delineada a estratégia de unidade de ação entre comunistas e socialistas, de onde nasceriam as Frentes Populares. Ao mesmo tempo, *L'Unità* enriqueceu sua fisionomia cultural e articulava com maior abertura sua posição política, transformando-se de um mero órgão de partido em um jornal de todos,[14] isto é, de um amplo conjunto de forças políticas, sociais e intelectuais, unidas pela oposição ao fascismo, mas mais especificamente sob o signo do patriotismo (antifascista e nacional) dos que daquele de âmbito internacional entendido no sentido da Cominternista. Em suma, parecia que, uma década após sua fundação, o jornal voltava a falar a língua de Gramsci.[15]

O procedimento iniciado em março de 1933 para a transferência de Antonio à clínica passou por um processo longo e tortuoso, no qual as lentidões burocráticas se sobrepuseram às hostilidades declaradas ou à negação das autoridades policiais e administrativas da penitenciária, mas também à ingenuidade das irmãs Schucht. Na primavera de 1933, enquanto o pedido de transferência de Teresina ainda estava em andamento, foi realizada uma nova e desajeitada tentativa de levar à imprensa internacional o "caso Gramsci", denunciando as condições de saúde a que o prisioneiro era forçado pelo regime fascista. Em maio, foi publicado o relatório do médico Arcangeli no jornal comunista francês *L'Humanité*. Se a intenção de dar ressonância internacional foi bem-sucedida, não teve um bom andamento o objetivo final, ou seja, a troca de prisioneiros pela liberdade de Gramsci: a publicação foi considerada uma provocação ao *duce*, que se encontrava tendo que gerenciar uma operação de propaganda orquestrada pelo PCd'I, que Gramsci criticava asperamente na primeira pessoa. Não apenas isso: o relatório de Arcangeli acabou sendo contraproducente falando sobre a doença de Pott, por sugestão de Tatiana, que estava ciente da doença de Antonio graças a Genia, que, por sua vez, foi informada pelos médicos russos pela primeira vez, em 1922, como já mencionado aqui, que eles haviam detectado espondilite tuberculosa.[16] Então, Arcangeli diagnosticou em Gramsci a doença, admitindo que ele já estava doente muito antes de sua prisão; seu relatório, no entanto, enfatizou os efeitos prejudiciais da administração penitenciária sobre todo o corpo do prisioneiro, mas evidentemente prevaleceu o relatório do inspetor de saúde Saporito, que insistiu nas fraquezas estruturais e doenças antigas daquele organismo. O tribunal decidiu então que as condições da doença crônica não eram atribuíveis à detenção. As irmãs Schucht também pecaram por inexperiência formal no avanço do pedido de transferência para a clínica, que deveria ter sido endereçado diretamente a Mussolini.[17] Em julho, exasperado ("Tornei-me meio louco e não tenho certeza de não enlouquecer completamente em breve"), deu instruções a Tatiana, exortando-a, quase, a respeitá-lo "escrupulosamente": "Talvez seja o único meio realmente de não ficar inteiramente louco". Pedia, portanto, o recluso, que fosse apresentado o pedido de transferência urgente da prisão de Turi para a enfermaria de outra instituição penal, onde "existam especialistas que possam me submeter a um exame suficiente para estabelecer qual conjunto de doenças me aflige". Para fazer as pessoas entenderem sua própria situação, Antonio escreveu:

> Por favor, acredite que não posso mais resistir. A dor em meu cerebelo e na caixa craniana me deixa fora de mim. Também se agravou e se agrava progressivamente a dificuldade no uso das mãos, o que não pode ser devido simplesmente à arteriosclerose.[18]

E o tratamento dos guardas da prisão não parecia de modo algum levar em consideração não somente a qualidade da estrutura de Turi como prisão para "pessoas com deficiência física e psíquicas", portanto, da necessidade de usar cuidados adicionais, não necessários na condução de outros prisioneiros, mas nem mesmo, sobretudo, a condição desse recluso, agora reduzido a condições, para dizer o mínimo, precárias. Exasperado, depois de vãos e repetidos protestos ao diretor da prisão, Azzariti, que, entretanto, tentou levá-lo em consideração, mas sem nenhum resultado, a matrícula n. 7047, dirigiu-se com uma longa carta para o gerente geral dos institutos de punição, Novelli. Este é um documento notável, no qual o recluso não apenas procura fazer valer seus direitos, mas faz considerações mais amplas sobre a disciplina e sobre as consequências gerais de sua ausência: não sem uma grande dose de sarcasmo, literalmente muito eficaz. Gramsci disse então que as coisas tinham mudado "de uma maneira [...] catastrófica" em 1931. Tais como:

> As visitas diurnas e noturnas [dos agentes de custódia] eram feitas como exercícios de praça de armas, e lá eles reproduziam o assalto dos arditi nas trincheiras ou de combatentes contra os clubes de vinhos. As portas (que pesam cerca de um 100 quilos cada) eram abertas ou fechadas de acordo com o ritmo de uma festa com fogos de artifício; ao barulho dos ferrolhos seguia-se um rugido de abertura com um golpe contra o canto da parede e depois o violento fechamento que explodia como um tiro de canhão.

As queixas dos reclusos não recebiam nada além da resposta sarcástica dos guardas, que os convidavam a protestar, esperando que esses protestos causassem o afastamento de Turi – não dos prisioneiros, mas dos guardas, que temiam ser infectados pelos muitos doentes (espécies de tuberculose). A carta continuava:

> As coisas também não eram melhores nos intervalos entre uma visita e outra: a qualquer momento ou as portas eram batidas ou se corria pelos corredores com sapatos de ferro ou se acendiam discussões barulhentas como na taberna, ou mesas arrastadas ou se batia com as chaves nas barras dos portões um canto de ópera ou uma pequena canção.

Então o prisioneiro expunha a própria dificuldade de doente, agravada precisamente por essas condições "anti-higiênicas", que se somavam "à ausência de qualquer cura positiva". Em conclusão, depois do prisioneiro, depois do doente, emergia o estudioso, o cientista político que levava ao conhecimento da autoridade "ainda que a contragosto", que

> o relaxamento disciplinar que se manifesta nas relações hierárquicas, nesta questão em particular, não sem manifestações também em outros campos. É óbvio que quando o comando não funciona, todo o aparelho direto se desintegra moralmente.[19]

A carta veio depois da visita do doutor Arcangeli e do inspetor de saúde, o que demostrava, como se pode observar, que "mesmo após visitas autorizadas, a equipe carcerária não se sentira autorizada a modificar o tratamento criminal contra Gramsci".[20]

A esta altura, mesmo as mais amplas assistências prestadas ao recluso ou aos familiares pareciam tardias, após dois anos de experiência de um tratamento médico completamente inadequado; agora era necessário "um exame sério", capaz de produzir um diagnóstico rigoroso e uma cura eficaz, se possível. Antonio havia pedido a Tatiana para fazer avançar o pedido de transferência, mas o tempo foi gasto em negociações inúteis para uma libertação impossível, e por esse atraso – que contribuiu para "prolongar esse período de agonia atroz" – ele a responsabilizou, e a todos aqueles que, de alguma forma, lutaram por esse objetivo impossível. Em nome do realismo, Gramsci pediu, em suma e enquanto isso, que fosse pelo menos realocado, em condições de detenção, ainda que provisoriamente, em outro cárcere provido de estruturas adequadas. A sua súplica era ao mesmo tempo uma requisição feita de modo peremptório e dramático. O que ele agora ansiava, com um misto de força e desespero, era deixar Turi: "Me interessa ser tirado deste inferno onde morro lentamente".[21]

FORMIA: A ÚLTIMA TEMPORADA

Após tantos atrasos e repetidas falhas, foi sobretudo seu irmão Carlo a garantir que o pedido tivesse um final bem-sucedido, assinando pessoalmente a última solicitação para transferi-lo para uma clínica prisional. Seria necessário aguardar até meados de outubro para que a solicitação de transferência fosse aprovada pelas várias seções do Ministério do Interior e por Mussolini, e depois meados de novembro, para que a transferência fosse realmente organizada. Tatiana informou Giulia do sucesso da operação:

> Agora recebemos uma notícia que nos consola: o pedido apresentado pelo irmão para a transferência de Antonio para uma clínica privada foi aceito pelo Ministério. Eles também comunicaram ao irmão que o Ministério escolheu uma clínica adequada que está localizada perto de Roma, e as despesas para o cuidado e a cura equivalem a 120 liras por dia.[22]

Partindo de Turi na manhã de 19 de novembro, Gramsci fez uma primeira e longa parada na enfermaria da prisão de Civitavecchia, onde o número de registro foi alterado (que se tornou 6589). Após um período de detenção provisória que durou mais de duas semanas, gastas em uma espécie de isolamento voluntário, na tentativa de recuperar força e serenidade, tanto quanto possível (somente recebeu a visita de Tatiana), em 7 de dezembro Gramsci finalmente chegou à clínica do doutor Giuseppe Cusumano, em Formia[23] – uma estrutura que se provaria imediatamente inadequada à condição física de Gramsci, cujo *status* legal sempre foi o de recluso. E a vigilância permaneceu exatamente como a de Turi, com as consequências que se pode imaginar ao organismo. Assim, ele próprio, em setembro de 1934, pegou papel e caneta e enviou um pedido diretamente ao *duce*, no qual, depois de definir suas condições físicas como "catastróficas", apelou para o artigo 176 do Código Penal, "para ser admitida a libertação condicional", mas também qualquer outra forma alternativa de prisão, sempre com respeito aos regulamentos vigentes, que davam à autoridade a possibilidade de tomar as medidas apropriadas:

> Liberdade condicional, confinamento policial, tratamento do confinato; o que peço que me conceda é o fim das condições de recluso no sentido estrito, com suas formas de custódia e vigilância diurna e noturna, em todas as horas, que impedem a tranquilidade e o descanso, necessários, em meu caso, para deter a destruição progressiva e torturante do organismo físico e psíquico.[24]

A liberdade condicional realmente chegou, cerca de um mês depois, após exaustivas negociações, aventuras burocráticas, erros de boa-fé ditados pela inexperiência e mesmo pela ansiedade para aliviar a situação de Antonio, que teve que dar um seguro prévio de que ele não seria removido de Formia, a menos que autorizado pela autoridade policial, e que não levaria a cabo nenhuma atividade política. Apesar disso, a vigilância policial e *carabinieri* não cessou, de fato, segundo Tatiana, que havia ficado na clínica por cerca de dez dias – foi "quase mais fortalecida", na transição da prisão para a clínica.[25] E a correspondência estava sempre sujeita à censura. Gramsci podia receber visitas de amigos (Piero Sraffa, que passou um dia inteiro na companhia de Nino em 2 de janeiro de 1935, permanecendo mesmo à noite; a esse dia se seguiriam mais sete, ao longo dos meses, entre Formia e Roma, submetendo-se regularmente para cada encontro a um interrogatório da polícia),[26] também podia sair, sempre vigiado, e fazia caminhadas no jardim e mesmo fora, mas sempre sujeito a um controle que permanecia sufocante. Na verdade, a expressão "liberdade condicional", também chamada de "liberdade vigiada", pareceu completamente inadequada, ainda que tenha enganado algum comentarista de hoje, que acreditou ver um Gramsci substancialmente livre para fazer tudo, durante o período de Formia. Gramsci estava, na verdade, em um estado de semidetenção, na qual o atributo "supervisionado" definitivamente prevalece sobre o substantivo "liberdade". Tatiana disse a Julka que a polícia de Formia era obcecada pela imaginação (muito cinematográfica) de um carro equipado com uma metralhadora que saísse de repente para libertar o prisioneiro. No entanto, Gramsci, sempre com a ajuda de sua cunhada e do amigo Piero, mas de maneira discreta e nem sempre impecável do ponto de vista tático do partido italiano – e com limitações de compromissos do governo soviético e de sua embaixada em Roma –, meditava, se conseguisse recuperar suas forças e superar os inúmeros obstáculos, sobre se juntar à sua esposa e aos seus filhos em Moscou. Agora, Tatiana suspeitava de que o regime ao fim não teria colocado dificuldade, porque, de modo geral, considerava mais satisfatório "seu afastamento da pátria".[27] No final do ano, no entanto, a situação piorou, após a publicação, na imprensa internacional, essencialmente parisiense, das notícias da "libertação sob condições" de Gramsci, notícia apresentada como êxito da luta internacional. A coisa despertou reações tanto na autoridade fascista, que impôs novas restrições ao prisioneiro, quanto no próprio Gramsci, contrariado, porque pediu repetidamente para que ninguém falasse sobre ele, prevendo que apenas com discrição poderia ter alcançado algum resultado.[28] Finalmente, a expatriação foi negada.

Antonio permaneceria em Formia até o verão de 1935, assistindo impotente a "destruição progressiva e torturante" de seu próprio corpo, sempre em regime de supervisão especial. Foi aquele, malgrado e apesar do estado de extremo sofrimento, o último período criativo de Gramsci, que mudou seu método de trabalho. A compilação dos cadernos especiais, o início de novos cadernos, a conclusão parcial dos antigos, viram não apenas a retomada dos temas já abordados, mas o lançamento de novos temas, em uma colcha de retalhos feliz, mas complexa: as forças físicas diminuíam, as intelectuais resistiam, mas a produtividade era menor. Cansaço físico, persistência de um estado geral de doença, com vários tipos de dores que o atormentavam, a esperança, de cuja fragilidade ele estava ciente, de sair definitivamente do túnel onde a prisão de novembro de 1926 o colocou... Tudo isso tornou mais cansativo o trabalho, que, no entanto, continuou, com a crescente ânsia de não ser capaz de dar forma, mesmo vagamente, aos muitos microensaios iniciados e não concluídos, às ideias esboçadas e não desenvolvidas, a ideias deixadas no estado embrionário.

Em tudo isso, na temporada de Formia, a elaboração de Gramsci resulta decididamente original, segundo alguns, talvez ainda mais original do que no passado, e ainda difícil classificar, mais impossível ainda de canonizar. Permanecia certamente predominante o impulso de lidar com aspectos culturais, aqueles com os quais se poderia construir a hegemonia dos oprimidos, vencendo a dos opressores, para retomar o binômio criado pelo jovem Gramsci em uma distante composição escolástica, no tempo do liceu em Cagliari.[29] Mas agora outra categoria foi adicionada à sua cesta teórica, a dos "grupos subalternos", destinada a uma enorme fortuna, hoje talvez a primeira mola de "sucesso" gramsciano no mundo.

Ele já havia introduzido o conceito de "senso comum", como dissemos, que com o contíguo "bom senso" apresenta contaminações e conexões com folclore, cultura popular, religião, intelectuais e assim por diante. Temas de "superestrutura", como se pode ver, cada um dos quais merece um aprofundamento. Um aceno merece pelo menos o folclore, uma questão decididamente inovadora no contexto do marxismo, e que é certamente "um elemento constituinte do sistema teórico gramsciano", que percorre toda a existência e pesquisa da primeira juventude em diante. A de Gramsci é "uma atenção" não limitada ao mero registro do fato folclórico, mas também aparece como uma investigação crítica e o esboço de reflexão teórica", já em escritos jornalísticos.[30] Ao longo dos anos no cárcere, a investigação se torna mais precisa e menos episódica: analisou o folclore como uma concepção de mundo das classes subalternas em oposição àquela das classes dominantes; mas se trata de um todo desorganizado e desagregado, que precisa se organizar, se estruturar, derrubar a relação de dominação sofrida. Como foi escrito, Gramsci é o único de sua época a conectar intelectuais e povo, para dar ao primeiro o papel de fermento do segundo e, ao mesmo tempo, reconhecer a importância do folclore, historicizando, sentindo a "necessidade de despir o homem de suas roupas pitorescas e bizarras", transformando "o homem popular", como ele o chama, em "homem histórico".[31]

Ele se distingue dos estudiosos contemporâneos que não entendem o complexo de fatos folclóricos "no contexto do vínculo diário com a fadiga e o trabalho": de acordo com Gramsci, olha-se o folclore apenas em termos de curiosidade a ser satisfeita por formas "folclorísticas", mais que "folclóricas", que são então aceitas apenas como tal. Portanto, o folclore, como manifestação de atraso social e pobreza cultural, mas também um possível ponto de partida para aqueles que, a certo ponto, ele começou a chamar de "subalternos", substituindo-os a proletariado e classe trabalhadora. O folclore também é uma concepção de mundo e, como tal, deve ser estudada.[32] E essas camadas "marginais", desprovidas de autoconsciência, podem, em sua opinião, atingir níveis mais altos de cultura, tornarem-se protagonistas, adquirindo consciência política e, por meio dela, contribuir para mudar o estado das coisas.

Essa é uma visão bastante inovadora no campo do marxismo, que reforça a ideia de um autor que se emociona com novas curiosidades que o tiram "do caminho", de certo modo a "errar", em busca de novos caminhos. A proximidade dessa temática se situa naquela relativa à subalternidade e aos subalternos, palavras que já estão localizadas nos escritos da juventude. Entre 1930 e 1932, Gramsci começou, no entanto, a "reconhecer a importância do estudo da subalternidade na ordem social e política", chegando, mais tarde, em 1934, a uma formulação mais completa em um caderno especial (o n. 25), ao qual deu o título *À margem da história (História de grupos sociais subalternos).*[33] Os subalternos não são uma categoria homogênea; sempre plural, e é até difícil tentar fixar uma palavra em uma entidade definida. E, um pouco como vimos quando discutimos os marginais e o folclore, também os subalternos são caracterizados por desintegração, conceito que Gramsci havia usado várias vezes em sua juventude para definir a sociedade meridional.

Pode-se perguntar sobre o conteúdo incluído no *contenitore,*[*] deve-se excluir a hipótese de uma *manobra* para fugir da censura que poderia ter interferido nas expressões com sentido ideológico, como "classe trabalhadora" ou "proletariado", que devem ser considerados incluídos entre os subalternos. Como já vimos muitas vezes, em outras passagens cruciais, Gramsci rompe com as categorias usuais da literatura marxista e amplia o campo de investigação. Subalternos, portanto, em vez de proletários, grupos sociais em vez de classes, falta de homogeneidade em vez de coesão, dispersão em vez de organização: essas características os tornam impotentes; eles "sempre são vítimas das iniciativas dos grupos

---

[*] Do italiano, recipiente. No italiano fica claro o jogo de palavras: *contenuto e contenutore,* forma e conteúdo. (N. R.)

dominantes, mesmo quando se rebelam e se levantam". Sua própria história é "desagregada e episódica", pois são os vencedores a escrevê-la.[34] Assim como para os marginais, o problema é, para os subalternos, chegar à organização, à tomada de consciência, à superação da condição de debilidade objetiva; também porque na história encontramos inúmeros exemplos de revolta dos subalternos, se associa, ou suscita, diretamente ou não, uma reação dos grupos dominantes na forma de conspiração, movimento antagônico ao golpe de Estado: quase uma reconstrução alegórica da história do período pós-guerra italiano, quando a desintegração e a desorganização dos subalternos favoreceu o nascimento e a vitória do fascismo. Apenas uma longa jornada política, uma atividade cultural lenta pode remediar esse estado, de fato, de minoria, mesmo quando maioria em termos numéricos. Os intelectuais e o partido, que nada é senão um intelectual coletivo, são as ferramentas para favorecer e realizar esse processo. A esse respeito, o "fator C" parece mais uma vez ser fundamental, mesmo para caracterizar o partido de Gramsci como diferente do partido de Lenin, do de Bordiga e do partido do próprio Gramsci de 1924-1926.[35]

AMERICANISMO E FORDISMO

A reflexão iniciada e infelizmente interrompida sobre os subalternos aparece coerentemente com a visão mais ampla do capitalismo, entendido não como um simples elemento de identificação de um modo de produção, mas como uma verdadeira e própria civilização, que Gramsci estuda, como observador externo e de longe, com toda a dificuldade do caso, no exemplo estadunidense. Por outro lado, a sociedade mundial, à luz das últimas reflexões gramscianas sobre os subalternos parece dividida em dois campos que não são tanto tradição e modernidade, quanto, antes, parte subalterna e parte hegemônica.[36]

A hegemonia é construída com os instrumentos da cultura, e da América vêm as antecipações do mundo que virá: Gramsci tenta penetrar nesse sistema, que é econômico, mas também cultural. No nível socioeconômico, ele olha para a organização do trabalho, para o triunfo do taylorismo, e nota que, diante da administração feroz da nova produtividade como resposta à crise, graças às tecnologias até então não testadas e gerenciadas pelas classes dominantes enquanto hegemônicas, portanto, capazes de convencer que essa é a única maneira possível, a resposta do mundo operário americano era fraca ou ineficaz: não se pode simplesmente se opor. E, fora dos Estados Unidos, detratores e defensores não compreenderam o nexo hegemonia/domínio na gestão da crise. A classe trabalhadora esteve substancialmente muda, enquanto cabia a ela se levantar como protagonista da luta pelo futuro, que será uma luta hegemônica. Afastando-se de todos os tipos de produtivismo, mesmo daqueles fragmentos encontrados na experiência ordinovista de 1919-1920, Gramsci indica, portanto, o caminho para chegar ao resultado desejado: criar grupos intelectuais, orgânicos para a classe, diferentes dos intelectuais tradicionais, capazes de quebrar o vínculo entre a tecnologia e a classe dominante, para superar as velhas especialidades. Esses são os temas, ou melhor, alguns dos temas, de *Americanismo e fordismo*, título de um caderno datado de 1934, que incorpora amplas passagens já de outros cadernos (como o 4) e que, na época da publicação (1949), dentro de um dos volumes da chamada "edição temática" em seis volumes, produziu um certo desconcerto.[37]

Apologia da América? Certamente não, mas não há dúvida de que um certo fascínio pode ser rastreado, e que seus argumentos são controversos e não privados de alguma ambiguidade.[38] Há aqui um novo retorno a Marx, e também um ir além. A noção marxista de "modo de produção" está, neste caderno em especial, muito presente; mas, ao mesmo tempo, Gramsci a expande e modifica, partindo do econômico e indo muito além: ele captura perfeitamente que os novos métodos de trabalho, o taylorismo como a essência do fordismo, estão entrelaçados, em nome de uma filosofia geral que expressa a hegemonia das classes capitalistas a um projeto muito maior.

> Na América, a racionalização do trabalho e o proibicionismo estão indubitavelmente ligados: as investigações dos industriais sobre a vida íntima dos trabalhadores, os serviços de inspeção criados por algumas empresas para controlar a 'moralidade' dos operários são necessidades do novo método de trabalho. Quem ironizasse estas iniciativas [...] e visse nelas apenas uma manifestação hipócrita do 'puritanismo', estaria se negando qualquer possibilidade de compreender a impor-

tância, o significado e o alcance objetivo do fenômeno americano, que também é o maior esforço coletivo até agora realizado para criar, com rapidez inaudita e com uma consciência do objetivo jamais visto na história, um novo tipo de trabalhador e de homem.

Taylor, continua Gramsci, "expressa com cinismo brutal" o fim: isto é, "desenvolver no trabalhador o máximo grau de atitudes mecânicas e automáticas", anulando o próprio profissionalismo do operário profssional. Não por acaso, para ele, o trabalhador é e deve ser um "gorila amestrado". Nem se trata de novidade absoluta, mas apenas de uma retomada em nome da brutalidade e da eficiência máxima. A política de salários altos está no centro dessa política. O patrão quer que o trabalhador gaste criteriosamente, isto é, a próprio juízo, aquele dinheiro extra. E alega direcionar consumos, escolhas, hábitos de funcionários, cuja capacidade de trabalho deve ser preservada: daí a necessidade de controlar álcool e sexo.[39] Nem mesmo nas horas livres o empregado da Ford pode conceder a si mesmo digressões, divagações e distrações. Luta contra o alcoolismo, o "abuso de sexo" e a monogamia ("compulsiva", teria dito Wilhelm Reich, que ainda estava na Europa, já havia estudado, em 1932, a "erupção da moralidade coercitiva") foram as principais ferramentas para o exercício de controle sobre a força de trabalho no horário de folga. Os altos salários (e Gramsci tenta jogar a pedra: é preciso uma pesquisa séria e específica para decifrar o que significa essa fórmula; como "altos", e em relação à quais outras compensações? Acrescentando, apropriadamente, que além disso eles estão sempre limitados a uma aristocracia da classe trabalhadora) são pagamentos de dinheiro, ou seja, a forma mais básica e, ao mesmo tempo, a forma mais eficaz de persuasão: porque o capitalismo hegemônico sabe dosar seus instrumentos; "a coerção deve ser sabiamente combinada com persuasão e consenso".[40] A tese dos filósofos franceses (Adorno, Horkheimer, Marcuse, Fromm...), que chegaria mais tarde e sem nenhuma referência, nem mesmo indireta às análises de Gramsci, possui não poucas passagens que foram antecipadas aqui.

Portanto, nenhuma apologia, mas sim uma extraordinária análise crítica preliminar que desmonta esse sistema social e econômico, mostra o fracasso do fordismo como solução da crise, bem como sua habilidade e tenacidade; mas também uma degradação em termos de gestão política da economia, do declínio dos empreendedores (genial e atualíssima observação de que a crise de 1929 "destacou a [...] existência de fenômenos irreprimíveis de especulação", a ponto de "podermos dizer que 'empresas saudáveis' não existem mais").[41] Ao mesmo tempo, revela uma atenção sem prejuízo aos costumes, à cultura, ao papel dos intelectuais. Gramsci quer entender o motivo da hegemonia americana, porque exatamente isso entende como americanismo:[42] a superioridade econômica dos Estados Unidos da América, e sua expressão "superestrutural". Os EUA lhe parecem o equivalente ao que representava a Inglaterra para Marx, no século anterior. O americanismo é simplesmente capitalismo, na sua realidade abrangente, mas sempre em risco, por assim dizer. Foi efetivamente escrito:

> Como americanismo, o capitalismo não é mais apenas um modo de produção, mas uma realidade invasiva e penetrante, portadora de uma ambição totalitária no espaço e no tempo. É de uma totalidade lacerada e contraditória, minada tanto por dentro como fora de sua própria 'crise orgânica'.[43]

O caderno 22 transborda de análises perturbadoras, sugestões eficazes, de novas combinações que nos falam de um observador curioso, de certa forma seduzido, mas definitivamente atento para captar da análise um fundo cultural e político de larguíssimo fôlego. Em outras palavras, Gramsci como um explorador que rompe fronteiras e olha além. Entre as muitas anotações, deve-se mencionar uma comparação entre intelectuais europeus, que se tornaram "agentes imediatos, ou se estiverem completamente destacados, constituindo uma casta própria, sem raízes na vida nacional e popular"; e aqueles estadunidenses, que, em vez disso, mostram maior vivacidade, um objetivo mais saudável, crítico e até autocrítico. E julga "cômico", antes que "estúpido", o antiamericanismo europeu. Por muito tempo, os *Cadernos* registraram um repensar, para o qual também a atenção quase apaixonada concedida à mais canônica das filosofias estadunidenses, o pragmatismo, é atenuado fortemente,[44] e ressurge também; afinal, a grandeza europeia, que é, no entanto, completamente enorme, prodigioso patrimônio cultural.

OS INTELECTUAIS

Os intelectuais, então, são o verdadeiro fio condutor que percorre todo o trabalho teórico gramsciano, do jornalismo *Sotto La Mole* até as últimas notas na clínica de Formia, em uma intensificação progressiva da pesquisa e em um alargamento do campo de reflexão, que assume gradualmente um caráter sociológico cada vez mais decisivo, embora em chave política. Deve-se prestar atenção a uma das muitas citações possíveis, extraídas de caderno 11, que remonta a 1932-1933:

> Criar uma nova cultura não significa apenas fazer individualmente descobertas 'originais', significa também e sobretudo, difundir criticamente verdades já descobertas, 'socializá-la, por assim dizer', e tornando-as a base de ações vitais, elemento de coordenação e de ordem intelectual e moral. Que uma massa de homens seja levada a pensar coerentemente e de modo unitário a realidade presente é um fato 'filosófico' muito mais importante e 'original' do que os achados, por um 'gênio' filosófico, de uma nova verdade que continua sendo patrimônio de pequenos grupos intelectuais.[45]

Em geral, Gramsci expande o conceito de intelectual, a partir da famosa afirmação de que "em certo sentido todos os homens são intelectuais" e que "não se pode separar o *homo faber* do *homo sapiens*";[46] e essa é uma importante novidade, que revela sua capacidade de compreender as transformações da sociedade e, por outro, a persistente convicção da ligação entre política e cultura. A outra grande novidade consiste na recusa da concepção de intelectuais como uma categoria separada: cada classe tem seu próprio intelectual, de acordo com Gramsci, e toda classe precisa de uma classe de intelectual próprio, referência, a ela "orgânico". Aqui, portanto, um ponto fundamental:

> É uma questão de saber olhar para as funções 'organizacionais' e 'coletivas' de intelectuais, ou seja, as funções que eles desempenham, cada vez mais peculiar e historicamente determinado, nos processos de produção da hegemonia.[47]

A conexão entre política e cultura é exaltada precisamente na reflexão sobre intelectuais; Gramsci atribui ao partido político – concebido como um verdadeiro e próprio intelectual coletivo – a função de ligar intelectuais "orgânicos" a uma classe e a intelectuais "tradicionais". Compete ao partido a tarefa de ajudar a classe a superar o momento "econômico-corporativo" para atingir um nível superior, ao qual ele chama, com evidente influência de Croce, pelo menos em um nível nominalista, "ético-político". E chega, assim, a determinar "uma vontade coletiva nacional-popular", ou seja, como esclarece um estudioso brasileiro, para atingir "um grau de consciência capaz de permitir uma iniciativa política que engloba a totalidade dos estratos sociais de uma nação".[48] Já foi mencionado que, no esquema gramsciano, o partido é uma força decisiva na "reforma intelectual e moral" da Itália; obviamente a ideia é estendida muito além do contexto nacional, já que, dentro do partido, organismo coletivo de inteligência e corações e organização (os três lemas no cabeçalho do *L'Ordine Nuovo* se referem à educação, ao entusiasmo e à força, recorde-se), os indivíduos pertencentes a uma classe, superando o momento egoísta e corporativo, "tornam-se agentes de atividades gerais, de caráter nacional e internacional".[49] Em outros termos, o intelectual que Gramsci está olhando é antes de tudo um ator social, e ele está mais interessado nisso que no papel ideológico, organizativo.[50] Representa, em suma, a objetivação do que Gramsci chama, sem medo de ênfase, o "momento catártico", que pode ser explicitado propriamente na reforma intelectual e moral, que é o caminho rumo à conquista da hegemonia. Não renuncia a delinear a figura do "novo intelectual", cuja essência peculiar não será "em eloquência, motivo externo e momentâneo de afetos e paixões, mas na mistura ativa da vida prática, como construtor, organizador, 'persuasor permanentemente'". É necessário cumprir um percurso no qual, da condição particular de "trabalho técnico", alcance, por meio da condição mais geral da "ciência-técnica", à concepção humanística histórica, sem a qual se permanece um "especialista" e não se torna um "dirigente". Ou seja, esclarece Gramsci, com outra fórmula destinada a se tornar famosa: "especialista + político".[51] Em seguida, ele retorna à *práxis* revolucionária, embora em nome de um novo e diferente tipo de revolução, do papel da cultura e da função de intelectuais. Deve-se sempre lembrar que, para Gramsci, cultura e política estão intimamente entrelaçadas, e que cada verdadeira e duradoura revolução – especialmente "no Ocidente" – se baseia em uma longa preparação ideológica e em um robusto tecido cultural.

DA QUISISANA AO CEMITÉRIO DOS INGLESES

UM HOMEM EM XEQUE

Desde os primeiros momentos de admissão em Formia, no início de 1934, Gramsci confiou na iniciativa soviética para obter a libertação – assim como Giulia, que manteve contato com os líderes do Partido Comunista da União Soviética (PCUS). Logo, porém, ficou evidente que as práticas foram interrompidas e que se poderia "imaginar possíveis intrigas e maquinações de criminosos", assim como "aqueles que já se manifestaram em 1927 e 1928".[1] De fato, a situação havia mudado e os soviéticos interromperam as negociações, mas o motivo foi outro: então, em janeiro de 1934, o Ministério das Relações Exteriores italiano propôs uma troca de prisioneiros ao Ministério soviético, entre eles, uma mulher acusada de espionagem a favor da Itália e, justamente, Antonio Gramsci. Talvez o governo italiano, dada a inexorável piora da situação das condições do secretário do PCd'I, estivesse tentando se livrar de um prisioneiro incômodo que, se tivesse morrido no cárcere, teria desacreditado o regime aos olhos da política internacional. O Ministério do Interior soviético, ou o NKVD, não tinha mais avançado em nenhum pedido de expatriação para Gramsci, sendo este um cidadão italiano, apesar das repetidas solicitações de Giulia; foi só depois da proposta italiana que se projetou a possibilidade de troca e, portanto, da entrada de Gramsci na URSS, motivada pelos soviéticos por razões de natureza "moral", privada e humanitária, para se juntar a uma família dividida, para evitar conflitos nas relações diplomáticas entre os dois países. Foi assim que a negociação passou dos escritórios do Ministério das Relações Exteriores para o NKVD.[2]

Antonio, Tatiana e Giulia nutriam esperanças concretas de poder concluir a negociação, e Giulia, que tinha manifestado a intenção de encontrar o marido na Itália, foi aconselhada a esperar por ele na União Soviética. O otimismo de Gramsci foi motivado pela liberdade condicional, reconhecida em 14 de outubro de 1934. Depois de uma exaustiva sequência de tentativas, finalmente Antonio conseguiu, em uma operação política admirável, na qual, sem ceder a compromissos ideológicos, obteve um decreto que forçou Mussolini a admitir sua própria responsabilidade pelas condições de saúde gravíssimas em que se encontrava o recluso Antonio Gramsci; e comprometendo-se a renunciar à exploração das notícias com a finalidade de propaganda antifascista, longe de fazer gestos comprometedores, desnudava, basicamente, a vulnerabilidade do regime. Além disso, enviando diretamente o pedido ao *duce*, Gramsci expressava sua própria convicção de deslegitimar a autoridade do Tribunal Especial, órgão de repressão política que o tinha arbitrariamente condenado. Antonio e Tatiana discutiram isso em Formia várias vezes, durante as numerosas visitas que a cunhada lhe fez a partir de novembro. Em janeiro de 1935, Sraffa finalmente pôde visitar seu amigo, mas as notícias que ele trazia de Moscou não eram reconfortantes. A negociação de troca de prisioneiros encalhara, enquanto o governo italiano mirava, teimosamente, o pedido de perdão e não tinha interesse em conceder expatriação sem garantias de renúncia à atividade política. Não só isso, mas Gramsci era agora, para a União Soviética, um prisioneiro de pouco valor pelo qual, na mente dos líderes russos, provavelmente não valeria a pena comprometer as relações com o Itália que, considerando tudo, eram boas. A *Realpolitik* prevaleceu, como sempre, sobre qualquer outra consideração. A intensificação da propaganda antifascista no exterior, por sua vez, terminou, paradoxalmente, por contribuir para o endurecimento das condições do paciente na clínica de Cusumano: ao ponto que ele alimentava cada vez mais a suspeita de uma consciente, imprudente gestão de seu caso pelo PCd'I, que ocultaria um desejo intencional de "sacrificá-lo", como Tatiana disse em fevereiro de 1935.[3] As sombras da suspeitas, gravadas em sua cabeça desde a carta de Ruggero Grieco, de 1928, e da sábia obra de mistificação e instigação do juiz Macis não se afastaram – na verdade, foram gradualmente consolidadas com o agravamento das condições físicas e espirituais. O partido era realmente capaz de ajudá-lo? Foram erros, lentidões ou vontade (de quem, então?) de sacrificar o líder? E por quê? Por medo de que sua linha política, uma vez recuperada a liberdade, pudesse incidir sobre a Internacional e dificultar Stalin? São perguntas às quais é impossível dar uma resposta inequívoca e definitiva mas, no estado do conhecimento, a ideia de "sacrifício" aparece muito duvidosa, para não dizer insustentável, ainda que retornasse constantemente em vários tipos de publicações, quase sempre movidas mais por uma intenção ideológica (ou comercial) do que por conhecimento de causa; mesmo quando apresentada sob o sentido de cientificidade, volta frequentemente para transferir para o regime sua própria responsabilidade e, inversamente, carregá-las ao movimento comunista internacional e, sobretudo, sua seção italiana, o partido de Gramsci, que agora era o partido de Togliatti.[4]

UMA PERDA IRREPARÁVEL

Consciente do destino que o esperava, Antonio decidiu então solicitar, dirigindo-se diretamente ao *duce* (25 de abril de 1935), uma nova transferência, em março, para Fiesole, a uma outra unidade de atendimento, o Poggio Sereno, especializado em doenças nervosas, denunciando a insuficiência das terapias reservadas para ele em Formia.[5] Mas lhe foi negado, temendo o risco de fuga do "conhecido comunista", como estava escrito na comunicação enviada à Tatiana pelo chefe de polícia de Roma, referindo-se à vontade mussoliniana.[6] Em maio de 1935, em Formia, depois daquela de março de 1933, Gramsci teve um nova crise muito séria, desta vez de gota, causada pela insuficiência de terapias e pela inadequação da dieta, o que jogou familiares, amigos e companheiros no desconforto, e que resultou, com absoluta certeza, no fim de toda atividade nos *Cadernos*, com uma redução significativa também da epistolografia. A redação dos *Cadernos*, de fato, "com grande probabilidade, não atravessa junho de 1935, e os muros da clínica de Formia".[7] Há também aqueles que, não sem boas razões, argumentam que mesmo a fase criativa de Gramsci – embora em si mesma muito difícil já no primeiro período de recuperação em Formia – havia sido interrompida em março de 1933, quando, no dia 7, foi atingido, como se lembrará, pela mais séria das crises das quais ele foi vítima; nos dois anos seguintes, ou seja, até meados de 1935, havia apenas retomadas mínimas de trabalho.[8] Recentemente, para apoiar a tese bizarra de um ou mais cadernos ausentes, ou seja, roubados por alguém em benefício de outrem, argumentara-se que era impossível, por quase dois anos, – ou seja, de maio de 1935 até sua morte, no final de abril de 1937 – Gramsci não ter produzido sequer uma linha, além das epistolográficas, que se tornaram escassas e de pouco interesse para quem as analisa hoje.[9] Uma suposição infundada, se considerarmos que, após a crise de junho, a condição psicofísica de Gramsci alcançou um ponto impossível de retornar. Era, agora, um inválido, sofrendo de doenças graves (a doença de Pott, que continuou a assombrá-lo, chegou à tuberculose pulmonar) e menos grave (hidropisia, gota, hérnia umbilical, insônia e enxaqueca crônica); havia perdido quase todos os dentes molares, sujeito a crises violentas de enxaqueca e hemoptise: era um homem em xeque. Em 19 de junho, ele decidiu dirigir um pedido ao inspetor de polícia Valenti, ao qual rogava que "[usasse] toda a sua cortês solicitude para ser libertado dessas condições de vida, que se tornaram fisicamente impossíveis e moralmente obsessivas".[10]

Nesse mesmo junho de 1935, enquanto Gramsci começava a sofrer uma agonia muito longa, agora sem qualquer papel político, seu companheiro Togliatti, que "herdara" o partido e que, no biênio 1934-1935, foi, de acordo com Camilla Ravera, "um dos principais protagonistas da correção prática" da linha ligada ao "ponto de virada",[11] em um relatório para a IC contra os trotskistas presentes nos países capitalistas, convidava para lutar impiedosa contra aquela perigosa erva daninha.[12] Terracini havia notado, em 1930, lendo os documentos contra os camaradas expulsos por se oporem ao "ponto de virada", que parecia estar lendo as repreensões contra a esquerda bordiguiana, ocorridas tempos atrás – mas era então 1925, e muitas coisas ocorreram desde então![13] Mais cinco anos se passaram, Gramsci estava em risco de vida, as deduções da Comintern sobre a crise haviam se revelado falaciosas; Stalin tinha iniciado os "grandes expurgos" e Togliatti não encontrou nada melhor a fazer senão solicitar a mão pesada contra o chamado trotskismo. Pouco tempo depois, na Guerra da Espanha, os emissários de Moscou executaram pontualmente essas diretrizes, ainda que agora era o próprio Togliatti a desempenhar o papel de "bombeiro".

Também diante da negativa do Tribunal Especial, Gramsci soube defender o próprio direito à liberdade condicional e propôs uma clínica diferente, que acabou sendo aceita mais tarde, depois de um enésimo pedido, de novo a Mussolini.[14] Foi, portanto, a Quisisana, de Roma, a recebê-lo, em 24 de agosto de 1935. Acompanhava-o o professor Vittorio Puccinelli, médico, cujo irmão Angelo, também médico, foi o profissional de saúde que acompanhava a saúde do *duce*. Puccinelli tinha visitado Gramsci em julho, confirmando a gravidade do quadro clínico. Na Quisisana, as visitas de Sraffa tornaram-se frequentes, e os dois talvez conversassem agora sobre tentativas de expatriação, mas, nas cartas a Tatiana, não se refere mais à "grande tentativa". Em vez disso, Giulia projetava a hipótese de retorno à Itália.[15] Foi o próprio Antonio, pessoalmente, a pedir que ela se juntasse a ele, lutando para vencer o estado de prostração física e espiritual. Havia elaborado, dez anos após sua prisão, uma visão madura do relacionamento atormentado com a esposa, também doente, e voltou-se para ela com lúcida consciência:

> Eu considero necessário que se convença, razoavelmente, de que esta viagem é necessária para você, para os meninos [...]. Mas para você se convencer disso, é preciso ver a viagem em seus termos verdadeiros, como coisa prática, despida de qualquer morbidez sentimental, que vai deixá-la livre ou talvez a liberte definitivamente de uma porção de pensamentos, de preocupações, de sentimentos reprimidos e sabe-se lá qual carga de obsessões: eu sou seu amigo, essencialmente, e depois de dez anos eu realmente tenho necessidade de falar com você de amigo para amigo, com grande franqueza e desembaraço.[16]

Giulia não teve forças para enfrentar um relacionamento fortemente comprometido por silêncios e incompreensões, e Antonio, bem ciente disso, começou a avaliar a ideia de solicitar a transferência para a Sardenha, para retornar ao local de nascimento. Pensou-se que essa intenção expressasse a orientação de Gramsci para uma distância definitiva da vida política e do partido;[17] foi antes, uma decisão que visava melhorar as próprias condições, que permaneceram as de uma pessoa doente em um estado de semidetenção, de corpo dobrado e mente cansada, estabelecendo-se em um lugar calmo e solitário, longe dos clamores da política, que também eram barulhos de armas, entre Etiópia e Espanha. Propriamente o confronto internacional fascismo/antifascismo em terras espanholas tornou mais difícil, e no limite, impossível, organizar a expatriação de Giulia da URSS, no momento em que ela se convença da necessidade de fazer uma breve viagem a Itália com seus filhos.

As esperanças de Nino de ir para a Sardenha estavam diminuindo, até que ele recuperou a liberdade total. Em 5 de março de 1937 recebeu a última visita de Piero, durante a qual Nino, ciente do agravamento irremediável de suas próprias condições, deu ao amigo disposições sobre o destino dos *Cadernos*, pedindo-lhe também para transmitir um pedido de expatriação para a Rússia e para se encarregar de uma mensagem para o Centro Externo do Partido, recomendando a palavra de ordem da Assembleia Constituinte. No final de abril, o juiz de vigilância do Tribunal de Roma informou-o de que era um homem livre, dando-lhe o decreto da liberdade. Foi, paradoxalmente, o dia em que ocorreria a libertação da Itália do fascismo, 25 de abril. À noite, depois de ter jantado, Antonio foi atingido por uma hemorragia cerebral. A agonia durou até as 4h40 de dois dias depois, quando parou de respirar. Era 27 de abril de 1937.[18]

NOTAS

PRIMEIRA PARTE: NA ILHA (1891-1911)

A FAMÍLIA GRAMSCI

1. M. Brigaglia, *La scoperta della Sardegna*, em id., Mastino-Ortu, 2006, p. 90.
2. *Idem*, p. 87.
3. *Idem*, p. 95.
4. De Gioannis, 1991, p. 142. O volumoso trabalho de La Marmora foi reimpresso de várias formas, ao longo das décadas, também em francês e italiano. Mesmo de forma reduzida, constitui uma fonte preciosa para estudos sobre a ilha.
5. L. Del Piano, *La diffusione del libro nella Sardegna dell'Ottocento*, em "Archivio Sardo del Movimento operaio contadino e autonomistico", 23/25, 1985, p. 172-191.
6. S. Puccini, *Balbi, Romagnosi e Cattaneo. Sulla nascita dell'antropologia italiana del Secondo Ottocento*, em "La rivista folklorica", 24, 1991, p. 121-129.
7. E. Casti Moreschi, *La Libia nella cartografia coloniale italiana: Tripoli e Cufra*, em Cerreti 1995, p. 121.
8. M. Brigaglia, *La scoperta della Sardegna*, cit., p. 96.
9. *Operai e contadini*, em *L'Ordine Nuovo*, I, 12, 2 agosto 1919: *ON*, p. 157; *SL*, p. 331-335. Na edição brasileira, Gramsci, Antonio. *Escritos Políticos*. V. 1. ed. cit., p. 264-270.
10. M. Brigaglia, *L'isola "nature" fra viaggiatori e antropologi*, em id. Mastino-Ortu, 2006, p. 102.
11. *Ibidem*.
12. *Idem*, p. 103-104.
13. M. Brigaglia, *L'isola "nature"*, cit., p. 102-103.
14. *Idem*, p. 103-104.
15. *Ibidem*.
16. *Idem*, p. 105.
17. *Ibidem*.
18. Cf. Corsi, 1959, mais em geral, pelas notícias econômicas, sociais e políticas.
19. Por exemplo, Lombardo Radice-Carbone, 1951, p. 10; Fiori, 1979, p. 15.
20. Cf. Sonis, 2016.
21. Paulesu Quercioli, 1991, p. 28.
22. Fiori, 1966, p. 15.
23. Cf. M. Brunetti, G. Siciliano, *I Gramsci e Plataci*, em "Sinistra meridionale", XIII n. s., 15-16, 1992; Brunetti, 2017, p. 41 e ss.
24. Depoimento de Teresina Gramsci, em Paulesu Quercioli, 1977, p. 11.
25. O extrato da certidão de nascimento de Francesco Gramsci (nascido em 6 de março de 1860), está em ASUT, Faculdade de Letras, livro dos alunos.
26. Paulesu Quercioli, 1977, p. 27.
27. *Idem*, p. 28.
28. Paulesu Quercioli, 1991, p. 48.
29. Fiori, 1966, p. 15.

30. Paulesu Quercioli, 1991, p. 49.

31. G. a Tatiana, 12 out. 1931: *LC*, p. 504-558; *LT*, p. 833-837; *LC2*, p. 476-481. Na edição brasileira, Gramsci, Antonio. *Cartas do cárcere. V. 2*. Rio de Janeiro: Civilização Brasileira, 2005, p. 105.

32. M. Cutri, "Ad Ales nacque un bimbo 's'anzoneddu'", em *L'Unità*, 24 abr. 1947.

33. Cf. Serra, 2001, p. 198.

34. *Ibidem*; se lê no registro 1891, n. 2.

35. Fiori, 1966, p. 16

36. G. para a irmã Teresina, 26 mar. 1927: *LC*, p. 64-66; *LC2*, p. 61-63. Na edição brasileira, Gramsci, Antonio. *Cartas do cárcere. V. 1*. Rio de Janeiro: Civilização Brasileira, 2005, p. 133-135.

37. M. Cutri, "Ad Ales nacque un bimbo 's'anzoneddu'", cit. A habitação (infelizmente, objeto de uma "renovação" nefasta) agora abriga a Associação Casa Natal de Antonio Gramsci.

38. A frase está nos registros paroquiais, cit. em Fiori, 1966, p. 16-17, de onde também obtenho outras informações.

39. M. Cutri, "Ad Ales nacque un bimbo 's'anzoneddu'", cit.

40. Cf. F. Cocco, "Le radicisarde", em Maiorca, 2007, p. 231-237 (233).

41. Sobre Sorgono e os Gramsci, é muito útil, utilíssimo, agora, Marras, 2014; mas cf. Anche Romano, 1965, p. 10; Nieddu, 1990, p. 13.

42. Depoimento de Antioco Porcu em Fiori, 1979, p. 18.

43. Paulesu Quercioli, 1991, p. 51.

44. *Ibidem*.

45. Depoimento de Teresina Gramsci em Fiori, 1966, p. 22. Fiori, como Cammett (1974, p. 18) e os outros biógrafos, antes e depois, acreditavam ou fingiam acreditar na versão do acidente.

46. G. para Tatiana, 23 de abril de 1933: *LC2*, p. 705-708 (706); *LT*, p. 1257-1262 (com rico aparato de notas); cf. também Sraffa, 1991, p. 255-257; Paulesu Quercioli, 1991, p. 52-53, nota 3. Na edição brasileira: Gramsci, Antonio. *Cartas do cárcere. V. 2*. ed. cit., p. 328-331.

47. Testemunho de Nennetta Cuba, em Fiori, 1966, p. 17. Ver Cammett, 1974, p. 18.

48. G. a Tatiana, 7 de setembro de 1931: *LC*, p. 479-482; *LT*, p. 787-793. Na edição brasileira: Gramsci, Antonio. *Cartas do cárcere. V. 2*. ed. cit., p. 82-86.

49. Cammett, 1974, p. 18.

50. Marras, 2014, p. 111.

51. Manca, 2007, p. 77.

52. Cf. Marras, 2014, p. 114.

53. Cf. *idem*, p. 119.

54. Cf. Fiori, 1979, p. 20; Marras, 2014, p. 119-120.

A INFÂNCIA DE NINO

1. Paulesu Quercioli, 1991, p. 55.

2. Teresina Gramsci, em Paulesu Quercioli, 1977, p. 28.

3. Paulesu Quercioli, 1991, p. 55-56.

4. *Idem*, p. 56-57.

5. G. a sua irmã Grazietta, 31 de outubro de 1932: *LC*, p. 696; *LC2*, p. 629. Na edição brasileira, Gramsci, Antonio. *Cartas do cárcere. V. 2*. ed. cit., p. 255-256.

6. G. para sua mãe, 15 de junho de 1931: *LC*, p. 442-443; *LC2*, p.427-428. Na edição brasileira, Gramsci, Antonio. *Cartas do cárcere. V. 2*. ed. cit., p. 52-53.

7. G. Fiori, "O universo afetivo de Nino", em *id.*, 1991, p. 105-140 (108), e Maiorca, 2007, p. 286-300 (289).

8. Fiori, 1979, p. 22.
9. G. para sua mãe, 15 de junho de 1931: *LC*, p. 442-443; *LC2*, p. 427-428. Na edição brasileira, Gramsci, Antonio. *Cartas do cárcere*. V. 2. ed. cit., p. 52-53.
10. Ver F. Cocco, *Le radici sarde*, cit., p. 233-234.
11. G. a sua irmã Grazietta, 31 de outubro de 1932: *LC*, p. 696; *LC2*, p. 629. Na edição brasileira, Gramsci, Antonio. *Cartas do cárcere*. V. 2. ed. cit., p. 255-256.
12. Romano, 1965, p. 13.
13. Teresina Gramsci, em Paulesu Quercioli, 1977, p. 30.
14. *QdC*, p. 1024 (Q3, 63).
15. Fiori, 1979, p. 23. Sobre ele, cf. Onnis, 2013.
16. Depoimento de Felle Toriggia, em Fiori, 1979, p. 24.
17. Lepre, 1998, p. 6.
18. G. para sua mãe, 12 de setembro de 1932: *LC*, p. 672-673; *LC2*, p. 612-613. Na edição brasileira, Gramsci, Antonio. *Cartas do cárcere*. V. 2. ed. cit., p. 238-239.
19. Depoimento dos irmãos (não especificado), em Fiori, 1979, p. 24.
20. Depoimento de Teresina Gramsci, em Fiori, 1979, p. 25.
21. G. para a mãe, 12 de setembro de 1932: *LC*, p. 672-673; *LC2*, p. 612-613. Este é Luciano Guiso, filho do farmacêutico de Ghilarza. Na edição brasileira, Gramsci, Antonio. *Cartas do cárcere*. V. 2. ed. cit., p. 238-239.
22. Cf. Fiori, 1979, p. 26.
23. G. a Tatiana, 2 de janeiro de 1928: *LC*, p. 164-165; *LC2*, p. 148-149; *LT*, p. 168-170. Na edição brasileira, Gramsci, Antonio. *Cartas do cárcere*. V. 1. ed. cit., p. 224-225.
24. A. Gramsci, "La luce che s'è spenta", em *Il Grido del Popolo*, 20 de novembro de 1915: *CT*, p. 23-26 (23); *SL*, p. 131-133 (131); *MP*, p. 45. Tradução nossa.
25. G. a Tatiana, 3 de outubro de 1932: *LC*, p. 681-683; *LC2*, p. 618-620; *LT*, p. 1.087-1.089. Na edição brasileira, Gramsci, Antonio. *Cartas do cárcere*. V. 2. ed. cit., p. 245-246.
26. Teresina Gramsci, em Paulesu Quercioli, 1977, p. 33.
27. Fiori, 1994, p. 6.
28. *Idem*, p. 25. Cf. Marras, 2014, p. 121 e ss.
29. G. para Tatiana, 15 de dezembro de 1930: *LC*, p. 389-392; *LC2*, p. 373-376; *LT*, p. 620-622. Na edição brasileira, Gramsci, Antonio. *Cartas do cárcere*. V. 1. ed. cit., p. 463-464.
30. G. para sua esposa, 13 de fevereiro de 1923: *L*, p. 108-109; *LJ*, p. 57-58; *EN – S2*, p. 28-29. Tradução nossa.
31. Em Fiori, 1979, p. 36.
32. Depoimento de Teresina Gramsci, em Paulesu Quercioli, 1977, p. 33.
33. Ver Lepre, 1998, p. 7-8.
34. Fiori, 1979, p. 34.
35. Maiorca, 2007, p. 33; cf. também o testemunho de Teresina Gramsci, em Paulesu Quercioli, 1977, p. 33-34. Sobre o nível elementar, consulte Marras, 2014, p. 57 e ss.
36. Serra, 2001, p. 199-201.
37. G. para Tatiana, 12 de setembro de 1932: *LC*, p. 674; *LC2*, p. 615; *LT*, p. 1.080. Na edição brasileira, Gramsci, Antonio. *Cartas do cárcere*. V. 2. ed. cit., p. 239-240.
38. G. a Tatiana, 26 de dezembro de 1927: *LC*, p. 160-161; *LC2*, p.143-145; *LT*, p. 164-166. Na edição brasileira, Gramsci, Antonio. *Cartas do cárcere*. V. 1. ed. cit., p. 218-220.
39. Orru-Rudas, 2010, p. 222.
40. Ver Lepre, 1998, p. 7.
41. Teresina Gramsci, em Paulesu Quercioli, 1977, p. 33.

42. *Idem*, p. 11. A história, então em Paulesu Quercioli, 1991, p. 69, remonta ao tempo do retorno de Francesco Gramsci para casa depois do encarceramento.

43. G. Fiori, "L'universo affettivo di Nino", em Maiorca, p. 287, e um pouco diversamente em Fiori, 1991, p. 106. Ver também Cammett, 1974, p. 21-22.

44. Ver Fiori, 1979, p. 23.

45. Ver Baratta, 2007, p. 215-216.

46. *Idem*, p. 214.

47. F. Cocco, "Le radicisarde", em Maiorca, 2009, p. 233-334.

48. G. para sua mãe, 15 de junho de 1931: *LC*, p. 442-443; *LC2*, p. 427. Na edição brasileira, Gramsci, Antonio. *Cartas do cárcere*. V. 2. ed. cit., p. 52-53.

49. "Agora vou contar para você como vi uma raposa pela primeira vez. Junto com meus irmãozinhos, fui um dia até o campo de uma tia, onde havia dois carvalhos muito grandes e algumas árvores frutíferas; devíamos recolher bolotas para dar de comer a um porquinho." G. para seu filho Delio, 10 de outubro de 1932: *LC*, p. 685-686; *LC2*, p. 621-623. Na edição brasileira, Gramsci, Antonio. *Cartas do cárcere*. V. 2. ed. cit., p. 248-249.

50. Teresina Gramsci, em Paulesu Quercioli 1977, p. 32.

51. *Idem*, p. 31.

52. Fiori, 1979, p. 34.

53. *Idem*, p. 35.

54. Cf. L. Matt. "La conquista dell'italiano nel giovane Gramsci", em Lussana-Pissarello, 2008, p. 51-61.

A DESCOBERTA DE SUA TERRA

1. Fiori, 1979, p. 66.

2. Serra, 2001, p. 200-201.

3. Fiori, 1979, p. 55-61.

4. Accardo, 1996, p. 124.

5. *Idem*, p. 141-142.

6. Ver *idem*, p. 148

7. Ver Accardo, 1996, p. 151-152.

8. Cf. Fiori, 1979, p. 65.

9. G. a seu pai, 16 de fevereiro de 1910: *L*, p. 34-35; *PT – E1*, p. 39. Tradução nossa.

10. G. ao pai, 24 de maio de 1910: *PT – E1*, p. 38-39. Tradução nossa.

11. Ver Paulesu Quercioli, 1977, p. 371-372.

12. G. a Tatiana, 9 de abril de 1928: *LC*, p. 200-202; *LC2*, p. 179-182; *LT*, p. 203-206. Na edição brasileira, Gramsci, Antonio. *Cartas do cárcere*. V. 1. ed. cit., p. 463-464.

13. G. a seu pai, janeiro de 1909: *PT – E1*, p. 15-16.

14. *Ibidem*.

15. Fiori, 1979, p. 13.

16. Provavelmente é Francesco Deriu. Em uma carta de 1927, endereçada à mãe, com o nome Cicchinu irá se referir ao amigo de infância Francesco Mameli.

17. G. a seu pai, 14 de janeiro de 1909: *PT – E1*, p. 13-14.

18. *Ibidem*.

19. G. para Tatiana, 12 de setembro de 1927: *LC*, p. 124-125; *LC2*, p. 115-118. Na edição brasileira, Gramsci, Antonio. *Cartas do cárcere*. V. 1. ed. cit., p. 188-191.

20. Em Paulesu Quercioli, 1977, p. 35.

21. G. a seu pai, 16 de fevereiro de 1910: *PT – E1*, p. 39.

22. G. a seu pai, 10 de maio de 1910: *PT – E1*, p. 40-41.

23. Em Paulesu Quercioli, 1977, p. 40.
24. Teresina Gramsci, *idem*, p. 37.
25. Fiori, 1979, p. 70. *Ibidem* a seguinte citação.
26. Sobre Garzìa, a voz de A. Romagnino, em AA.VV. 2005.
27. Em "The Unione Sarda", 26 de julho de 1910.
28. *Oprimidos e opressores*: *SP*, v. I, p. 3-5; *SL*, p. 115-118; *MP*, p. 35-37. Na edição brasileira, Gramsci, Antonio. *Escritos Políticos*. V. 1. ed. cit., p. 43-46.
29. G. para sua mãe, janeiro de 1911: *L*, p. 42-43 (42); *PT – E1*, p. 50. Tradução nossa.
30. Fiori, 1979, p. 69.
31. Romano, 1965, p. 47-48.
32. Cardia, 2009, p. 131.
33. Fiori, 1979, p. 71
34. Teresina Gramsci, *idem*, p. 72.
35. L. Polan, *Il ricordo della sua Isola poverissima, l'esperienza fra la classe operaia torinese*, em "La Nuova Sardegna", 27 de abril de 1967.
36. Cardia 2009, p. 134.
37. M. Brigaglia. *La isola "nature"*, cit., p. 103.
38. *Ibidem*.
39. G. a Giulia, 6 de março de 1924: *LJ*, p. 271.Tradução nossa.
40. Romano, 1965, p. 50.
41. F. Cocco, *Le radici sarde*, cit., p. 231.
42. D. Mezzina, "Sardegna / Sardi", no *Dizionario*, p. 744.

SEGUNDA PARTE: NO CONTINENTE (1911-1922)

UM ESTUDANTE SARDO EM TURIM

1. Spriano, 1972 p. 212. Para o quadro histórico, cf. Castronovo, 1987 e algumas contribuições recolhidas em obras coletivas: Agosti-Bravo, 1979, v. II; Levra-Tranfaglia, 1987; Levra, 2001. Para Ruffini e a Universidade de Turim, d'Orsi, 2002.
2. Z. Zini, "*Torino e glistudi*", em *Gazzetta del Popolo*, 24 de maio de 1899. Cf. A. d'Orsi, "*Un profilo culturale*", em Castronovo, 1987, cap. II-III; d'Orsi, 2002, p. 21.
3. Castagno, 1955, p. 26 (mas Cf. p. 22 e ss.). E cf., em sua extraordinária figura, Mammarella, 2014, especialmente p. 29-46.
4. Cf. Spriano, 1972, p. 221-235.
5. P. Togliatti, "Pensatore e uomo d'azione" (1949), em *id.*, 1972, p. 57-74 (65) e 2001, p. 131-150 (139).
6. A história é reconstruída em detalhes em meu *Lo studente che non divenne "dottore". Antonio Gramsci nella Facoltà di Lettere*, agora em d'Orsi 2002, p. 149-188, que se refere à extensa documentação em ASUT.
7. G. para seu pai, 20 de outubro de 1911: *L*, p. 44-45 (44); *EN – E1*, p. 38-39 (38).
8. G. a Tatiana, 29 de março de 1924: *L*, p. 310-311 (310).
9. Sobre o percurso universitário, cf. S. Soave, *Angelo Tasca all'Università di Torino*, em "Quaderni di Storia dell'Università de Torino", VII, 6, 2002, p. 55-72.
10. G. a seu pai, 7 de novembro de 1911: *L*, p. 53-54; *EN – E1*, p. 80-81. Tradução nossa.
11. *Ibidem*. Tradução nossa.
12. G. a seu pai, 15 de novembro de 1911: *L*, p. 55-56 (55); *EN – E1*, p. 82 – 83 (82). Tradução nossa.
13. G. a seu pai, 7 de novembro de 1911: *L*, p. 54; *PT – E1*, p. 81. Tradução nossa.

14. G. a seu irmão Carlo, 12 de setembro de 1927: *LC*, p. 124-127; *LC2*, p. 115-118. Na edição brasileira, Gramsci, Antonio. *Cartas do cárcere*. V. 1. ed. cit., p. 188-191.

15. *Idem.*

16. O formulário está em *ACS, MI, CPC*, fasc. 8474. Mas extensa documentação existe em *MPI, DGIS*, F.li pers. Doc. Livre, 2° s., B. 97.

17. G. para Tatiana, 17 de agosto de 1931: *LC*, p. 464-468; *LT*, p. 762-766; *LC2*, p. 442-446. Para Cosmo e o contexto cultural contemporâneo de Turim, cf. d'Orsi, 2002, *ad indicem*. Mas cf. também a voz de A. Vittoria, em *DBI*, v. 34. Na edição brasileira, Gramsci, Antonio. *Cartas do cárcere*. V. 2, ed. cit., p. 70-73.

18. Ver G. a Tatiana, 23 de fevereiro de 1931 e 7 de setembro de 1931: *LC*, p. 479-483; p. 410-413; *LC2*, p. 456-461; 397-401; *LT*, p. 789-793; 668-672. Na edição brasileira, Gramsci, Antonio. *Cartas do cárcere*. V. 2. ed. cit., p. 22-25; 82-85.

19. Cf. a memória de N. Bobbio, ver *Maestri*, em *id.*, 1986a, p. 119-134.

20. P. Gobetti, "Arturo Farinelli", em *L'Ordine Nuovo*, 17 de fevereiro de 1921: *id.*, 1969, p. 505-509. Remetemos novamente a d'Orsi, 2002, *ad indicem*.

21. Alfa Gamma, "Per la verità", em *Corriere Universitario*, I, I, 5 de fevereiro de 1913: *PV*, p. 3-5; *CT*, p. 3-5; *SL*, p. 119-121. Sobre este folheto estudantil, que durou apenas um ano, e ao qual G. certamente chegou graças a Tasca, que colaborava com ele, ver: R. Martinelli, "Gramsci e il 'Corriere Universitario'", em *Studi Storici*, XIV, 1973, p. 906-916.

22. *QdC*, p. 1938 (Q17, 35). Na edição brasileira, Gramsci, Antonio. *Cadernos do cárcere*. V. 4, Rio de Janeiro: Civilização Brasileira, 2001, p. 141.

23. P. Togliatti, "Pensatore e uomo d'azione", em *id.*, 1972, p. 56-74 (65) e *id.*, 2001, p. 131-150 (140).

24. Refiro-me a uma entrevista concedida a mim por G.V. Amoretti (1983); gravação de áudio no meu arquivo pessoal.

25. Cf. G. à irmã Teresina, 26 de março de 1913: *L*, p. 76; *PT – E1*, p. 125.

26. As notas, após uma primeira notícia precipitada de R. de Felice, de quem é o mérito da descoberta ("Un corso di glottologia di Matteo Bartoli negli appunti di Antonio Gramsci", em *Rivista storica del socialismo*, VII, 21, 1964, p. 219-221), agora são publicadas com cuidado meticuloso por G. Schirru (*EN – D1*). Mas cf. A. Carlucci, "L'arcangelo e il buon professore. Ipotesi e materiali per una ricerca su Antonio Gramsci e Matteo Bartoli", em *Quaderni di Storia dell'Università di Torino*, IX, 2008, p. 205-213. Sobre Bartoli, destinado a se tornar fascista e "republicano", é fundamental a voz de T. De Mauro, em *DBI*, v. 6, 1964. Materiais úteis estão no *ACS* (Cf. d'Orsi 2002, *ad indicem*).

27. Ver A. Gramsci, "La língua unica e l'esperanto", em *Il Grido del Popolo*, 16 de fevereiro de 1918: *CF*, p. 668-674. A controvérsia sobre o esperanto está contada, em grande parte, no pequeno volume de Montagner, 2009; cf. também sobre o assunto G. Liguori, "Teoria e politica nell marxismo di Antonio Gramsci", em Petrucciani, 2016, p. 232.

28. G. a Tatiana, 19 de março de 1927: *LC*, p. 57-59 (58); *LT*, p. 60-66; *LC2*, p. 54-58. Na edição brasileira, Gramsci, Antonio. *Cartas do cárcere*. V. 1. ed. cit., p. 127-130.

29. G. para sua mãe, 13 de janeiro de 1913: *L*, p. 72-73 (72); *EN – E1*, p. 121-123 (121). Tradução nossa.

30. Tasca, 1971, p. 88.

31. G. para seu pai, novembro de 1913: *L*, p. 78-79 (79); *PT – E1*, p. 150. Tradução nossa.

32. Coluna do jornal *Avanti!*, para a qual Gramsci escrevia com regularidade.

33. G. a seu pai, sd [novembro de 1913]: *L*, p. 80-81 (80); *EN – E1*, p. 151-152 (151).

34. Cf. Leonetti, 1970, p. 171.

35. 25 de agosto de 1913, cit. em G. Bergami, "Gustavo Balsamo Crivelli", em *Belfagor*, XXX, 1975, p. 537-568 (540) e em *id.*, *Gramsci e i lineamenti ideali del socialismo torinese*: Agosti-Bravo, 1979, v. II, p. 293-347 (303).

36. Cf. A. Viglongo, Vita torinese di Gramsci, em *id.*, 2017, p. 46-47.

37. G. a sua irmã Grazietta, 1916: *L*, p. 84-85 (84); *EN – E1*, p. 166-167 (166).

38. Meta, 2010, p. 87. Os materiais coletados em Bazzani, 1991, foram úteis. Mas cf. L. Basile, "*Caro maestro*", "*eccezionale studente*": sobre a relação de A. Gramsci com V. A. Pastore. "Ipotesi e riscontri", em *Giornale critico della Filosofia italiana*, XCIII (XCV), 9, 2014, p. 287-211. Anteriormente, a excelente contribuição de G. Mastroianni, "Gramsci e Pastore", em *id.*, 1979, p. 93-115.

39. G. Quaranta, "Due professori ci parlano di Gramsci studente a Torino (A colloquio con Augusto Rostagni e Annibale Parstore)", em *L'Unità*, 27 de abril de 1952.

40. "Rivelazioni del filosofo Annibale Pastore. Antonio Gramsci studente", em *Sempre Avanti!*, 27 de abril de 1947. Pastore acompanhou com paixão as publicações gramscianas do pós-guerra: cf. Chiarotto, 2011, *passim*.

41. G. Quaranta, "Due professori ci parlano di Gramsci studente a Torino", *op. cit.*

42. P. Togliatti, *Pensatoree uomo d'azione* (1949), em *id.*, 2001, p. 131-150 (141). Sobre a Universidade de Turim e a escola positivista, cf. d'Orsi, 2002, *passim*, mas também, com referência específica a G., *id.*, "Positivismo e cultura positiva. Torino in quattro tempi (Pareto, Gramsci, Sraffa, Bobbio)", em Bentivegna-Coniglione-Magnano, 2008, p. 368-394.

43. "L'Università Popolare", em *Avanti!*, 29 de dezembro de 1916: *SP*, v. I, p. 34-36 (35-36); *CT*, p. 673-676 (675); *SL*, p. 176-179 (178). Tradução nossa.

44. A. Tasca a Gramsci, s.d. [setembro-outubro de 1913]: *EN – E2*, p. 144-145 (144).

45. A. d'Orsi, "La cultura torinese e '*La Riforma Sociale*'. Una storia di introci", em *Contemporanea*, IV, 2001, p. 673-703.

46. "La Commemorazione di Miss Cavell", 17 de janeiro de 1916: *SP*, v. 1, p. 14-16 (14); *CT*, p. 76-79 (76-77). Tradução nossa.

47. Cf. B. Mussolini, "Dalla neutralità assoluta alla neutralità ativa ed operante", em *Avanti!*, 18 de outubro de 1914, agora em várias coleções: por exemplo, Mussolini, 1979, p. 139-149. Sobre a reviravolta mussoliniana, ver De Felice, 1965, p. 221 e ss. (pouco convincente); Vivarelli, 1991, v. 1, p. 259 e ss.

48. Cf. d'Orsi 2015, p. 95 e ss.; Rapone, 2011, p. 11 e ss. Sobre "mussolinismo" de Gramsci, L. P. D'Alessandro, *Benito Mussolini: il capopolo*, em d'Orsi, 2011b, p. 365-375. Para o quadro filosófico e cultural e o confronto com Croce, é fundamental Maggi, 2008, especialmente os capítulos I-II.

49. "Neutralità attiva ed operante", em *Il Grido del Popolo*, 31 de outubro de 1914: *SP*, v. I, p. 6-9; *CT*, p. 10-15; *SL*, p. 125-129; *MP*, p. 39-43. Na edição brasileira, Gramsci, Antonio. Escritos Políticos. V. 1. ed. cit., p. 46-51.

50. Cf. Leonetti, 1977, p. 21.

51. Cf. "Franche parole ad un borghese", em *Avanti!*, 5 de novembro de 1920: *ON*, p. 758-761; *SL*, p. 393-396; *MP*, p. 238-241. Cf. Gramsci a Tatiana, 23 de fevereiro de 1931: *LC*, p. 410-414; *LT*, p. 668-672; *LC2*, p. 395-399. Na edição brasileira, Gramsci, Antonio. *Cartas do cárcere*. V. 2. ed. cit., p. 22-25.

52. A. Viglongo, "Vita torinesi di Gramsci (1977)", em *id.*, 2017, p. 41-54 (50). Tradução nossa.

53. Gramsci a sua irmã Grazietta, s.d.: *L*, p. 84-86 (84); *EN – E1*, p. 166-167 (166).

54. *Idem*.

UM REPÓRTER NA CIDADE EM GUERRA

1. Cf. Arfé, 1977, p. 97.
2. Lembrando, assim como Fiori, 1979, p. 127 e ss., d'Orsi, 2015, p. 71 e ss.
3. Os documentos estão conservados no Arquivo Municipal de Oulx e no diocesano de Susa.
4. Referência ao trabalho clássico de um Ambrosoli, 1961 e o subsequente de S. Caretti, "I socialisti e la Grande Guerra" (1914-1918), em Sabbatucci, 1980, p. 3-131.
5. Giacinto Menotti Serrati à mãe, 12 de fevereiro de 1916, Natta, 2001, p. 308.
6. "Parole, parole, parole...", em *Il Grido del Popolo*, 27 de novembro de 1915: *CT*, p. 27-28 (27). Tradução nossa.
7. "Pietà per la scienza del Prof. Loria", em *Avanti!*, 16 de dezembro de 1915: *CT*, p. 33-35; *SL*, p. 135 -137; *MP*, p. 48-49. Sobre as considerações de Gramsci reservadas a Loria, cf. G. Ragona, "Achille Loria: pietà per la sua scienza", em d'Orsi, 2011b, p. 235-242; em geral, sobre o economista e seu papel político, cf. os ensaios coletados em d'Orsi, 1999.
8. Pedante esasperado [A. Gramsci], "Per un mandarino dell'Università", em *Avanti!*, 17 de maio de 1916: *CT*, p. 317-318; *SL*, p. 155-157.
9. A. Gramsci, "Bollettino del fronte interno", em *Avanti!*, 6 de julho de 1916: *CT*, p. 421-422; *SL*, p. 159-161.
10. Alfa Gamma [A. Gramsci], "Socialismo e Cultura", em *Il Grido del Popolo*, 29 de janeiro de 1916: *SP*, v. I, p. 17-20 (18); *CT*, p. 99-103 (100); *SL*, p. 142-146 (143); *MP*, p. 55-58 (56). Na edição brasileira, Gramsci, Antonio. *Escritos Políticos*. V. 1. ed. cit., p. 56-61.
11. *Idem.*
12. "Qualche cosa", em *Avanti!*, 3 de setembro de 1917: *CF*, p. 306-308 (306). Tradução nossa.
13. "Il Mezzogiorno e la guerra", em *Il Grido del Popolo*, 1 de abril de 1916, p. 228-231 (230). Tradução nossa.
14. Cf. meu artigo "Una strategia per la verità" em Durante-Voza, 2006, p. 207 e ss., retomado em d'Orsi, 2015, p. 71-94.
15. Zucconeide, em *Avanti!*, 10 de outubro de 1916: *CF*, p. 569-571 (570).
16. "Stregoneria", em *Avanti!*, 4 de março de 1916: *CF*, p. 174-175 (175).
17. B. Santhià, "Come conobbi Gramsci", 1 de março de 1967, em *AIG*, Fondo Santhià, fasc. 1-2. Sobre o anticlericalismo socialista, ver as preciosas observações de G. Candeloro, "Prezentazione", em Vallini, 1970, p. VII-XVIII.
18. "Audacia e fede", em *Avanti!*, 22 de maio de 1916: *CF*, p. 328-330 (329).
19. Sobre esses aspectos, Caracciolo-Scalia, 1959; Suppa, 1976; Bergami, 1977; Maggi, 2008; Rapone, 2011; sobre o relacionamento com autores italianos mencionados, C. Meta, "Benedetto Croce: la sfida per l'egemonia"; M. Ausilio, "Giovanni Gentile: 'dignità dello spirito e gladiatorismo gaglioffo'"; A. Lovecchio, "Gaetano Salvemini: i limiti dell'antigiolittismo", tudo em d'Orsi 2011b. Acentua e amplia (pouco persuasivamente) a conexão com Gentile, Del Noce, 1978; na esteira, finalmente, Fusaro, 2015.
20. Trata-se do editorial "Indiferentes": *CF*, p. 13-15; *SP*, v. I, p. 47-49; *SL*, p. 194-196; *EN – E1*, p. 93-94; *MP*, p. 73-75. Na edição brasileira, Gramsci, Antonio. *Escritos Políticos*. V. 1. ed. cit., p. 84-86.
21. Ver A. Gramsci, "Due Assedi", em *Il Grido del Popolo*, 7 de maio de 1916: *CT*, p. 293-294; *SL*, p. 152-153.
22. Cf. os ensaios reunidos em loez-Mariot, 2008; em geral, d'Orsi, 2016.
23. Cf. Camarda-Peli, 1980.
24. "Per un'Associazione di coltura", em *Avanti!*, 18 de dezembro de 1917: *CF*, p. 497-500 (498), mas cf. as contribuições de P. Rugafiori e S. Musso em Trafaglia, 1998. Na edição brasileira, Gramsci, Antonio. *Escritos Políticos*. V. 1. ed. cit., p. 122-125.

25. Para uma reconstrução global do ano de 1917, sugiro D'Orsi, 2016.
26. Cf., A. G., "Note sulla rivoluzione russa", 29 de abril de 1917, em *Il Grido del Popolo*: *SP*, v. I, p. 59-62; *CF*, p. 138-142; *SL*, p. 214-217; *MP*, p. 92-95; *EN – S2*, p. 255-259; *SR*, p. 34-37. Na edição brasileira, Gramsci, Antonio. *Escritos Políticos*. V. 1. ed. cit., p. 100-104.
27. Spriano, 1972, p. 399.
28. Rapone, 2011, p. 75. Sempre útil A. Monticone, "Il socialismo torinese ed i fatti dell'agosto 1917", em *Rassegna storica del Risorgimento*, XLV (1958), então em *id.*, 1972, p. 110 e ss.; Carcano, 1977; cf. também d'Orsi, 2016, p. 133 e ss. Cf. os documentos na *ACTO*.
29. Sobre M. Giudice, cf. as vozes de M. A. Serci em *DBI*, v. 56 e F. Pieroni Bortolotti em Andreucci-Detti, v. 2, 1977. Sobre Bianchi, *idem*, v. 1.
30. Gramsci a Leo Galetto, fevereiro de 1918: *L*, p. 90-91; *EN – E1*, p. 173-174. Tradução nossa.
31. "Il Grido del Popolo", em *Il Grido del Popolo*, 19 de outubro de 1918: *NM*, p. 340-341.Tradução nossa.
32. A. G., "A Revolução contra o Capital", em *Avanti!*, 24 de dezembro de 1917: *CF*, p. 513-517; *SP*, v. I, p. 80-83; *SL*, p. 244-247; *MP*, p. 106-109; *SR*, p. 50-53; e agora com aparato crítico em *EN – S2*, p. 617-621 (colocado, no entanto, na data original de 1 de dezembro). Veja-se agora a leitura crítica de P. Thomas, "A Revolution against Capital? Gramsci and the visual angle of October", em *Gramsciana*, 3, 2016, p. 35-50. Na edição brasileira, Gramsci, Antonio. *Escritos Políticos*. V. 1. ed. cit., p. 126-130.
33. *Idem*.
34. A. Gramsci, "Para conhecer a Revolução Russa", em *Il Grido del Popolo*, 726, 22 de junho de 1918: *NM*, p. 131-139 (134); *SR*, p. 78-85. Na edição brasileira, Gramsci, Antonio. *Escritos Políticos*. V. 1. ed. cit., p. 182-192.
35. Cf. Paggi, 1970, p. 139 e ss.
36. A. Gramsci, "O nosso Marx", em *Il Grido del Popolo*, 4 de maio de 1918: *SP*, I, p. 120-123; *NM*, p. 3-7; *SL*, p. 62-66; *MP*, p. 131-134. Na edição brasileira, Gramsci, Antonio. *Escritos Políticos*. V. 1. ed. cit., p. 160-165. Sobre o Marx de Gramsci, dois diferentes volumes disponibilizados no intervalo de uma década mostram o peso de contextos políticos: Petronio-Paladini-Musitelli, 2001 e Di Bello, 2011.
37. Ver Bonetti, 1980, p. 33 e ss.
38. A. G., "Il canto delle sirene", em *Il Grido del Popolo*, 10 de outubro de 1917: *CF*, p. 382-387; *EN – S2*, p. 521-527.
39. "Catastrofe d'iniquità", em *Avanti!*, 27 de outubro de 1916, *CT*, p. 597-599 (598).
40. *QdC*, p. 2259 (Q 24, 1). Na edição brasileira, Gramsci, Antonio. *Cadernos do cárcere*. V. 2. Rio de Janeiro: Civilização Brasileira, 2000, p. 197.
41. Garin, 1997, p. 7. Tradução nossa.
42. Uma bela reconstrução é a de uma testemunha de destaque, como A. Viglongo, *Intorno al palazzo de corso Siccardi 12* (1977), agora em *idem*, 2017, p. 61-65 (com uma imagem fotográfica muito rara).
43. Cf. A. Viglongo, *Vita torinese di Gramsci* (1977), agora em Viglongo, 2017, p. 41-54; de acordo com M. L. Righi, "Gramsci a Mosca tra amori e politica (1922-1923)", em *Studi Storici*, 52, 2011, p. 1001-1038 (1017), tratou-se de, de qualquer maneira, de amor, e Pia sofreu muito na partida de Antonio.
44. Bermani, 1987, p. 71. Mas cf. também o testemunho do futuro marido de Pia, Leonetti, 1974, p. 165 e ss., e *idem*, 1977, p. 28 e ss.
45. Bermani, 1987, p. 72.
46. Leonetti, 1974, p. 173-174.
47. Em Paulesu Quercioli, 1977, p. 87.

48. "Filantropia, buona volontà e organizzazione", em *Avanti!*, 24 de dezembro de 1917: *CF*, p. 518-521 (519-520); *EN – S2*, p. 673-676. Tradução nossa.

49. "Il mondo, Bertoldo e il professore Vittorio Cian", em *Avanti!*, 11 de setembro de 1918, *NM*, p. 281-282 (281). Tradução nossa.

50. "Bolscevismo Intellectuale", *em Avanti!, 16 de maio de 1918:* NM, p. 22-26 (23). Tradução nossa.

51. Em Bermani, 1987, p. 45; Cf. Bergami, 1979, p. 121 e ss., e Angelino, 2014, p. 71 e ss.

52. Gramsci a G. Lombardo Radice, março de 1918: *L*, p. 92-94; *EN – E1*, p. 176-178. Tradução nossa.

53. "Cultura e lotta di classe", em *Il Grido del Popolo*, 25 de maio de 1918: *SP*, I, p. 137-139; *NM*, p. 48-51; *SL*, p. 269-272. Tradução nossa.

54. Cf. Castronovo, 1999, p. 98 e ss.

55. "Melanconie...", em *Avanti!*, 21 de agosto de 1916: *Cr. Te.*, p. 93-94.

56. Cf. G. Davico Bonino, "Introduzione a Cr. Te.", p. XIV e seguintes. Mas cf. também em geral o pioneiro Davico Bonino, 1972, amplamente recuperado, e parcialmente desenvolvido, em Catalfamo, 2015, p. 95-149. Páginas inteligentes foram dedicadas por Romano, 1965, p. 152 e ss.

57. "A moral e o costume (Casa di bambola di Ibsen al Carignano)", em *Avanti!*, 22 de março de 1917: *Cr. Te.*, p. 179-182. Na edição brasileira, Gramsci, Antonio. *Escritos Políticos*. V. 1. ed. cit., p. 444-448. Sobre a admiração pela Gramatica: Y. Brunello, "Emma Gramatica: l'attrice-poetesa fuori del mercato", em d'Orsi, 2011b, p. 315-322.

58. "Ridiculo e comico", em *Avanti!*, 5 de março de 1916: *Cr. Te.*, p. 41-42.

59. "In principio era il sesso...", 16 de fevereiro de 1917, *ibid.*, p. 159-160.

60. Catalfamo, 2015, p. 110.

61. "Buscaje", em *Avanti!*, 30 de agosto de 1916: *Cr. Te.*, p. 97-98.

62. Cf., por exemplo, "Sfogo necessário", em *Avanti!*, 4 de junho de 1916: *Cr. Te.*, p. 85-86; "L'industria teatrale", em *Avanti!*, 28 de junho de 1917 e 17 de julho de 1917; *Cr. Te.*, p. 207-208 e 217-219.

63. Gramsci a Tatiana, 19 de março de 1927: *LC*, p. 57-60; *LC2*, p. 54-58; *LT*, p. 60-66. Na edição brasileira, Gramsci, Antonio. *Escritos Políticos*. V. 1. ed. cit., p. 127-131.

64. Referência à análise detalhada de J. S. Imbornone, "Luigi Pirandello: un'ardito del teatro", em d'Orsi, 2011b, p. 271-283. Todos os textos gramscianos sobre o dramaturgo siciliano estão agora em Pirandello, 2017.

65. Ver Bellingeri, 1975.

A ESCOLA DA CLASSE OPERÁRIA

1. Depoimento de Teresa Noce, em Paulesu Quercioli, 1977, p. 84.

2. Fiori 1979, p. 146.

3. Gramsci a seu irmão Carlo, 19 de março de 1918 [erroneamente datado de 19 de novembro de 1918]: *L*, p. 97; *EN – E1*, p. 175.

4. Cf. E. Mana, "Dalla crisi del dopoguerra alla stabilizzazione del regime", em Tranfaglia, 1998, p. 109 e ss.

5. Para o contexto nacional, em conexão com o de Turim, cf. Maione, 1970.

6. S. Musso, "Il cottimo come razionalizzazione. Mutamenti organizzativi, conflittualità e regolamentazione contrattuale del rapporto tra salario e rendimento nell'industria meccanica (1910-1940)", em Levra-Tranfaglia, 1987, p. 119-235.

7. Cf. o testemunho do trabalhador M. Garino, em Paulesu Quercioli, 1977, p. 92 e ss.

8. Cf. G. Sabbatucci, "I socialisti nella crisi dello Stato liberale (1918-1926)", em Sabbatucci, 1980, III, p. 145 e ss.
9. Barbadoro, 1973, II. *La CGDL*, p. 259.
10. Arfé, 1977, p. 97.
11. Cf. Nieddu, 2004, p. 66 e ss. (um livro, no entanto, para ser usado com muita cautela).
12. A. Gramsci, "Três princípios, três ordens", em *La Città Futura*, 11 de fevereiro de 1917: *CF*, p. 5-12 (5); *SP*, v. I, p. 41-46; *SL*, p. 188-194; *EN – S2*, p. 84-92; *MP*, p. 67-72. Na edição brasileira, Gramsci, Antonio. *Escritos Políticos*. V. 1. ed. cit., p. 76-84.
13. Cf. d'Orsi, 2000, p. 55 e ss.
14. *ACS*, *MI*, *DGPS*, *AAGGRR*, 1919, *K9*, b. 53: Despacho do chefe de Gabinete à frente do Escritório "Revisione Stampa".
15. Cf. Soave, 2005, p. 30.
16. Cf. os materiais coletados em Gobetti, 1997; cf. também o testemunho de Togliatti, que se refere a uma soma de 6.000 liras (cf. Marcella e Maurizio Ferrara, 1954, p. 47). Nieddu, 2004, p. 77 e ss., faz alegações sobre supostos financiamentos russos, absolutamente não comprovados e, pode-se dizer, pouco prováveis.
17. Montagnana, 1949, I, p. 115 (1950, p. 110).
18. Na primeira frase, há um pequeno erro de impressão: "bisono" em vez de "bisogno".
19. Cf. De Felice, 1971, p. 237 e ss. (livro fundamental para entender as instâncias revolucionárias do pós-guerra).
20. Cf. Spriano, 1967, I, p. 11-12; Cammett, 1974, p. 109.
21. Orfei, 1965, p. 9.
22. Montagnana, 1949, I, p. 115 (1952, p. 110).
23. A. Gramsci, "O programa de *L'Ordine Nuovo*", I, II, em *L'Ordine Nuovo*, II, 12 e 13, 14 e 21 de agosto de 1920: *ON*, p. 619-628; *SP*, v. I, p. 350-358; *SL*, p. 371-380; *MP*, p. 223-231. Na edição brasileira, Gramsci, Antonio. *Escritos Políticos*. V. 1. ed. cit., p. 400-411.
24. Sobre a figura complexa e controversa de Tasca, ver Soave, 2005, em atitude simpática; do mesmo, em particular no período "gramsciano", "Angelo Tasca Comunista", em Soave, 1975, p. 19-82.
25. "Democracia Operária", em *L'Ordine Nuovo*, I, 7, 27 de junho de 1919: *ON*, p. 87-91; *SP*, v. I, p. 206-209; *SL*, p. 315-318; *MP*, p. 165-169. Na edição brasileira, Gramsci, Antonio. *Escritos Políticos*. V. 1. ed. cit., p. 245-249. Referencio a F. Silvestrini, "Democrazia operaia. La dottrina delle istituzioni rivoluzionarie nel Gramsci ordinovista", em *Historia Magistra*, IV, 10, 2012, p. 60-79.
26. "Vita politica Internazionale", em *L'Ordine Nuovo*, I, 5, 7 de junho de 1919: *ON*, p. 66-71 (67). Tradução nossa.
27. "Il problema delle commissioni interne", em *L'Ordine Nuovo*, I, 15, 23 de agosto de 1919: *ON*, p. 176-179 (176). Na edição brasileira, Gramsci, Antonio. *Escritos Políticos*. V. 1. ed. cit., p. 271-274.
28. "Operai e contadini", em *L'Ordine Nuovo*, I, 12, 2 de agosto de 1919: *SP*, v. I, p. 226-230 (228); *ON*, p. 156-161 (159); *SL*, p. 331-335 (334); *MP*, p. 182-187 (185-186). Na edição brasileira, Gramsci, Antonio. *Escritos Políticos*. V. 1. ed. cit., p. 264-270.
29. Em Paulesu Quercioli, 1977, p. 48. Mas, para a história da revista, são fundamentais as antologias de Spriano: 1963 e 1971; é útil agora Angelino, 2014.
30. Em Paulesu Quercioli, 1977, p. 51-52.
31. G. Giardina, "L'Ordine Nuovo nel ricordo di un testimone", em *Critica Sociale*, LVI, 5, 5 de março de 1964, p. 139-141.

32. P. Gobetti, "La nostra cultura politica", em *La Rivoluzione Liberale*, II, 5, 8 de março de 1923: d. 1997, p. 456-476 (474).

33. Tasca, 1971, p. 99 (são artigos publicados em 1953 sobre "Il Mondo").

34. Montagnana, 1949, 1, p. 113-114 (1950, p. 108-109); palavras sobre a prisão em Fiori, 1979, p. 24; *Cronologia* em *LT*, p. LXXX. A. Viglongo fala, no entanto, pouco persuasivamente, de uma prisão, a única em sua memória, aconteceu no início de 1920 e durou algumas horas (Viglongo, 2017, p. 53).

35. "Cronache dell'Ordine Nuovo", em *L'Ordine Nuovo*, I, 21, 11 de outubro de 1919: *ON*, p. 234-235; inclui o artigo de Sorel.

36. Cf. Badaloni, 1975, especialmente p. 98 e ss.

37. A. Gramsci, "La settimana politica", em *L'Ordine Nuovo*, I, 27, 22 de novembro de 1919: *ON*, p. 328-330 (329-330). Tradução nossa.

38. Cf. Suppa, 1979, p. 194.

39. Para uma visão geral, Arfé, 1977, p. 274 e ss.; cf. G. Sabbatucci, "I socialisti nella crisi dello stato liberale (1918-1926)", em *idem*, 1982, v. III, p. 135-329.

40. A. B[ordiga], "Per la costituzione dei Consigli operai in Italia", em *Il Sovietico*, de 4 de janeiro a 22 de fevereiro de 1920 (em quatro apontamentos), agora em *idem*, 1975, p. 85-97 (96).

41. De Felice, 1971, p. 307.

42. "L'anno rivoluzionario", em *Avanti!* (ed. piem.), 1 de janeiro de 1920: *ON*, p. 373-375 (375).

43. Spriano, 1971, p. 89. Sobre a análise e discussão relativas aos Conselhos, bem como as duas antologias de Spriano de 1969 e 1971, útil a coleção Bordiga-Gramsci, 1973. Uma grande reconstrução está em Cammett, 1974, p. 110 e ss.; Livorsi, 1976, p. 115 e ss.; notas em Coutinho, 2006, p. 35 e ss.; mas cf. S. Musso, "Operai e cultura del lavoro nell'*Ordine Nuovo*", em Sbarberi, 1988, p. 166-186; Angelino, 2014, p. 306 e ss.; Giacometti, 2016, p. 152 e ss.; A. d'Orsi, F. Chiarotto, "*L'Ordine Nuovo* and the Workers' Councils Movement in Turim in the Post War (1919-1920)", em *Workers of the World*, I, 2, 2013, p. 169-194 (http://digitalcommons.ilr. cornell.edu/wotw/2?utm_source= digitalcommons.ilr.cornell.edu%2Fwotw%2F2&utm_ medium=PDF&utm_campaign=PDFCoverPages).

44. Lombardo Radice-Carbone, 1951, p. 88.

45. Cf. Leonetti, 1970, p. 63-67.

46. A. Gramsci, "Cronache dell'L'Ordine Nuovo", em *L'Ordine Nuovo*, I, 39, 28 de fevereiro a 6 de março de 1920: *ON*, p. 436-437.

47. "L'esempio della Russia", em *L'Ordine Nuovo*, I, 33, 10 de janeiro de 1920: *ON*, p. 381-382. Na edição brasileira, Gramsci, Antonio. *Escritos Políticos*. V. 1. ed. cit., p. 313-318.

48. "La settimana politica", em *L'Ordine Nuovo*, I, 34, 17 de janeiro de 1920: *ON*, p. 386-390 (387).

49. "L'esempio della Russia", *op. cit.*

50. "O Partido e a Revolução", em *L'Ordine Nuovo*, I, 31, 27 de dezembro de 1919: *ON*, p. 367-372; SP, v. I, p. 291-295. Na edição brasileira, Gramsci, Antonio. *Escritos Políticos*. V. 1. ed. cit., p. 307-312.

51. "O Conselho da Fábrica", em *L'Ordine Nuovo*, II, 4, 5 de junho de 1920: *ON*, p. 535-537. Na edição brasileira, Gramsci, Antonio. *Escritos Políticos*. V. 1. ed. cit., p. 361-367.

52. A carta de Lenin está em *Avanti!*, 6 de dezembro de 1919; agora legível em *ON1*, p. 387. A citação de G. é de "Il rivoluzionario qualificato", em *Avanti!*, 20 de dezembro de 1919: *ON1*, p. 387-389; *ON*, p. 363-364. Cf. Cammett, 1974, p. 126-129. É útil a coleção Lenin, 1962.

53. Cf., para um julgamento análogo, De Felice, 1971, p. 270 e ss.; S. Soave, "Tasca comunista", em *idem*, 1995, p. 31 e ss.; Cammett, 1974, p. 125 e ss.; Salvadori, 2007, p. 140 e ss.; Giacometti, 2016, p. 173 e ss. E, claro, os artigos coletados em Spriano, 1971 e seu longo ensaio introdutório.

A REVOLUÇÃO FRACASSADA

1. "Superstição e realidade", em *L'Ordine Nuovo*, II, 1, 8 de maio de 1920: *SP*, v. I, p. 322-328; *ON*, p. 502-509. Na edição brasileira, Gramsci, Antonio. *Escritos Políticos*. V. 1. ed. cit., p. 344-352.

2. "La forza della Rivoluzione", em *L'Ordine Nuovo*, I, 2, 8 de maio de 1920: *ON*, p. 518-520; *SL*, p. 363-366.

3. *Ibidem.*

4. *Ibidem.*

5. "Cronache dell'Ordine Nuovo", em *L'Ordine Nuovo*, II, 1, 8 de maio de 1920: *ON*, p. 500-501. Tradução nossa.

6. *Ibidem.*

7. Castronovo 1987, p. 230.

8. Cf. A. B[ordiga], "Lo scopiero di Torino", em *Il Soviet*, 22 de maio de 1920, agora em *idem*, 1975, p. 94-97.

9. Tasca, 1971, p. 104.

10. Cf. a carta de Gramsci a Leonetti, 28 de janeiro de 1924: Togliatti, 1962, p. 461-462.

11. Santhià, 1956, p. 118-119. Cf., de maneira mais geral, a reconstrução do mês de ocupação: p. 72-131. Depois, leia seu depoimento de encontro com Gramsci em Berlim, 1987, p. 108-109. Dois volumes fundamentais apareceram cinquenta anos após os eventos: Spriano, 1970; Bosio, 1970; 1920. *La grande speranza*, 1970, e Spriano, 1973.

12. P. Gobetti a Ada Prospero, 7 de setembro de 1920: Gobetti, 1991, p. 375-376.

13. "È proprio solo stupidaggine?", em *Avanti!* (ed. piem.), 10 de setembro de 1920: *ON*, p. 679-682; *SL*, p. 385-388. Tradução nossa.

14. "L'occupazione", em *Avanti!*, 2 de setembro de 1920: *ON*, p. 646-648; *MP*, p. 232-235. Tradução nossa.

15. *Ibidem.*

16. Badaloni, 1975, p. 109.

17. *Intervento alla Conferenza di Como del C.C. del PCd'I*: *CPC*, p. 460. Tradução nossa.

18. Montagnana, 1949, p. 129. Tradução nossa.

19. Cf. Castronovo, 1999, p. 203 e ss.; Spriano, 1973, p. 147 e ss.

20. Savadori, 2007, p. 348.

21. Sinigaglia é citado em d'Orsi, 1985, p. 246 (mas cf. p. 244-264).

22. Cf. "Torino e l'Italia", em *Avanti!*, 3 de abril de 1920: *ON*, p. 479-481.

23. *QdC*, p. 944 (Q8, 11). Na edição brasileira, Gramsci, Antonio. *Cadernos do cárcere*. V. 5. Rio de Janeiro: Civilização Brasileira, 2002, p. 280.

24. Gramsci a Giulia, 6 de março de 1924: *L*, p. 271-274 (273); *LJ*, p. 69-73.

25. Gramsci a Tatiana, 7 de setembro de 1931: *LC*, p. 479-483; *LC2*, p. 456-431; *LT*, p. 789-793. Na edição brasileira, Gramsci, Antonio. *Cartas do cárcere*. V. 2. ed. cit., p. 82-85.

26. Prezzolini 1923, p. 123. Tradução nossa.

27. Cf. Gervasoni 2000, p. 280 e ss.

28. L. Einaudi, "Piemonte liberale", em *Corriere della Sera*, 14 de outubro de 1922: e Einaudi, 1959-1965, v. VI, 1961, p. 894.

29. A famosa citação está em "A Questão meridional (1926)": *QM*, p. 157; *QM2*, p. 76. Na edição brasileira, Gramsci, Antonio. *Escritos políticos*. V. 2. Rio de Janeiro: Civilização Brasileira, 2004, p. 403-436.

30. Os textos estão reunidos em Gobette, 1974.

31. Cf. Cortesi, 1999, p. 166 e ss.; Spriano, 1967, v. I, p. 108-121.

32. Gramsci a Zino Zini, 10 de janeiro de 1924, em "Rinascita", XXI, 17, 25 de abril de 1964, cit. em Spriano, 1967, v. I, p. 81n; mas cf., p. 88-107, 109-110. Tradução nossa.

33. Tasca, 1995, p. 170.

34. Está disponível o relatório da comunicação do enviado do *Comintern* ao Congresso constituinte de Livorno no teatro San Marco, que substituiu Zinoviev e Bukarin, ao qual o governo italiano negou entrada no país: Hristo Stefanov Kabakciev, "Il socialismo italiano dinanzi alla rivoluzione mondiale: discorso tenuto al Congresso socialista di Livorno a nome del Comitato Esecutivo dell'Internazionale comunista", editora do Partido Comunista da Itália, Roma, 1921.

35. Sobre a necessidade de afastar o socialismo italiano dos revolucionarismo no discurso de Turati em Livorno: Carini, 1978. Ler também a intervenção turatiana: "Il discorso di Filippo Turati del 19 gennaio 1921 al congresso di Livorno", Centro Cultural Rodolfo Mondolfo, Livorno, s.d, agora em Turati, 1979, p. 412-424. Fundamentalmente, em sua correspondência com a companheira Anna: Turati-Kuliscioff, 1977, v. V.

36. Sobre as posições da Fração Comunista: Partido Comunista d'Italia. Seção da Internacional Comunista, "Relazione dela frazione comunista al Congresso de Livorno", Comitê Executivo do Partido Comunista da Itália, Milão, 1921.

37. A. Leonetti, "Gramsci negli scritti dell'*Ordine Nuovo* quotidiano", em *Il ponte*, XXII, 3, 1966, p. 338: Spriano, 1967, v. I p. 118n.

38. Spriano, 1967, v. I, p. 177-119.

39. Cf. Cammett, 1974, p. 189-190.

40. Idem, p. 120-121.

41. Os dois documentos e aquele com a indicação dos diferentes oradores para o evento estão no Partido Comunista da Itália, *Manifesti e daltri documenti politici (21 Gennaio – 31 Dicembre 1921)*, Libreria Editrice del P. C. d'Italia, Roma, s.d., p. 7-28.

42. Ver A. Gramsci, "Risultati", em *L'Ordine Nuovo*, 17 de maio de 1921: *SF*, p. 166-167. Tradução nossa.

43. *Idem*, p. 167.

44. Salvetti, 1975, p. 12-13.

45. "Linee di sviluppo", em *L'Ordine Nuovo*, 27 de maio de 1921: *SF*, p. 169-172 (170). Tradução nossa.

46. "Politica e delinquenza", em *L'Ordine Nuovo*, 14 de junho de 1921: *SF*, p. 191-192. Tradução nossa.

47. "Socialisti e fascisti", em *L'Ordine Nuovo*, 11 de junho de 1921, *SF*, p. 186-187; Fasc., p. 114-116. Na edição brasileira, Gramsci, Antonio. *Escritos políticos*. V. 2. Ed. cit., p. 65-68

48. "La Battaglia", em *Il Maglio*, VIII, 16, 23 de abril de 1921. As polêmicas após o ataque foram numerosas, mas inconclusivas (ver *ACS, MI, DGPS, AAGGRR*, 1921, b. 112). Tradução nossa.

49. Cf. A. Gramsci, "*L'attacco a Torino*", em *L'Ordine Nuovo*, 28 de abril de 1921: *SF*, p. 152-153. Tradução nossa.

50. "Una catena di ribaldi", em *Avanti!*, 13 de outubro de 1919: *ON*, p. 242-245 (244). Mas cf. L. Rapone, "Critica dell'Italia e degli italiani e antigiolittismo nel giovane Gramsci", em Giasi, 2008, I, p. 23-49; Rapone, 2011, cap. II; G. Savant, "Giovanni Giolitti: un 'Machiavelli in sessantaquattresimo'", em d'Orsi, 2011b, p. 179-186.

51. Cf. Santarelli, 1967, v. I, p. 194.

52. Cf. E. Mana, "Origini del fascismo a Torino (1919-1926)", em Levra-Tranfaglia,1987, p. 237 e ss.

53. Castronovo, 1987, p. 241.

54. Cf. Fiori, 1979, p. 187-188; S. Soave, "Gramsci e Tasca", em Giasi, 2008, v. I, p. 112-113.

55. Cf. d'Orsi, 2000, especialmente p. 133 e ss., 151 e s-s. Sobre a figura e o papel de Salvatorelli, d'Orsi, 2008a, em particular "Salvatorelli, torinese ma non troppo", p. 171-210.

56. Bobbio usou pela primeira vez a expressão "juventude prodigiosa" de Gobetti: cfr, Bobbio, 1986b, p. 9.

57. "'La Stampa' e i fascisti", em L'Ordine Nuovo, 24 de julho de 1921 (correto): SF, p. 250-253.

58. "Socialisti e fascisti", em L'Ordine Nuovo, 11 de junho de 1921: SF, p. 186-187; Fasc., p. 114-116. Na edição brasileira, Gramsci, Antonio. Escritos políticos. V. 2. Ed. cit., p. 65-68.

59. Ibidem.

60. "Politica fascista", em L'Ordine Nuovo, 25 de maio de 1921: SF, p. 168. Tradução nossa.

61. A. Gramsci, "Marinetti rivoluzionario?", em L'Ordine Nuovo, 5 de janeiro de 1921: SP, v. I, p. 395-397 (397); SF, p. 21-22 (22); SL, p. 402-404 (404); MP, p. 249-251 (251). Tradução nossa.

62. Em uma carta a Luigi Magarotto, de 2 de maio de 1977, relatada em Bermani, 2007, p. 121, mas o capítulo inteiro é fundamental (p. 121-155).

63. Sobre a experiência, U. Carpi, "Documenti sul futurismo torinese", em La Rassegna dela Letteratura Italiana, s. VII, LXXXVI, 1982, p. 178-202; Id., 1985, p. 103 e ss.; Salaris, 1985, p. 129 e ss., e 263 e ss. Sobre Bogdanov, além da coleção de Bogdanov, 1978, ver J. Scherrer, "Bogdanov e Lenin: bolscevismo al bivio", na Storia del Marxismo. V. 2. Einaudi, Turim, 1979, p. 498-546, em particular, para a "cultura proletária", p. 512 e ss.

64. "Cronache di cultura", em Avanti! (ed. piem.), 14 de junho de 1920: ON, p. 556-558 (556). Tradução nossa.

65. Para o todo, faço referência a Bergani, 1977, e Zini, 1973. Cf. também o perfil de Zini, 1980, depois em Bergami, 1980.

66. Cf. Bergani, 2007, p. 126-128 (que reproduz o texto inteiro).

67. Prezzolini, 1978, p. 366.

68. Veja a documentação coletada em A. Viglongo, "Futurismo e operai a Torino", em Idem, 2017, p. 133-143.

69. Cf., Trotsky, 1973. Ver também Bergami, 1981, p. 63 e ss.

70. Gramsci refere-se ao "Al di là del comunismo" (1920); agora legível, em d'Orsi, 2009, p. 304-308 (mas ver passim).

71. G. para L. Trotsky, 8 de setembro de 1922: SP, v. II, p. 529-531; EN – S1, p. 248-251; SL, p. 469-471; MP, p. 269-271. Tradução nossa.

72. Cf. A. Leonetti, "Futurismo e operai a Torino. Sull'eco di una lettera di Gramsci a Trotsky nel 1922", em Almanacco Piemontese, 1977, p. 51-53.

73. Cf. Alfa Gamma [A. Gramsci], "I futuristi", em Il Corriere Universitario, I, 8, 20 de maio de 1913: PV, p. 6-8; CT, p. 6-9.

74. Sugiro, mesmo para a contextualização, d'Orsi, 2009, principalmente a "Introdução"; e a F. Chiarotto, "Gramsci e il futurismo", em Giasi, 2008, v. I, p. 271-289. E para a avaliação de Marinetti por G. F. Chiarotto, "Filippo Tommaso Marinetti: un geniale pagliaccio", em d'Orsi, 2011b, p. 323-330.

75. "L'opportunismo confederale", em L'Ordine Nuovo, 10 de julho de 1921: SF, p. 234. Tradução nossa.

76. "L'ora del proletariato", em L'Ordine Nuovo, 6 de agosto de 1921: SF, p. 265. Tradução nossa.

77. Cf. S. Soave, Gramsci e Tasca, em Giasi, 2008, v. I, p. 99-124.

78. G. a Palmiro Togliatti, Mauro Scoccimarro e outros, 5 de abril de 1924: Togliatti, 1962, p. 272-273; L, p. 315-318; cit. também, sem indicação da fonte, e com cortes, em Fiori, 1966, p. 180. Tradução nossa.

79. G. e Ersilio Ambrogi para Grigori Zinoviev, 28 de agosto de 1922: L, p. 498-500; EN – E1, p. 231-235 (233). Tradução nossa.

80. Em Bermani, 1987, p. 139. Tradução nossa.
81. *Idem*, p. 138. Tradução nossa.
82. Paulesu Quercioli, 1977, p. 79-83.
83. *Ibidem*. Tradução nossa.
84. Gobetti, 1965, p. 105-106, e *idem*, 1997, p. 644-646. Tradução nossa.
85. Leia-se o testemunho de um editor: "Fucili nelle rotative, *L'Ordine Nuovo*, i fascisti, Gramsci, Gobetti. Una conversazione con Andrea Viglongo", editado por A. d'Orsi, em *Historia Magistra*, I, 2, 2009, p. 99-107 (entrevista de 1983, registro em meu arquivo particular); agora em Viglongo, 2017, p. 31-34. Veja também Montagnana, 1949, p. 226 e ss., (1952, p. 215 e ss.).
86. Referência para a reconstrução do massacre de 18 de dezembro de 1922 em R. De Felice, "I fattidi Torino del dicembre 1922", em *Studi Storici*, V, 1963, p. 51-122 (que define os fatos como um "acidente" no caminho do fascismo); e o popular, mas excelente Carcano, 1973. Extensa documentação em *ACS, MI, DGPS, AAGGRR*, b. 127. Cf. também E. Mana, "Origini del facismo", cit., p. 278 e ss.
87. O Comitê Executivo do PCd'I ao Comitê Executivo da Comissão e Antonio Gramsci, Roma, 20 de dezembro de 1922: *EN – E1*, p. 301-303 (301). O partido realizou uma investigação completa que produziu um panfleto, apreendido pela polícia: "Il terrore bianco in Italia. Il fascismo in Piemonte" (encontrado em *ACS, MI, DGPS, AAGGRR*, 1927, b. 177). Tradução nossa.
88. Cf. Montagnana, 1949, v. I, p. 228 e ss., (1952, p. 221 e ss.).
89. Sobre o memorial Gorgolini e a reconstrução do contexto cultural e ideológico do fascismo de Turim, A. d'Orsi, "Alla ricerca della cultura fascista. Un intellettuale fra editoria e gionalismo (1922-1935)", em Levra-Tranfaglia, 1987, p. 375-619 (espécies p. 526 e ss., com a reprodução do Memorial de Gorgolini; em cópia no meu arquivo pessoal).

EM MOSCOU

1. Gramsci a Giulia, 1923: *L*, p. 111-112 (111); *LJ*, p. 58-59; *EN – E2*, p. 46-47.
2. Fiori, 1979, p. 193.
3. Gramsci para Tatiana, 23 de fevereiro de 1931: *LC*, p. 410-414 (412); *LC2*, p. 395-399; *LT*, p. 668-670. Na edição brasileira, Gramsci, Antonio. *Cartas do cárcere*. V. 2. ed. cit., p. 22-25. O artigo de Gramsci é "Franche parole ad un borghese", em *Avanti!*, 5 de novembro de 1920: *ON*, p. 758-761; *SL*, p. 393-396; *MP*, p. 238-241.
4. Tancredi, 2012, p. 29-30.
5. Sobre a clínica, Giulia e o encontro com Gramsci: Grasci Jr., 2014, p. 60 e ss.
6. As duas cartas (10 e 22 de julho de 1922) estão em Somai, 1979, p. 28-31. Em Degras, 1975 v. I, p. 479-481, existem os nomes dos membros dos vários executivos dos três primeiros anos da IC.
7. Para toda a atividade de Gramsci nesses primeiros meses em Moscou, refiro-me a A. Carlucci, C. Balistreri, "I primi messi di Gramsci in Russia. Giugno-agosto 1922", em *Belfagor*, 2001, p. 645-658; reconstrução imaginativa e fofoqueira é a de Nieddu, 2014, p. 107 e ss. Finalmente, Bergami, 1981, p. 19 e ss.
8. O documento (18 de dezembro de 1921) encontra-se em Degras, 1975, v. I, p. 327-336.
9. Cf. Spriano, 1967, v. I, p. 161 e ss.
10. *Idem*, p. 138.
11. Cf. *idem*, p. 160; e os documentos em Togliatti, 1962, p. 227 e ss.
12. Cf. os documentos recolhidos no Somai 1979, p. 39-48; também a carta de Gramsci a Radek (22 de julho de 1922): *L*, p. 101; *PT – E1*, p. 200.
13. M.L. Righi, *Gramsci a Mosca tra amori e politica*, cit., p. 1005.

14. Para uma visão histórica da família Schucht: Gramsci Jr, 2008 e 2014.
15. Partindo da biografia por excelência (Fiori, 1979), é indicada, por engano, uma origem escandinava. Cf. Gramsci Jr., 2014, p. 31 e ss.
16. A principal fonte destas informações são os três preciosos livros de Gramsci Jr., 2008, 2010 e 2014. Os trabalhos de Nieddu, 1990 e 2004 e Lehner, 2008, não são confiáveis.
17. Cf. a reconstrução detalhada e inovadora da trama do amor por M. L. Righi, *Gramsci a Mosca*, cit.; Cf. também Vacca, 2012, p. 13-22 e, sem novidades substanciais, tributário de Righi, Ghetti, 2016. Mas, a hipótese do triângulo tinha chegado primeiro pelo autor de um ensaio de ficção, que capta bem a dinâmica do relacionamento: Brown, 2002. Ver antes, para algumas ideias, Cambria, 1976, e finalmente outro romance: Tancredi, 2012.
18. Gramsci a Giulia, agosto de 1923 (erroneamente datado de 1922 nas edições anteriores a *EN*): *EN – E2*, p. 123-124; *LJ*, p. 53; *L*, p. 102. Tradução nossa.
19. Cf. carta de Gramsci a Giulia de dezembro de 1922, em *LJ*, p. 54; *L*, p. 104; *PT – E1*, p. 306. A referência é ao artigo, muito famoso (cuja autenticidade foi questionada, no entanto), "Capodanno", em *Avanti!*, 1 de janeiro de 1916: *CT*, p. 47-48; *SL*, p. 139-140. Tradução nossa.
20. Gramsci a Giulia, 10 de janeiro de 1923: *LJ*, p. 56-57; *L*, p. 105-106; *EN – E2*, p. 5-7. Tradução nossa.
21. *Ibidem*. Tradução nossa.
22. Gramsci a Eugenia, 13 de fevereiro de 1923: *LJ*, p. 57-58 e *L*, p. 108-109 (onde o destinatário é indicado como Giulia); *EN – E2*, p. 28-29.
23. Gramsci a Giulia, s. d. [janeiro de 1923, em *EN – E2*]: *L*, p. 113; *EN – E2*, p. 15-16; Paulesu Quercioli, 1991, p. 113.
24. Arquivo privado da Família Gramsci-Schucht. Cf. Gramsci Jr., 2014, p. 65 e ss., (fragmentos são publicados) nos quais as teses do amor não correspondido de Antonio por Giulia são negadas.
25. Em Degras, 1975, v. I, p. 399-401 (400).
26. Cf. Cortesi, 2010, p. 497. Mas, na fórmula da "frente unida", cf. o reconhecimento de Del Roio M., *Os prismas de Gramsci. A fórmula política da frente única (1919-1926)*. Fapesp: São Paulo, 2005. Publicado também pela Boitempo, 2011.
27. A. Gramsci, "Le origini del gabinetto Mussolini", agora em Fasc., p. 168-171 (versão italiana do original francês, que é uma tradução não muito fiel ao texto gramsciano, perdido); *SL*, p. 472-475. Na edição brasileira, Gramsci, Antonio. *Escritos políticos*. V. 2. Ed. cit., p. 122-126.
28. Ver a esse respeito várias ideias em Paggi, 1984; Agosti, 2009 e Wolikow, 2016.
29. Cf. Gramsci Jr., 2014, p. 50, que se engana ao apontar para novembro. Indicação correta de M. L. Righi, *Gramsci a Mosca*, cit., p. 1025.
30. Cf. Gramsci Jr., 2008, p. 51-52 e, em particular, a carta de C. Ravera a Giuliano Gramsci, em *idem*, 2014, p. 51, não publicado nas memórias de Ravera (ver Ravera, 2012, p. 83 e ss.).
31. Cf. Spriano, 1967, v. I, p. 276 e ss.
32. Gramsci a Gennari a C.E. do PCd'I, 15 de março de 1923: *EN – E2*, p. 53-61 (53).
33. Cf. Agosti, 2003, p. 53 e ss.
34. "Cosa sarebbe avvenuto se io non avessi 'anguilleggiato', come purtroppo ho dovuto fare" [O que teria acontecido se eu não tivesse 'tergiversado', como evidentemente eu tinha que fazer?"]: Gramsci a Scoccimarro e Togliatti, 1 de março de 1924: *L*, p. 253-265 (262).
35. Cf. Tamburrano, 1963, p. 124. São fundamentais as páginas de Paggi, 1984, capítulos II-III.

LUTAS INTERNAS E EXTERNAS

1. Gramsci a Togliatti, 18 de maio de 1923 e agosto de 1923: *L*, p. 118-123; *PT-E1*, p. 102-108, 122.
2. G. em Togliatti, 18 de maio de 1923: *L*, p. 118-123 120; *EN – E2*, p. 102-108.
3. Cf. Carr, 1964, v. I, p. 1157 e ss.
4. Sobre o Congresso, Degras, 1975, v. I, p. 243 e ss.
5. Cf. Wolikow, 2016, p. 79 e ss.
6. Cf. Paggi, 1984, p. 15 e ss.
7. Cf. A. Di Biagio, "Egemonia leninista, egemonia gramsciana", em Giasi (editado por) 2008, v. II, p. 379-402.
8. Cf. P. Togliatti, "Il leninismo nel pensiero e nell'azione di A. Gramsci (Appunti)", em *Studi gramsciani*, 1958, p. 15-35; agora em Togliatti, 2001, p. 213-239. Mas Cf. também Bonomi, 1976, p. 13 e ss.
9. Algumas ideias nesse sentido (mas com ênfase exagerada no caráter provisório do leninismo de Gramsci), em F. Izzo, *Il Marx di Gramsci*, em Giasi, 2008, v. II, p. 553-580; retomada e desenvolvida em Izzo, 2009, p. 23-74 (especialmente p. 43 e ss.).
10. Cf. Degras, 1975, v. II, p. 57-60.
11. M.G. Meriggi, "L'ortodossia minoritária di Amadeo Bordiga", em Poggio (ed.) 2010, v. I, p. 239-252 (245).
12. Sobre o utopismo em Gramsci, estimulantes acenos em Fernández Buey, 2001, p. 97 e ss., e em uma imagem mais ampla, *idem*, 2007, p. 197 e ss.
13. "Kommunismus" (1920), em Lenin, 1967, v. XXXI, p. 134-136 (135).
14. Cf. Paggi, 1984, *passim*.
15. Esta fórmula, expressa de maneira diversa nos escritos gramscianos, se descobre, em particular, retirada do famoso romance de R. Kipling, Kim ("It's a great and terrible world"), em Unvandalo, em *Avanti!*, 24 de setembro de 1917: *CF*, p. 356-357; *SL*, p. 232-234; *EN – S2*, p. 488-489. Veja P. G. Zunino, "Il popolo delle scimmie e la lettura gramsciana del fascismo degli anni venti, em "Italia contemporanea", 171, 1988, p. 67-85; A. Carlucci, "Essere superiori all'ambiente in cui si vive, senza perciò disprezzarlo"; "Sull'interesse di Gramsci per Kiplin", em *Studi Storici*, 4, 2013, p. 897- 914; G. Pissarello, "Lingua e letteratura inglese negli scritti del carcere di Antonio Gramsci: 'Esercizi di lingua inglese' e riletture di Rudyard Kipling", em Lussana-Pissareo, 2008, p. 149-159.
16. Gramsci a Giulia, 16 de dezembro de 1923: *LJ*, p. 61-62; *L*, p. 143-145 (143).
17. Cf. Gramsci Jr., 2014, p. 70.
18. Gramsci a Giulia, 1 de janeiro de 1924: *LJ*, p. 63-64; *L*, p. 157-158 (157).
19. Cf. Carr, 1965 v. II, p. 243 e ss.
20. Gramsci a Giulia, 13 de janeiro de 1924: *L*, p. 181-183 (182). Tradução nossa.
21. *Idem*, p. 181. Tradução nossa.
22. Cf. o depoimento do companheiro que o ajudou a encontrar o novo arranjo: G. Zamis, "Gramsci a Vienna nel 1924", em *Rinascita*, 21, 74, 28 de novembro de 1964.
23. Bergami, 1981, p. 31.
24. *Ibidem*
25. Cf. d'Orsi, 2015, p. 165 e ss.
26. Cf. Infra, p. 114-115.
27. Gramsci ao Comitê Executivo do Partido Comunista, 6 de dezembro de 1923: *L*, p. 132-135 (132-133). Tradução nossa.

28. "Il programma de *L'Ordine Nuovo*", em *L'Ordine Nuovo*, Terceira série, I, 3-4, p. 1-2: *CPC*, p. 20-25 (o artigo está assinado "Pela redação de *L'Ordine Nuovo*: Antonio Gramsci"). Na edição brasileira, Gramsci, Antonio. *Escritos políticos*. V. 2. Ed. cit., p. 246-253.

29. "Contro il pessimismo", em *L'Ordine Nuovo*, Terceira Série, I, 2, 15 de março de 1924, p. 1-2; em um editorial subsequente, assinado, Gramsci se atribuiu diretamente ao artigo: *CPC*, p. 16-20; *MP*, p. 286-290; *SP*, v. II, p. 544-548; *MP*, p. 286-290. Na edição brasileira, Gramsci, Antonio. *Escritos políticos*. V. 2. Ed. cit., p. 241-246.

30. Cf. A. Bordiga, "La teoria del plusvalore di Carlo Marx base viva e vitale del comunismo", *idem*, p. 5-6; continua nos n. 5 (p. 9-10) e 6 (p. 47- 48) da revista (daí a citação, p. 47).

31. Cf. A. Graziadei, "Le dottrine del Comunismo e la teoria del plusvalore", *ibid.*, 7, 15 de novembro de 1924, p. 58-59. Sobre Graziadei, *DBI*, v. 58 (item de P. Maurandi) e Andreucci--Detti, v. 2 (voz de G. Gattei).

32. "Contro il pessimismo", cit. Na edição brasileira, Gramsci, Antonio. *Escritos políticos*. V. 2. Ed. cit., p. 241-246.

33. Cf. N. Lenin, "Carlo Marx e la sua dottrina", em *L'Ordine Nuovo*, Terceira série, I, 2, p. 3, 5.

34. E. C. Longobardi, "La mostra di Arte russa a Venezia", em *L'Ordine Nuovo*, Terceira série, I, 6, p. 41-42. Sobre Longobardi, Andreucci-Detti, v. 3 (voz de E. Santarelli).

35. Masci (Gramsci) a Negri (Scoccimarro), 10 de dezembro de 1923: *L*, p. 136-138 (136).

36. Gramsci ao Comitê Executivo, 20 de dezembro de 1923: *L*, p. 146-150.

37. Gramsci a Giulia, 18 de janeiro de 1924: *L*, p. 192-194 (192); *LJ*, p. 66-68.

38. P. Togliatti a Gramsci, 1 de maio de1923: Togliatti, 2001, p. 409-413; *PT – E2*, p. 93-101 (98).

39. Masci (Gramsci) a Negri (Scoccimarro), 4 de janeiro de 1924: *E*, p. 159-163 (161).

40. Cf., sobre a dramaticidade do ano de 1937, com estas e outras terríveis coincidências, d'Orsi, 2007a.

41. Cf. carta a Giulia de 15 de março de 1924: *L*, p. 277-279; *LJ*, p. 73-75. Mas a opinião pública é definitivamente positiva: "Il programma dell'*Ordine Nuovo*", em *L'Ordine Nuovo*, Terceira Série, I, 3-4, 1-15 de abril de 1924: *SP*, v. II, p. 553-557; *MP*, p. 291-296. Na edição brasileira, Gramsci, Antonio. *Escritos políticos*. V. 2. Ed. cit., p. 246-253.

42. "Capo", em *L'Ordine Nuovo*, Terceira Série, I, 1 de março de 1924, depois em *L'Unità*, 6 de novembro de 1924 (assinado A. Gramsci, com o título "Lenin capo rivoluzionario": *CPC*, p. 12-16; *SP*, v. II, p. 540-543; *SL*, p. 483-487; *MP*, p. 281-285; interessante é a comparação com o obituário escrito por Bordiga como "Prometeo" (15 de março de 1924); ver a este respeito Maccicchi, 1974, p. 116 e ss. Na edição brasileira, Gramsci, Antonio. *Escritos políticos*. V. 2. Ed. cit., p. 235-240.

43. "Lenin capo rivoluzionario", cit. Na edição brasileira, Gramsci, Antonio. *Escritos políticos*. V. 2. Ed. cit., p. 235-240.

44. *Ibidem*.

45. Gramsci a Togliatti, 18 de maio de 1923: *L*, p. 118-123 (118); *EN – E2*, p. 102-108.

46. Cf. Lussana, 2002, p. 29 e ss.

47. G. ao Comitê Executivo do PCd'I, 12 de setembro de 1923: *L*, p. 129-131; *EN – E2*, p. 126-129; *MP*, p. 273-275.

48. Gramsci a Ferri [A. Leonetti], 28 de janeiro de 1924: *L*, p. 220-222 (221).

49. *Ibidem*. Tradução nossa.

50. Cf. Paggi, 1984, p. 181 e ss.

51. Somai, 1979, p. 78. Tradução nossa.

52. Cf. Spriano, 1967, v. I, p. 297-298.

53. "Il problema di Milano", em *L'Unità*, 21 de fevereiro de 1924: *CPC*, p. 7-10 (9). Tradução nossa.

54. G. Masci, "Le elezione in Italia", em *La Correspondance Internationale*, 17 de abril de 1924: Fasc., p. 233-237 (234). Tradução nossa.

55. Gramsci a Giulia, 16 de abril de 1924: *L*, p. 323-326 (325-326); *LJ*, p. 82-85 (84). Tradução nossa.

56. Gramsci a Giulia, 13 de abril de 1924: *L*, p. 321-322; *LJ*, p. 80-82.

57. Gramsci a Giulia, 16 de abril de 1924: *L*, p. 323-326 (325-326).

58. Brown, 2002, p. 77.

"LÍDER DA CLASSE OPERÁRIA"

1. Gramsci a Palmiro Togliatti, 27 de janeiro de 1924: *L*, p. 211-217 (215). Tradução nossa.

2. Gramsci a Negri (Scoccimarro), 5 de janeiro de 1924: *L*, p. 159-163 (60). Tradução nossa.

3. Ver Spriano, 1967, v. I, p. 312 e ss.

4. Gramsci a Giulia, 13 de janeiro de 1924: *L*, p. 181-182 (182); *LJ*, p. 64-66 (65).

5. "Come non si deve scrivere la storia della Rivoluzione Bolscevica", em *L'Unità*, 19 de novembro de 1924: *CPC*, p. 210-212. Veja sobre a leitura de um trotskista militante: Maitan, 1997, p. 63 e ss.

6. Cf. Fiori, 1979, p. 215 e ss.

7. A. Gramsci, "Dopo la conferenza di Como", em *Lo Stato Operaio*, II, 19: *CPC*, p. 181-182 (182). Na edição brasileira, Gramsci, Antonio. *Escritos políticos*. V. 2. Ed. cit., p. 253-257.

8. Cf. Spriano, 1967, v. I, p. 324 e ss.

9. O discurso com outros textos diversos está em Matteotti, 1964, p. 245-264 (245-246).

10. Cf. Romanato, 2011, sobre a figura de Matteotti; sobre o crime e sobre os negócios mussolinianos, Canali, 1997; sobre as consequências, com uma avaliação questionável da posição comunista e de Gramsci, (Borgognone, 2012).

11. Cf. "I due fascismi", em *L'Ordine Nuovo*, 25 de agosto de 1921: *SF*, p. 297-299; *SP*, v. II, p. 475-477; *SL*, p. 450-452; *MP*, p. 262-264; Fasc., p. 133-135. Na edição brasileira, Gramsci, Antonio. *Escritos políticos*. V. 2. Ed. cit., p. 80-83.

12. Cf. De Felice, 1966, p. 658 e ss.

13. Togliatti, 1962, p. 333.

14. Sardi (Gramsci) a Lanzi (P. Tresso), abril de 1924, em Togliatti, 1962, p. 333-336 (335).

15. Cf. Spriano, 1967, v. I, p. 352 e ss.

16. Sobre todo o clima, cf. Landuyt, 1973; sobre eventos específicos, Spriano, 1967, v. I, p. 381 e ss.; Paggi, 1984, p. 214 e ss.; sobre Turati, especificamente, na perspectiva de Gramsci, A. Höbel, "Filippo Turati: il lorianesimo in politica", em d'Orsi, 2011b, p. 243 e ss. Sobre os *Arditi del Popolo*, Francescangeli, 2000.

17. Cf. "La funzione del reformismo in Italia", em *L'Unità*, 5 de fevereiro de 1925: *SP*, v. II, p. 591-594; *SL*, p. 521-524. Tradução nossa.

18. Cf. "Il destino di Matteotti", em *Lo Stato Operaio*, II, 28, 28 de agosto de 1924: *SP*, v. II, p. 572-573; *CPC*, p. 40-42; *SL*, p. 501-505.

19. Gr[amsci] a V. Bianco, 22 de junho de 1924: *E*, p. 354. Sobre Bianco, a voz de R. Martinelli, em Andreucci-Detti, v. 1.

20. "La caduta del fascismo", em *L'Ordine Nuovo*, 15 de novembro de 1924: *SP*, v. II, p. 588-590; *CPC*, p. 208-210; Fasc., p. 262-265 (265); *MP*, p. 305-308. Na edição brasileira, Gramsci, Antonio. *Escritos políticos*. V. 2. Ed. cit., p. 286-289.

21. Gramsci a Giulia, 22 de junho de 1924: *L*, p. 356-358; *LJ*, p. 88-91. Tradução nossa.

22. Cf. o belo retrato de Matteotti feito por Gobetti em *La Rivoluzione Liberal*, que mais tarde se tornou um panfleto de sorte (reimpresso várias vezes por vários editores): o último em Gobetti, 1994; coletados em 1997.

23. Gramsci a Giulia, 22 de junho de 1924, cit.: *L*, p. 357; *LJ*, p. 90. Tradução nossa.
24. "La crisi dela piccola borghesia", em *L'Unità*, 2 de julho de 1924: *SP*, v. II, p. 565-567; *CPC*, p. 25-28; *SL*, p. 498-501.Tradução nossa.
25. O documento está em Degras, 1975, v. II, p. 117-126 (117).
26. *Ibidem* (citações, v. I).
27. Gramsci a V. Bianco, setembro de 1924: *L*, p. 387-388.
28. Cf. Gramsci Jr., 2008, p. 71 e ss.; *idem*, 2014, p. 65 e ss.
29. Cf. Fiori, 1966, p. 229 e ss.
30. Cf. *idem*, p. 214-215.
31. G. a Giulia, 10 de novembro de 1924: *LJ*, p. 111-113; *L*, p. 393-395. Tradução nossa.
32. *Idem*, p. 393.
33. *Idem*, p. 394.
34. Gramsci a Giulia, 20 de outubro de 1924: *LJ*, p. 110; *L*, p. 392. Tradução nossa.
35. "Relazione al Comitato centrale del PCd'I", de 13 a 14 de agosto de 1924, em *L'Unità*, 26 de agosto de 1924 com o título "La crisi dele classi medie", depois com o título "La crisi italiana", em *L'Ordine Nuovo*, 1 de setembro de 1924: *SP*, v. II, p. 576-587; *CPC*, p. 28-39. Na edição brasileira, Gramsci, Antonio. *Escritos políticos*. V. 2. Ed. cit., p. 262-278.
36. De Felice, 1968, v. II, p. 3.
37. "Dopo il discorso del 3 gennaio" (6 de fevereiro de 1925): *CPC*, p. 466-467; Fasc., p. 266-278 (271).
38. Caruso, 2004, p. 77-78; o volume coleta todos os documentos, legislativos e políticos, inerente à lei, incluindo o texto do discurso gramsciano.
39. Sobre a carreira política e intelectual de Rocco, e seu papel determinante na Ani, d'Orsi, 2007b, *ad indicem*.
40. Cf. Gramsci a Giulia, 25 de maio de 1925: *LJ*, p. 124-125; *L*, p. 420-421.
41. O discurso de Gramsci está em várias coleções (*CPC*, *SP*, Fasc., Caruso, 2004, *SL*, *MP*).
42. Cft. Spriano, 1967, v. I, p. 429 e ss.
43. Cf. Salvatorelli-Mira, 1969.

A NORMALIZAÇÃO DO PARTIDO

1. Cf. Spriano, 1967, v. I, p. 421 e ss.
2. Cf. os textos em Degras, 1975, v. II, p. 313-326.
3. Gramsci a J. Humbert-Droz, 25 de abril [1925]: *L*, p. 417-418.
4. Cf. Spriano 1967, v. I, p. 451 e ss.
5. Cf. Gramsci a Giulia, 25 de maio [1925]: *LJ*, p. 124-125; *L*, p. 420-421.
6. Gramsci Jr., 2008, p. 58; *idem*, 2014, p. 55 (onde lemos "deficiências"). Sobre a história da estadia do sogro e a dinâmica interna da família romana, cf. a reconstrução imaginativa, mas plausível, de Brown, 2002, p. 63-75.
7. A carta de Apollon a sua esposa é reproduzida não integralmente em Gramsci Jr., 2008, p. 58-59 e *idem*, 2014, p. 55.
8. *Ibidem*.
9. Tancredi, 2012, p. 65.
10. Cf. De Felice, 1968, p. 139 e ss.
11. Cf. *idem*, p. 116.
12. Gramsci a Bordiga, 18 de agosto de 1925: *L*, p. 435-439 (438-439). Tradução nossa.
13. Cit. em Spriano, 1967, p. 470.
14. Mordenti, 1998, p. 31.

15. G. Liguori, "Teoria e política nel marxismo di Antonio Gramsci", em Petrucciani, 2016, p. 250.
16. As Teses de Lyon estão no *CPC*, p. 488-513 e, de forma não integral, estão presentes em muitas coleções gramscianas: *SL*, p. 559-564; *MP*, p. 333-348.
17. Cf. Spriano, 1967, p. 490 e ss.
18. R. Ravagnan no Instituto Gramsci, sd, cit. no *CPC*, p. 89n.
19. *Cinque anni di vita del partito*: *CPC*, p. 89-109. Tradução nossa.
20. Cf. Wolikow, 2016, p. 95 e ss.
21. *Cinque anni di vita del Partito*: *CPC*, p. 89-109 (97). Tradução nossa.
22. Cf P. Togliatti, "Antonio Gramsci, un capo della classe operaia", em *Lo Stato Operaio*, I, 8, 1927, p. 871-874, agora em Togliatti, 2001, p. 8-14.
23. Sobre todos os conflitos internos no PCd'I que levaram à eleição de Gramsci ao Secretariado e às relações cada vez mais conflitantes com Bordiga e aquelas difíceis com a Comintern, ver Livorsi, 1976, cap. VII.
24. Gramsci a Giulia, 3 de setembro de 1925: *LJ*, p. 132-133; *L*, p. 440-441 (440). Tradução nossa.
25. Gramsci a Giulia, 15 de setembro de 1926: *LJ*, p. 134-135; *L*, p. 446-447 (446). Tradução nossa.
26. M. Montanari, "Introduzione a QM2", p. 15. O texto é retomado em Montanari, 2016, p. 171-202.
27. Gramsci a Tatiana, 19 de março de 1927: *LT*, p. 60-63; *LC*, p. 57-60; *LC2*, p. 54-58. Tradução nossa.
28. Cf. F. De Felice, V. Parlato, "Introduzione a QM", p. 34.
29. Cf. Riechers, 1993, p. 101.
30. *QM*, p. 155; *QM2*, p. 74. Na edição brasileira, Gramsci, Antonio. *Escritos políticos*. V. 2. Ed. cit., p. 403-436.
31. *QM*, p. 156; *QM2*, p. 75. Na edição brasileira, Gramsci, Antonio. *Escritos políticos*. V. 2. Ed. cit., p. 403-436.
32. Todas as citações de *QM*, p. 141-142; *QM2*, p. 59-60. Na edição brasileira, Gramsci, Antonio. *Escritos políticos*. V. 2. Ed. cit., p. 403-436.
33. Todo o material é recolhido em Daniele, 1999, em especial p. 404 e ss., e parcialmente também em *MP*, p. 350 e ss.; finalmente, Pistillo, 1996.
34. Cf. Daniele, 1999, p. 108 e ss.
35. *Idem*, p. 434-439.
36. Cf. Spriano, 1969, v. II, p. 43 e ss.; Daniele, 1999, p. 14 e seguintes.
37. Carta de Gramsci (assinada pelo Escritório Político do PCd'I) à Comissão central do Partido Comunista Soviético, 14 de outubro de 1926, e *idem*, p. 402-403. Mas também em *SP*, v. II, p. 713-719. Na edição brasileira, Gramsci, Antonio. *Escritos políticos*. V. 2. Ed. cit., p. 384-392.
38. Daniele, 1999, p. 408, 410, 411. Na edição brasileira, Gramsci, Antonio. *Escritos políticos*. V. 2. Ed. cit., p. 384-392.
39. Referência à minha "Introduzione" a *Inchiesta*, em particular p. XII e ss. O volume contém as respostas de numerosos estudiosos a algumas questões, incluindo o que diz respeito ao significado da correspondência de 1926 e ao conflito Gramsci-Togliatti.
40. Cf. o capítulo assim nomeado em d'Orsi, 2015, p. 143-163.
41. Cf. S. Pons, "L'affare Gramsci-Togliatti' a Mosca (1938-1941)", em *Studi Storici*, a. 45, 2004, p. 83-117.
42. Também neste ponto, refiro-me a *Inchiesta, passim*.

A PRISÃO

1. Micheli [C. Ravera] a Palmiro Togliatti [s. d.]: Ravera, 2012, p. 229-230. Tradução nossa.
2. Uma revisão das contradições, com muitas notícias valiosas, está em Canfora, 2012a, p. 54 e ss., embora apoiado por um processo puramente circunstancial e, acima de tudo, por entendimentos polêmicos não compartilhados.
3. Cf. Ravera, 2012, p. 230.
4. Cit. em Romano, 1965, p. 540.
5. Fiori, 1979, p. 273.
6. Cf. Canfora, 2012a.
7. Para uma reconstrução sintética, mas justa, Giacomini, 2017, p. 55 e ss., que desculpa convincentemente o partido. Na mesma direção, com extensas referências à documentação, Pistillo, 2001, p. 45 ss.
8. Rossi, 2010, p. 33.
9. Canfora, 2012a, p. 45.
10. Cf. Riechers, 1993, p. 98.
11. Cf. Pistillo, 2001, p. 47. Em Lombardo Radice-Carbone, 1951, p. 191, é citado um testemunho de Giuseppe Amoretti, segundo o qual o próprio Gramsci não apoiou a tentativa de expatriação.
12. Em L. P. D'Alessandro, "I dirigenti comunisti davanti al Tribunale Speciale", em *Studi Storici*, 50, 2009, p. 481-566 (486-487). Tradução nossa.
13. Gramsci a Tatiana, 26 de outubro de 1931: *LC*, p. 513-515; *LC2*, p. 483-485; *LT*, p. 843-846; e cf. L. P. D'Alessandro, "I dirigenti comunisti davanti al Tribunale Speciale", cit., p. 514n. Tradução nossa.
14. *Idem*, p. 516n.
15. Cf. Vacca, 2012, p. 22.
16. As duas cartas estão em *LC2*, p. 4-7. Na edição brasileira, Gramsci, Antonio. *Cartas do cárcere*. V. 1. ed. cit., p. 74-77.

QUARENTA E QUATRO DIAS

1. Gramsci a Tatiana, 19 de dezembro de 1926: *LC*, p. 17-24; *LC2*, p. 14-23; *LT*, p. 12-19. Na edição brasileira, Gramsci, Antonio. *Cartas do cárcere*. V. 1. ed. cit., p. 87-88.
2. *Ibidem*. Na edição brasileira, Gramsci, Antonio. *Cartas do cárcere*. V. 1. ed. cit., p. 89.
3. Gramsci a P. Sraffa, 2 de janeiro de 1927: *LC*, p. 30-32; *LC2*, p. 27-30. Na edição brasileira, Gramsci, Antonio. *Cartas do cárcere*. V. 1. ed. cit., p. 99-101.
4. Todas as citações são da carta de G. a Tatiana, 19 de dezembro de 1926: *LC*, p. 17-124; *LC2*, p. 14-23; *LT*, p. 12-19. Na edição brasileira, Gramsci, Antonio. *Cartas do cárcere*. V. 1. ed. cit., p. 85-91.
5. Gramsci a Tatiana, 3 de janeiro de 1927 [erroneamente datada 2 de janeiro]: *LC*, p. 33-35; *LC2*, p. 30-32; *LT*, p. 28-30. Na edição brasileira, Gramsci, Antonio. *Cartas do cárcere*. V. 1. ed. cit., p. 102-104.
6. Cf. "Prodotti nazionali", em *Avanti!*, 9 de abril de 1916: *CT*, p. 246-247; *SL*, p. 147-149. Tradução nossa.
7. Gramsci a P. Sraffa, 2 de janeiro de 1927: *LC*, p. 30-32; *LC2*, p. 27-30. Na edição brasileira, Gramsci, Antonio. *Cartas do cárcere*. V. 1. ed. cit., p. 99-101.
8. Todas as citações são da carta de Gramsci a Tatiana, 19 de dezembro de 1926: *LC*, p. 17-24; *LC2*, p. 14-23; *LT*, p. 12-19. Na edição brasileira, Gramsci, Antonio. *Cartas do cárcere*. V. 1. ed. cit., p. 85-91.

9. *Ibidem*. Na edição brasileira, Gramsci, Antonio. *Cartas do cárcere*. V. 1, Rio de Janeiro: Civilização Brasileira, 2005, p. 90-91.

10. Gramsci a P. Sraffa, 21 de dezembro de 1926: *LC*, p. 25-26; *LC2*, p. 22-23. Na edição brasileira, Gramsci, Antonio. *Cartas do cárcere*. V. 1. ed. cit., p. 92-93.

11. Gramsci a P. Sraffa, 2 de janeiro de 1927: *LC*, p. 30-32; *LC2*, p. 27-30. Na edição brasileira, Gramsci, Antonio. *Cartas do cárcere*. V. 1. ed. cit., p. 99-101.

12. Gramsci a Tatiana, 27 de dezembro de 1926: *LC*, p. 27-28; *LC2*, p. 23-25; *LT*, p. 23-26. Na edição brasileira, Gramsci, Antonio. *Cartas do cárcere*. V. 1. ed. cit., p. 94-97.

13. *Ibid*.

14. Cf. G. Stochino, "Gramsci al confino di Ustica. Due interviste", em *Gramsciana*, 3, 2016, p. 151-167 (161). Tradução nossa.

15. Sobre a carreira de Macis, há a excelente reconstrução de Giacomini, 2017, *passim*.

16. Gramsci para Tatiana, 20 de janeiro de 1927: *LC2*, p. 40; *LT*, p. 42-43 (ausente em *LC*). Na edição brasileira, Gramsci, Antonio. *Cartas do cárcere*. V. 1. ed. cit., p. 112-113.

17. G. para Tatiana, 19 de fevereiro de 1927: *LC*, p. 49-52; *LC2*, p. 44-47; *LT*, p. 43-46. As citações a seguir também vêm da mesma carta. Na edição brasileira, Gramsci, Antonio. *Cartas do cárcere*. V. 1. ed. cit., p. 114 (nessa edição, tal passagem aparece na carta datada de 12 de fevereiro de 1927).

18. *Ibidem*.

AGUARDANDO JULGAMENTO

1. A carta está em Daniele, 1999, p. 404-412. A correspondência entre Gramsci e Togliatti também foi publicada, em sua parte essencial, em *MP*, p. 350-365.

2. Cf. Wolikow, 2016, p. 122 e ss.

3. Lussana, 2002, p. 255-256.

4. Cf. P. Togliatti, "Antonio Gramsci, un capo della classe operaia (in occasione del processo di Roma)", em *Lo Stato Operaio*, I, 8, 1927, p. 871-874; reeditado em várias coleções: por exemplo, Togliatti, 1972, p. 3-6 e 2001, p. 41-44; dez anos depois, com a morte de Gramsci, Togliatti publica, ainda em *Lo Stato Operaio*, um artigo muito mais amplo, que leva o título "Antonio Gramsci, capo della classe operaia", *idem*, 5-6, 1937, depois com o título "Il capo della classe operaia", agora nas várias coleções; por exemplo, 1972, p. 7-36 e 2001, p. 41-44, 58-90. Cf. para os eventos complexos desses textos, *BGR*, I, p. 8 e 27-28.

5. Indico Chiarotto, 2011.

6. Cf. a nota em *LT*, p. 75.

7. Gramsci para Tatiana, 19 de março de 1927: *LC*, p. 60-66; *LC2*, p. 54-58; *LT*, p. 60-63. Na edição brasileira, Gramsci, Antonio. *Cartas do cárcere*. V. 1. ed. cit., p. 127-131.

8. Gramsci a Giulia, 28 de março de 1932: *LC*, p. 597-599; *LC2*, p. 552-554; *LJ*, p. 204-206. Na edição brasileira, Gramsci, Antonio. *Cartas do cárcere*. V. 2. ed. cit., p.178-180.

9. Suppa, 2016, p. 99.

10. Finalmente, a voz de E. conferir Forenza, em *Dizionario*, p. 338-339.

11. Leia-se o que P. Sraffa escreve para Tatiana: Sraffa. 1991, p. 25-27.

12. Cf. Giacomini, 2017, p. 29 e ss.; Fabre, 2015, absolve Macis.

13. Gramsci para Tatiana, 12 de setembro de 1927: *LC*, p. 122; *LC2*, p. 114-115; *LT*, p. 135. Na edição brasileira, Gramsci, Antonio. *Cartas do cárcere*. V. 1. ed. cit., p. 186-188.

14. Cf. carta de Gramsci a Tatiana, 8 de agosto de 1927: *LC*, p. 108-110; *LC2*, p. 100-102; *LT*, p. 125-127. Na edição brasileira, Gramsci, Antonio. *Cartas do cárcere*. V. 1. ed. cit., p. 173-175.

15. Gramsci a Tatiana, 4 de abril de 1927: *LC*, p. 67-70 (68); *LC2*, p. 63-67 (65); *LT*, p. 76-80 (77-78).

16. Gramsci para Tatiana, 23 de maio de 1927: *LC*, p. 92-95 (94); *LC2*, p. 86-90 (88-89); *LT*, p. 103-108 (105). Na edição brasileira, Gramsci, Antonio. *Cartas do cárcere*. V. 1. ed. cit., p. 158-161.

17. Gramsci para Tatiana, 11 de abril de 1927: *LC*, p. 71-75; *LC2*, p. 67-71; *LT*, p. 81-85. Na edição brasileira, Gramsci, Antonio. *Cartas do cárcere*. V. 1. ed. cit., p. 139-143.

18. Gramsci a Tatiana, 25 de abril de 1927: *LC*, p. 82-85 (85); *LC2*, p. 77-81 (80); *LT*, p. 95-99 (98). Na edição brasileira, Gramsci, Antonio. *Cartas do cárcere*. V. 1. ed. cit., p. 150-153.

19. *Idem*.

20. Todas as citações da carta a Tatiana, de 23 de maio de 1927: *LC*, p. 92-95; *LC2*, p. 86-90; *LT*, p. 103-108. Na edição brasileira, Gramsci, Antonio. *Cartas do cárcere*. V. 1. ed. cit., p. 158-161.

21. Gramsci a Tatiana, 8 de agosto de 1927: *LC*, p. 108-110 (108); *LC2*, p. 100-102 (101); *LT*, p. 125-127 (125). Na edição brasileira, Gramsci, Antonio. *Cartas do cárcere*. V. 1. ed. cit., p. 173-175.

22. Cf. a história completa em Fiori, 1970, p. 266 e ss.; Giacomini, 2017, p. 156 e ss. Sobre a personalidade de Silone e seu alistamento no Ovra, indico, apesar do livro capicioso, mas muito informativo, de Biocca-Canali, 2000 e Canali, 2013, p. 55 e ss.; contra, Soave, 2005.

23. Cf. Giacomini, 2017, p. 99 e ss.

24. Cf. Pistillo, 2001, p. 85 e ss.; Rossi-Vacca, 2007, p. 214-217; Giacomini, 2017, p. 121 e ss. Cf. também a reconstrução tendenciosa de Canali, 2013, p. 69 e ss.

25. Cf. Gramsci a Tatiana, 27 de fevereiro de 1933: *LC*, p. 753-756; *LC2*, p. 686- 690; *LT*, p. 1209-1213. Na edição brasileira, Gramsci, Antonio. *Cartas do cárcere*. V. 1 Rio de Janeiro: Civilização Brasileira, 2005.

O PROCESSÃO

1. Gramsci para sua mãe, 10 de maio de 1928: *LC*, p. 211; *LC2*, p. 190-191. Na edição brasileira, Gramsci, Antonio. *Cartas do cárcere*. V. 1. ed. cit., p. 268.

2. Tatiana para a família, 12 de maio de 1928: Schucht, 1991, p. 39.

3. Terracini, 1978, p. 66. Mas a documentação mais completa permanece a de Zucàro, 1961. Sobre o Tribunal Especial, cf. agora a reconstrução preciosa de Franzinelli, 2017, com biografias de vítimas e autores.

4. Citação de uma nota não assinada, provavelmente de Terracini, no AFG-PCI, cit. já em L. P. D'Alessandro, *I dirigenti comunisti*, it., p. 488-489.

5. Os documentos estão no mesmo fundo; cf. *idem*, p. 536.

6. Zucàro, 1961, p. 182-183; e antes, Zucàro, 1954, p. 50-51.

7. Ver Fiori, 1979, p. 285; Spriano, 1969, v. II, p. 158; *LC2*, p. 195n. Em uma recente intervenção jornalística, tentou apresentar uma foto idílica da prisão de Gramsci, afirmando entre outras coisas que a frase nunca foi pronunciada: F. Lo Piparo, "Gramsci in cella e in clinica. I paradossi di una prigionia", em *Corriere della Sera*, 29 de maio de 2016.

8. Cf. *LC*, p. 483; *LT*, p. 293; *LC2*, p. 461; Giacomini, 2017, p. 336.

9. A evidência está nos documentos dos arquivos soviéticos, entregues a Alessandro Natta, secretário do PCd'I, em 1988, nos quais trabalhava Paolo Spriano quando foi tomado por uma morte súbita: agora estão em Ricchini-Meogran-Santucci, 1988, p. 15-25, mas cf. também Canali, 2013, p. 249 e ss.

10. Cf. Giacomini, 2017, p. 67 e ss. Uma amostra desses rumores, privadas de qualquer fundamento, temperada com uma acrimônia inesgotável, está em Caprara, 2001, p. 97 e ss., em que a verdade é revertida, atribuindo ao governo fascista as melhores intenções, bloqueadas pelos comunistas italianos, sob a regra de Togliatti.

11. As acusações mais amargas vieram de Canfora, 2009, 2012a e 2012b, com mudanças significativas na reconstrução, no entanto. Uma crítica está na brochura de De Vivo, 2009,

republicada, com outros materiais, em *Idem*, 2017. Cf. também réplicas em Canfora e outras coletadas em Inchiesta, 2014, p. 9-10, 43, 53-54, 98-99, 124 e ss., 152-153, 176-178, 184. Sobre a linha Canfora, Fabre, 2015; contra Giacomini, 2017.

12. Cf. a este respeito Fiori, 1979, p. 288; Vacca, 2012, p. 63-74; Giacomini, 2017, p. 75 e ss.

13. P. Sraffa para Tatiana, 18 de setembro de 1937: Sraffa, 1991, p. 188, 228. Cf. Gramsci a Tatiana, 7 de dezembro de 1932: *LC*, p. 709-712 (711); *LC2*, p. 645-649 (647); *LT*, p. 1135-1145 (com anotações preciosas dos curadores). Na edição brasileira, Gramsci, Antonio. *Cartas do cárcere*. V. 2. ed. cit., p. 253.

14. Gramsci a Tatiana, 5 de dezembro de 1932: *LC*, p. 709-712; *LC2*, p. 643-647; *LT*, p. 1135-1145. Na edição brasileira, Gramsci, Antonio. *Cartas do cárcere*. V. 2. ed. cit., p. 269-272.

15. P. Sraffa para Tatiana, 18 de setembro de 1937: Sraffa, 1991, p. 187-188.

16. Cf. carta de Tatiana aos membros da família, 24 de fevereiro de 1927: Schucht, 1991, p. 28 e ss. *Idem*, o "Prefazione", de Giuliano Gramsci, que faz um carinhoso retrato de Tatiana (p. IX-XXII). Mas, sobre a cunhada de Antonio, é fundamental, embora nem sempre compartilhada, Natoli, 1990.

17. Pistillo, 2001, p. 71.

18. Tatiana aos membros da família, 4 de janeiro de 1928: Schucht 1991, p. 34.

19. Gramsci para Tatiana, 29 de agosto de 1927: *LC*, p. 118-119 (118); *LC2*, p. 109-110 (109); *LT*, p. 128-130 (129). Na edição brasileira, Gramsci, Antonio. *Cartas do cárcere*. V. 1. ed. cit., p. 181-183.

20. Gramsci para Tatiana, 12 de setembro de 1927: *LC*, p. 121-123; *LC2*, p. 113-115; *LT*, p. 133-136 (134). Na edição brasileira, Gramsci, Antonio. *Cartas do cárcere*. V. 1. ed. cit., p. 188-191.

21. Gramsci a Tatiana, 26 de março de 1927: *LC*, p. 61-63 (62); *LC2*, p. 58-60 (59- 60); *LT*, p. 68-71 (69). Na edição brasileira, Gramsci, Antonio. *Cartas do cárcere*. V. 1. ed. cit., p. 131-133.

22. Pistillo, 2001, p. 73 nota-o oportunamente.

23. Rossi, 1952, p. 154 e ss.

24. Em Zucàro, 1961, p. 250, 252.

25. *Idem*, 1961, p. 198.

26. *Idem*, p. 260-261.

27. Terracini, 1978, p. 66.

28. Spriano, 1969, v. II, p. 159. O texto está em Zucàro, 1961, p. 195-196.

29. Cf. a esse respeito a carta de Tatiana a Gramsci, que menciona a história, de 25 de julho de 1928: *LT*, p. 233-236.

30. A carta e o documento estão citados em *LT*, p. 220-221n.

31. Cf. Fiori, 1979, p. 288-289.

32. Gramsci a Tatiana, 20 de julho de 1928: *LC*, p. 216-217; *LC2*, p. 199-201; *LT*, p. 230-231. Na edição brasileira, Gramsci, Antonio. *Cartas do cárcere*. V. 1. ed. cit., p. 463-464; 277-278.

33. A esse respeito, leia-se a importante correspondência coletada em Sraffa, 1991. Mas ver a comparação interessante entre os dois em Fausti, 1998.

34. Gramsci a Tatiana, 10 de julho de 1928: *LC*, p. 214-215 (215); *LC2*, p. 197-199 (198); *LT*, p. 225-226 (226). Na edição brasileira, Gramsci, Antonio. *Cartas do cárcere*. V. 1. ed. cit., p. 275-276.

35. Gramsci para Tatiana, 6 de setembro [erroneamente G. escreve "agosto"] de 1928: *LC*, p. 227-229 (227); *LC2*, p. 208-210 (209); *LT*, p. 256-258 (257); sobre o assunto, cfr, *idem*, p. 249-250n. Na edição brasileira, Gramsci, Antonio. *Cartas do cárcere*. V. 1. ed. cit., p. 286-287.

36. Cf. *LT*, p. 238-239n.

37. Gramsci para Tatiana, 12 de setembro de 1927: *LC*, p. 121-123 (121); *LC2*, p. 115-118; *LT*, p. 133-136. Na edição brasileira, Gramsci, Antonio. *Cartas do cárcere*. V. 1. ed. cit., p. 186-188. Cf. também a carta a Giulia de 6 de outubro de 1924: "Continuei procurando sua irmã Tatiana

e acho que a vi uma vez no bonde, uma jovem que se parecia com você [...]". *L*, p. 389-391 (391); *LJ*, p. 107-110 (110).

38. Gramsci para Tatiana, 25 de abril de 1927: *LC*, p. 82-85; *LC2*, p. 77-81; *LT*, p. 95-99. Na edição brasileira, Gramsci, Antonio. *Cartas do cárcere*. V. 1. ed. cit., p. 150-153.

39. Gramsci para Tatiana, 20 de outubro de 1928: *LC2*, p. 217-219; *LT*, p. 269-271 (ausente em *LC*). Na edição brasileira, Gramsci, Antonio. *Cartas do cárcere*. V. 1. ed. cit., p. 294-296.

40. Todas as citações, *ibidem*.

41. Todas as citações, *ibidem*.

42. Gramsci a seu irmão Carlo, 3 de dezembro de 1928: *LC*, p. 238-240 (239); *LC2*, p. 224-226 (225). Na edição brasileira, Gramsci, Antonio. *Cartas do cárcere*. V. 1. ed. cit., p. 301-303.

43. Cf. Natoli, 1990, p. 31.

44. Cf. *idem*, p. 33.

45. Cf. carta de Gramsci a Tatiana, 17 de dezembro de 1928: *LC*, p. 243-245; *LC2*, p. 226-228; *LT*, p. 288-291. Na edição brasileira, Gramsci, Antonio. *Cartas do cárcere*. V. 1. ed. cit., p. 304-306.

46. Cf. Alfa Gamma [A. Gramsci], "Socialismo e cultura", em *Il Grido del Popolo*, 29 de janeiro de 1916: *CT*, p. 99-103; *SL*, p. 142-146; *MP*, p. 55-58. Na edição brasileira, Gramsci, Antonio. *Escritos Políticos*. V. 1. ed. cit., p. 56-61. "L'Università Popolare", em *Avanti!*, 29 de dezembro de 1916: *CT*, p. 673-676; *SL*, p. 176-179.

47. Tania aos membros da família (um trecho da carta é endereçado a "Cara Julia"), 30 de agosto de 1928: Schucht, 1991, p. 42-43 (42).

48. Gramsci a seu irmão Carlo, 31 de dezembro de 1928: *LC*, p. 246-247; *LC2*, p. 229-230. Na edição brasileira, Gramsci, Antonio. *Cartas do cárcere*. V. 1. ed. cit., p. 307-309.

QUINTA PARTE

MATRÍCULA NÚMERO 7047

1. Gramsci a Tatiana, 29 de janeiro de 1929, cit. e 9 de fevereiro de 1929: *LC*, p. 253-254 (253); *LC2*, p. 235-237 (236); *LT*, p. 305-308 (305). Na edição brasileira, Gramsci, Antonio. *Cartas do cárcere*. V. 1. ed. cit., p. 314-315 e 315-316.

2. G. a Tatiana, 29 de janeiro de 1929: *LC*, p. 251-253; *LC2*, p. 234-235; *LT*, p. 299-300. Na edição brasileira, Gramsci, Antonio. *Cartas do cárcere*. V. 1. ed. cit., p. 314-315.

3. Todas as citações foram retiradas da carta de Gramsci a Tatiana, 14 de janeiro de 1929: *LC*, p. 251-252; *LC2*, p. 231-232; *LT*, p. 298-299. Na edição brasileira, Gramsci, Antonio. *Cartas do cárcere*. V. 1. ed. cit., p. 315-317 (datada de 9 de fevereiro de 1929).

4. Gramsci para Tatiana, 22 de abril de 1929: *LC*, p. 269-271 (270); *LC2*, p. 251-255 (253); *LT*, p. 351-355 (353). A resposta era para ser transmitida à senhora Malvina Sanna. Na edição brasileira, Gramsci, Antonio. *Cartas do cárcere*. V. 1. ed. cit., p. 333-336.

5. Gramsci para Tatiana, 23 de maio de 1927: *LC*, p. 92-95; *LC2*, p. 86-90; *LT*, p. 103-108. Na edição brasileira, Gramsci, Antonio. *Cartas do cárcere*. V. 1. ed. cit., p. 158-161.

6. Tatiana aos membros da família, 30 de agosto de 1928: Schucht, 1991, p. 42.

7. Referencio a preciosa "Introduzione" de G. Cospito à *EN – Q1*, p. 11-40. Além disso, em grande parte devido ao ensaio de L. Borghese, "Tia Elene in bicicletta. Gramsci traduttore dal tedesco e teorico della traduzione", em *Belfagor*, XXXVI, 1981, p. 635-665. Mas, sobre a importância da linguística em Gramsci, em geral, como fator hegemônico, chamo atenção para Lo Piparo, 1979.

8. Gramsci a G. Berti, 8 de agosto de 1927: *LC*, p. 111-113 (111); *LC2*, p. 103-105 (103); sobre Berti, Andreucci-Detti, v. 1, p. 266-269 (item não assinado). Sobre a atenção de Gramsci aos

irmãos Grimm, veja T. Baumann, "Gramsci traduttore dele fiabe dei fratelli Grimm", em Lussana-Pissarello, 2008, p. 187-196.

9. Cf. o verbete "Nacional-popular" de Lea Durante em *Parole*, p. 150-169 e no *Dizionario*, p. 573-576.

10. Todas as citações são retiradas de Gramsci a Tatiana, 22 de abril de 1929: *LC*, p. 268-271 (270); *LC2*, p. 251-255 (254); *LT*, p. 351-355 (354). Na edição brasileira, Gramsci, Antonio. *Cartas do cárcere*. V. 1. ed. cit., p. 333-336.

11. *Ibidem*.

12. Gramsci a Tatiana, 3 de junho de 1929: *LC*, p. 279-280 (279); *LC2*, p. 264-266 (265); *LT*, p. 363-365 (366). Na edição brasileira, Gramsci, Antonio. *Cartas do cárcere*. V. 1. ed. cit., p. 345-347. Mas as referências ocorrem em outras cartas e nos *Cadernos*; para o meio ambiente e o contexto (gobettiano) em que nasceu Slavia, d'Orsi, 2000, p. 102 e ss.; e para o editorial específico, Béghin-Rocci, 2009.

13. Cf. F. N. Finck, *Die Sprächstamme des Erdkreises*, Teubner, Leipzig-Berlin, 1915.

14. Cf. G. Cospito, "Introduzione" à *EN – Q1*, cit., p. 28 e ss. Mas nos dois principais conceitos trabalhou especialmente D. Boothman, "Traduzione e traducibilità", em *Parole*, p. 247-266; e mais razoavelmente em *idem*, 2004.

15. Gramsci a Giulia, 11 de março de 1929: *LC*, p. 261-262 (262); *LC2*, p. 243-245 (244); *LJ*, p. 164-165 (165). Na edição brasileira, Gramsci, Antonio. *Cartas do cárcere*. V. 1. ed. cit., p. 324-325.

16. Gramsci a Tatiana, 25 de março de 1929: *LC*, p. 263-267 (264); *LC2*, p. 246-261 (248); *LT*, p. 331-338 (333). Na edição brasileira, Gramsci, Antonio. *Cartas do cárcere*. V. 1. ed. cit., p. 328-331.

17. As duas citações são *ibidem*.

18. *Ibidem*.

19. Gramsci para Tatiana, 22 de abril de 1929, cit.: *LC*, p. 270; *LC2*, p. 252; *LT*, p. 352. Na edição brasileira, Gramsci, Antonio. *Cartas do cárcere*. V. 1. ed. cit., p. 333-336.

20. Gramsci a Giulia, 20 de maio de 1929: *LC*, p. 274-276; *LC2*, p. 257-260; *LJ*, p. 165-168. Na edição brasileira, Gramsci, Antonio. *Cartas do cárcere*. V. 1. ed. cit., p. 339-341.

21. Gramsci a Giulia, 30 de julho de 1929: *LC*, p. 294-295 (295); *LC2*, p. 278; *LJ*, p. 170-172 (172). Na edição brasileira, Gramsci, Antonio. *Cartas do cárcere*. V. 1. ed. cit., p. 359-360.

22. Cf. Vacca, 2012, p. 85, 100-103, 173-175. Entre as primeiras tentativas de decifrar o relacionamento com as crianças G. Lombardi, "Gramsci e l'educazione dei figli", em Rossi, 1969, v. II, p. 263-279.

23. Wolikow, 2016, p. 122 e ss.

24. Spriano, 1969, v. II, p. 188.

25. Cf. *idem*, p. 183; Vacca, 2012, p. 325n.

26. A carta é cit. em Spriano, 1969, v. II, p. 193-194 (193).

27. Sobre a expulsão de Bordiga, ver *idem*, p. 254-256.

28. Ver *idem*, p. 185.

29. Spriano, 1969, v. II, p. 212; sobre a posição dos italianos, *idem*, p. 210 e ss. Mas ver a documentação geral em Degras, 1975, v. III, p. 66 e ss.; Agosti, 1979, v. III, p. 98-104.

30. Cf. Spriano, 1969, v. II, p. 215.

31. Cit. em Spriano, 1969, v. II, p. 212. Ver também Agosti, 2003, p. 130 e ss.

32. As memórias do protagonista são fundamentais, Humbert-Droz, 1974. Cf., mesmo que tendencioso a favor da Tasca, Soave, 2005, p. 124 e ss., 199 e ss.

33. Cf. Lussana, 2002, p. 130 e ss.

34. Cf. Spriano, 1969, v. II, p. 205 e ss.

35. Gramsci a Tatiana, 4 de novembro de 1929: *LC*, p. 300-302 (302); *LC2*, p. 287-290 (289); *LT*, p. 417-420 (419). Na edição brasileira, Gramsci, Antonio. *Cartas do cárcere*. V. 1. ed. cit., p. 371-373.

36. Gramsci a Giulia, 30 de dezembro de 1929: *LC*, p. 312-314; *LC2*, p. 299-302; *LJ*, p. 172-175. Na edição brasileira, Gramsci, Antonio. *Cartas do cárcere*. V. 1, ed. cit., p. 384-386.

37. Gramsci a seu irmão Carlo, 19 de dezembro de 1929: *LC*, p. 309-311 (309); *LC2*, p. 297-299 (298). Na edição brasileira, Gramsci, Antonio. *Cartas do cárcere*. V. 1. ed. cit., p. 381-383.

38. *Ibidem*.

39. A expressão *"zibaldone"* pode ser rastreada primeiro, em M. Montagnana, "Gli scritti inediti di Antonio Gramsci", em *Lo Stato Operaio*, II, 3-4, 1942, p. 80-82 (depois, parcialmente, em Santarelli, 1991, p. 131-137). A expressão foi então utilizada por Francion, 1984, p. 21 e, entre outros, d'Orsi, 2015, p. 29, 101, 134. Sobre o tema editorial, ver Chiarotto, 2011.

40. Referencio a Fancioni, 1984; a Frosini, 2003 a Cospito, 2015, p. 58 e ss.

41. *QdC*, p. 1841 (Q16, 2). Na edição brasileira, Gramsci, Antonio. *Cadernos do cárcere*. V. 4. Rio de Janeiro: Civilização Brasileira, 2001, p. 141.

42. Cf. G. Trombetti, "'Piantone' di Gramsci nel carcere di Turi", em *Rinascita*, XXII, 18, 1 de maio de 1965.

43. G. Francioni, "Come lavorava Gramsci", em *EN – Q2*, p. 42-43. Sobre o relatório de Saporito, na complexa história de 1933, veja além (p. 418).

44. Cf. G. Cospito, F. Frosini, "Introduzione", em *EN – Q2*, p. XVI-LXIV (XXIV). A carta de Tatiana a Giulia é 5 de maio de 1937: Schucht, 1991, p. 189-192.

45. Gerratana, 1997, p. 55.

46. *QdC*, p. 1734 (Q14, 70). Na edição brasileira, Gramsci, Antonio. *Cadernos do cárcere*. V. 3. Rio de Janeiro: Civilização Brasileira, 2000, p. 318. Cf. Suppa, 2016, p. 100 e ss.

47. Francioni, 1984, p. 21-22; mas também *idem*, "Come lavorava Gramsci", cit., p. 21 e ss.

48. Cf. *idem*, p. 19-25.

49. *Idem*, p. 22.

50. Faço referência às fichas em *BGR*, I, especialmente aqueles relacionados aos anos 1948-1951 (os anos da primeira edição dos *Quaderni*).

51. Nas primeiras ocorrências dos termos fragmentariedade e fragmentarismo, *idem*, p. 95-96 (por exemplo, a revisão de Vito Laterza, de 1949); sobre a dimensão dialógica, especialmente, insistiu Baratta, 2003 e 2007.

52. Cf. por exemplo, Cospito, 2010, p. 63.

53. Cf. minhas introduções como Salvadori, 2007 e em Chiarotto, 2011. Cf. também Liguori, 2012, p. 248 e ss. Sobre as questões complexas da edição crítica, Gerratana, 1997; sobre sua figura, cf. as contribuições arrecadadas em Racinaro-Taranto, 1998 e Forenza-Liguori, 2011.

54. Cf. Burgio, 2014, especialmente p. 105 ss.

55. Cf. F. Frosini, "Struttura e datazione dei Quaderni. Seminario sui Quaderni del cárcere", 1ª sessão, Roma, 27 de outubro de 2000, em http://www.gramascitalia.it/html/quad.htm (última consulta: 28 de janeiro de 2017); mas cf., para uma subdivisão mais analítica, Francioni, 1984, *passim*, e em síntese, p. 127 e ss. Na sequência de Cospito, 2015, p. 58 e ss. Um pouco diversamente prossegue V. Gerratana, *"Introduzione"* a *QdC*, p. XXII e ss.

56. G. Cospito, F. Frosini, "Introduzione" a *EN – Q2*, I, p. LIX. Tradução nossa.

O PONTO DE VIRADA E A DISSIDÊNCIA

1. Cf. Spriano 1969, v. II, p. 163 e ss.

2. O documento está em Agosti, 1976, v. II, p. 932-953 (939, 953).

3. *Idem*, p. 910.
4. Conclusões de Bukharin no VI Congresso do IC, *ibidem*.
5. *Ibidem*.
6. Cf., a este respeito, a rica documentação coletada em Agosti, 1979, v. III e Degras, 1975, v. III, especialmente p. 118 e ss.
7. Cf. J. P. Potier, "La crisi degli anni Trenta vista da Antonio Gramsci", em Burgio-Santucci, 1999, p. 69-81.
8. *QdC*, p. 1716 (Q14, 755). Na edição brasileira, Gramsci, Antonio. *Cadernos do cárcere*. V. 3. ed. cit., p. 262-263.
9. A. Pizzorno, "Sul metodo di Gramsci dalla storiografia alla scienza politica", em Rossi, 1969, v. II, p. 109-126 (119).
10. *QdC*, p. 1603 (Q13, 23). Na edição brasileira, Gramsci, Antonio. *Cadernos do cárcere*. V. 3. ed. cit., p. 60-70. Essas são notas que datam de 1932 a 1934.
11. *QdC*, p. 311 (Q3, 34). Na edição brasileira, Gramsci, Antonio. *Cadernos do cárcere*. V. 3. ed. cit., p. 184.
12. Para uma introdução ao conceito, C. N. Coutinho, em *Dizionario*, p. 687-690.
13. Roxi, 2014, p. 13.
14. A. Gramsci, "I cattolici italiani", em *Avanti!* (ed. piem.), 22 de dezembro de 1918: *NM*, p. 455-460. Mas Cf. também os textos coletados no RSC, Vatic. e Vatic. 2, com minha introdução. Tradução nossa.
15. A. Gramsci, "Il Mezzogiorno e il fascismo", em *L'Ordine Nuovo*, I, 2, 15 de março de 1924: *CPC*, p. 171-175; *DSR*, p. 125-129; Fasc., p. 228-232. Tradução nossa.
16. Dorso, 1972, p. 212.
17. G. Galasso, "Gramsci e i problemi della storia italiana", em Roxi. 1969, v. I, p. 305-354 (308).
18. Cf. F. Frosini, "Bucharin, Nikolaj Ivanovic", em *Dizionario*, p. 85-88. Mas cf. a ampla, embora não totalmente persuasiva, reconstrução de F. Tuccari, "Gramsci e la sociologia marxista di Nikolaij Bucharin", em Mastellone-Sola, 2001, p. 141-170, na qual a mudança é destacada criticamente da perspectiva de Gramsci, entre 1925 e 1930. Leva isso em consideração, com maior prudência, Filippini, 2015, p. 112 e ss.
19. *QdC*, p. 842 (Q7, 24). Na edição brasileira, Gramsci, Antonio. *Cadernos do cárcere*. V. 1. Rio de Janeiro: Civilização Brasileira, 1999, p. 238-240. Mas cf., Cospito, 2015, p. 66 e ss.
20. Cf. Cospito, 2015, p. 70-71. Sobre os *Cadernos filosóficos*, a filosofia da práxis, Cf. as observações agudas de Kanouss, 2007; e Thomas, 2009, especialmente p. 243 e ss.
21. Entre os primeiros, observou o filósofo K. Kosik, "Gramsci e la filosofia della 'Praxis'", em Rossi, 1969, v. II, p. 45-50.
22. *QdC*, p. 572 (Q4, 38). Na edição brasileira, Gramsci, Antonio. *Cadernos do cárcere*. V. 3. ed. cit., p. 36-46.
23. Cf. M. Marcovich, "L'unità di filosofia e politica in Gramsci", em Rossi, 1969, v. II, p. 19-29.
24. *QdC*, p. 1489 (Q11, 62). Na edição brasileira, Gramsci, Antonio. *Cadernos do cárcere*. V. 1. ed. cit., p. 203-207.
25. Cf. G. Lunghini, "Introduzione" a *SEP*, p. VII-XXXIII. Para a crítica do economicismo, ler os textos de Gramsci, *idem*, p. 136-161. Na edição brasileira, Gramsci, Antonio. *Cadernos do cárcere*. V. 1. ed.cit.
26. Cf. C. Vivanti, "Introduzione" a *Ris.*, p. XII e ss. Mas sobre o assunto, Paggi, 1970.
27. Cf. d'Orsi, 2015, p. 183 e ss.
28. *QdC*, p. 34 (Q1, 43). Na edição brasileira, Gramsci, Antonio. *Cadernos do cárcere*. V. 2. Ed. cit., p. 200-207.

29. *QdC*, p. 31, 33, 34 (Q1, 43). Na edição brasileira, Gramsci, Antonio. *Cadernos do cárcere*. V. 2. Ed. cit., p. 197.

30. Sobre a expulsão de Silone, Soave, 2005, p. 136 e ss. e, pela refutação (não convincente) da tese de Silone como espião, p. 145 e ss.

31. Cf. Rossi, 2014, p. 13 e ss.

32. "Andiamo noi, in Italia, verso una situazione rivoluzionaria acuta?", em *Lo Stato Operaio*, III, 8 de novembro de 1929, em Togliatti, 1974, v. III, p. 113-120 (119, 120).

33. Cf. Spriano, 1969, v. II, p. 238 e ss. Mas cf. também, para um enquadramento histórico da posição de "Gallo", Höbel, 2013, p. 140-155; e sobre Togliatti, em Agosti, 2003, p. 136-142. Um quadro interno, mesmo que a ser tomado com o benefício do inventário, é o de uma dirigente como Ravera, 2012, p. 401 e ss.

34. Faço referência às obras altamente documentadas de Franzinelli, 1999 e Canali, 2004, que revelam como o PCd'I foi sobrecarregado por uma rede de espionagem, mesmo sendo muito mais resistente que outras forças antifascistas (como Giustizia e Libertà).

35. Cit. em Spriano, 1969, v. II, p. 186.

36. Cf., para a prisão de Scoccimarro, o testemunho coletado em Antonicelli, 1961, p. 136-139.

37. Terracini em Togliatti, 5 de maio de 1930, em Terracini, 1975, p. 15-18.

38. *Ibidem*.

39. Togliatti a Terracini, janeiro de 1931, p. 67-68; mas também leia Terracini, 1978.

40. Terracini no Centro externo, 10 de novembro de 1930, *idem*, p. 55-63 (59).

41. *Ibidem*; mas cf. Terracini, 1978, p. 81 e ss.

42. Ver os documentos e a Introduzione em Massari, 2004 e o animado "Prefazione", de Leonetti, p. 5-8.

43. Ravera, 2012, p. 445.

44. Terracini no Centro, 2 de março de 1931: Terracini, 1975, p. 71-73.

45. Cf. Lisa, 1973, p. 92 e ss.

46. Em Paulesu Quercioli, 1977, p. 203-210 (208). Tradução nossa.

47. Cf. Spriano, 1969, v. II, p. 285; contra, Rossi, 2010, p. 78.

48. Cf. G. Ceresa, "In carcere com Gramsci, em Gramsci", 1938, p. 111-119; mas ver Spriano, 1969, v. II, p. 280 e ss.; Vacca, 1999, p. 92 e ss.; *idem*, 2012, p. 91 e ss. E, muito analiticamente, Rossi-Vacca, 2007, p. 104-157 e Rossi, 2010, especialmente p. 71-94.

49. Cf. Vacca, 2012, p. 152 e ss., (uma interpretação argumentativa que, no entanto, compartilho apenas parcialmente).

50. *Idem*, p. 153. Mas cf. anteriormente F. Papa, "Idee per una Costituente", em Mastellone, 1997, p. 163-178.

51. Cf. M. Montanari, "La finalità etico-sociale del partito político", em Mastellone-Sola (editado por) 2001, p. 205-224 (especialmente p. 206-207).

52. *QdC*, p. 801-802 (Q6, 138). Na edição brasileira, Gramsci, Antonio. *Cadernos do cárcere*. V. 3. ed. cit., p. 255-256. Para um ponto de vista "trotskista", indico Maitan, 1997 e, em uma chave histórica Bianchi, 2008, especialmente p. 216 e ss.

53. Cf. *QdC*, p. 801-802 (Q6, 138). Na edição brasileira, Gramsci, Antonio. *Cadernos do cárcere*. V. 3. ed. cit., p. 255-256.

54. Cf. Spriano, 1969, v. II, p. 262 e ss.

55. Montanari, 2016, p. 190. Em posições semelhantes, Vacca, 2012, *idem*, 2017 e Rossi-Vacca, 2007.

56. É o título do Montanari, 2016, do qual também lemos, em relação aos debates em curso, p. 13-22 (que são as respostas ao questionário *Inchiesta*, p. 107-115).

57. Aludo a Lo Piparo, 2012 e 2013; tese reiterada em *Inchiesta*, p. 75-85.

58. As referências estão em *QdC*, p. 752 (Q6, 81), p. 1167 (Q9, 103). Na edição brasileira, Gramsci, Antonio. *Cadernos do cárcere*. V. 3. ed. cit., p. 235 e Gramsci, Antonio. *Cadernos do cárcere*. V. 5. ed. cit., p. 56. Mas recomendo G. Cospito, "Costituente", em *Dizionario*, p. 173.

59. Cf. o depoimento de Piacentini em Bermani, 2007, p. 217-230; mas também Gamba, 2005, p. 21 ss. E cf. Giacomini, 2017, p. 243-258.

60. Ver, entre outros documentos, "Gramsci à mãe", 6 de junho de 1927: *LC*, p. 96-98; *LC2*, p. 90-92. Na edição brasileira, Gramsci, Antonio. *Cartas do cárcere*. V. 1. ed. cit., p. 162-164. Cf. "Relazione sulla seconda visita a Turi", de Tatiana, para P. Sraffa (abril de 1929): Sraffa, 1991, p. 213-224.

61. Gramsci a Tatiana, 16 de junho de 1930: *LC*, p. 350-351 (350). Na edição brasileira, Gramsci, Antonio. *Cartas do cárcere*. V. 1. ed. cit., p. 426-428. Mas cf. também carta de Tatiana aos parentes de 21 de junho: Schucht, 1991, p. 75-78.

62. Cf. Spriano, 1969, v. II, p. 279-280; Piggi, 1984, capítulos II-III.; Vacca, 1999, p. 91 e ss.; e, mais analiticamente, Rossi-Vacca, 2007, p. 56-103.

63. Cf. Fiori, 1979, p. 344; mas cf. especialmente a mais recente construção histórica e historiográfica de Vacca, 2012, p. 91 e ss.

64. Todos os detalhes úteis e citações extensas dos dois documentos de Gennaro estão em Rossi-Vacca, 2007, p. 57-103, onde se sustenta a tese da adesão de Gramsci às expulsões e o dissenso do "ponto de virada". Sobre os efeitos da adesão ao "ponto de virada" no PCd'I, cf. Ormea, 1978.

65. Agora em Labriola, 1965, p. 216. Referência às vozes de F. Frosini, em *Parole*, p. 93-11 e por R. Dainotto, em *Dizionario*, p. 312-315. Sobre o Labriola de Gramsci, indico, também, para a bibliografia, F. Chiarotto, "Antonio Labriola: scienziato del materialismo storico", em d'Orsi, 2011b, p. 187-192.

66. Referência ao conteúdo de vários escritos coletados em Togliatti, 2001 e Garin, 1997.

67. Cf. L. Paggi, "La teoria generale del marxismo in Gramsci", em *Storia del marxismo contemporaneo*, 1974, p. 1318-1370.

68. Leia-se *QdC*, p. 1855 (Q16, 9). Na edição brasileira, Gramsci, Antonio. *Cadernos do cárcere*. V. 4. ed. cit., p. 31. Veja também, sobre Labriola-Gramsci, Liguori, 2006, p. 113-123. Sobre o assunto e, em geral, sobre a importância de Labriola e sua "herança não reconhecida", cf. Burgio, 2014, p. 414-447. Cf., sobre esta questão, Cacciatore, 2005. Recentemente, voltou-se ao tema Labriola, Tosel, 2016, p. 141 e ss.

69. Cf. os escritos coletados em Croce, 1968.

70. Referência aos dois ensaios coletados em 1899 e, em seguida, em setembro de 2012.

71. AG, "Einaudi, o dell'utopia liberale", em *Avanti!*, 25 de maio de 1919: *ON*, p. 39-42 (41); *SP*, v. I, p. 196-198 198; *SL*, p. 295-299 (298), *MP*, p. 154-157 (156).

72. Cf. Rossi, 2014, p. 59 e ss.

73. Cf. O verbete assinado por P. Voza, em *Dizionario*, p. 72-73.

74. *QdC*, p. 1338 (Q10, 48). Na edição brasileira, Gramsci, Antonio. *Escritos Políticos*. V. 1. ed. cit., p. 406.

75. Leia-se a límpida síntese de Fergnani, 2011, p. 55 e ss., com as referências textuais.

76. Nardone, 1971, p. 462; e cf. Fergnani, 2011, p. 59.

77. Em particular com o relatório "Gramsci e a sociedade civil", na conferência de Cagliari em 1967 (Rossi, 1969, v. I, p. 75-100), depois editado por ele mesmo (Bobbio, 1976) e, portanto, também com todos os textos gramscianos do autor, em *idem*, 1990, p. 32-70. Na importante reunião de 1967 e no relatório de Bobbio, cf. a análise (grave) de Liguori, 2012, p. 197 e ss., e Chiarotto, 2011, p. 194 e ss. Na edição brasileira, Bobbio, Norberto. *Ensaios sobre Gramsci e a sociedade civil*. Rio de Janeiro: Paz e Terra, 2007.

78. Fergnani, 2011, p. 60; cf. também Calabrò, 1982, *passim*.
79. Cf. Portelli, 1973, p. 44 e ss.
80. Cf. referências em Nardone, 1971, p. 447-448.
81. *Idem*, p. 451.
82. Cf. Thomas, 2009, *passim*.
83. Sobre os vínculos entre este trabalho de Lenin e a Revolução Bolchevique, cf. d'Orsi, 2016, p. 143 e ss.
84. Cf. G. Liguori, "Stato", em *Dizionario*, p. 802-805.
85. Observações interessantes em D. Losurdo, "Gramsci, il marxismo e lo Stato", em *Marx Centouno*, VIII, 8, 1992, p. 42-58.
86. Buci-Glucksmann, 1976, p. 116.
87. Cf. aqui p. ???.
88. Uma revisão de vários itens da história, léxicos e na chave histórica das ideias está em d'Orsi, 2008b; mas cf. a voz de G. Cospito, em *Parole*, p. 74-92 e em *Dizionario*, p. 267-269. Burgio, 2007, p. 121 e ss., fala de "onipresença e poder da hegemonia".
89. Cf. G. Vacca, "Dall'egemonia del proletariato' alla 'egemonia civile'. Il concetto di egemonia negli scritti di Gramsci fral il 1926 e il 1935", e F. Giassi, "I comunisti torinesi e l'egemonia del proletariato' nella rivoluzione italiana. Appunti sulle fonti di Alcuni temi della quistione meridionale di Gramsci", em d'Orsi, 2008c, p. 77-122 e 147-186.
90. Cf. G. Cospito, "Genesi e sviluppo del concetto di egemonia nei '*Quaderni del carcere*'", *idem*, p. 187-206.
91. Cf. *QdC*, p. 465 (Q4, 38). Na edição brasileira, Gramsci, Antonio. *Cartas do cárcere*. V. 1. ed. cit., p. 320.
92. Cf. G. Cospito, "Egemonia", em *Parole*, p. 74-92.
93. *QdC*, p. 874 (Q7, 25). Na edição brasileira, Gramsci, Antonio. *Cadernos do cárcere*. V. 1. ed. cit., p. 136.
94. S. Suppa, "Oriente/Occidente", em *Dizionario*, p. 602-665 (602).
95. Vander, 2002, p. 113.
96. *QdC*, p. 865 (Q7, 16). Na edição brasileira, Gramsci, Antonio. *Cadernos do cárcere*. V. 3. ed. cit., p. 262.
97. A. Catone, "Gramsci, la rivoluzione russa e la rivoluzione in Occidente", em Burgio-Santucci, 1999, p. 48-68 (50).
98. *QdC*, p. 1566-1567 (Q13, 7). Na edição brasileira, Gramsci, Antonio. *Cadernos do cárcere*. V. 3. ed. cit., p. 24.
99. Para um resumo eficaz, cf. Os dois verbetes de R. Ciccarelli, em *Dizionario*, p. 379-385.
100. Cf. J. Texier, "La guerra di pozicione in Engels e in Gramsci", em Burgio-Santucci, 1999, p. 3-22.
101. Cf. Fergnani, 2011, p. 15 e ss.
102. *QdC*, p. 869 (Q7, 19). Na edição brasileira, Gramsci, Antonio. *Cadernos do cárcere*. V. 1. ed. cit., p. 237.
103. Liguori, 2006, p. 56-57. Mas ver p. 54-68; do mesmo é o verbete em *Dizionario*, p. 399-403.
104. Mach, p. 288-292.
105. Sobre religião, cf. o verbete de T. La Rocca, em *Dizionario*, p. 701-704 e mais detalhadamente sua "Introduzione" em *RSC*, p. 13-59.
106. *QdC*, p. 76 (Q1, 65). Na edição brasileira, Gramsci, Antonio. *Cadernos do cárcere*. V. 2. Ed. cit., p. 208. Uma posição muito diferente, crítica-polêmica para Gramsci, é que, de um ponto de vista católico-conservador, de Vasale, 1979.
107. Liguori, 2006, p. 71.

108. Cf. Cospito, 2011, p. 247-266.

109. *QdC*, p. 1485-1486 (Q11, 59). Na edição brasileira, Gramsci, Antonio. *Cadernos do cárcere*. V. 1. ed. cit., p. 202. Além de Frosini, 2003, *passim*, observações interessantes podem ser encontradas em Prestipino, 2000, p. 85 e ss.; Kanoussi, 2000, p. 23 e ss.; Thomas, 2009, p. 278 e ss.

O SILÊNCIO DE GIULIA

1. Cf. Terracini, 1978, p. 89.
2. O documento de Lisa está em Spriano, 1988, p. 150-154. Confirma a história Sandro Pertini (ver Gandolfo, 2013, p. 295).
3. Cf. S. Pertini, "Ricordo di Antonio Gramsci", em *Il Lavoro Nuovo*, 27 de abril de 1947; Paulesu Quercioli, 1977, p. 210-214; S. Pertini, "In occasione del conferimento della cittadinanza onoraria di Turi" (2 de março de 1980), em *idem*, 1992, v. II, p. 215-219; *idem*, "Quando ero in carcere con Gramsci. Una lettera del 1966", em *Religione e società*, IX, 1990, p. 84-86; A. Gismondi, "Quel giorno a Ponza piansi in silenzio (A quasi 50 anni dalla morte di Gramsci, un ricordo di Pertini)", em *Il Messaggero*, 16 de março de 1987, p. 3; Bisiach, 1983, p. 59-61; e a reconstrução de Gandolfo, 2013, p. 291-303.
4. Cf. Gandolfo, 2013, p. 297-298, 302.
5. Paulesu Quercioli, 1977, p. 213; Gandolfo, 2013, p. 299n-300n. Tradução nossa.
6. Bisiach, 1983, p. 59-61; Gandolfo, 2013, p. 295. Tradução nossa.
7. Petrini, 1992 v. II, p. 215-216; Gandolfo, 2013, p. 296. Tradução nossa.
8. Gramsci a Tatiana, 26 de outubro de 1931: *LC*, p. 513-515 (513); *LC2*, p. 485-487 (485); *LT*, p. 843-846 (844). Na edição brasileira, Gramsci, Antonio. *Cartas do cárcere*. V. 2. ed. cit., p. 110-112.
9. Tatiana a Giulia, 6 de março de 1933: Schucht, 1991, p. 139-140.
10. Gramsci a Tatiana, 26 de outubro de 1931: *LC*, p. 513-515; *LC2*, p. 483-485; *LT*, p. 843-846. Na edição brasileira, Gramsci, Antonio. *Cartas do cárcere*. V. 2. ed. cit., p. 110-112.
11. Tatiana a P. Sraffa, 16 de agosto de 1931: Sraffa, 1991, p. 24n-25n.
12. Cf. Rossi-Vacca, 2007, p. 65-66.
13. Cf. Vacca, 2012, p. 47-61. Por fim, cf. as notas do estudioso que trabalha sobre Sraffa há anos: N. Naldi, "Sraffa e dintorni tra falsificazione e verità", em *Inchiesta*, p. 124-136. Mas veja também Fausti, 1998, e agora De Vivo, 2017. Para a fisionomia internacional do economista, é fundamental Cozzi-Marchionatti (edit.), 2001. *Idem*, sobre a formação de Turim, meu ensaio: "A child of 'cultura positiva'. Turin and education of Piero Sraffa", p. 3-22 (com base nos documentos em ASUT e AFLE; em italiano, com modificações, em D'Orsi, 2002, p. 183-205) e pelo seguinte N. Naldi, "Piero Sraffa's early approach topolitical economy. From the gymnasium to the beginning of his academic career", p. 23-40; em ambas as numerosas contribuições e referências a Gramsci.
14. Sobre D'Amelio, em relação a Gramsci, cf. Vacca, 2012, *ad indicem*; Fabre, 2015, *ad indicem*; e, para corrigir a "historiografia da suspeita" deste último, De Vivo, 2017 e Giacomini, 2017.
15. "Il silenzio di Giulia e l'isolamento politico", se intitula um informatíssimo capítulo de Vacca, 2012, p. 75-89, referente a 1929-1930. Mesmo título, mas bem outra orientação, em um livro desprovido de consistência científica: Nieddu, 2004, p. 175 e ss. A tese frequentemente relançada de uma Giulia manobrada pelos serviços secretos russos não está documentada, mas continua a circular; cf., por exemplo, Lehner, 2008.
16. Gramsci a Giulia, 30 de novembro de 1931: *LC*, p. 532-533; *LC2*, p. 499-500. Na edição brasileira, Gramsci, Antonio. *Cartas do cárcere*. V. 2. ed. cit., p. 125-126.

17. Vacca, 2012, p. 103. Sobre esse assunto, os estudos são escassos e principalmente limitados: cito Scuderi Sanfilippo, 1985; Nosella, 2004 e Pagano, 2014; além do já redordado, apresentações valiosas de Manacorda e Urbani em suas respectivas antologias (AP e FU), e ao meu capítulo em d'Orsi, 2015, p. 143-163. Um recente volume também enfatiza sobre o plano político o papel da pedagogia em Gramsci: Pizzolato-Holst, 2017.

18. G. Julia [1936]: *LC2*, p. 790-792. Agora é útil Potier, 1990. Tradução nossa.

19. P. Sraffa a Tatiana, 6 de julho de 1933: Sraffa, 1991, p. 123-125. Tradução nossa.

20. Gramsci a Teresina, 30 de abril de 1933: *LC*, p. 776; *LC2*, p. 706-707. Na edição brasileira, Gramsci, Antonio. *Cartas do cárcere*. V. 2. ed. cit., p. 332.

21. Gramsci a Giulia [1936]: *LC2*, p. 790-792 e n. Na edição brasileira, Gramsci, Antonio. *Cartas do cárcere*. V. 2. ed. cit., p. 415.

22. *Ibidem.*

23. G. a Giulia, 27 de julho de 1931: *LC*, p. 202-203; *LC2*, p. 434-436. Na edição brasileira, Gramsci, Antonio. *Cartas do cárcere*. V. 2. ed. cit., p. 64. Sobre o significado do conto de fadas e no seu "recontar", refiro-me ao belo livro de Bettelheim, 1977.

24. Carta a Julia, 1 de agosto de 1932: *LC2*, p. 600-601. Sobre as implicações desta carta, cf. D. Ragazzini, "L'uomo individuo e l'uomo massa", em Capitani-Villa, 1999, p. 119-135; mas com maior amplitude, Ragazzini, 2002.

25. Cf. d'Orsi, 2015, p. 158 e ss.

26. Gramsci ao filho Delio, 22 de fevereiro de 1932: *LC*, p. 578-579; *LC2*, p. 532-533. Na edição brasileira, Gramsci, Antonio. *Cartas do cárcere*. V. 2. ed. cit., p. 163. O conto deu o título a muitas coleções deste tipo de textos gramscianos, a partir de uma primeira edição, de 1949: A. Gramsci, *L'albero del riccio*, apresentação e notas de G. Ravegnani e ilustrações de F. Frai, Milano Sera, Milão, 1949. Mas cf., nesse sentido, Arca, 2004 e Corrado, 2008.

27. Cit. em Gramsci Jr., 2014, p. 136 (a citação é de Giuliano Gramsci).

28. *Idem*, p. 135.

29. *Idem*, p. 131.

30. Tatiana a Gramsci, 31 de julho de 1931: *LT*, p. 744-746.

31. Gramsci a Giulia, 31 de agosto 1931: *LC*, p. 476-478; *LC2*, p. 452-454. Na edição brasileira, Gramsci, Antonio. *Cartas do cárcere*. V. 2. ed. cit., p. 81.

32. Vacca, 2012, p. 5-6.

33. P. Sraffa para Tatiana, 12 de abril de 1931, em Sraffa, 1991, p. 11-15; *LT*, p. 696-698. Tradução nossa.

34. *Ibidem.* Uma primeira pesquisa sobre Gramsci e a psicologia está em Ghiro, 2012.

35. Gramsci a Tatiana, 20 de março [na verdade, abril] 1931: *LC2*, p. 413-415 (415); *LT*, p. 699-701 (700). Na edição brasileira, Gramsci, Antonio. *Cartas do cárcere*. V. 2. ed. cit., p. 40.

36. Cf. Vacca, 2012, p. 103 e ss.

37. Ghiro, 2012, p. 119.

38. Gramsci a Giulia, 31 de agosto de 1931: *LC*, p. 476-478; *LC2*, p. 452-454. Na edição brasileira, Gramsci, Antonio. *Cartas do cárcere*. V. 2. ed. cit., p. 79-81.

39. Gramsci para Tatiana, 18 de maio de 1931: *LC*, p. 433-435; *LC2*, p. 417-419; *LT*, p. 711-713. Na edição brasileira, Gramsci, Antonio. *Cartas do cárcere*. V. 2. ed. cit., p. 45-46.

40. Tatiana a Gramsci, 31 de julho 1931: *LT*, p. 744-746. Tradução nossa.

41. Cf. Tatiana a Gramsci, 23 de fevereiro de 1932: *LT*, p. 928-934. Tradução nossa.

42. Gramsci a Tatiana, 15 de fevereiro 1932: *LC*, p. 572-574; *LC2*, p. 531-534; *LT*, p. 920-924. Na edição brasileira, Gramsci, Antonio. *Cartas do cárcere*. V. 2. ed. cit., p. 157-160.

43. Cf. F. Giasi, *La vita* (fonte de discussão para a conferência "Egemonia e modernità. Il pensero di Gramsci in Italia e nella cultura internazionale", Roma, maio de 2017).

O HISTORIADOR EM AÇÃO

1. Cf. Vacca, 2012, p. 189. Tradução nossa.
2. P. Sraffa para Tatiana, 23 de agosto 1931: Sraffa, 1991, p. 21-24. Tradução nossa.
3. G. Tatiana, 3 de julho [sic: agosto] 1931: *LC*, p. 458-461 (459); *LT*, p. 748-752 (749). Na edição brasileira, Gramsci, Antonio. *Cartas do cárcere*. V. 2. ed. cit., p. 65-68.
4. F. Frosini, *Struttura e datazione*, cit. Mas cf. também Calabrò 2012, p. 67-86. E a "Introduzione" de A. Santucci a *LC2*, p. XI-XXVI.
5. Cf. uma visão geral interessante, mas questionável, Baldan, 1978, especialmente p. 45 e ss. Sobre o papel da história em Gramsci se está de acordo, também, com um estudioso de inglês, entre os primeiros a assinar uma monografia: Joll, 1992, que escreve que, além de Marx, os estudos históricos de G. "eram mais profundos do que os de qualquer outro intérprete marxista" (p. 9).
6. Cf. Pécout, 2011. Introdução ao tema e à questão do "*Risorgimento*", de P. Voza, em *Dizionario*, p. 716-720.
7. Cf. Manacorda G., "Il Risorgimento di Antonio Gramsci", em *Società*, V, 1949, p. 308-331. Esta é uma resenha do v. *O Risorgimento*, da edição temática de *Cadernos* (1949). Para uma revisão completa da alteração de volume, referência a *BGR*, *ad indicem*.
8. Cf. Vacca, 2017, p. 95 e ss. Sobre o conceito, além disso, cf. a dupla entrada de P. Voza, em *Dizionario*, p. 724-728, e, em maior extensão, em *Parole*, p. 189-207; mais especificamente pelo nexo com Cuoco, R. Renda, "Vincenzo Cuoco: gli insegnamenti della 'rivoluzione passiva'", em d'Orsi, 2011b, p. 59-66; também Calabrò, 2012, p. 67 e ss.
9. Referência a R. Zangheri, "La mandata rivoluzione agraria nel Risorgimento e i problemi economici dell'unità", em *Studi gramsciani*, 1958, p. 369-383.
10. Referência a dois textos por R. Médici: "Giacobinismo" em *Dizionario*, p. 351-352 e em *Parole*, p. 112-130.
11. As duas citações de *QdC*, p. 2041 (Q19, 26); estão também na antologia *Ris.*, p. 165. Na edição brasileira, Gramsci, Antonio. *Cadernos do cárcere*. V. 5. ed. cit., p. 87.
12. Cf. A. Pizzorno, "Sul metodo de Gramsci", cit., especialmente, p. 111 e ss.
13. Vacca, 2017, p. 98; mas cf. todo o capítulo II, p. 97-149 e o capítulo I (sobre hegemonia), p. 21-93, no qual se deseja direcionar para uma tal conclusão. Sobre os dois lemas gramscianos, cf., além disso, para uma perspectiva diversa, Thomas, 2009, p. 103 e ss., e 159 e ss.
14. *QdC*, p. 1325 (Q10, 41). Na edição brasileira, Gramsci, Antonio. *Cadernos do cárcere*. V. 1. ed. cit., p. 361.
15. *QdC*, p. 765 (Q6, 89). Na edição brasileira, Gramsci, Antonio. *Cadernos do cárcere*. V. 3. ed. cit., p. 245.
16. Cf. Maturi, 1962, p. 621.
17. *QdC*, p. 2034 (Q19, 24), mas cf. também Res., p. 122-123. Na edição brasileira, Gramsci, Antonio. *Cadernos do cárcere*. V. 5. ed. cit., p. 62.
18. *QdC*, p. 2075 (Q19, 53). Na edição brasileira, Gramsci, Antonio. *Cadernos do cárcere*. V. 5. ed. cit., p. 121.
19. *QdC*, p. 2037 (Q19, 26); cf. também *Ris.*, p. 160. Na edição brasileira, Gramsci, Antonio. *Cadernos do cárcere*. V. 5. ed. cit., p. 88-89.
20. *QdC*, p. 2038 (Q19, 26); *idem*, p. 162. Na edição brasileira, Gramsci, Antonio. *Cadernos do cárcere*. V. 5. ed. cit., p. 88-89.
21. Vacca, 2017, p. 125.
22. C. Spagnolo, "Fascismo", em *Dizionario*, p. 293-297 (293). Mas cf. L. Mangoni, "Il problema del fascismo nei *Quaderni del carcere*", em Ferri, 1977, v. I, p. 391-438. Mas leia-se também Burgio, 2003 e 2014, *passim*.

23. E. Santarelli, *Introduzione* a *Fasc.*, p. 9-36 (33).
24. Cf. também A. D'orsi, F. Chiarotto, "Il machiavellismo degli stenterelli. Cattolicesimo, reazione e realismo politico negli scrittori del nazionalismo italiano", em Scichilone, 2011, p. 122-144; a referência é ao artigo "Stenterello", em *Avanti!*, 10 de março de 1917: *CF*, p. 84-86; *SL*, p. 207-210; *MP*, p. 81-83.
25. Cf. Paggi, 1984, p. 387-426. Cf. também M. Fiorillo, "Dalla machiavellistica 'elitista' al moderno principe democrático", em Giasi, 2008, v. II, p. 839-859. Sobre o maquiavelismo e o antimaquiavelismo, cf. a homônima entrada de L. Mitarotondo em *Dizionario*, p. 499-501; Izzo, 2009, p. 121 e ss.; e o "Prefazione", de C. Donzelli em *Princ.*, p. VII e ss.; mas também sua "Introduzione", p. 3 e ss., (reproduz isso para *Q13 – NPM*, p. IX e ss.); e d'Orsi, 2015, p. 183-197. Finalmente, Sanguineti, 1982 e Medici, 1990, especialmente p. 161 e ss.
26. *Mussolini, Preludio al Machiavelli*, na "Gerarchia", abril 1924; agora em Mussolini, 1979, p. 228-291. Para uma olhada no clima geral: G. Calabrò, *Qualche considerazione sul problema Machiavelli*, em Mastallone-Sola, 2001, p. 193-203.
27. *Noi e la concentrazione repubblicana*, 13 de outubro de 1926: *CPC*, p. 349-359. Tradução nossa.
28. Gramsci a Tatiana, 23 de fevereiro de 1931: *LC*, p. 410-414; *LT*, p. 668-670; *LC2*, p. 395-399. Na edição brasileira, Gramsci, Antonio. *Cartas do cárcere*. V. 2. ed. cit., p. 22-25.
29. G. para Tatiana, 14 de novembro de 1927; *LC*, p. 145-146; *LT*, p. 153-154; *LC2*, p. 132-133. Na edição brasileira, Gramsci, Antonio. *Cartas do cárcere*. V. 1. ed. cit., p. 206-207.
30. *QdC*, p. 8-9 (Q1, 10); *PT – Q2*, p. 7-8. Na edição brasileira, Gramsci, Antonio. *Cadernos do cárcere*. V. 6. Rio de Janeiro: Civilização Brasileira, 2002, p. 345.
31. M. Filippini, "Niccolò Machiavellli: la 'grande politica'", em d'Orsi, 2011b, p. 23-32.
32. *QdC*, p. 432 (Q4, 10) e também *idem* (Q13, 135), p. 124-125. Na edição brasileira, Gramsci, Antonio. *Cadernos do cárcere*. V. 6. ed. cit., p. 357.
33. *QdC*, p. 951 (Q8, 21); para a citação anterior, *idem*, p. 432, mas também, do Q13, p. 179-180. Na edição brasileira, Gramsci, Antonio. *Cadernos do cárcere*. V. 6. ed. cit., p. 374.
34. *QdC*, p. 952 (Q8, 21). Na edição brasileira, Gramsci, Antonio. *Cadernos do cárcere*. V. 6. ed. cit., p. 376.
35. *QdC*, p. 953 (Q8, 21). Na edição brasileira, Gramsci, Antonio. *Cadernos do cárcere*. V. 6. ed. cit., p. 377. Mas cf. as observações de R. Pozzi, "Gramsci e Sorel: la scienza politica fra 'mito' e partito", em Mastellone-Sola, 2001, p. 171-191.
36. Sobre o conceito, lemos o verbete de F. Frosini, em *Dizionario*, p. 510-512.
37. R. Pozzi, "Gramsci e Sorel", cit., p. 185. Tradução nossa.
38. As acusações contra Gramsci "totalitário" pontuam a história de recepção dos seus escritos, desde 1948, a partir de Matteucci, 1977 (1 ed. 1951) e Garosci, 1954, p. 193-257 (o capítulo é intitulado "'Totalitarismo e historicismo no pensamento de Antonio Gramsci"; adiamento, em geral para BGR, v. I, passim) para Pellicani, 1990, p. 133 e ss. A acusação continua circulando na manhã acadêmico e jornalístico.
39. Por último, sobre esta tese, Vacca, 2017, p. 208 e ss.
40. Cf. d'Orsi, 2002, p. 103-125. Sobre a relação teórica de Gramsci com Moscou, fundamental M. Finocchiaro, "Gramsci e Caetano Mosca", em Giacomini-Losurdo-Martelli (eds.), 1994, p. 115-164.
41. Cf. Suppa, 2016, p. 97 e ss.; Prospero, 2016, p. 9 e ss. Para uma série de apontamentos sobre as grandes figuras da ciência política (Mosca, Pareto, Michels) em relação a Gramsci, refiro-me também a Medici, 1990.
42. *QdC*, p. 1432 (Q11, 26). Na edição brasileira, Gramsci, Antonio. *Cartas do cárcere*. V. 1. ed. cit., p. 149.

43. *QdC*, p. 2192 (Q23, 6). Na edição brasileira, Gramsci, Antonio. *Cadernos do cárcere*. V. 6. Ed. cit., p. 70.

44. *QdC*, p. 426 (Q4, 5). Na edição brasileira, Gramsci, Antonio. *Cadernos do cárcere*. V. 4. ed. cit., p. 22. A bibliografia sobre a relação Gramsci-Croce e Gramsci-De Sanctis é muito vasta; como ponto de partida, os ensaios de V. Santoro, "Francesco De Sanctis: letterato e Uomo di Stato" e de C. Meta, "Benedetto Croce: la sfida per l'egemonia", tanto em d'Orsi, 2011b, p. 129-136 e 283-294.

45. G. Manacorda, "Introduzione" a *ML*, p. 22. Nesse sentido, é explicado o custo para um Lukács (Cf. Alessandroni, 2011).

46. Cf. várias contribuições no volume coletivo Matellone, 1997, e G. Sola, "Scienza politica e analisi del partito in Gramsci", em Mastellone-Sola, 2001, p. 27-49.

47. Burgio, 2014, p. 289. Sobre Maquiavel "revolucionário", cf. Dotti, 2003.

48. "Il leninismo nel pensero e nell'azione di A. Gramsci", de Togliatti, após a primeira publicação em *Studi Gramsciani*, 1958, p. 15-36, seguido por "Gramsci e il leninismo", em Togliatti, 1977, p. 157-182, foi retomado nas diferentes coleções: *idem*, 2000, p. 53-91; *idem*, 2001, p. 213-234 e 235-26.

49. M. Spinella, "Introduzione" a *EP*, p. 8.

50. Badaloni, 1975, p. 182.

51. S. Tagliagambe, "Gramsci, la modernità e la scienza", em Paladini Musitelli, 2008, p. 17-42 (19).

52. *QdC*, p. 1089 (Q10, 33). Na edição brasileira, Gramsci, Antonio. *Cadernos do cárcere*. V. 1. ed. cit., p. 348. Na conexão de conceitos em torno do fascismo, em particular cf. F. De Felice, "Rivoluzione passiva, fascismo, americanismo in Gramsci", em Ferri, 1977, v. I, p. 161-220.

53. Cf. A. Salsano, "Il corporativismo tecnocratico in una prospettiva internazionale", em Sbarberi, 1988, p. 151-165.

54. Cf. A síntese de C. Spagnolo, em *Dizionario*, p. 27.

55. Capo, em *L'Ordine Nuovo*, III, 1, março de 1924, em seguida, em *L'Unità*, 6 de novembro de 1924, com o título "Lenin, chefe revolucionário" (assinado: Antonio Gramsci); *CPC*, p. 12-16; *SL*, p. 483-487; *MP*, p. 281-285.

56. Cf. G. Liguori, "Cesarismo", em *Dizionario*, p. 123-125.

57. *QdC*, p. 20 (Q13, 30). Na edição brasileira, Gramsci, Antonio. *Cadernos do cárcere*. V. 3. ed. cit., p. 81.

"ESTE INFERNO ONDE EU MORRO LENTAMENTE"

1. Gramsci a Tatiana, 14 de novembro de 1932: *LC*, p. 699-701 (699); *LC2*, p. 636-639 637; *LT*, p. 1112-1115 (1112). Na edição brasileira, Gramsci, Antonio. *Cartas do cárcere*. V. 2. ed. cit., p. 262. Tatiana para Gramsci, 19 de novembro de 1932: *LT*, p. 119.

2. O texto está em Spriano, 1988. No geral, cf. também Pistillo, 2001, p. 111 e ss.

3. Gramsci para Tatiana, 19 de setembro de 1932: *LC*, p. 676-678; *LT*, p. 1082-1085; *LC2*, p. 614-617.

4. Vacca, 2012, p. 223-227. Tradução nossa.

5. Sobre o caso, além de Vacca, 2012, e Rossi-Vacca, 2007 (p. 158 ss.), cf. Giacomini, 2017, p. 163 e ss., no qual uma espécie de "conspiração" é sombreada entre membros da família, Arcangeli, administração penitenciária, para induzir o recluso a pedir perdão ou algo semelhante.

6. Cf. Vacca, 2012, p. 228-232.

7. Cf. Rossi-Vacca, 2007.

8. Todas as citações estão na carta de Tatiana a Giulia, 15 de abril. 1933: Schucht, 1991, p. 140-142.

9. Cf. Vacca, 2012, p. 243-245, 248-249, 254-257, 270.

10. Gramsci para Tatiana, 14 de março de 1933: *LC*, p. 761; *LC2*, p. 694-695; *LT*, p. 1231-1232. Na edição brasileira, Gramsci, Antonio. *Cartas do cárcere*. V. 2. ed. cit., p. 318-319.

11. Tatiana para Teresina Gramsci, 11 de abril de 1933: Schucht, 1991, p. 242-243. Tradução nossa.

12. Di Trombetti, além do depoimento já mencionado (Piantone di Gramsci...), cf. "In cella con la matricola 7047 (Detenuto politico A. Gramsci)", em *Rinascita*, III, 9, 1946, p. 233-235. Sobre ele, a entrada em www.storiaememoriadibologna.it.

13. Cf. Lussana, 2002, p. 168-169.

14. Cf. *idem*, p. 173 e ss.

15. Cf. *idem*, p. 183.

16. Refiro-me novamente à carta de Gramsci a Tatiana em 23 de abril de 1933 (*LC2*, p. 705 e ss., e *LT*, p. 1256 e ss., na qual lemos, em uma nota, também a carta de Tatiana a Sraffa, na qual toda a história é resumida). A carta, percebe-se, nunca chegou a Tania, porque, apenas Gramsci mencionava o jogo de Saporito, destinado a diminuir os efeitos do encarceramento, foi interrompida pela gerência e enviada ao ministério; foi rastreada por C. Casucci, "Il carteggiodi Gramsci nel Casellario Politico Centrale", em *Rassegna degli Archivi di Stato*, XXV, 6, 1965, p. 421-426. Nesse artigo valioso, que recolhia uma documentação muito importante, cf. *BGR*, p. 302.

17. Vacca, 2012, p. 267-273.

18. Gramsci para Tatiana, 6 de julho de 1933: *LC*, p. 797-799 (797); *LC2*, p. 725-728 (726); *LT*, p. 1319-1323 (1320). Na edição brasileira, Gramsci, Antonio. *Cartas do cárcere*. V. 2. ed. cit., p. 348-350.

19. O documento (27 de junho de 1933), encontrado em 2007, foi publicado em *Mondoperaio*, 1, janeiro-fevereiro de 2008, p. 58-65, seguido de um artigo de G. Tamburrano, "Su una lettera inédita di Antonio Gramsci"; a carta está agora em La Porta, 2017, p. 73-77. Tradução nossa.

20. Giacomini, 2017, p. 235.

21. Gramsci para Tatiana, 6 de julho de 1933: *LC*, p. 798; *LC2*, p. 727; *LT*, p. 1320. Na edição brasileira, Gramsci, Antonio. *Cartas do cárcere*. V. 2. ed. cit., p. 348-350.

22. Tatiana a Giulia, 15 de outubro de 1933: Schucht, 1991, p. 147-149.

23. *LT*, p. XCI.

24. Gramsci a Mussolini, 24 de setembro de 1934: *LC2*, p. 825-826; reproduzido agora em La Porta, 2017, p. 78-79. Na edição brasileira, Gramsci, Antonio. *Cartas do cárcere*. V. 2. ed. cit., p. 451.

25. Tatiana a Giulia, 12 de novembro de 1934: Schucht, 1991, p. 189-192.

26. Cf. Vacca, 2012, p. 297-298.

27. Tatiana a Giulia carta cit. Sobre Formia, cf. especialmente a equilibrada análise e reconstrução bem-informada de Vacca, 2012, p. 267 e ss.; cf., então, Giacomini, 2017, p. 221 e ss.

28. Cf. Fabre, 2015, p. 338 e ss., nas quais, no entanto, teoremas não comprovados são construídos, visando insinuar que o próprio Partido Comunista causou os fatos que prejudicaram Gramsci. Cf. a reconstrução muito mais coerente de Vacca, 2012, p. 293 e ss., Giacomini, 2017, p. 195 e ss. Cf., no entanto, a documentação em *ACS*, *CPC*, b. 2499, Gramsci Antonio.

29. Cf. "Oprimidos e opressores": *SP*, v. I, p. 3-5; *SL*, p. 115-118; *MP*, p. 35-38. Na edição brasileira, Gramsci, Antonio. *Escritos Políticos*. V. 1. ed. cit., p. 43-45.

30. Boninelli, 2007, p. 177.

31. *Idem*, p. 178.

32. G. M. Boninelli, "Folclore", em *Dizionario*, p. 319-322 (321).

33. J. Buttigieg, "Subalterno, subalterni", em *Dizionario*, p. 826-830. Pelo mesmo autor, "Sulla categoria gramsciana di 'subalterno'", em Baratta-Liguori, 1999, p. 27-38. Cf. também M. E. Green, "Subalternità, questione meridionale e intellettuali", em Schirru 2009, p. 53-70.

34. *QdC*, p. 2283 (Q25, 2). Na edição brasileira, Gramsci, Antonio. *Cadernos do cárcere*. V. 5. ed. cit., p. 135.

35. Cf., por exemplo, Davidson, 1977, p. 232 e ss.

36. Cf. I. Chambers, "Id Sul, il subalterno e la sfida critica", em *idem*. 2006 p. 7-15.

37. Cf. Chiarotto, 2011, p. 112-113.

38. Durante 2008, p. 61 e, principalmente, F. De Felice, "Introduzione" a *AF2*; para a reação acalorada, a "Introduzione", de F. Platão, a *AF1*.

39. *QdC*, p. 2164 e ss., (Q22, 11). Na edição brasileira, Gramsci, Antonio. *Cadernos do cárcere*. V. 4. ed. cit., p. 265 e ss.

40. *QdC*, p. 2171-2172 (Q22, 12). Na edição brasileira, Gramsci, Antonio. *Cadernos do cárcere*. V. 4. ed. cit., p. 265 e ss. Indico A. Showstack Sassoon, "Gramsci e la critica dell'americanismo e del fordismo" e A. Catone, "Americanismo come modo di produzione", em Barata-Catone, 1989, p. 80-85 e 43- 67. Muitas sugestões (bilaterais, ou seja, sobre a América de Gramsci e sobre Gramsci na América) também provêm do volume coletivo de Pala, 2009.

41. *QdC*, p. 1438-1439 (Q10, 55). Na edição brasileira, Gramsci, Antonio. *Cadernos do cárcere*. V. 1. ed. cit., p. 415.

42. Cf. G. Baratta, "Americanismo", em *Dizionario*, p. 37-40.

43. G. Baratta, "Antonio Gramsci, critico del americanismo", em Baratta-Catone, 1989, p. 29-42 (29). Tradução nossa.

44. Para a história do pragmatismo, Meta, 2010; para citações e seu conjunto, cf. G. Baratta, "Americanismo", em *Dizionario*, p. 39.

45. *QdC*, p. 1377-1378 (Q11, 12). Na edição brasileira, Gramsci, Antonio. *Cadernos do cárcere*. V. 1. ed. cit., p. 93.

46. *QdC*, p. 1550 (Q12, 3). Na edição brasileira, Gramsci, Antonio. *Cadernos do cárcere*. V. 2. Ed. cit., p. 52.

47. Cf. a entrada de P. Voza, em *Dizionario*, p. 425-428 (427). Mas cf. sempre G. Vacca, "La 'quistione politica degli intellettualli' e la teoria marxista dello Stado nel pensiero di Gramsci", em Ferri, 1977, v. I, p. 439 e ss. Uma síntese justa está em Zacheo, 1991, p. 37 e ss. Acima de tudo, porém, A. Spini, "Gli intellettuali e i processi politico-culturali nei *Quaderni del Carcere*", Mastellone, 1997, p. 111-128.

48. Coutinho, 2006, p. 134.

49. *QdC*, p. 1522 (Q12, 1). Na edição brasileira, Gramsci, Antonio. *Cadernos do cárcere*. V. 2. Ed. cit., p. 15.

50. Cf. Davidson, 1977, p. 271.

51. *QdC*, p. 1551 (Q12, 3). Na edição brasileira, Gramsci, Antonio. *Cadernos do cárcere*. V. 2, Rio de Janeiro: Civilização Brasileira, 2000, p. 52.

DA QUISISANA AO CEMITÉRIO DOS INGLESES

1. Tatiana a Giulia, 5 de julho de 1934: Schucht, 1991, p. 176-178 (177). Sobre a ação soviética para libertar Gramsci e a negação do governo italiano, ver também o depoimento do embaixador britânico em Moscou, relatado em M. Palla, "Il Gramsci abbandonato", em *Belfagor*, XLI, 1986, p. 581-586.

2. Tatiana a Giulia, 5 de julho de 1934: Schucht, 1991, p. 293-295.

3. *Idem*, p. 304-307 e 307n.

4. Cf. Fabre, 2015, "circunstancialmente" culpado pelos comunistas italianos (ver, resumidamente, p. 370), após o trabalho de Canfora, 2009, 2012a e 2012b; Giacomini, 2017, que atribui responsabilidade ao regime fascista, mas não exonera o partido, em relação à carta de Grieco. Sempre equilibrado, Vacca, 2012.

5. Gramsci a Mussolini, 25 de abril de 1935: *LC2*, p. 827. Na edição brasileira, Gramsci, Antonio. *Cartas do cárcere*. V. 2. ed. cit., p. 452-453.

6. Cf. reconstrução analítica de Giacomini, 2017, p. 273 e ss., (sempre nos documentos da *ACS*, *CPC*, fasc. Gramsci, Antonio). Sobre as perguntas, no entanto, indico as diferentes respostas em *Inchiesta*, de 2014.

7. Francioni, 1984 p. 127.

8. Cf. R. Mordenti, "Quaderni del carcere", de A. Gramsci, em Asor Rosa, 1996, p. 585.

9. Refiro-me a Piparo, 2012 e 2013, uma tese reiterada em inúmeras intervenções jornalísticas.

10. Gramsci a A. Valenti, 19 de junho de 1935: *LC2*, p. 827-828. Na edição brasileira, Gramsci, Antonio. *Cartas do cárcere*. V. 2. ed. cit., p. 453-454.

11. Ravera, 2012, p. 393.

12. O relatório, em francês, está em Agosti, 1998, p. 156-160.

13. "Terracini al Centro Estero del PCd'I, julho-agosto de 1930", em Terracini, 1975, p. 26-38 (31).

14. Gramsci a Mussolini, 15 de julho de 1935: *LC2*, p. 828-829. Na edição brasileira, Gramsci, Antonio. *Cartas do cárcere*. V. 2. ed. cit., p. 454.

15. Vacca, 2012, p. 310-312; Giacomini, 2017, p. 274 e ss.

16. Gramsci a Giulia, 25 de janeiro de 1936: *LC*, p. 849-851; *LC2*, p. 769-771. Na edição brasileira, Gramsci, Antonio. *Cartas do cárcere*. V. 2. ed. cit., p. 393-395.

17. Cf. Fiori 1966, p. 334 e ss.

18. *LT*, p. XCI-XCII; Vacca, 2012, p. 313-323. Também com a morte de Gramsci, reconstruções fantasiosas foram avançadas (mesmo de que teria sido um homicídio a mando de Togliatti), sobre o qual não vale a pena refletir, pois não tem qualquer fundamento. A bizarra tese de Gramsci morto na prisão, por alguém do regime, ou por outros assassinos stalinistas, é, no entanto, regularmente reproposta: por último Giacomini, 2017, p. 285 e ss. "Una perdita irreparabile" é chamada o obituário assinado por A. Tasca, em *Nuovo Avanti!*, XLIII, 1937, 19: Santarelli, 1991, p. 81-91. "Una rassegna dei necrologi", por meio de informações singulares, está em *BGR*, v. I, p. 26 e ss. Piero Sraffa, tendo recebido as notícias por um telegrama de Carlo, escreve para Tania: "Quanto eu temia, de um momento para o outro, receber esta notícia. Não posso superar isso. É uma desgraça sem igual" (Sraffa, 1991, p. 180).

REFERÊNCIAS*

ACCARDO, Aldo. *Cagliari*. Roma-Bari: Laterza, 1996.

AGOSTI, Aldo. *La Terza Internazionale*. Storia documentaria. I. 1919- 1923. [Prefazione di Ernesto Ragionieri (1974)]; II. 1924-1928 (1976); III. 1928-1943 (1979). Roma: Editori Riuniti, Roma, 1974-1979.

AGOSTI, Aldo. (a cura di). *Togliatti negli anni del Comintern* (1926-1943). Documenti inediti dagli archivi russi. Roma: Carocci, 2000.

AGOSTI, Aldo. *Togliatti*. Un uomo di frontiera. 1. ed. (1996). Torino: Utet Libreria, 2003.

AGOSTI, Aldo. *Il partito mondiale della rivoluzione*. Saggi sul comunismo e l'Internazionale. Milano: Unicopli, 2009.

AGOSTI, Aldo; BRAVO, Gian Mario. (a cura di). *Storia del movimento operaio, del socialismo e delle lotte sociali in Piemonte*. 4 v. Bari: De Donato, 1979-1981.

ALESSANDRONI, Emiliano. *La rivoluzione estetica di Antonio Gramsci e György Lukács*. [Prefazione di Pietro Cataldi]. Saonara (PD): Il Prato, 2011.

ALZIATOR, Francesco. *Storia della letteratura di Sardegna*. Cagliari: Edizioni della Zattera, 1954.

AMBROSOLI, Luigi. *Né aderire, né sabotare*. 1915-1918. Milano: Edizioni Avanti!, 1961.

AMENDOLA, Giorgio. *Antonio Gramsci nella vita culturale e politica italiana*. [Presentazione di Antonio Villani]. Napoli: Guida, 1978.

ANDREUCCI, Franco; DETTI, Tommaso. *Il movimento operaio italiano*. Dizionario biografico. 1853-1943. 6 v. Roma: Editori Riuniti, 1975-1979.

ANGELINO, Carlo. *Gramsci al tempo de* L'Ordine Nuovo *(1919-1920)*. Un intellettuale di vedute europee. Roma: Editori Riuniti, 2014.

ANGLANI, Bartolo. *Solitudine di Gramsci*. Politica e poetica del carcere. Roma: Donzelli, 2007.

---

* A Bibliografia inclui apenas títulos de volumes referidos em notas de rodapé, ou de outra forma utilizados na redação desta obra. Não inclui títulos de artigos em periódicos ou contribuições que tenham aparecido em coletâneas citadas na íntegra na nota de rodapé.

ANGLANI, Bartolo. *Il Paese di Pulcinella*. Letteratura, rivoluzione, identità nazionale nel giovane Gramsci. [Prefazione di Ferdinando Pappalardo]. Bari: Palomar, 2009.

ANTONICELLI, Franco. (a cura di). *Trent'anni di storia italiana (1915-1945)*. Dall'antifascismo alla resistenza. Lezioni con testimonianze presentate da Franco Antonicelli. Torino: Einaudi, 1961.

ARCA, Antoni. *Sardegna, infanzia e letteratura oltre le sbarre*. Antonio Gramsci animatore alla lettura attraverso le Lettere dal carcere. Cagliari :Condaghes, 2004.

ARFÉ, Gaetano. *Storia dell'*Avanti!. Roma: Mondo Operaio-Avanti!, 1977.

ASOR ROSA, Alberto. (dir.) *Letteratura italiana*. Le opere. v. IV.2. Torino: Einaudi, 1996.

BADALONI, Nicola. *Il marxismo di Gramsci*. Dal mito alla ricomposizione politica. Torino: Einaudi, 1975.

BALDAN, Attilio. *Gramsci come storico*. Studio sulle fonti dei "Quaderni del carcere". Bari: Dedalo Libri, 1978.

BARATTA, Giorgio. *Le rose e i Quaderni*. Il pensiero dialogico di Antonio Gramsci. Roma: Carocci, 2003. [1. ed., con il sottotit. *Saggio sul pensiero di Antonio Gramsci*. Roma: Gamberetti, 2000.]

BARATTA, Giorgio. *Gramsci in contrappunto*. Dialoghi col presente. Roma: Carocci, 2007.

BARATTA, Giorgio; LIGUORI, Guido. (a cura di). *Gramsci da un secolo all'altro*. Roma: Editori Riuniti, 1999.

BARBADORO, Idomeneo. *Storia del sindacalismo italiano*. Dalla nascita al fascismo. 2 v. Firenze: La Nuova Italia, 1973.

BAUDOUIN, Charles. (a cura di). *Hommage à Romain Rolland*. Genève: Éditions du Mont- Blanc, 1945.

BAZZANI, Fabio. *Le carte di Annibale Pastore*. Fondo dell'Accademia "La Co- lombaria". Firenze: Olschki, 1991.

BÉGHIN, Laurent; ROCCI, Francesca. (a cura di). *Slavia*. Catalogo storico. [Presentazione di Angelo d'Orsi, prefazione di Piero Cazzola]. Torino: Centro Studi Piemontesi, 2009.

BELLINGERI, Edo. *Dall'intellettuale al politico*. Le "Cronache teatrali" di Gramsci. Bari: Dedalo, 1975.

BENTIVEGNA, Giuseppe; CONIGLIONE, Francesco; MAGNANO SAN LIO, Giancarlo. (a cura di). *Il positivismo italiano*: una questione chiusa? Catania: Bonanno, 2008.

BERGAMI, Giancarlo. *Il giovane Gramsci e il marxismo (1911-1918)*. Milano: Feltrinelli, 1977.

BERGAMI, Giancarlo. *Da Graf a Gobetti*. Cinquant'anni di cultura militante a Torino. Torino: Centro Studi Piemontesi, 1980.

BERGAMI, Giancarlo. *Gramsci comunista critico*. Il politico e il pensatore. Milano: Franco Angeli, 1981.

BERMANI, Cesare. (a cura di). *Gramsci raccontato*. Roma: Edizioni Associate, 1987.

BERMANI, Cesare. *Gramsci, gli intellettuali e la cultura proletaria*. Milano: Colibrì, 2007.

BETTELHEIM, Bruno. *Il mondo incantato*. Uso, importanza e significati psicoanalitici delle fiabe. Milano: Feltrinelli, 1977. [*The uses of enchantment*. The meaning and importance of fairy tales. New York:Vintage Books, 1977.]

BIANCHI, Alvaro. *O laboratório de Gramsci*. Filosofia, História e Política. São Paulo: Alameda, São Paulo, 2008.

BIGI, Emilio. (a cura di). *Cent'anni di "Giornale Storico della Letteratura Italiana"*, atti del Convegno. Torino: Loescher, 1985.

BIOCCA, Dario; CANALI, Mauro. *L'informatore*. Silone, i comunisti e la polizia. [Prefazione di P. Melograni.] Milano-Trento: Luni, 2000.

BISIACH, Gianni. *Pertini racconta gli anni 1915-1945*. Milano: Mondadori, 1983.

BOBBIO, Norberto. *Gramsci e la concezione della società civile*. Milano: Feltrinelli, 1976.

BOBBIO, Norberto. *Italia civile*. Ritratti e testimonianze. Firenze: Passigli, 1986. [1. ed. Manduria: Lacaita, 1964.]

BOBBIO, Norberto. *Italia fedele*. Il mondo di Gobetti. Firenze: Passigli, 1986b.

BOBBIO, Norberto. *Saggi su Gramsci*. Milano: Feltrinelli, 1990.

BOGDANOV, Aleksandr Aleksandrovič. *La scienza, l'arte e la classe operaia*. (a cura di Dominique Lecourt e Henry Deluy). [prefazione di Silvano Tagliagambe]. Milano: Mazzotta, 1978. [tr. dall'ed. franc. curata da Blanche Grinbaum: *La science, l'art et la classe ouvrière*. Paris: Maspero, 1977.]

BONETTI, Paolo. *Gramsci e la società liberaldemocratica*. Roma-Bari: Laterza, 1980.

BONINELLI, Giovanni Mimmo. *Frammenti indigesti*. Temi folclorici negli scritti di Antonio Gramsci. Roma: Carocci, 2007.

BONOMI, Giorgio. *Partito e rivoluzione in Gramsci*. Milano: Feltrinelli, 1976.

BOOTHMAN, Derek. *Traducibilità e processi traduttivi*. Un caso: A. Gramsci linguista. Perugia: Guerra, 2004.

BORDIGA, Amadeo. *Scritti scelti*. (a cura di Franco Livorsi). Milano: Feltrinelli, 1975.

BORDIGA, Amadeo. *Scritti*. (a cura di Luigi Gerosa). 6 v. Genova: Graphos, 1996-2015.

BORDIGA, Amadeo; GRAMSCI, Antonio. *Dibattito sui Consigli di fabbrica*. [Introduzione di Alfonso Leonetti]. Roma: Samonà & Savelli, 1973.

BORGOGNONE, Giovanni. *Come nasce una dittatura*. L'Italia del delitto Matteotti. Roma-Bari: Laterza, 2012.

BOSIO, Gianni. *La grande paura*. Settembre 1920: l'occupazione delle fabbriche nei verbali inediti delle riunioni degli Stati generali del movimento operaio. Roma: La nuova sinistra Samonà e Savelli, 1970.

BRIGAGLIA, Manlio; MASTINO, Attilio; ORTU, Gian Giacomo. (a cura di). *Storia della Sardegna*. 2. Dal Settecento a oggi. Roma-Bari: Laterza, 2006.

BROWN, Adriana. *L'amore assente*. Gramsci e le sorelle Schucht. Torino: Clerici, 2002.

BRUNETTI, Mario. *Antonio Gramsci*. L'uomo, la favola. [Presentazione di Antonio Gramsci junior]. Soveria Mannelli: Rubbettino, 2017.

BUCI-GLUCKSMANN, Christine. *Gramsci e lo Stato*. Per una teoria materialistica della filosofia. Roma: Editori Riuniti, 1976. [*Gramsci e l'État*. Paris: Fayard, 1975.]

BURGIO, Alberto. *Gramsci storico*. Una lettura dei *Quaderni del carcere*. Roma-Bari: Laterza, 2003.

BURGIO, Alberto. *Per Gramsci*. Crisi e potenza del moderno. Roma: DeriveApprodi, 2007.

BURGIO, Alberto. *Gramsci*. Il sistema in movimento. Roma: DeriveApprodi, 2014.

BURGIO, Alberto; SANTUCCI, Antonio A. (a cura di). *Gramsci e la rivoluzione in Occidente*. Roma: Editori Riuniti, 1999.

CACCIATORE, Giuseppe. *Antonio Labriola in un altro secolo*. Saggi. Soveria Mannelli: Rubbettino, 2005.

CALABRÒ, Carmelo. *Storia e rivoluzione*. Saggio su Antonio Gramsci. Pisa: Ets, 2012.

CALABRÒ, Gian Pietro. *Antonio Gramsci*. La "transizione" politica. Napoli: Esi, 1982.

CAMARDA, Alessandro; PELI, Santo. *L'altro esercito*. La classe operaia in Italia durante la Prima guerra mondiale. [Introduzione di Mario Isnenghi]. Milanto: Feltrinelli, 1980.

CAMBRIA, Adele. *Amore come rivoluzione*. Milano: Sugarco, 1976.

CAMMETT, John M. *Antonio Gramsci e le origini del comunismo italiano*. (a cura di Domenico Zucàro). Milano: Mursia, 1974. [*Antonio Gramsci and the origins of italian communism*, Stanford: Stanford University Press, 1967].

CANALI, Mauro. *Il delitto Matteotti*. Affarismo e politica nel primo governo Mussolini. Bologna: Il Mulino, 1997.

CANALI, Mauro. *Le spie del regime*. Bologna: Il Mulino, 2004.

CANALI, Mauro. *Il tradimento*. Gramsci, Togliatti e la verità negata. Venezia: Marsilio, 2013.

CANDELORO, Giorgio. *Storia dell'Italia moderna*. Milano: Feltrinelli, Milano, 1978 -1981. [VIII. La prima guerra mondiale, il dopoguerra, l'avvento del fascismo, 1978; IX. Il fascismo e le sue guerre, 1981].

CANFORA, Luciano . *La storia falsa*. Milano: Rizzoli, 2009.

CANFORA, Luciano. *Gramsci in carcere e il fascismo*. Roma: Salerno Editrice, 2012.

CANFORA, Luciano. *Spie, URSS, antifascismo*: Gramsci 1926-1937. Roma: Salerno Editrice, 2012b.

CAPITANI, Lorenzo; VILLa, Roberto. *Scuola, intellettuali e identità nazionale nel pensiero di Antonio Gramsci*. [Prefazione di Renato Zangheri]. Roma: Gamberetti, 1999.

CAPRARA, Massimo. *Gramsci e i suoi carcerieri*. [Con un saggio di Yaroslav Leontiev]. Milano: Ares, 2001.

CARACCIOLO, Alberto; SCALIA, Gianni. (a cura di). *La Città futura*. Saggi sulla figura e sul pensiero di Antonio Gramsci. Milano: Feltrinelli, 1959.

CARCANO, Giancarlo. *Strage a Torino*. Una storia italiana dal 1922 al 1971. Milano: La Pietra, 1973.

CARCANO, Giancarlo. *Cronaca di una rivolta*. I moti torinesi del' 17, Torino: Stampatori, 1977.

CARDIA, Umberto. *Il mondo che ho vissuto*. (a cura di Giuseppe Marci). Cagliari: Cuec, 2009.

CARINI, Carlo. *Il problema della rivoluzione nel dibattito socialista alla vigilia del Congresso di Livorno*. Firenze: Olschki, 1978.

CARR, Edward H. *La rivoluzione bolscevica*. 1917-1923. Torino: Einaudi, 1964. [*A history of Soviet Russia*. The Bolshevik Revolution. 1917-1923. London: Macmillan, 1950-1953].

CARR, Edward H. *Storia della Russia sovietica*. II. La morte di Lenin. L'interregno 1923-1924. Torino: Einaudi, 1965. [*The Interregnum*, London: Macmillan, 1954].

CARPI, Umberto. *L'estrema avanguardia del Novecento*. Roma: Editori Riuniti, 1985.

CARUSO, Barbara. *Preludio a una dittatura*. La legge fascista del 26 novembre 1925. Atti, documenti, testimonianze. Roma: Aracne, 2004.

CASTAGNO, Gino. *Bruno Buozzi*. [Prefazione di Ferdinando Santi]. Milano: Edizioni Avanti!, 1955.

CASTRONOVO, Valerio. *Torino*. [Con un saggio di Angelo d'Orsi, *Un profilo culturale*]. Roma-Bari: Laterza, 1987.

CASTRONOVO, Valerio. *Fiat 1899-1999*. Un secolo di storia italiana. Milano: Rizzoli, 1999.

CATALFAMO, Antonio. *Antonio Gramsci*. Una "critica integrale". Giornalismo, letteratura e teatro. Chieti: Solfanelli, 2015.

CEDRONI, Lorella. (a cura di). *Aspetti del realismo politico italiano*. Gaetano Mosca e Guglielmo Ferrero. Roma: Aracne, 2013.

CERRETI, Claudio. (a cura di). *Colonie africane e cultura italiana fra Ottocento e Novecento*. Le esplorazioni e la geografia. Roma: Cisu, 1995.

CHAMBERS, Iain. (a cura di). *Esercizi di potere*. Gramsci, Said e il postcoloniale. Roma: Meltemi, 2006.

CHIAROTTO, Francesca. *Operazione Gramsci*. Alla conquista degli intellettuali nell'Italia del dopoguerra. [Introduzione di Angelo d'Orsi]. Milano: Bruno Mondadori, 2011.

CORRADO, Rosa. *Antonio Gramsci*: teorico della traduzione e scrittore per l'infanzia. Un contributo allo sviluppo della fantasia dei bambini e alla formazione dei giovani. Roma: Aracne, 2008.

CORSI, Angelo. *L'azione socialista fra i minatori della Sardegna*. 1898-1922. Contributo alla storia del movimento operaio italiano. Milano: Comunità, 1959.

CORTESI, Luigi. *Le origini del PCI*. Studi e interventi sulla storia del comunismo in Italia. Milano: Franco Angeli, 1999. [1. ed. Bari: Laterza, 1971.]

CORTESI, Luigi. *Storia del comunismo*. Da utopia al termidoro sovietico. Roma: Manifestolibri, 2010.

COSPITO, Giuseppe. (a cura di). *Gramsci tra filologia e storiografia*. Scritti per Giovanni Francioni. Napoli: Bibliopolis, 2010.

COSPITO, Giuseppe. *Il ritmo del pensiero*. Per una lettura diacronica dei *Quaderni del carcere* di Gramsci. Napoli: Bibliopolis, 2011.

COSPITO, Giuseppe. *Introduzione a Gramsci*. Genova: Il Melangolo, 2015.

COUTINHO, Carlos Nelson. *Il pensiero politico di Gramsci*. [Prefazione di Guido Liguori]. Milano: Unicopli, 2006. [Gramsci. Um estudo sobre o pensamento político. Rio de Janeiro: Civilização Brasileira, 1999.]

COZZI, Terenzio; MARCHIONATTI, Roberto. (a cura di). *Piero Sraffa's political economy*. A centenary estimate. London-New York: Routledge, 2001.

CROCE, Benedetto. *Materialismo storico ed economia marxistica*. (1. ed. 1900). Bari: Laterza, 1968.

CROCE, Benedetto. *Lettere a Giovanni Gentile*. (a cura di Alda Croce). [Introduzione di Gennaro Sasso]. Milano: Mondadori, 1981.

DANIELE, Chiara (a cura di). *Gramsci a Roma, Togliatti a Mosca*. Il carteggio del 1926. [Con un saggio di Giuseppe Vacca]. Torino: Einaudi, 1999.

DAVICO BONINO, Guido. *Gramsci e il teatro*. Torino: Einaudi, 1972.

DAVIDSON, Alastair. *Antonio Gramsci*. Towards an Intellectual Biography. London: Merlin Press, 1977. [ultima ed. London: Brill, 2018.]

DE FELICE, Franco. *Serrati, Bordiga, Gramsci e il problema della rivoluzione in Italia*. 1919-1920. Bari: De Donato, 1971.

DE FELICE, Renzo. *Mussolini il rivoluzionario*. 1883-1920. [Prefazione di Delio Cantimori]. Torino: Einaudi, 1965.

DE FELICE, Renzo. *Mussolini il fascista*. La conquista del potere. 1921-1925. Torino: Einaudi, Torino, 1966.

DE FELICE, Renzo. *Mussolini il fascista*. L'organizzazione dello Stato fascista. 1925-1929. Torino: Einaudi, 1968.

DE GIOANNIS, Paola. *La Sardegna*. Cultura e società. Scandicci: La Nuova Italia, 1991.

DE GIOANNIS, Paola; ORTU, Gian GIACOMO *et al.* *La Sardegna e la storia*. Antologia di storia della Sardegna. Cagliari: Celt, 1988.

DEGRAS, Jane. (a cura di). *Storia dell'Internazionale comunista attraverso i documenti ufficiali*. 3 t. Milano: Feltrinelli, 1975.

DEL NOCE, Augusto. *Il suicidio della rivoluzione*. Milano: Rusconi, 1992.

DEL ROIO, Marcos. *Os prismas de Gramsci*. A fórmula política da frente única (1919-1926). São Paulo: Fapesp, 2005.

DE SANCTIS, Gaetano. *Ricordi della mia vita*. (a cura di Silvio Accame). Firenze: Le Monnier, 1970.

DE VIVO, Giancarlo. *Gramsci, Sraffa e la famigerata lettera di Grieco*. Roma: Aracne, 2009.

DE VIVO, Giancarlo. *Nella bufera del Novecento*. Antonio Gramsci e Piero Sraffa tra lotta politica e teoria critica. Roma: Castelvecchi, 2017.

DI BELLO, Anna. (a cura di). *Marx e Gramsci*. Filologia, filosofia e politica allo specchio. Napoli: Liguori, 2011.

D'ORSI, Angelo. *La rivoluzione antibolscevica*. Fascismo, classi, ideologie (1917-1922). Milano: Franco Angeli, 1985.

D'ORSI, Angelo. (a cura di). *Achille Loria*. [fasc. monogr.] In: D'ORSI, Angelo. (a cura di). *Quaderni di storia dell'Università di Torino*. IV, 3. Torino: Il Segnalibro, 1999.

D'ORSI, Angelo. *La cultura a Torino tra le due guerre*. Torino: Einaudi, 2000.

D'ORSI, Angelo. *Allievi e maestri*. L'Università di Torino nell'Otto-Novecento. Torino: Celid, 2002.

D'ORSI, Angelo. *Guernica, 1937*. Le bombe, la barbarie, la menzogna. Roma: Donzelli, 2007a.

D'ORSI, Angelo. *Da Adua a Roma*. La marcia del nazionalfascismo (1896- 1922). Torino: Aragno, 2007b.

D'ORSI, Angelo. (a cura di). *Bibliografia Gramsciana Ragionata*. BGR. 1. 1922-1965. Roma: Viella, 2008°.

D'ORSI, Angelo. (a cura di; con la collaborazione di Francesca Chiarotto). *Luigi Salvatorelli (1886-1974)*: storico, giornalista, testimone. Torino: E Aragno, 2008b.

D'ORSI, Angelo. (a cura di; con la collaborazione di Francesca Chiarotto). *Egemonie*. Napoli: Dante & Descartes, 2008c.

D'ORSI, Angelo. *Il Futurismo tra cultura e politica*. Reazione o rivoluzione? Roma: Salerno Editrice, 2009.

D'ORSI, Angelo. *L'Italia delle idee*. Il pensiero politico in un secolo e mezzo di storia. Milano: Bruno Mondadori, 2011a.

D'ORSI, Angelo. (a cura di). *Il nostro Gramsci*. Antonio Gramsci a colloquio con i protagonisti della storia d'Italia. Roma: Viella, 2011b.

D'ORSI, Angelo. *Gramsciana*. Saggi su Antonio Gramsci. [nuova ed. riv. e agg.]. Modena: Mucchi, 2015. [1. ed. ivi, 2014).

D'ORSI, Angelo. *1917*. L'anno della rivoluzione. Roma-Bari: Laterza, 2016.

DORSO, Guido. *La rivoluzione meridionale*. [1. ed. Torino: Gobetti, 1925]. Torino: Einaudi, 1972.

DOTTI, Ugo. *Machiavelli rivoluzionario*. Vita e opere. Roma: Carocci, 2003.

DURANTE, Lea. (a cura di). *Avventure dell'identità*. Letture contemporanee. Bari: Palomar, 2008.

DURANTE, Lea; VOZA, Pasquale. (a cura di). *La prosa del comunismo critico*: Labriola e Gramsci. Bari: Bari, 2006.

EINAUDI, Luigi. *La condotta economica e gli effetti sociali della guerra*. Bari: Laterza, 1933.

EINAUDI, Luigi. *Cronache economiche e politiche di un trentennio*. 1893-1925. 8 v. Torino: Einaudi, 1959-1965.

FABRE, Giorgio. *Lo scambio*. Come Gramsci non fu liberato. Palermo: Sellerio, 2015.

FAUSTI, Luciano. *Intelletti in dialogo*. Antonio Gramsci e Piero Sraffa. Bréscia: Fondazione G. Piccini; Celleno-Viterbo: La Piccola editrice, 1998.

FEDERAZIONE DELLE ASSOCIAZIONI SARDE IN ITALIA. (a cura di). *Dibattito sull'attualità di Gramsci*. Un sardo protagonista del Novecento ricordato nei circoli dei sardi a sessant'anni dalla scomparsa. Pavia-Cagliari, Regione Autonoma della Sardegna-Assessorato al lavoro: Nuova tipografia popolare, 1998.

FERRARA, Marcella; FERRARA, Maurizio. *Conversando con Togliatti*. Note biografiche. [Con una lettera di Palmiro Togliatti]. Roma: Edizioni di Cultura Sociale, 1954.

FERGNANI, Franco. *Antonio Gramsci*. La filosofia della prassi nei *Quaderni del carcere*. (a cura di Amedeo Vigorelli e Marzio Zanantoni). Milano: Unicopli, 2011.

FERNÁNDEZ BUEY, Francisco. *Leyendo a Gramsci*. Málaga: El Viejo Topo, 2001.

FERNÁNDEZ BUEY, Francisco. *Utopías y ilusiones naturales*. Málaga: El Viejo Topo, 2007.

FERRI, Franco. (a cura di). *Politica e storia in Gramsci*. Atti del Convegno internazionale di studi gramsciani. 2 v. Roma: Istituto Gramsci-Editori Riuniti, 1977.

FILIPPINI, Michele. *Una politica di massa*. Antonio Gramsci e la rivoluzione della società. Roma: Carocci, 2015.

FIORI, Giuseppe. *Vita di Antonio Gramsci*. Bari: Laterza, 1966.

FIORI, Giuseppe. *Gramsci, Togliatti, Stalin*. Roma-Bari: Laterza, 1991.

FIORI, Giuseppe. (a cura di). *Antonio Gramsci*. Vita attraverso le lettere, 1908- 1937. Torino: Einaudi, 1994.

FONDAZIONE ISTITUTO PIEMONTESE A. GRAMSCI. (a cura di). *Il giovane Gramsci e la Torino d'inizio secolo*. Torino: Rosenberg & Sellier, 1998.

FORENZA, Eleonora; LIGUORI, Guido. (a cura di). *Valentino Gerratana, filosofo democratico*. Roma: Carocci, 2011.

FRANCESCANGELI, Eros. *Arditi del popolo*. Argo Secondari e la prima organizzazione antifascista. 1917-1922. Roma: Odradek, 2000.

FRANCIONI, Gianni. *L'officina gramsciana*. Ipotesi sulla struttura dei *Quaderni del carcere*. Napoli: Bibliopolis, 1984.

FRANZINELLI, Mimmo. *I tentacoli dell'Ovra*. Agenti, collaboratori e vittime della polizia politica fascista. Torino: Bollati Boringhieri, 1999.

FRANZINELLI, Mimmo. *Il Tribunale del duce*. La giustizia fascista e le sue vittime (1927-1943). Milano: Mondadori, 2017.

FRESU, Gianni. *"Il diavolo nell'ampolla"*. Antonio Gramsci, gli intellettuali e il partito. Napoli: La Città del Sole, 2005.

FRÉTIGNÉ, Jean-Yves. *Antonio Gramsci*. Vivre, c'est résister. Paris: Armand Colin, 2017.

FROSINI, Fabio. *Gramsci e la filosofia*. Saggio sui *Quaderni del carcere*. Roma: Carocci, 2003.

FUSARO, Diego. *Antonio Gramsci*. La passione di essere nel mondo. Milano: Feltrinelli, Milano, 2015.

GAMBA, Delia. *In carcere con Gramsci*. Storia di Ercole Piacentini combattente della libertà. Siena: Pascal, 2005.

GANDOLFO, Andrea. *Sandro Pertini dalla nascita alla Resistenza*. 1896-1945. Roma: Aracne, 2013.

GARIN, Eugenio. *Con Gramsci*. Roma: Editori Riuniti, 1997.

GAROSCI, Aldo. *Pensiero politico e storiografia moderna*. Pisa: Nistri-Lischi, 1954.

GENTILE, Giovanni . *La filosofia di Marx*. Studi critici. (a cura di Caterina Genna). [Introduzione de Caterina Genna]. [1. ed. 1899]. Firenze: Le Lettere, 2012.

GERMINO, Dante. *Antonio Gramsci architect of a new politics*. Political traditions in foreign policy series. Baton Rouge-Lousiana: LSU Press, 1990.

GERRATANA, Valentino. *Gramsci*. Problemi di metodo. Roma: Editori Riuniti, 1997.

GERVASONI, Marco. *Antonio Gramsci e la Francia*. Dal mito della modernità alla "scienza della politica". Milano: Unicopli, 1998.

GERVASONI, Marco. *L'intellettuale come eroe*. Piero Gobetti e le culture del Novecento. Milano: La Nuova Italia, 2000.

GHETTI, Noemi. *La cartolina di Gramsci*. A Mosca, tra politica e amori. 1922- 1924. Roma: Donzelli, 2016.

GHIRO, Alessandro. *Gramsci e la psicologia*. Tra *patchwork* e teoria scientifica. Padova: Cleup, 2012.

GIACOMETTI, Simona. *Il soggetto della rivoluzione*. Antonio Gramsci dalla Grande Guerra al biennio rosso. Milano: Mimesis, 2016.

GIACOMINI, Ruggero. *Gramsci e il giudice*. [Prefazione di Domenico Losurdo]. [Nuova ed. riv. e ampl.]. [1. ed. col tit. Il giudice e il prigioniero. Il carcere di Antonio Gramsci, ivi, 2014].
Roma: Castelvecchi, Roma, 2017.

GIACOMINI, Ruggero; LOSURDO, Domenico; MARTELLI, Michele. (a cura di). *Gramsci e l'Italia*. Napoli: La Città del Sole, 1994.

GIASI, Francesco. (a cura di). *Gramsci nel suo tempo*. [Prefazione di Giuseppe Vacca]. 2 v. Roma: Carocci, 2008.

GOBETTI, Paolo. *Antonio Gramsci*: gli anni torinesi. Testimonianze raccolte da Paolo Gobetti di Natalino Sapegno [*et al.*]. Torino: Archivio nazionale cinematografico della Resistenza, 1997.

GOBETTI, Piero. *La rivoluzione liberale*. Saggio sulla lotta politica in Italia [Con un saggio introduttivo di Gaspare de Caro]. [1. ed. 1924]. Torino: Einaudi, 1965.

GOBETTI, Piero. *Scritti politici*. (a cura di Paolo Spriano). (1. ed. 1960). Torino: Einaudi, 1997.

GOBETTI, Piero. *Scritti di critica teatrale*. (a cura di Giorgio Guazzotti e Carla Gobetti). [Introduzione di Giorgio Guazzotti]. Torino: Einaudi, 1974.

GOBETTI, Piero. *Per Matteotti*. Un ritratto. (a cura di Marco Scavino) Genova: Il Melangolo, 1994.

GOBETTI, Piero; GOBETTI, Ada. *Nella tua breve esistenza*. Lettere 1918-1922. (a cura di Ersilia Alessandrone Perona). Torino: Einaudi, 1991.

GRAMSCI, Antonio Jr. *La Russia di mio nonno*. L'album familiare degli Schucht. Roma: L'Unità; Fondazione Istituto Gramsci, 2008.

GRAMSCI, Antonio Jr. *I miei nonni nella rivoluzione.* Breve storia della famiglia russa di Antonio Gramsci. [con la collaborazione della Fondazione Istituto Gramsci e l'introduzione di Giuseppe Vacca]. Roma: Edizioni Riformiste, 2010.

GRAMSCI, Antonio Jr. *La storia di una famiglia rivoluzionaria.* Antonio Gramsci e gli Schucht tra la Russia e l'Italia. [Prefazione di Raul Mordenti]. Roma: Editori Riuniti, 2014.

GRIFONE, Pietro. *Il capitale finanziario in Italia.* Torino: Einaudi, 1945.

GUALTIERI, Roberto; SPAGNOLO, Carlo; TAVIANI, Ermanno.(a cura di). *Togliatti nel suo tempo.* Roma: Carocci, 2007.

HÖBEL, Alexander. *Luigi Longo.* Una vita partigiana (1900-1945). Roma: Carocci, 2013.

HUMBERT DROZ, Jules. *L'Internazionale comunista tra Lenin e Stalin.* Memorie di un protagonista 1891-1941, Milano: Feltrinelli, 1974. (ed. ridotta di *Mémoires de Jules Humbert-Droz.* 4 v. Neuchatel: Éditions de la Baconnière, 1969-1973).

IZZO, Francesca. *Democrazia e cosmopolitismo in Antonio Gramsci.* Roma: Carocci, 2009.

JOLL, James. *Gramsci.* Mondadori, Milano1992. (ed. orig. "Modern Masters". London: Collins, 1977).

KANOUSSI, Dora. *Una introducción a Los Cuadernos de la cárcel de Antonio Gramsci.* Ciudad de México: Plaza y Valdes, 2000.

KANOUSSI, Dora. *Los cuadernos filósoficos de Antonio Gramsci*: de Bujarin a Maquiavelo. (Cuidado de la edición: Cristina Ortega Kanoussi). Ciudad de México: Plaza y Valdés, 2007.

LABRIOLA, Antonio. *La concezione materialistica della storia.* (a cura e con una introduzione di Eugenio Garin). Bari: Laterza, 1965.

LAJOLO, Laurana. *Gramsci un uomo sconfitto.* [Con una testimonianza inedita di Umberto Terracini]. Milano: Rizzoli, 1981.

LANDUYT, Arianne. *Le sinistre e l'Aventino.* Milano: Franco Angeli, 1973.

LA PORTA, Lelio. *Gramsci chi?* Dicono di lui. Roma: Bordeaux Edizioni, 2017.

LEHNER, Giancarlo. *La famiglia Gramsci in Russia, con i diari inediti di Margarita e Olga Gramsci.* Milano: Mondadori, 2008.

LENIN, Vladimir Il'ič. *Sul movimento operaio italiano.* [Traduzione e nota di Felice Platone, Introduzione di Paolo Spriano]. Roma: Editori Riuniti, 1962. [1. ed. Roma: Rinascita, 1949; ultima ed. a cura e con introduzione di Luciano Gruppi. Roma: Newton Compton, 1975.]

LENIN, Vladimir Il'ič. *Opere complete.* XXXI, aprile-dicembre 1920. Roma: Editori Riuniti, 1967.

LEONETTI, Alfonso. *Note su Gramsci.* Urbino: Argalia, 1970.

LEONETTI, Alfonso. *Da Andria contadina a Torino operaia.* Un giovane socialista tra guerra e rivoluzione. Urbino: Argalia, 1974.

LEONETTI, Alfonso. *Un comunista.* 1895-1930. [Prefazione e cura di Ugo Dotti]. Milano: Feltrinelli, 1977.

LEONETTI, Alfonso. *Il cammino di un ordinovista.* L'ottobre, il fascismo, i problemi della democrazia socialista. Scritti politici (1919-1975). (a cura di Franco Livorsi) Bari: De Donato, 1978.

LEPRE, Aurelio. *Il prigioniero.* Vita di Antonio Gramsci. Roma-Bari: Laterza, 1998.

LEVRA, Umberto. (a cura di). *Storia di Torino.* VII. Da capitale politica a capitale industriale (1864-1915). Torino: Einaudi, 2001.

LEVRA, Umberto; TRANFAGLIA, Nicola. (a cura di). *Torino fra liberalismo e fascismo*. Milano: Franco Angeli, 1987.

LIGUORI, Guido. *Sentieri gramsciani*. Roma: Carocci, 2006.

LIGUORI, Guido. *Gramsci conteso*. Interpretazioni, dibattiti e polemiche. 1922- 2012. Roma: Editori Riuniti University Press, 2012. [nuova ed. riv. e ampl.] [1. ed. Roma: Editori Riuniti, 1996. con sottotit. *Storia di un dibattito*].

LISA, Athos. *Memorie*. Dall'ergastolo di Santo Stefano alla casa penale di Turi di Bari. [Prefazione di Umberto Terracini]. Milano: Feltrinelli, 1973.

LIVORSI, Franco. *Amadeo Bordiga*. Il pensiero e l'azione politica. 1912-1970. Roma: Editori Riuniti, 1976.

LOEZ, André; MARIOT, Nicolas. *Obéir-désobéir*: les mutineries de 1917 en perspectives. Paris: Éditions La Découverte, 2008.

LOMBARDO RADICE, Lucio; CARBONE, Giuseppe. *Vita di Antonio Gramsci*. Roma: Edizioni di Cultura Sociale, 1951.

LO PIPARO, Franco. *Lingua, intellettuali, egemonia in Gramsci*. Roma-Bari, Laterza, 1979.

LO PIPARO, Franco. *I due carceri di Gramsci*. Roma: Donzelli, 2012.

LO PIPARO, Franco. *L'enigma del quaderno*. La caccia ai manoscritti dopo la morte di Gramsci. Roma: Donzelli, 2013.

LOSURDO, Domenico. *Antonio Gramsci dal liberalismo al "comunismo critico"*. Roma: Gamberetti, 1997.

LUPO, Salvatore. *L'unificazione italiana*. Mezzogiorno, rivoluzione, guerra civile. Roma: Donzelli, 2011.

LUSSANA, Fiamma. *"L'Unità"*. Un giornale "nazionale" e "popolare". [Prefazione di Nicola Tranfaglia] Alessandria: Edizioni dell'Orso, 2002.

LUSSANA, Fiamma; PISSARELLO, Giulia. (a cura di). *La lingua e le lingue di Gramsci e delle sue opere*. Scrittura, riscritture, letture in Italia e nel mondo. [Saggio introduttivo di Giuseppe Vacca]. Soveria Mannelli: Rubbettino, 2008.

MACCIOCCHI, Maria Antonietta. *Per Gramsci*. Bologna: il Mulino, 1974.

MAGGI, Michele. *La filosofia della rivoluzione*. Gramsci, la cultura e la guerra europea. Roma: Edizioni di Storia e Letteratura, 2008.

MAIONE, Giuseppe. *Il biennio rosso*. Autonomia e spontaneità operaia contro le organizzazioni tradizionali (1919-1920). Bologna: il Mulino, 1970.

MAIORCA, Bruno. (a cura di). *Gramsci sardo*. Antologia e bibliografia 1903-2006. Cagliari: Tema, 2007.

MAITAN, Livio. *Il marxismo rivoluzionario di Antonio Gramsci*. [edizione riveduta con una breve antologia di scritti di Gramsci e su Gramsci]. [1. ed. 1987]. Milano: Nuove Edizioni Internazionali, 1997.

MALANDRINO, Corrado. (a cura di). *Una rivista all'avanguardia*. La "Riforma Sociale" 1894-1935. Firenze: Olschki, 2000.

MALGERI, Francesco. *La guerra libica*. 1911-1912. Roma: Edizioni di Storia e Letteratura, 1970.

MALGIERI, Gennaro. (a cura di). *Ideario italiano*. Il pensiero del Novecento visto da destra. Roma: Il Minotauro, 2001.

MAMMARELLA, Gabriele. *Bruno Buozzi (1881-1914)*. Una storia operaia di lotte, conquiste e sacrifici. [Prefazione di Susanna Camusso]. Roma: Ediesse, 2014.

MANACORDA, Mario Alighiero. *Il principio educativo in Gramsci*. Americanismo e conformismo. Roma: Armando, 1970.

MANCA, Giacobbe. *Il nuragico arcaico e il nuraghe Orgono*. Ghilarza: Iskra, 2007.

MANCA, Eugenio; MELOGRANI, Luisa; RICCHINI, Carlo. (a cura di). *Antonio Gramsci. Le sue idee nel nostro tempo*. Roma: Editrice l'Unità, 1987.

MARCHIONATTI, Roberto. (a cura di). *La Scuola di Economia di Torino*. Co-protagonisti ed epigoni. Firenze: Olschki, 2009.

MARCHIONATTI, Roberto; BECCHIO, Giandomenica. (a cura di). *La Scuola di Economia di Torino*. Da Cognetti de Martiis a Einaudi. Torino: Celid, 2005. [fasc. mon. dei "Quaderni di Storia dell'Università di Torino", 7].

MARRAS, Marco. *I Gramsci a Sorgono*. Ghilarza: Iskra, 2014.

MASSARI, Roberto. (a cura di). *All'opposizione nel Pci con Trotsky e Gramsci*. Bollettino dell'Opposizione Comunista Italiana (1931-1933). [prefazione di Alfonso Leonetti]. Bolsena: Massari, 2004. [1. ed. Roma: Controcorrente, 1977].

MASTELLONE, Salvo. (a cura di). *Gramsci. I Quaderni del carcere*. Una riflessione politica incompiuta. Torino:Utet, 1997.

MASTELLONE, Salvo; SOLA, Giorgio. (a cura di). *Gramsci: il partito politico nei Quaderni*. Firenze: Centro Editoriale Toscano, 2001.

MASTROGREGORI, Massimo. *I due prigionieri*. Gramsci, Moro e la storia del Novecento italiano. Genova: Marietti, 2008.

MASTROIANNI, Giovanni. *Vico e la rivoluzione*. Gramsci e il diamat. Pisa: ETS, 1979.

MATTEOTTI, Giacomo. *Reliquie*. [Prefazione di Claudio Treves]. Milano: Dall'Oglio, 1964.

MATTEUCCI, Nicola. *Antonio Gramsci e la filosofia della prassi*. Milano: Giuffrè, 1977. [1. ed. 1951].

MATURI, Walter. *Interpretazioni del Risorgimento*. Lezioni di storia della sto riografia. [Prefazione di Ernesto Sestan, aggiornamento bibliografico di Rosario Romeo]. Torino: Einaudi, 1962.

MEDICI, Rita. *La metafora Machiavelli*. Mosca, Pareto, Michels, Gramsci. Modena: Mucchi, 1990.

MELILLI, Massimiliano. *Punta Galera*. Il romanzo di Antonio Gramsci a Ustica. (a cura di Piero Pruneti). Firenze: Archeologia Viva-Giunti, 2001.

MELIS, Guido. *Antonio Gramsci e la questione sarda*. Cagliari: Edizioni della Torre, 1975.

META, Chiara. *Antonio Gramsci e il pragmatismo*. Confronti e intersezioni. Firenze: Le Càriti, 2010.

MICHELS, Robert. *L'imperialismo italiano*. Studi politico-demografici. Milano: Società Editrice Libraria, 1914.

MISSIROLI, Mario. *Il Papa in guerra*. [Prefazione di Giorgio Sorel]. Bologna: Zanichelli, 1915.

MONTAGNANA, Mario. *Ricordi di un operaio torinese*. Roma: Edizioni Rinascita, 1952. [1. ed., 2 v., ivi, 1949, I v., *Sotto la guida di Gramsci*, già apparso nel 1944, New York: Prompt Press, 1944; poi, Milano: Fasano, 1947].

MONTAGNER, Andrea. (a cura di). *Gramsci kai Esperanto*. Kione oni scias kion oni devas scii / Gramsci e l'Esperanto. Quello che si sa e quello che si deve sapere. [Enkoduko de/ Introduzione di Carlo Minnaja]. Milano: Arcipelago Edizioni, 2009.

MONTANARI, Marcello. *Il revisionismo di Gramsci*. La filosofia della prassi tra Marx e Croce. Milano: Biblion, 2016.

MONTICONE, Alberto. *Italiani in uniforme*. Intellettuali, borghesi, disertori. Bari: Laterza, 1972.

MONTONATO, Gigi. *Il giovane Gramsci*. 1891-1922. Galatina: Congedo, 1998.

MORDENTI, Raul. *Introduzione a Gramsci*. Roma: Datanews, 1998.

MORDENTI, Raul. *Gramsci e la rivoluzione necessaria*. Roma: Editori Riuniti, 2007.

MORDENTI, Raul. *Gli occhi di Gramsci*. Introduzione alla vita e alle opere del padre del comunismo italiano. Roma: Red Star Press, 2014.

MOROZZO DELLA ROCCA, Roberto. *La fede e la guerra*. Cappellani militari e preti-soldati. 1915- 1919. Roma: Studium, 1980.

[MUSSOLINI, Benito]. *Opera Omnia di Benito Mussolini*. (a cura di Edoardo e Duilio Susmel). v. VI. Firenze: La Fenice, Firenze. 1953.

[MUSSOLINI, Benito]. *Scritti politici di Benito Mussolini*. (a cura di Enzo Santarelli). Milano: Feltrinelli, 1979.

[MUSSOLINI, Benito]. *Mussolini giornalista*. (a cura di Renzo De Felice). Milano: Rizzoli, 1995.

NARDONE, Giorgio. *Il pensiero di Gramsci*. Bari: De Donato, 1971.

NARDONE, Giorgio. *L'umano in Gramsci*. Evento politico e comprensione dell'evento politico. Bari: Dedalo, 1977.

NATOLI, Aldo. *Antigone e il prigioniero*. Torino: Einaudi, 1990.

NATTA, Alessandro. *Serrati*. Vita e lettere di un rivoluzionario. Roma: Editori Riuniti, 2001.

NOCE, Teresa. *Rivoluzionaria professionale*. Autobiografia di una partigiana comunista. Milano: Rapporti Sociali, 2016. [1. ed. Milano: La Pietra, 1974].

NIEDDU, Luigi. *L'altro Gramsci*. Cagliari: Gia Editrice, 1990.

NIEDDU, Luigi. *Antonio Gramsci*. Storia e mito. Venezia: Marsilio, 2004.

NIEDDU, Luigi. *L'ombra di Mosca sulla tomba di Gramsci e il quaderno della Quisisana*. [Prefazione di Francesco Perfetti]. Firenze: Le Lettere, 2014.

NOSELLA, Paolo. *A escola de Gramsci*. São Paulo: Cortez, São Paulo, 2004. [3. ed. rev. e at.; 1. ed. Porto Alegre: Artes Médicas, 1996].

ONNIS, Jacopo. (a cura di). *Il coraggio della verità*. L'Italia civile di Giuseppe Fiori. Cagliari: Cuec, 2013.

ORFEI, Ruggero. *Antonio Gramsci, coscienza critica del marxismo*. S.l., Relazioni Internazionali, 1965.

ORMEA, Ferdinando. *Le origini dello stalinismo nel PCI*: Storia della "svolta" comunista degli anni Trenta. Milano: Feltrinelli, 1978.

ORRÙ, Eugenio; RUDAS, Nereide. (a cura di). *Il Pensiero permanente*. Gramsci oltre il suo tempo. Cagliari: Istituto Gramsci della Sardegna-Tema, 1991.

ORRÙ, Eugenio; RUDAS, Nereide. *Identità e universalità*. Cagliari: Tema, 2010.

PAGANO, Riccardo. *Il pensiero pedagogico di Antonio Gramsci*. Milano: Monduzzi Editoriale, 2014.

PAGGI, Leonardo. *Gramsci e il moderno principe*. I. Nella crisi del socialismo italiano. Roma: Editori Riuniti, 1970.

PAGGI, Leonardo. *Le strategie del potere in Gramsci*. Tra fascismo e socialismo in un solo paese. Roma: Editori Riuniti, 1984.

PALA, Mauro. (a cura di). *Americanismi*. Sulla ricezione del pensiero di Gramsci negli Stati Uniti. Cagliari: CUEC, Cagliari, 2009.

PALADINI MUSITELLI, Marina. (a cura di). *Gramsci e la scienza*. Storicità e attualità delle note gramsciane sulla scienza. Trieste: Istituto Gramsci Venezia Giulia, 2008.

PAULESU QUERCIOLI, Mimma. (a cura di). *Gramsci vivo*: nelle testimonianze dei suoi contemporanei. Milano: Feltrinelli, 1977.

PAULESU QUERCIOLI, Mimma. *Le donne di casa Gramsci*. Roma: Editori Riuniti, 1991.

PÉCOUT, Gilles. *Il lungo Risorgimento*. La nascita dell'Italia contemporanea (1700-1922). Milano: Bruno Mondadori, 2011. [*Naissance de l'Italie contemporaine*. 1700-1922. Paris: A. Colin, 1997].

PELLICANI, Luciano. *Gramsci, Togliatti e il PCI*. Dal moderno Principe al post-comunismo. Roma: Armando, 1990.

[PERTINI, Sandro] *Scritti e discorsi di Sandro Pertini*. v. II. 1964-1985. (a cura di Simone Neri Serneri, Antonio Casali, Giovanni Errera, Fondazione Filippo Turati). Roma: Presidenza del Consiglio dei Ministri, 1992.

PETRONIO, Giuseppe; PALADINI MUSITELLI, Marina. (a cura di). *Marx e Gramsci*. Memoria e attualità. Roma: Manifesto- libri, 2011.

PETRUCCIANI, Stefano. (a cura di). *Storia del marxismo*. v. I. Socialdemocrazia, revisionismo, rivoluzione (1848-1945). Roma: Carocci, 2016.

PIGLIARU, Antonio. *L'eredità di Gramsci e la cultura sarda*. Nuoro: Il Maestrale, 2008.

PISTILLO, Michele. *Gramsci-Togliatti*. Polemiche e dissensi nel 1926. Manduria-Bari-Roma: Lacaita, 1996.

PISTILLO, Michele. *Gramsci in carcere*. Le difficili verità d'un lento assassinio. Manduria-Bari-Roma: Lacaita, 2001.

PIZZOLATO, Nicola; HOLST, John D. (a cura di). *Antonio Gramsci*: A pedagogy to change the world. Cham, Switzerland: Springer, 2017.

POGGIO, Pier Paolo. (a cura di). *L'altronovecento*. Comunismo eretico e pensiero critico.v. I. L'età del comunismo sovietico. Europa (1900- 1945). Milano: Jaca Book, 2010.

PORTELLI, Hugues. *Gramsci e il blocco storico*. Roma-Bari: Laterza, 1973. [*Gramsci et le bloc historique*. Paris: Puf, 1972].

PORTELLI, Hugues. *Gramsci e la questione religiosa*. Milano: Mazzotta, 1976. [*Gramsci et la question religieuse*. Paris: Anthropos, 1974].

POTIER, Jean Pierre. *Piero Sraffa*. [Biografia, prefazione di Antonio Santucci]. Roma: Editori Riuniti, 1990. [*Un économiste non conformiste*: Piero Sraffa (1898-1983). Essai biographique. Lyon: Presses Universitaires de Lyon, 1987].

PRESTIPINO, Giuseppe. *Tradire Gramsci*. Milano: Teti Editore, 2000.

PREZZOLINI, Giuseppe. *La coltura italiana*. Firenze: La Voce, 1923.

PREZZOLINI, Giuseppe. *Diario*. 1900-1921. Milano: Rusconi, 1978.

PROSPERO, Michele. *La scienza politica di Gramsci*. Roma: Bordeaux, 2016.

PUCCINI, Sandra. *Balbi, Romagnosi e Cattaneo*. Sulla nascita dell'antropologia italiana del secondo Ottocento. Brescia: Grafo, 1991.

RACINARO, Roberto; TARANTO, Domenico. (a cura di). *La tradizione del pensiero democratico nella ricerca di Valentino Gerratana*. Roma: Editori Riuniti, 1998.

RAGAZZINI, Dario. *Società industriale e formazione umana nel pensiero di Gramsci*. [Prefazione di M.A. Manacorda]. Roma: Editori Riuniti, 1976.

RAGAZZINI, Dario. *Leonardo nella società di massa*. Teoria della personalità in Gramsci. Bergamo: Moretti Honegger, 2002.

RAPONE, Leonardo. *Cinque anni che paiono secoli*. Antonio Gramsci dal socialismo al comunismo (1914-1919). Roma: Carocci, 2011.

RAVERA, Camilla. *Diario di trent'anni*. 1913-1943. [Prefazione di Francesco Giasi, introduzione di Maria Pellegatta]. Varese: Arterigere, 2012.

RICCHINI, Carlo; MELOGRANI, Luisa; SANTUCCI, Antonio A. (a cura di). *L'ultima ricerca di Paolo Spriano*. Dagli archivi dell'Urss i documenti segreti sui tentativi per salvare Antonio Gramsci. Roma: L'Unità, 1988.

RIECHERS, Christian. *Gramsci e le ideologie del suo tempo*. [Prefazione di A. Peregalli]. Genova: Graphos, 1993. [*Antonio Gramsci*. Marxismus in Italien. Frankfurt a. M.: Europäisches Verlagsanstalt, 1970].

RIOSA, Alceo. *Angelo Tasca socialista*. Con una scelta dei suoi scritti (1912- 1920). Milano: Franco Angeli, 1979.

ROLLAND, Romain. *I precursori*. Roma: Rassegna Internazionale, 1921.

ROLLAND, Romain. *Diario degli anni di guerra*. 1914-1919. Note e documenti per lo studio della storia morale dell'Europa odierna. [Prefazione di G. Piovene, testo a cura di Marie Romain Rolland]. Firenze: Parenti, 1960. [ed. or. *Journal des années de guerre*. 1914-1919. Notes et documents pour servir à l'histoire morale de ce temps. Paris: Albin Michel, 1952].

ROMANATO, Gianpaolo. *Un italiano diverso*. Giacomo Matteotti. Milano: Longanesi, 2001.

ROMANO, Salvatore Francesco. *Antonio Gramsci*. Torino: Utet, 1965.

ROSSI, Angelo. *Gramsci da eretico a icona*. Storia di un "cazzotto nell'occhio". [Prefazione di Biagio De Giovanni]. Napoli: Guida, 2010.

ROSSI, Angelo. *Gramsci in carcere*. L'itinerario dei *Quaderni* (1929-1933). Napoli: Guida, 2014.

ROSSI, Angelo; VACCA, Giuseppe. *Gramsci tra Mussolini e Stalin*. Roma: Fazi, 2007.

ROSSI, Cesare. *Il Tribunale speciale*. Storia documentata. Milano: Ceschina, 1952.

ROSSI, Pietro. (a cura di). *Gramsci e la cultura contemporanea*. 2 v. Roma: Editori Riuniti-Istituto Gramsci, 1969-1970.

SABBATUCCI, Giovanni. (dir.). *Storia del socialismo italiano*. v. III. Guerra e dopoguerra (1914-1926). Roma: Il Poligono, 1980.

SAID, Edward W. *Dire la verità*. Gli intellettuali e il potere. Milano: Feltrinelli, 1995. [ed. or. *Representations of the Intellectuals*. New York: Pantheon, 1994].

SALARIS, Claudia. *Storia del futurismo*. Libri giornali manifesti. Roma: Editori Riuniti, 1985.

SALVADORI, Massimo L. *Gramsci e il problema storico della democrazia*. [Nuova edizione, introduzione di Angelo d'Orsi]. Roma: Viella, 2007. [1. ed. Torino: Einaudi, 1970; 2 ed. ivi 1973].

SALVATORELLI, Luigi; MIRA, Giovanni. *Storia d'Italia nel periodo fascista*. Milano: Mondadori, 1969. (1. ed. *Storia del fascismo*. L'Italia dal 1919 al 1945. Roma: Novissima, 1952].

SALVETTI, Patrizia. *La stampa comunista da Gramsci a Togliatti*. Milano: Guanda, 1975.

SANGUINETI, Edoardo. *Schede gramsciane*. Torino: Utet, 2004.

SANGUINETI, Federico. *Gramsci e Machiavelli*. Milano: Feltrinelli, 1982.

SANTARELLI, Enzo. *Storia del movimento e del regime fascista*. 2 v. Roma: Editori Riuniti, 1967. [Poi, *Storia del fascismo*, 3 v., ivi 1973).

SANTARELLI, Enzo. *Gramsci ritrovato*. 1937-1947. Cosenza: Abramo, 1991.

SANTHIÀ, Battista. *Con Gramsci all'Ordine Nuovo*. Roma: Editori Riuniti, 1956.

SANTUCCI, Antonio A. *Senza comunismo*. Labriola, Gramsci, Marx. Roma: Editori Riuniti, 2001.

SANTUCCI, Antonio A. *Antonio Gramsci*. 1891-1937. (a cura di Lelio La Porta). [Premessa di Eric J. Hobsbawm, con una nota di Joseph A. Buttigieg]. Palermo: Sellerio, 2005.

SAVANT, Giovanna. *Intransigenti e collaborazionisti*. Serrati e Treves davanti alla Grande Guerra. [Prefazione di Angelo d'Orsi]. Roma: Aracne, 2013.

SBARBERI, Franco. (a cura di). *Teoria politica e società industriale*. Ripensare Gramsci. Torino: Bollati Boringhieri, 1988.

SCHIRRU, Giancarlo. (a cura di). *Gramsci, le culture e il mondo*. Roma: Viella, 2009.

SCHUCHT, Tatiana. *Lettere ai familiari*. [Introduzione e cura di Mimma Paulesu Quercioli, prefazione di Giuliano Gramsci]. Roma: Editori Riuniti, 1991.

SCICHILONE, Giorgio E.M. (a cura di). *Machiavellismo e Antimachiavellismo nel pensiero cristiano europeo dell'Ottocento e del Novecento*. Fasc. mon. di "Storia e politica", n.s., III, 1, 2011.

SCUDERI SANFILIPPO, Graziella. *Gramsci e il problema pedagogico*. Catania: CUECM, 1985.

SERRA, Giorgio. (a cura di). *Gramsci e la cultura sarda*. Atti del Convegno (Ales, 22 gennaio 2000). [7a ed. del Premio letterario Antonio Gramsci]. Cagliari: CUEC, 2001.

SGARBI, Anna Maria. *Papà Gramsci*. Il cuore nelle lettere. [Prefazione di Walter Veltroni]. Verona: Gabrielli, 2008.

SOAVE, Sergio. (a cura di). *Un eretico della sinistra*. Angelo Tasca dalla militanza alla crisi della politica. Milano: Franco Angeli, 1995.

SOAVE, Sergio. *Senza tradirsi, senza tradire*. Silone e Tasca dal comunismo al socialismo cristiano (1900-1940). Torino: Aragno, 2005.

SOMAI, Giovanni. *Gramsci a Vienna*. Ricerche e documenti 1922/1924. [Prefazione di Enzo Santarelli]. Urbino: Argalia, 1979.

SONIS, Francesco. *Antonio Gramsci*. Le radici materne. Mogoro: Edizioni Sguardi sardi, 2016.

SPRIANO, Paolo. (a cura di). *La cultura italiana del '900 attraverso le riviste*. VI. "L'Ordine Nuovo" (1919-1920). Torino: Einaudi, 1963.

SPRIANO, Paolo. *Storia di Torino operaia e socialista*. Da De Amicis a Gramsci. Torino: Einaudi, 1972.

SPRIANO, Paolo. *L'occupazione delle fabbriche*. Settembre 1920. Torino: Einaudi, 1973 . [1. ed. 1964].

SPRIANO, Paolo. *Storia del Partito comunista italiano*. 5 v. Torino: Einaudi, 1967-1978. [I. *Da Bordiga a Gramsci* (1967); II. *Gli anni della clandestinità* (1969); III. *I fronti popolari, Stalin, la guerra* (1976)].

SPRIANO, Paolo. *L'Ordine Nuovo e i Consigli di fabbrica*. Con una scelta di testi dell'*Ordine Nuovo* (1919-1920). Torino: Einaudi, 1971.

SPRIANO, Paolo. *Gramsci e Gobetti*. Introduzione alla vita e alle opere. Torino: Einaudi, 1977.

SPRIANO, Paolo. *Gramsci in carcere e il partito*. Roma: L'Unità, 1988. [1. ed. Roma: Editori Riuniti, 1977].

SRAFFA, Piero. *Lettere a Tania per Gramsci*. [Introduzione e cura di Valentino Gerratana]. Roma: Editori Riuniti, 1991.

SUPPA, Silvio. *Il primo Gramsci*. Gli scritti politici giovanili (1914-1918). Napoli: Jovene, 1976.

SUPPA, Silvio. *Consiglio e Stato in Gramsci e Lenin*. Bari: Dedalo, 1979.

SUPPA, Silvio. *Ordine e conflitto*. Una trama per rileggere Gramsci. Torino: Giappichelli, 2016.

TAMBURRANO, Giuseppe. *Antonio Gramsci*. La vita, Il pensiero, L'azione. Manduria-Bari-Perugia: Lacaita, 1963.

TANCREDI, Lucia. *La vita privata di Giulia Schucht*. Romanzo. S.l: EVS, 2012.

TASCA, Angelo. *I primi dieci anni del PCI*. [Introduzione di Luigi Cortesi]. Bari: Laterza, 1971.

TASCA, Angelo. *Nascita e avvento del fascismo*. (a cura di Sergio Soave) Scandicci: La Nuova Italia, 1995. [1. ed. con pseud. di A. Rossi, *Lanaissance du fascisme*. L'Italia de 1918 à 1922. Paris: Gallimard, 1930; 1. ed. it. 1950; poi con prefazione di Renzo De Felice. Bari: Laterza, 1972].

TERRACINI, Umberto. *Sulla svolta*. Carteggio clandestino dal carcere. 1930-31-32. (a cura di Alessandro Coletti). Milano: La Pietra, 1975.

TERRACINI, Umberto. *Intervista sul comunismo difficile*. (a cura di Arturo Gismondi). Roma-Bari: Laterza, 1978.

THELLUNG, Fabrizio. *Antonio Gramsci* (la strategia rivoluzionaria nei paesi a capitalismo avanzato). Genova: Tilgher, 1983.

THOMAS, Peter. *The gramscian moment*. Philosophy, hegemony and marxism. Leiden: Brill, 2009.

TOGLIATTI, Palmiro. (a cura di). *La formazione del gruppo dirigente del Partido Comunista Italiano nel 1923-1924*. Roma: Editori Riuniti, 1962.

TOGLIATTI, Palmiro. *Gramsci*. (a cura di Ernesto Ragionieri). Roma: Editori Riuniti, 1972.

TOGLIATTI, Palmiro. *Opere*. (a cura di Ernesto Ragionieri, Franco Andreucci, Paolo Spriano, Luciano Gruppi). 6 v. Roma: Editori Riuniti, 1972-1984.

TOGLIATTI, Palmiro. *Gramsci e il leninismo*. [Con una nota di Armando Cossutta]. Roma: Robin Edizioni, 2000.

TOGLIATTI, Palmiro. *Scritti su Gramsci*. (a cura di Guido Liguori). Roma: Editori Riuniti, 2001.

TOSEL, André. *Étudier Gramsci*. Paris: Éditions Kimé, 2016.

TRANFAGLIA, Nicola. (a cura di). *Storia di Torino*. v. VIII. *Dalla Grande Guerra alla liberazione*. Torino: Einaudi, 1998.

TROCKIJ, Lev. *Letteratura e rivoluzione*. [Introduzione e traduzione di V. Strada]. Torino: Einaudi, 1973.

TURATI, Filippo. *Socialismo e riformismo nella storia d'Italia*. Scritti politici 1878-1932. [Introduzione e cura di Franco Livorsi]. Milano: Feltrinelli, 1979.

TURATI, Filippo; KULISCIOFF, Anna. *Carteggio*. [Raccolto da Alessandro Schiavi, a cura di Franco Pedone]. 6 v. Torino: Einaudi, 1977.

VACCA, Giuseppe. *Gramsci e Togliatti*. Roma: Editori Riuniti, 1991.

VACCA, Giuseppe. *Appuntamenti con Gramsci*. Introduzione allo studio dei *Quaderni del carcere*. Roma: Carocci, 1999.

VACCA, Giuseppe. *Vita e pensieri di Antonio Gramsci (1926-1937)*. Torino: Einaudi, 2012.

VACCA, Giuseppe. *Modernità alternative*. Il Novecento di Antonio Gramsci. Torino: Einaudi, 2017.

VALLINI, Edio. (a cura di). *L'Asino di Podrecca e Galantara (1892/1925)*. [Presentazione di Giorgio Candeloro]. Milano: Feltrinelli, 1970.

VANDER, Fabio. *Che cos'è il socialismo liberale?* Rosselli, Gramsci e la rivoluzione in Occidente. Manduria-Bari-Roma: Lacaita, 2002.

VASALE, Claudio. *Politica e ragione in A. Gramsci*. La teodicea della secolarizzazione. Roma: Storia e Letteratura, 1979.

VIGLONGO, Andrea. *Gramsci a Torino*. Scritti con illustrazioni. (a cura di Giovanna e Franca Viglongo). [Prefazione di Angelo d'Orsi]. Torino: Viglongo, 2017.

VIVARELLI, Roberto. *Storia delle origini del fascismo*. L'Italia dalla Grande Guerra alla marcia su Roma. 3 v. Bologna: il Mulino, 1991.

VOZA, Pasquale. *Gramsci e la continua crisi*. Roma: Carocci, 2008.

WOLIKOW, Serge. *L'Internazionale comunista*. Il sogno infranto del partito mondiale della rivoluzione (1919-1943). Roma: Carocci, 2016. [*L'Internationale communiste (1919-1943)*. Le Comintern ou le rêve déchu du parti mondial de la révolution. Paris: Les Éditions de l'Atelier-Éditions Ouvrières, 2010].

ZACHEO, Egidio. *Gramsci, la democrazia e la cultura*. Manduria- Roma-Bari: Lacaita, 1991.

ZINI, Zino. *La tragedia del proletariato in Italia*. Diario 1914-1926. (a cura di Giancarlo Bergami). Milano: Feltrinelli, 1973.

ZUCÀRO, Domenico. *Vita del carcere di Antonio Gramsci*. Milano: Edizioni Avanti, 1954.

ZUCÀRO, Domenico. (a cura di). *Il processone*. Roma: Editori Riuniti, 1961.

VÁRIOS AUTORES (OBRAS COLETIVAS SEM ORGANIZADORES)

Gramsci. Paris: Edizioni italiane di coltura, 1938.

Studi gramsciani. Roma: Editori Riuniti, 1958.

Trent'anni di storia italiana, 1915-1945. Dall'antifascismo alla Resistenza. Torino: Einaudi, 1961.

I comunisti a Torino. Roma: Editori Riuniti, 1969.

La grande speranza. L'occupazione delle fabbriche (fasc. mon. di "Il Ponte", 10, 1970, 1920.)

Storia del marxismo, 4 v. Torino: Einaudi, 1978-1982.

Storia del marxismo contemporaneo. Milano: Annali Feltrinelli 1973; Milano: Feltrinelli, 1974.

I 2000 sardi più illustri. Cagliari: L'Unione Sarda, i2005.

INDÍCE ONOMÁSTICO

A

Acerbo, Giacomo 191, 196
Adorno, Theodor Wiesengrund 381
Agnelli, Giovanni 64, 132
Albertini, Luigi 211
Althusser, Louis 174
Ambrogi, Ersilio 159, 160, 407
Amendola, Giovanni 206
Amoretti, Giovanni Vittorio 73, 398
Amoretti, Giuseppe 73, 415
Amundsen, Roald 267
Arcangeli, Umberto 30, 365-368, 371, 373
Arici, Azelia 73
Azzario, Isidoro 233
Azzariti, Vincenzo 372

B

Bachi, Riccardo 81
Balcet, L. (presidente Collegio Oulx), 88
Balla, Giacomo 163
Balsamo Crivelli, Gustavo 73, 77, 153
Baratta, Giorgio 45
Barbusse, Henri 117, 145
Bartoli, Matteo 73, 74, 281, 398
Bela Kun (Ábel Kohn) 117
Bergson, Henri-Louis 100, 132
Bernstein, Eduard 328
Berti, Giuseppe 281
Bevione, Giuseppe 63, 80-82
Bianchi, Giuseppe 67, 96
Bianco, Vincenzo 118, 122, 136, 201
Bloch, Marc 330
Bobbio, Norberto 72, 322, 325, 391, 407, 424
Boccardo, Carlo 103

Bocchini, Arturo 268
Bogdanov, Aleksandr Aleksandrovič 145
Bolívar, Simón 204
Bombacci, Nicola 144
Bonetto, Mario 82
Bordiga, Amadeo 114, 119, 121, 122, 126, 129, 136-139, 148, 150, 159, 160, 167-170, 173, 180, 183, 184, 188, 189, 193195, 197, 207, 210-212, 215, 240, 242, 247, 287, 288, 312, 323, 379, 411, 414,
Borelli, Lyda 106
Boselli, Paolo 94
Bozzolo, Camillo 81
Brandi-marte, Pietro 141
Bresci, Gaetano 33
Brocchi, Virgilio 251
Brunetti, Mario 22n
Bukharin, Nikolaj Ivanovič 15, 117, 177, 219, 220, 246, 267, 284, 289, 299, 300, 305, 307, 318, 319, 323, 329, 331, 359, 422
Buozzi, Bruno 66, 67

C

Cabiati, Attilio 81
Cadorna, Luigi 94
Cambellotti, Duilio 163
Canfora, Luciano 13
Capello, Luigi 210
Capponi, Ester 229
Carducci, Giosue 251
Carena, Attilio 112
Carena, Pia 101, 103, 152
Carlini, Armando 93
Castagno, Gino 67

Cavour, Camillo Benso, conte di 64, 65, 302, 349, 351, 352

Cecchi, Emilio 58, 281

Ceresa, Giuseppe 314

Cian, Vittorio 79, 89, 102

Ciardi, Giuseppe 255

Cisternino, Francesco 347, 369

Cocco Ortu, Francesco 32, 51

Codevilla, Mario 176

Colajanni, Napoleone 24

Colletta, Pietro 251

Colonnetti, Gustavo 142

Cominacini 30

Coni, Raimondo 28

Coppola, Francesco 242

Corrias, Nina 37

Corrias, Potenziana, *vedi* Marcias

Cosmo, Umberto 66, 71-74, 77, 78, 84, 157, 158, 398

Costa, Antonio 32

Coutinho, Carlos Nelson 18,

Croce, Benedetto 15, 58, 71, 79, 93, 99, 104, 138, 217, 274, 284, 285, 318, 320-322, 330, 331, 350, 353, 354, 358, 360, 384, 399

Cromwell, Oliver 204

Cuba, Nennetta 394

Cuoco, Vincenzo 350, 428

Cusumano, Giuseppe 374, 386

D

D'Amelio, Mariano 336 368, 426

D'Annunzio, Gabriele 81, 149

Dante Alighieri 274, 356

D'Arborea, Eleonora 43

D'Azeglio, Massimo Taparelli, marchese 65

De Amicis, Edmondo 65, 66, 77

De Biasi, Vittorio 136

De Felice, Renzo 211, 398

Deffenu, Alfredo 59

De Leon, Daniel 121

Delogu, Grazia (filha de Potenziana Corrias, tia materna de Antonio Gramsci) 22

Delogu, Margherita (filha de Potenziana Corrias, tia materna de Antonio Gramsci) 25

Del Roio, Marcos 8

De Man, Henri 359

Derosas, Francesco 43

De Ruggiero, Guido 274

D'Hercourt, Gillebert 23

De Sanctis, Francesco 253, 319, 360, 430

De Sanctis, Gaetano 142

De Vecchi di Val Cismon, Cesare Maria 111, 141, 152-153

Deriu, Francesco 396

Diaz, Armando 94

Dobb, Maurice 260

Donati, Giuseppe 211

Dorso, Guido 304

Dostoiévski, Fiodor 283

Dozza, Giuseppe 267

E

Eastman, Max 112, 117

Einaudi, Luigi 65, 79, 81, 91, 103, 133, 135, 253

Engels, Friedrich 180, 323, 324, 329,

Ercole, Francesco 242

F

Farinacci, Roberto 197, 233

Farinelli, Arturo 72, 73, 281

Febvre, Lucien 330

Ferdinando I de Bourbon, rei de Napoli 45

Ferraris, Dante 77

Ferrero, Alberto, conte della Marmora 18

Ferrero, Pietro 67

Ferri, Enrico 24

Figari, Renato 55, 57

Finck, Franz N. 283

Fiori, Giuseppe 13, 32, 38, 45, 53, 57, 228

Foch, Ferdinand 327

Fortunato, Giustino 217, 353

France, Anatole 117

Frassati, Alfredo 64, 81, 142, 211

Frassati, Pier Giorgio 143

Frau, padre Sebastiano 28

Freud, Sigmund 252, 342-344

Frey, Josef 176

Fromm, Eric 381

G

Galantara, Gabriele 92

Galetto, Leo 401

Garibaldi, Giuseppe 26, 204, 302, 352

Garin, Eugenio 100, 319

Garzia, Raffa 43, 50, 55, 56

Gasparri, Pietro, cardeal 261
Gay, Pilade 80
Geisser, Alberto 81
Gennari, Egidio 261
Gentile, Giovanni 78, 79, 93, 320, 322, 324, 331
Germanetto, Giovanni 233, 262
Gerratana, Valentino 293, 295
Gidoni, Bonaventura 231
Ginzburg, Leone 72
Gioda, Mario 111, 153
Giolitti, Giovanni 63, 64, 81, 130, 132, 141-143
Girschfeld, Osip 162
Giudice, Maria 96
Gnudi, Ennio 233
Gobetti, Piero 72, 112, 119, 131, 135, 138, 142, 143, 145, 151, 152, 153, 195, 199, 206, 284, 304
Goethe, Johann Wolfgang von 248
Gorgolini, Pietro 153, 408
Gorki, Máximo 117, 145, 163
Gotta, Salvator 251
Gozzano, Guido 65
Graf, Arturo 66, 77
Gramatica, Emma 106, 402
Gramsci Gonzales, Teresa (vó paterna de Antonio) 26
Gramsci, Carlo (irmão de Antonio) 26, 45-47, 70, 109, 202, 258, 264, 273, 274, 290, 291, 301, 317, 339, 347, 374, 433
Gramsci, Delio ("Delka", primogênito di Antonio) 41, 201, 203, 209, 216, 263, 286, 337-339, 341,
Gramsci, dom Gennaro (avô de Antonio) 25, 26, 28
Gramsci, Edmea (filha de Gennaro, sobrinha de Antonio) 202, 274
Gramsci, Emma (irmã de Antonio) 26, 29, 44, 202
Gramsci, Francesco ("Ciccillo", pai di Antonio) 26, 28-33, 41, 42, 45, 53, 393, 396,
Gramsci, Gennaro ("Nannaro", irmão mais velho de Antonio) 26, 31, 32, 40, 42, 49, 51, 52, 56, 122, 153, 164, 202, 256, 291, 317,
Gramsci, Gennaro (tataravô de Antonio) 25
Gramsci, Giulia ver Schucht, Giulia
Gramsci, Giuliano (segundo filho de Antonio) 209, 263, 286, 337, 339, 341
Gramsci, Giuseppina ver Marcias, Giuseppina

Gramsci, Grazietta (irmã de Antonio) 26, 29, 36, 44, 77, 85, 202, 339
Gramsci, Mario (irmão de Antonio) 26, 44, 47, 264
Gramsci, Nicola (bisavô de Antonio) 25
Gramsci, Nicolino (tio de Antonio) 26, 32
Gramsci, Teresina (irmã di Antonio) 26, 29, 30 ,35, 37, 38, 42, 44-46, 54, 75, 202, 268, 339, 369, 371
Graziadei, Antonio 159, 180, 288
Grieco, Ruggero 169, 229, 230, 233, 256, 261-265, 267, 288, 310, 311, 366, 368, 387, 433
Grilli, Giovanni 228
Grimm, Wilhelm e Jacob 281, 283, 340, 420
Groethuysen, Bernard 282
Guicciardini, Francesco 351
Guiso, Luciano 39, 395
Gutman, Rachele 283

H
Harnack, Adolf von 251
Hegel, Georg Wilhelm Friedrich 274, 285
Hitler, Adolf 301, 367
Horkheimer, Max 381
Humbert-Droz, Jules 208, 220, 230, 289,
Husserl, Edmund 252
I
Ibsen, Henrik 106
Invernizio, Carolina 38
Isgrò, Michele 259, 260

J
James, William 285

K
Kamenev, Lev Borisovič 177, 220, 231
Kautsky, Karl 119, 299, 328
Kipling, Rudyard 410
Krupskaya, Nadezhda 162, 163

L
Labriola, Antonio 15, 66, 78, 99, 120, 180, 284, 307, 319, 320, 359, 424
Lazzari, Costantino 88
Lay, Giovanni, 313
Ledda, Gavino 70
Lenin, Vladimir Ilitch 78, 96-98, 117, 121, 125, 126, 132, 133, 139, 145, 162, 163, 167-174,

176, 177, 181, 184-186, 190, 201, 222, 223, 287, 302, 303, 307, 318, 321, 323-329, 354, 355, 359, 360, 362, 363, 379

Leonetti, Alfonso 101, 123, 138, 188, 288, 309, 310, 312,

Leoni, Mario 106

Leopardi, Giacomo 31

Lévy, Arthur 251

Lex, Alma 311

Liebknecht, Karl 117, 124

Lisa, Athos 313, 333

Lombardo Radice, Giuseppe 85, 103

Lombroso, Cesare 23, 24, 77, 343

Lombroso, Gina 251

Longo, Luigi ("Gallo") 310

Loria, Achille 89, 103

Lunatchárski, Anatoli 117, 144, 145, 280

Luxemburg, Rosa 117, 121, 124, 328

M

Maccarone, Francesco 56

Machiavelli, Niccolò 72, 241, 242, 308, 349,354-357, 359, 360

Macis, Enrico 232, 243, 247, 249, 254, 255, 261-263, 387, 416

Maffi, Fabrizio 233

Manacorda, Gastone 349

Manuilski, Dmitri 220, 221

Manzoni, Alessandro 73

Mao Zedong 174

Marchias, Juan Miguel (Giovanni Michele, tataravô de Antonio Gramsci) 25

Marchias, Salvatore (tio avô de Antonio Gramsci) 25

Marchias, Sebastiano (bisavô de Antonio Gramsci) 25

Marcias (antigamente Marchias, família da mãe de Antonio Gramsci) 25

Marcias Corrias, Potenziana (avó materna de Antonio Gramsci) 25

Marcias, Antonio (avô de Antonio Gramsci) 25

Marcias, Maria Giuseppina ("Peppina", mãe de Antonio Gramsci) 25, 26, 28-31, 35

Marcuse, Herbert 381

Marinetti, Filippo Tommaso 144, 146, 147

Maritain, Jacques 284

Marx, Karl 26, 78, 92, 93, 97, 99, 118-120, 162, 173, 180, 181, 283, 284, 292, 293, 302, 305-307, 318,-325, 329, 354-357, 359, 360, 380, 382

Marzullo 49

Matteotti, Giacomo 191, 196-198, 207, 210, 265, 266, 412

Maturi, Walter 352

Mazzacurati 37

Mazzini, Giuseppe 302, 351, 352

Michels, Robert 91, 284, 359, 360, 429,

Missiroli, Mario 304

Molinelli, Guido 233

Mondolfo, Rodolfo 78, 100, 284, 406

Montagnana, Mario 67, 113, 114, 119, 151, 153, 408

Montagnana, Rita 67, 151

Montépin, Xavier de 282

Montesquieu, Charles-Louis de Secondat, barão 359

Morgari, Oddino 77

Mosca, Gaetano 65, 81, 359, 360, 429

Mussolini, Benito ("duce") 26, 82, 83, 87, 129, 140, 142, 143, 149, 152, 166, 167, 183-185, 191, 195-197, 199, 201, 204, 205, 208, 215, 228, 231, 233, 237, 247, 254, 265-268, 270, 289, 292, 316, 324, 349, 353, 355, 362, 363, 367, 371, 374, 386, 389

N

Niceforo, Alfredo 24

Nobile, Umberto 267

Noce, Teresa 150, 151

Novelli, Giovanni 372

O

Oddone, Costante 56

Orano, Paolo 24

Oriani, Alfredo 352

Orlando, Vittorio Emanuele 94

P

Pacchioni, Giovanni 79

Pacelli, Eugenio (futuro papa Pio XII) 261

Palazzeschi, Aldo 147

Pankhurst, Sylvia 121

Papini, Giovanni 58, 72, 147

Paravia 142

Pareto, Vilfredo 359, 360, 399, 429

Pascoli, Giovanni 248
Passarge, Clara 272
Passarge, (família) 194, 209, 213, 233, 241,
Pastore, Annibale 78
Pastore, Ottavio 67
Pavese, Cesare 281
Perilli, Nilde 163, 342
Pertini, Sandro 334, 335
Piacentini, Ercole 317
Pirandello, Luigi 107, 248,
Podrecca, Guido 92
Polledro, Alfredo 283
Ponson du Terrail, Pierre Alexis 282
Prato, Giuseppe 81, 103
Prezzolini, Giuseppe 82, 135, 138, 145, 146, 284
Proudhon, Pierre-Joseph 120
Puccinelli, Angelo 389
Puccinelli, Vittorio 389
Pushkin, Aleksander 293
Puxeddu, Francesco (padrinho de Antonio Gramsci) 28

R
Radek, Karl (Karl Sobelsohn) 117
Ravagnan, Riccardo 213
Ravazzoli, Paolo 233, 288, 309, 310
Ravera, Camilla 168, 221, 223, 227, 228, 230, 233, 255, 310-312, 366, 388
Reed, John 117
Reich, Wilhelm 381
Repossi, Luigi 207
Resta, Giuseppe 335
Rimbaud, Arthur 178
Robotti, Paolo 67
Rocco, Alfredo 205, 242, 265, 324, 413
Rolland, Romain 117, 128, 291,
Romita, Giuseppe 67, 153
Romolo Augustolo (último imperador do Ocidente) 363
Roosevelt, Franklin Delano 309
Rosselli, Carlo 206
Rossi, Cesare, 266
Rossi, Teofilo 81
Rostagni, Augusto 68, 79
Rousseau, Jean-Jacques 359
Roveda, Giovanni 233, 266
Ruffini, Francesco 64, 65, 79, 89, 103, 397

S
Salandra, Antonio 81
Salgari, Emilio 38, 65
Salvatorelli, Luigi 133, 142, 206, 211, 407
Salvemini, Gaetano 58, 63, 82, 93, 133, 153, 183, 187, 206, 284
Santhià, Battista 67, 9, 122, 130, 136
Saporiti, Alessandro 259, 260, 266
Saporito, Filippo 30, 292, 371, 421, 431
Sardo, Giuseppe 259
Scalarini, Luigi 92
Schucht Girschfeld, Julija (mãe de Giulia) 161
Schucht Winterhalter, Ottilija (avó de Giulia) 162
Schucht, Aleksandr (avô de Giulia) 161
Schucht, Anna (Asija, irmã de Giulia) 163
Schucht, Apollon (pai de Giulia) 161-164, 168, 209, 210, 339, 341, 343, 413
Schucht, Eugenia (Evgenija, "Genia", irmã de Giulia) 158, 159, 161-166, 209, 216, 286, 338, 341, 343
Schucht, Giulia 42, 134, 157-159, 161, 163-166, 176-178, 183, 191, 192, 194, 199, 201-203, 205, 209, 210, 215, 216, 234, 239, 241, 251, 252, 256, 263, 264, 269, 271- 273, 275, 280, 282, 284, 286, 290, 301, 333, 335-339, 341-346, 365-368, 374, 385, 386, 389, 390, 408, 426
Schucht, Nadine (Nadezhda, irmã de Giulia) 162-163
Schucht, Tatiana (Tania, irmã de Giulia) 41, 54, 55, 107, 161-163, 209, 210, 216, 229, 230, 237, 239, 241, 243, 248, 250-254, 256, 257, 262-264, 269-271-275, 279-281, 283, 285, 286, 290, 293, 317, 335-339, 342-345, 347, 355, 365-369, 371, 373- 376, 386, 387, 389
Schucht, Vittorio (Viktor) 163
Scoccimarro, Mauro 220, 233, 258, 262, 265, 266, 311, 366, 423
Secchia, Pietro 310
Serao, Matilde 166
Serra, Renato 40
Serrati, Giacinto Menotti, 87, 88, 90, 96, 111, 126, 136, 139, 159, 168, 195
Silone, Ignazio (Secondino Tranquilli) 229, 254, 288, 309, 310, 417, 423
Sinigaglia, Oscar 133

INDÍCE ONOMÁSTICO 455

Siotto Pintor, Giovanni 21
Sombart, Werner 284
Sorel, Georges 93, 117, 119-121, 320, 358
Sotgiu, Pietro 43
Spriano, Paolo 136, 222, 417
Sraffa, Piero 72, 239-242, 246, 253, 260-263, 269, 285, 336, 338, 342, 366, 368, 369, 375, 386, 389
Stalin, Josef 118, 169, 176, 177, 184, 186, 190, 194, 200, 202, 207, 219, 220, 222, 223, 246, 287-289, 300, 302, 306, 315, 318, 329, 367, 368, 370, 387, 389
Stampini, Ettore 79
Stefanini, Giacomo 231
Suardo, Giacomo 261
Sue, Eugène 282

T
Tacchi Venturi, Pietro (padre jesuita) 261
Tasca, Angelo 68, 74-76, 80, 85, 112-115, 119, 122, 126, 129, 130, 136, 137, 148, 160, 170, 180, 183, 186, 194, 197, 260, 287-289, 309, 398
Tei, Gaetano 232, 249, 255
Terracini, Umberto 85, 112, 113, 115, 122, 136, 145, 148, 160, 167, 211, 232, 233, 255, 258, 261, 262, 265-268, 311, 312, 318, 333, 366, 388
Togliatti, Eugenio 68
Togliatti, Maria Cristina 68
Togliatti, Palmiro 68, 72, 79, 85, 99, 112, 115, 121, 122, 131, 136, 148, 167, 170, 171, 172, 183, 186, 193, 194, 197, 207, 208, 211, 213, 215, 219-224, 228-230, 233, 246, 247, 255, 260, 263, 265, 267, 287, 288, 300, 309, 310, 312, 314, 316, 317, 319, 333, 360, 366-368, 387-389
Tola, Pasquale 21
Tolstoi, Lev Nikolaievitch 75, 210, 283
Tolu, Giovanni 43
Tomás de Aquino, santo 285
Tranquilli, Romolo 254
Tresso, Pietro 289, 309, 310
Treves, Claudio 100
Trotsky, Leon 117, 144, 146, 148, 172, 177, 190, 194, 207, 220, 287, 288, 300, 302, 312, 314, 315, 317, 328
Trombetti, Gustavo 229, 370
Turati, Augusto 233
Turati, Filippo 66, 137, 139, 159, 198, 406, 412

U
Ulianov, Aleksandr 162
Umberto I di Savoia, re d'Italia 33

V
Valenti, Antonio 388
Verdi, Giuseppe 159
Vico, Giambattista 293, 302
Viganò, padre Luigi 261
Viglongo, Andrea 85, 102, 103, 122,
Vittorini, Elio 281
Vittorio Emanuele III di Savoia, re d'Italia 33, 199, 254

W
Wagner, Richard 91, 159
Weber, Max 359
Winterhalter, Xaver 161

Z
Zamboni, Anteo 229
Zaniboni, Tito 210
Zini, Zino 78, 145, 153,
Zinoviev, Grigori 149, 158, 159, 200, 220, 300, 406
Zucàro, Domenico 259, 260

ABREVIAÇÕES*

TEXTOS DE GRAMSCI

AF1=Americanismo e fordismo, a cura di Felice Platone, Universale Economica, Milano 1949.

AF2=Quaderno 22. Americanismo e fordismo, introduzio- ne e note di Franco De Felice, Einaudi, Torino 1978.

AP =L'alternativa pedagogica, antologia a cura di Mario Alighiero Manacorda, La Nuova Italia, Firenze 1972.

CF =La città futura. 1917-1918, a cura di Sergio Caprio- glio, Einaudi, Torino 1982.

CPC =La costruzione del Partito comunista. 1923-1926, Ei- naudi, Torino 1971.

CT =Cronache torinesi (1913-1917), a cura di Sergio Ca- prioglio, Einaudi, Torino 1980.

Cr. Te. =Cronache teatrali. 1915-1920, seguite dagli appunti sul teatro nei "Quaderni del carcere" 1929-1932, a cura di Guido Davico Bonino, Aragno, Torino 2010.

DSR =Disgregazione sociale e rivoluzione. Scritti sul Mezzo- giorno, a cura di Francesco M. Biscio- ne, Liguori, Napoli 1995.

EN – D1 = Edizione Nazionale degli scritti di Antonio Gramsci, promossa dalla Fondazione Istituto Gramsci. *Do- cumenti 1. Appunti di Glottologia. 1912-1913. Un corso universitario di Matteo Bartoli redatto da An- tonio Gramsci*, a cura di Giancarlo Schirru, Istituto dell'Enciclopedia Italiana, Roma 2016.

EN – E1 = Edizione Nazionale degli scritti di Antonio Gramsci, promossa dalla Fondazione Istituto Gramsci. *Epi- stolario 1. Gennaio 1906-dicembre 1922*, a cura di David Bidussa, Francesco Giasi, Gadi Luzzatto Vo- ghera e Maria Luisa Righi; con la collaborazione di Leonardo P. D'Alessandro, Benedetta Garzarelli Eleonora Lattanzi, Luigi Manias e Francesco Ursi- ni, Istituto della Enciclopedia Italiana, Roma 2009.

EN – E2 = Edizione Nazionale degli scritti di Antonio Gramsci, promossa dalla Fondazione Istituto Gramsci. *Epi- stolario 2. Gennaio-novembre 1923*, a cura di David Bidussa, Francesco Giasi e Maria Luisa Righi, con la collaborazione di Leonardo P. D'Alessandro, Eleonora Lattanzi e Francesco Ursini, Istituto della Enciclopedia Italiana, Roma 2011.

EN – S2 = Edizione Nazionale degli scritti di Antonio Gramsci, promossa dalla Fondazione Istituto Gramsci. *Scrit- ti, 2. 1917*, a cura di Leonardo Rapone, con la colla- borazione di Maria Luisa Righi e il contributo di Benedetta Garzarelli, Istituto della Enciclopedia Italiana, Roma 2015.

---

* As abreviações referem-se aos textos utilizados pelo autor, nas edições italianas, que cons- tam nas notas de fim; as edições brasileiras estão referenciadas nas mesmas notas.

EN – Q = Edizione Nazionale degli scritti di Antonio Gramsci, promossa dalla Fondazione Istituto Gramsci. Qua- derni del carcere, edizione critica diretta da Gianni Francioni.

EN – Q1 = 1. Quaderni di traduzioni (1929-1932), a cura di Giuseppe Cospito e Gianni Francioni, 2 voll., Istitu- to della Enciclopedia Italiana, Roma 2007.

EN – Q2 = 2. Quaderni miscellanei (1929-1935), t. I, a cura di Giuseppe Cospito, Gianni Fran- cioni, Fabio Frosini, Istituto della Enciclopedia Italiana, Roma 2017.

EP =Elementi di politica, a cura di Mario Spinella, Edito- ri Riuniti, Roma 1964.

Fasc. =Sul fascismo, a cura di Enzo Santarelli, Editori Riu- niti, Roma 1974.

FU =La formazione dell'uomo. Scritti di pedagogia, a cura di Giovanni Urbani, Editori Riuniti, Roma 1974.

L = Lettere. 1908-1926, a cura di Antonio A. Santucci, Einaudi, Torino 1992.

LC =Lettere dal carcere, a cura di Sergio Caprioglio e Elsa Fubini, Einaudi, Torino 1965.

LC2 =Lettere dal carcere, a cura di Antonio A. Santucci, 2 voll., Sellerio, Palermo 1996.

LJ =Forse rimarrai lontana... Lettera a Julca, 1922-1937, a cura di Mimma Paulesu Quercioli, Editori Riuni- ti, Roma 1987.

LT = Gramsci, Antonio – Schucht, Tatiana, Lettere 1926- 1935, a cura di Aldo Natoli e Chiara Da- niele, Einau- di, Torino 1997.

ML =Marxismo e letteratura, a cura di Giuliano Manacor- da, Editori Riuniti, Roma 1975.

MP =Masse e partito. Antologia. 1910-1926, a cura di Gui- do Liguori, Editori Riuniti, Roma 2016.

NCF =La nostra città futura. Scritti torinesi (1911-1922), a cura di Angelo d'Orsi, Carocci, Roma 2004.

NM =Il nostro Marx. 1918-1919, a cura di Sergio Caprio- glio, Einaudi, Torino 1984.

NPM =Quaderno 13. Noterelle sulla politica del Machiavelli, introduzione e note di Carmine Donzelli, Einaudi, Torino 1981.

ON =L'Ordine Nuovo (1919-1920), a cura di Valentino Ger- ratana e Antonio A. Santucci, Einaudi, Torino 1987.

ON1 =L'Ordine Nuovo. 1919-1920, Einaudi, Torino 1955.

Princ. =Il moderno Principe. Il partito e la lotta per l'egemonia. Quaderno 13. Noterelle sulla politica del Machiavelli, a cura di Carmine Donzelli, Donzelli, Roma 2012.

PV =Per la verità. Scritti 1913-1926, a cura di Renzo Mar- tinelli, Editori Riuniti, Roma 1974.

Pirandello = La smorfia più che il sorriso. Scritti su Pirandello, a cura di Yuri Brunello, Castelvecchi, Roma 2017.

QdC =Quaderni del carcere, edizione critica dell'Istituto Gramsci, a cura di Valentino Gerratana, Einaudi, Torino 1975.

QdC2 =Quaderni del carcere. Edizione anastatica dei mano- scritti, a cura di Gianni Francioni, Biblioteca Trec- cani-L'Unione Sarda, Roma-Cagliari 2009.

QdC3 =I Quaderni del carcere di Antonio Gramsci. Un'anto- logia, a cura di Lelio La Porta e Giuseppe Prestipi- no, Carocci, Roma 2014.

QM =La questione meridionale, a cura di Franco De Felice e Valentino Parlato, Editori Riuniti, Roma 1974.

QM2 =La quistione meridionale, a cura di Marcello Monta- nari, Palomar, Bari 2007.

Ris. =Risorgimento italiano, introduzione e note di Corra- do Vivanti, Einaudi, Torino 1977.

Ris 2 =Il Risorgimento e l'Unità d'Italia, introduzione di Carmine Donzelli, Donzelli, Roma 2011.

RSC =La religione come senso comune, a cura di Tommaso La Rocca, presentazione di Giuseppe Vacca, EST- Nuove Pratiche Editrice, Milano 1997.

SEP =Scritti di economia politica, testi a cura di Franco Consiglio e Fabio Frosini. Introduzio- ne di Giorgio Lunghini, Bollati Boringhieri, Torino 1994.

SF =*Socialismo e fascismo. L'Ordine Nuovo. 1921-1922*, Einaudi, Torino 1966.

SL =*Scritti dalla libertà (1910-1926)*, a cura di Angelo d'Or- si e Francesca Chiarotto, Editori Riuniti, Roma 2012.

SP =*Scritti politici*, a cura di Paolo Spriano, 2 voll., l'Uni- tà, Editori Riuniti, Roma 1967.

SR =*Come alla volontà piace. Scritti sulla Rivoluzione rus- sa*, a cura di Guido Liguori, Castelvecchi, Roma 2017.

Teatro =*Il teatro lancia bombe nei cervelli. Articoli, critiche, recensioni 1915-1920*, a cura di Fabio Francione, Mimesis, Milano-Udine 2017 .

Vatic. =*Il Vaticano e l'Italia*, a cura di E. Fubini, prefazione di Alberto Cecchi, Editori Riuniti, Roma 1961.

Vatic.2 =*Il Vaticano e l'Italia*, introduzione di Angelo d'Orsi, Editori Riuniti, Roma 2011.

OUTRAS OBRAS

BGR =*Bibliografia Gramsciana Ragionata. I. 1922-1965*, a cura di Angelo d'Orsi, Viella, Roma 2008.

DBI =*Dizionario Biografico degli Italiani*, Istituto dell'En- ciclopedia Italiana, Roma 1960 sgg. (in corso).

Dizionario = *Dizionario Gramsciano. 1926-1937*, a cura di Guido Liguori e Pasquale Voza, Carocci, Roma 2009.

Inchiesta = *Inchiesta su Gramsci. Quaderni scomparsi, abiure, con- versioni, tradimenti: leggende o verità?*, a cura di Ange- lo d'Orsi, Accademia University Press, Torino 2014.

Parole =*Le parole di Gramsci. Per un lessico dei* Quaderni del carcere, a cura di Fabio Frosini e Guido Liguori, Carocci, Roma 2004.

ARQUIVOS

AAGGRR = Affari Generali e Riservati

ACS =Archivio Centrale dello Stato, Roma ACTO =   Archivio storico del Comune di Torino

AFG =Archivio della Fondazione Gramsci, Roma AFLE = Archivio della Fondazione L. Einaudi, Torino

AIG =Archivio della Fondazione Istituto Piemontese A. Gramsci, Torino

ASUT =Archivio Storico dell'Università di Torino CPC =   Casellario Politico Centrale

CR =Carteggio Riservato

DGIS =Direzione Generale dell'Istruzione Secondaria DGPS =   Direzione Generale della Pubblica Sicurezza MI =   Ministero dell'Interno

MPI =Ministero della Pubblica Istruzione PCI = Archivi del Partito Comunista

SPD =Segreteria Particolare del Duce

SOBRE O AUTOR

Angelo d'Orsi, pesquisador da área de História do Pensamento Político da Universidade de Turim, foi aluno de Norberto Bobbio. Além da história das ideias, da cultura e dos grupos intelectuais, se dedica à questão da metodologia e da historiografia. Estudioso da vida e do pensamento de Antonio Gramsci. Entre seus livros, estão: *La cultura a Torino tra le due guerre* (Einaudi, 2000; Premio Acqui Storia), *Intellettuali nel Novecento italiano* (Einaudi, 2001), *I chierici alla guerra. La seduzione bellica sugli intellettuali da Adua a Baghdad* (Bollati Boringhieri, 2005), *Guernica, 1937. Le bombe, la barbarie, la menzogna* (Donzelli, 2007), *L'Italia delle idee. Il pensiero politico in un secolo e mezzo di storia* (Bruno Mondadori, 2011), *Il nostro Gramsci. Antonio Gramsci a colloquio con i protagonisti della storia d'Italia* (Viella, 2011), *Inchiesta su Gramsci* (Accademia University Press, 2014), *Gramsciana. Saggi su Antonio Gramsci* (Mucchi, 2015), *1917; L'anno della rivoluzione* (Laterza, 2016). Cuida da *Bibliografia Gramsciana Ragionata* (V. I, Viella, 2008), *L'intellettuale antifascista. Ritratto di Leone Ginzburg* (Neri Pozza, 2019); *Manuale di storiografia* (Pearson Italia, 2021). Dirige *Historia Magistra*, revista de história crítica, e *Gramsciana*, revista internacional de estudos sobre Antonio Gramsci.